Dr. phil., arbeitet als freie Wissenschaftlerin und Publizistin im
schichts- und Politikwissenschaft.

Maren Richte
Bereich der (

Maren Richter

Leben im Ausnahmezustand

Terrorismus und Personenschutz in der Bundesrepublik Deutschland (1970–1993)

Campus Verlag
Frankfurt/New York

Die vorliegende Publikation wurde unter dem Titel »Staatliche Elite unter Schutz. Terrorismus, moderner Personenschutz und die bedrohte Sicherheit 1970 bis 1993 in der Bundesrepublik Deutschland« von der Ludwig-Maximilians-Universität München als Dissertation angenommen.

MIX
Papier aus verantwortungsvollen Quellen
FSC® C089473
FSC
www.fsc.org

Bibliografische Information der Deutschen Nationalbibliothek:
Die Deutsche Nationalbibliothek verzeichnet diese Publikation in der Deutschen Nationalbibliografie. Detaillierte bibliografische Daten sind im Internet über http://dnb.d-nb.de abrufbar.
ISBN 978-3-593-50085-0

Umschlaggestaltung: Guido Klütsch, Köln
Umschlagmotiv: Bundesinnenminister Gerhart Baum mit seiner Tochter im Kölner Stadtwald, 1979
© Foto: J.H. Darchinger, Friedrich-Ebert-Stiftung
Satz: Campus Verlag, Frankfurt am Main
Druck und Bindung: Beltz Bad Langensalza
Printed in Germany

Dieses Buch ist auch als E-Book erschienen.
www.campus.de

Für meinen Vater

Inhalt

Einleitung

»Es ist ein ungeheuerlicher Verlust an Freiheit«, erinnert sich Horst Herold an seine Zeit unter Personenschutz. Der ehemalige Präsident des Bundeskriminalamts (BKA) zählte in den siebziger und achtziger Jahren zu den höchst gefährdeten Personen in der Bundesrepublik Deutschland und wurde daher von einem ständigen Schutzkommando begleitet.[1] Der Linksterrorismus war für ihn wie für zahlreiche andere sogenannte Schutzpersonen aus Politik, Justiz und Wirtschaft eine sehr persönliche Angelegenheit, die weitreichend das Privatleben und die Lebensgewohnheiten beeinflusste. Unter Personenschutz zu stehen bedeutete für die Betroffenen und ihre Familien ein Leben im Ausnahmezustand. Dabei ist der moderne Personenschutz eine Geschichte, die noch nicht erzählt wurde. Er bestimmte aber das Leben einer ganzen Generation von Entscheidungsträgern. Davon handelt dieses Buch.

Die Terrorismusforschung, die sich mit den geschichtlichen Ereignissen und Entwicklungen der Bundesrepublik Deutschland in den siebziger und achtziger Jahren befasst, ist vorwiegend eine Tätergeschichte. Die Opfer der terroristischen Bedrohung, die einen menschlichen Verlust erlitten oder deren Lebensführung völlig umgewälzt wurde, standen bisher selten im Mittelpunkt.[2] Dieses Buch nimmt bewusst die andere Seite in den Blick und lässt gefährdete Persönlichkeiten aus Staat und Justiz, die unter Personenschutz gestellt wurden, zu Wort kommen. In über 20 Zeitzeugeninterviews mit Mitgliedern der damaligen Bundesregierung, mit Richtern und Sicherheitsexperten äußern sich diejenigen, die durch die terroristische Bedrohung ganz persönlich betroffen waren sowie die politischen Geschehnisse und die gesellschaftlichen Stimmungen mitprägten.

Damit ist diese Terrorismusgeschichte mehr als nur eine Struktur- oder Politikgeschichte dieser Zeit, wie sie zahlreich über die Antiterrorismuspolitik der Bundesregierung, über das System der Inneren Sicherheit oder über die Terrorismusdebatten in Medien und Öffentlichkeit verfasst wurden.[3] Sie fragt vielmehr danach, wer die Politik gestaltet hat und von welchen konkreten Lebensumständen diese Akteure beeinflusst waren. Wie waren sie ganz persönlich von dieser Zeit betroffen? Wie wirkte sich die Bedrohung auf ihre Familien aus? Wie veränderte sich ihr Privatleben und damit ihre Raum- und Sicherheitswahrnehmung, die sie in ihre politischen Entscheidungsprozesse einbrachten? Um diese Fragen zu beantworten, muss zunächst geklärt werden, was es bedeutete, Personenschutz zu erhalten, wie genau das Schutzkonzept umgesetzt wurde und wie sich die Strukturen des Personenschutzes in der Auseinandersetzung mit dem Linksterrorismus entwickelten.

Dem Personenschutz galt bislang kaum das Interesse historischer Forschung – schon gar nicht aus der Perspektive der Betroffenen.[4] Dabei ist das Thema bereits Teil der heutigen Unterhaltungskultur geworden, wie die dänische Krimiserie »Protectors« oder Erzählungen von prominenten Persönlichkeiten zeigen.[5] In der Bundesrepublik Deutschland war es vor allem der Linksterrorismus der siebziger und achtziger Jahre mit seiner allgegenwärtigen Bedrohung, der eine neue und spezifische Art von Personenschutz hervorbrachte. Der Terrorismus definierte sich damals in der Auseinandersetzung mit einem »System«, dessen Repräsentanten aus Politik, Wirtschaft und Justiz als potenzielle Anschlagsziele galten.[6] Durch die kriminellen Akte der »Roten Armee Fraktion« (RAF) und der »Bewegung 2. Juni« ergaben sich völlig neue Bedrohungsszenarien. Alle Repräsentanten des Staates standen plötzlich im Visier terroristischer Gruppen und mussten von Personenschützern – den »Engeln ohne Flügel« – bewacht werden.[7] Politiker in Bonn und Vertreter der Justiz, der Wirtschaft und des Finanzwesens waren in ihrer persönlichen Sicherheit gefährdet. Diese neue »Sicherheitslücke« im System der Inneren Sicherheit sollte der Personenschutz füllen.

Das erste Kapitel der Untersuchung zeichnet nach, wie der Personenschutz nach dem Zweiten Weltkrieg entwickelt wurde und wie er nach den ersten Terrorereignissen 1970 in der Öffentlichkeit wie auch bei politischen und staatlichen Organen zunehmend Beachtung fand.[8] Der Personenschutz wurde zu einem weitgehend neuen Politikfeld. Mit der Änderung des Gesetzes über die Errichtung eines Bundeskriminalpolizeiamtes (Bundeskriminalamtes) im Jahr 1973 wurde die Zuständigkeit für den Personenschutz auf die Sicherungsgruppe des BKA übertragen. Die Länderpolizeien, aufgrund der föderalen Verfasstheit der Bundesrepublik Inhaber der Polizeihoheit, übernahmen ebenfalls vermehrt Personenschutz-Aufgaben. Doch zunächst musste geklärt werden, welche Personen überhaupt gefährdet waren. Dies setzte systemische Überlegungen und Anstrengungen voraus, für die es kein Vorbild gab.

Die Sicherungsgruppe entwickelte zur Einordnung der Schutzpersonen ein Gefährdungssystem, das regelmäßig in kurzen Zeitabschnitten überprüft wurde. Anhand von Gefährdungsanalysen und Sicherheitsszenarien versuchten die BKA-Beamten die Gefährdungsstufe einzuschätzen. Mit steigendem Sicherheitsbedürfnis wurde es dabei immer schwieriger, die Wünsche vieler potenziell Gefährdeter nach mehr Sicherheitsmaßnahmen abzuweisen. Wurden 1976 noch 34 Personen durch Schutzbeamte ständig begleitet, so waren es nach dem »Deutschen Herbst« im November 1977 mit 63 Personen fast doppelt so viele. Im Zusammenhang mit dem Höcherl-Bericht von 1978, der die Pannen bei der Schleyer-Fahndung untersuchte, stellten die Sicherheitsexperten fest, dass das BKA mit dem Personenschutz völlig »überlastet« sei.[9]

Konnte das BKA eine Rationalität der Sicherheitsvorkehrungen überhaupt noch gewährleisten? Oder verselbstständigte sich die Verordnung von Sicherheitsmaßnahmen und gewann mit steigender Zahl von Todesopfern an Eigendynamik? Diesen Fragen geht das zweite Kapitel anhand ausgewählter linksterroristischer Ereignisse zwischen 1972 und 1993 nach. Die Sicherheitsexperten waren mit dem modernen Sicherheitsdilemma konfrontiert, dass die präventive Wirkung des Personenschutzes nur schwer zu beweisen ist. In einem solchen Präventionsregime ist die Rationalität von politischem Handeln oftmals besonders gefährdet.[10] Der damalige BKA-Präsident Horst Herold berichtet dazu im persönlichen Gespräch mit der Autorin, dass es nach dem Buback-Mord 1977, der für alle einen »Riesenschock« darstellte, zu »Auswüchsen im Personenschutz« gekommen sei. Der Personenschutz sei explodiert, die »ganze Richterschaft« hätte Anträge gestellt. Auf die Frage, wie all diese Anfragen denn so schnell geprüft werden konnten, antwortet Horst Herold: »Das wurde dann pauschal gemacht.«

Schließlich wurde der wachsende Umfang an Personenschutzmaßnahmen auch für die Öffentlichkeit sichtbar. Die Kolonnen schwarzer Limousinen, die abgesperrten Straßen oder die von Personenschützern abgeschotteten Politiker blieben nicht unbemerkt. Ganz Bonn schien »ständig auf Wache« zu sein. Die »Verbunkerung des Regierungsviertels« war für Beobachter ein Zeichen für den »alltäglichen Ausnahmezustand«.[11] Das aufgeheizte, gesellschaftliche Klima und die diffuse Bedrohung führten im Personenschutz zu einer hohen Emotionalität, wie das dritte Kapitel aufzeigt. Der Übergang vom Sicherheitsbedürfnis zum Prestigedanken war oft fließend. Nicht wenige Schutzpersonen schmückten sich mit Personenschützern und Kommandogrößen wie mit Orden. Wie zahlreiche Presseartikel zeigen, nahm auch die Öffentlichkeit den Personenschutz als Statussymbol wahr.

Tatsächlich war die Einordnung in das Gefährdungssystem des BKA eine sehr konkrete Positionierung der jeweiligen Schutzperson in der politisch-sozialen Hierarchie. So geht es in diesem Kapitel auch um die Frage, was der Erhalt eines Personenschutzkommandos im täglichen politischen Raum bedeutete. Besonders Bundestagsabgeordnete – als Einzelne in einer Masse von 518 Mitgliedern kaum sichtbar – rangen nach 1977 um die gleichen ›Insignien der Macht‹, wie sie der Top-Elite aus Kanzler und Ministern zustanden. Wer entschied also über die Auswahl der Schutzpersonen? Inwieweit konnte dieses neue Personenschutzsystem zur sozialen Differenzierung führen? Kam es hier zu einer Verknüpfung von Sicherheits- und Elitenbewusstsein? Mit der vorliegenden Untersuchung wird der Personenschutz auch als Kriterium der Abschottung oder Begrenzung von Personengruppen betrachtet. Welche neuen sozialen Gruppen entstanden und wie veränderten sie das Sozialgefüge der westdeutschen Elite?

Die historische Entwicklung des Personenschutzes bietet eine neue Sicht auf die Entstehung von Sicherheitsdispositiven und Sicherheitskulturen in dieser Zeit. Die wissenschaftliche Auseinandersetzung mit dem Thema Sicherheit hat seit mehreren Jahren Hochkonjunktur.[12] Dabei konzentriert sich die kulturorientierte Sicherheitsforschung auf den gesellschaftlichen Wandel von Sicherheitskultur, also was Sicherheit bedeutet, wie Unsicherheit oder Gefahr definiert werden und wie man ihr begegnen muss.[13] Jenseits von politik- und sozialwissenschaftlichen Forschungen deutete der Historiker Eckart Conze die bundesrepublikanische Geschichte als Suche nach Sicherheit und erhob damit das Konzept Sicherheit zu einer Metaerzählung.[14] Spätestens hier wurde Sicherheit zu einer neuen Analysekategorie in der Geschichtsschreibung, da sie nicht nur als »Ziel von Regierungshandeln«, sondern auch als »Erwartung der Gesellschaft an die Politik und als umfassender soziokultureller Orientierungshorizont« verstanden wird.[15]

Was als Unsicherheit oder Krise deklariert wurde oder nicht, hing und hängt von individuellen Haltungen oder soziokulturellen Prägungen derjenigen Gruppe ab, die die gesellschaftliche Öffentlichkeit und ihre Vorstellungen von Sicherheit maßgeblich beeinflusst. Bei einer Analyse der Sicherheitskultur kommt es daher nicht nur darauf an, ganze Gesellschaften oder größere Gruppen zu untersuchen, sondern auch konkrete Praktiken zu beobachten und auszuwerten.[16] Bis Sicherheitskulturen entstehen, also zu kollektiven Maximen entwickelt werden und in institutionalisierter Form in

Gesellschaft und Politik dringen, werden sie zunächst von einzelnen Subjekten getragen und bleiben damit Konstrukte kulturell geprägter Akteure.

Diese kulturellen Prägungen will die Untersuchung nachzeichnen. Der Personenschutz ist dabei ein lohnendes Feld, da hier die Sicherheitswahrnehmung der staatlichen Elite in der Bundesrepublik offenbar wird.[17] Veränderte das Leben unter Personenschutz das subjektive Sicherheitsempfinden? Wie wirkte sich dies auf das soziale Verhalten oder auf Verhaltensdispositionen allgemein aus?

Die reine Ereignis- und Strukturgeschichte des Terrorismus soll also mit einer akteurszentrierten und erfahrungsgeschichtlichen Perspektive verbunden und somit stärker kontextualisiert werden. Der Mensch als historischer Akteur mit all seinen individuellen Handlungsbedingungen, Lebenswelten, aber auch Emotionen rückt dabei ins Blickfeld. Das Subjekt erhält so seine geschichtsmächtige Bedeutung zurück. Dabei wird zu fragen sein, wie stark gruppen- und generationenspezifische Entwicklungen das Leben des Einzelnen, seine Sichtweisen auf die Welt und auf sich selbst formen. Gibt es kollektivbiographische Gemeinsamkeiten der hier betroffenen Entscheidungsträger, die ihr Empfinden von Sicherheit und Unsicherheit geprägt haben? Und wäre damit die veränderte Sicherheitswahrnehmung in den siebziger und achtziger Jahren Ausdruck eines Generationenwechsels in der westdeutschen Gesellschaft? Die These, dass diese Jahrzehnte durch eine veränderte zeitgenössische Sicherheits- bzw. Krisensemantik und einen neuen soziokulturellen Orientierungshorizont zur Zäsur in der deutschen Geschichte wurden, wird hier aufgegriffen und weiterentwickelt.[18]

Um die Lebensbedingungen und damit das Handeln von geschützten Entscheidungsträgern besser zu verstehen, soll von ihren alltäglichen Erlebnissen, ihren Sorgen und Ängsten, sprich: von ihren Emotionen erzählt werden. Dass Emotionen eine wichtige Einflussgröße in individuellen Entscheidungsprozessen, in der Begründung von Werturteilen und im alltäglichen sozialen wie politischen Handeln darstellen, ist spätestens seit dem *emotional turn* unbestritten.[19] Insofern erscheinen die emotionalen Auswirkungen durch den Eingriff des Personenschutzes in das Leben der geschützten Personen von entscheidender Bedeutung. Dass der Personenschutz als prägnanter biographischer Einschnitt erinnert wird, zeigen beispielhaft biographische Verläufe von Schutzpersonen im vierten Kapitel.

Besonders betroffen war die Privat- und Intimsphäre der Familien. In diesen für das Individuum bedeutenden und daher stark emotional konnotierten Raum drängte sich der Personenschutz hinein. Der Sicherheitsbeamte folgte der Schutzperson oder ging absichernd voraus und engte so den persönlichen Raum ein, der laut Privatheitsforschung dazu dient, die Identität und die Lebensführung zu schützen.[20] Die ungewöhnliche Nähe einer fremden Person im privaten Bereich konnte spontane Emotionen wie allgemeines Unbehagen oder Abneigung gegen einen bestimmten Sicherheitsbeamten hervorrufen, sodass Schutzpersonen gelegentlich um den Austausch eines Personenschützers baten. Dass die Integration des Personenschützers in das Familienleben nicht immer einfach war, zeigen auch zahlreiche Beschwerden von Schutzpersonen über den ständigen Wechsel der zugeordneten Personenschützer im persönlichen Schutzkommando. Das fünfte Kapitel geht daher der Frage nach, wie sich der private Raum, der im Normalfall für die Augen Fremder nicht einsehbar ist, bei diesen Schutzpersonen gestaltete. Wie gingen die Schutzpersonen mit dieser neuen Situation um? Welche Einschränkungen mussten sie und ihre Familien in ihrem privaten Verhalten hinnehmen? Wie veränderten sich dadurch die Beziehungen in den Familien?

Die Privatsphäre und ihre emotionale Aufladung stehen in enger Korrelation mit der Wahrnehmung von Räumen. Die Raumforschung geht davon aus, dass sich Individuen Räume schaffen oder sich in Räumen bewegen, in denen sie sich wohlfühlen, und Räume meiden, die ihnen unbehaglich sind.[21] Wenn Räume und Gefühle in ihrer gegenseitigen Verschränkung »Mentalitäten, Lebensformen und Lebensstile einer Kultur«[22] konstituieren, dann stellt sich hier die Frage, wie sich das Empfinden von Räumen durch den Personenschutz veränderte. Was passierte, wenn ein Garten mit Flutscheinwerfern ausgeleuchtet wird? Wurden dadurch plötzlich andere Emotionen auf ihn projiziert, sodass er als privater Rückzugsraum an Bedeutung verlor? Wurden bestimmte Emotionen wie Intimität dann in andere Räume verlagert? Aus Sicherheitsgründen durfte ein Balkon nicht mehr betreten werden und fiel damit aus der privaten Raumstruktur heraus. Nahmen die Schutzpersonen die Räume dadurch anders wahr? Führten diese Sicherheitsmaßnahmen zu einer Einteilung der Orte in sichere versus unsichere Räume? Wurden sie also mit unterschiedlichen Gefühlsqualitäten ausgestattet? Wird auf diese Weise subjektives Sicherheitsempfinden erzeugt?

Die Erzählungen der Schutzpersonen über ihre Vorstellungen von Privatheit und ihre alltäglichen Bewegungsmuster verdeutlichen, wie sich die privaten und öffentlichen Räume der staatlichen Elite in dieser Zeit veränderten. Ein neu entwickeltes Sphärenmodell zur Privatheit dieser gesellschaftlichen Gruppe erfasst diese Veränderungen und eröffnet so interessante Sichtweisen auf politische Akteure und ihr alltägliches Handeln.

Die geschützten Politiker, Justizangehörigen oder Wirtschaftsvertreter waren der täglichen Bedrohung durch terroristische Attentäter ausgesetzt. Bereits der Erhalt eines Personenschutzkommandos deutete darauf hin, dass die Schutzperson als hoch gefährdet galt. Diese existenzielle Bedrohung auf individueller Ebene wird in der Emotionsforschung als eine der stärksten Ursachen für Unsicherheitsgefühle gesehen.[23] Das sechste Kapitel befasst sich daher mit der Frage, wie die Schutzpersonen und ihre Familienangehörigen auf die bedrohliche Situation reagierten. Wie konnten die Schutzpersonen trotz ständiger existenzieller Gefährdung, auch ihrer Familien, täglich weiter ihre Verantwortung wahrnehmen? Was bedeutete diese emotional belastende Situation für das tägliche Handeln als Entscheidungsträger?

In den Interviews reflektieren die Politiker und Richter diese Fragen auf eine bestimmte Art und Weise. Wenn über die emotionale Beeinflussbarkeit von eigenen politischen Entscheidungen in der damaligen krisenhaften Situation gesprochen wird, zeigen sich im Inhalt der Erzählung sowie in der Art der Erzählung bestimmte, immer wiederkehrende Verhaltensmuster und Selbstbildnisse. So stellt sich in diesem Themenkomplex weiter die Frage, welches Selbstverständnis und welche emotionalen Werte die Erzählungen beeinflussen. Welche Rolle spielen generationelle Fragen oder Vorstellungen von Männlichkeit und Rationalität? Gab es gesellschaftliche Erwartungen an diese Entscheidungsträger, dass sie als unerschütterliche Instanzen im Staat funktionieren sollten? Wurden Emotionen wie Unsicherheit und Angst damals überhaupt thematisiert und welche Bedeutung nehmen sie in der biographischen Erzählung ein?

Diese Emotionsregeln und -dispositive werden aus persönlichen Erlebnissen, gesammelten Erfahrungen und individuellen Lebensweisen generiert und deuten auf eine spezifische Emotionskultur der staatlichen Elite hin. Ziel ist es, diese Emotionskultur in Bezug auf den Umgang mit Bedrohung zu durchleuchten und habituelle Dispositionen, welche die Art und Weise des Wahrnehmens, Denkens und Beurteilens von Sicherheit beeinflussen, aufzudecken. Hierfür wird das theoretische Modell des emotionalen Habitus zu Hilfe genommen, um diese »weichen« Faktoren auch methodisch verorten zu können.[24]

*

Die in der Terrorismusforschung benutzte staatliche Überlieferung spielt auch in dieser Untersuchung eine wichtige Rolle. Fragen der Lebensführung und der persönlichen Betroffenheit – also der individuellen Subjektivität – verlangen jedoch nach einer neuen Quellengattung und einer anderen methodischen Herangehensweise. Für eine solche teilbiographische Studie einer ausgewählten Elite, die – bildlich gesprochen – durch das Brennglas des Personenschutzes betrachtet wird, eignet sich besonders der Zugang über die Zeitzeugenforschung.[25] Fragen nach Familie und Privatleben, nach Gedanken und Emotionen lassen die Lebenserfahrung dieser Zeitzeugen aufleuchten. Zudem berichten die Angehörigen der Schutzpersonen, wie sie diese Zeit unter Schutz wahrgenommen haben. Welche Erinnerungsgeschichte des Terrorismus wird in diesen Familien erzählt? Die Interviews fördern in beeindruckender Weise habituelle Schemata zu Tage, die sich dem klassischen Repertoire der Quelleninterpretation oft entziehen.

Viele der damaligen politischen Akteure sowie ihre Familien leben noch und waren zu ausführlichen Gesprächen bereit. Letztendlich nahmen an der Zeitzeugenstudie teil: die Bundespräsidenten Walter Scheel und Roman Herzog, Bundeskanzler Helmut Schmidt, die Bundesminister Hans-Dietrich Genscher, Hans-Jochen Vogel und seine Ehefrau Liselotte Vogel sowie Bundesminister Gerhart Baum und seine Tochter Julia Baum, Bundesministerin Antje Huber, die Präsidenten des Bundeskriminalamts Horst Herold und Hans-Ludwig Zachert sowie seine Ehefrau Christel Zachert, der Präsident des Bundesamts für Verfassungsschutz Richard Meier und seine Kinder Gabriela Daum und Stephan Meier, der Innenminister Nordrhein-Westfalens Burkhard Hirsch und seine Ehefrau Margarete Hirsch, der Vorsitzende Richter im Baader-Meinhof-Prozess Eberhard Foth und sein Richterkollege Kurt Breucker, die Staatssekretäre Hans Tietmeyer und Hans Neusel, der Abteilungspräsident des Bundeskriminalamts Günther Scheicher, der Dienststellenleiter des Personenschutzes in Baden-Württemberg Karl Weil, zwei Personenschützer und Ina Beckurts, Witwe des ermordeten Karl-Heinz Beckurts.[26]

Die Oral History bringt nicht nur eine andere methodische Herangehensweise an das Thema des Linksterrorismus in der Bundesrepublik mit sich, sondern kann auch einen Quellenmangel bezüglich der sicherheitsrelevanten Dokumente beheben. Durch die institutionelle Verortung des Personenschutzes im Bereich der Inneren Sicherheit standen der Autorin nicht alle gewünschten Akten zur Verfügung. Sie waren als *VS-NfD*, *VS-Vertraulich* oder *Geheim* eingestuft, weil sie über das Sicherheitskonzept im Personenschutz sowie über die Einstufung von Politikern, über ihr Privatleben oder über ihr persönliches Erleben des Personenschutzes informieren.[27] Mit Unterstützung des Bundeskriminalamts konnten jedoch erstmals bislang ungesichtete Aktenbestände der Sicherungsgruppe eingesehen und ausgewertet werden. Zudem wurden durch zahlreiche Anträge beim Deutschen Bundestag, beim Bundespräsidialamt, beim Bundeskanzleramt, beim Bundesministerium des Innern, beim Auswärtigen Amt und bei der Deutschen Hochschule der Polizei Schutzfristen verkürzt und Verschlusssachen offengelegt. Diese schriftlichen Dokumente wurden vor allem für die entwicklungsorientierte Institutionengeschichte des Personenschutzes ausgewertet. Anhand von Quellen aus Presse und Fernsehen wurden die Dimensionen der Öffentlichkeit und der Medien näher beleuchtet. Die Triangulation der hier genannten Quellenarten ermöglichte es, die individuellen Erinnerungen institutionell einzurahmen, sie thematisch nachzuvollziehen und gleichzeitig eine quellenkritische Konfrontation der verschiedenen Quellen zu gewährleisten.

1. Kapitel
Der Aufbau des Personenschutzes 1951 bis 1975

Von der Gründung der Sicherungsgruppe zum novellierten BKA-Gesetz

Nach Erhalt zahlreicher Drohbriefe und Paketbomben erteilte Kanzler Konrad Adenauer zum Schutz des Bundespräsidenten und der Mitglieder der Bundesregierung im September 1950 die »strenge Weisung« zur Errichtung eines Begleitkommandos »mit etwa 100 Mann«.[1] Am 15. März 1951 wurde auf Grundlage der Bestimmungen des Grundgesetzes von 1949 das Bundeskriminalamt (BKA) gegründet, dessen 9. Abteilung, die neue Sicherungsgruppe Bonn (nachfolgend SG genannt), die Schutzaufgaben übernehmen sollte.[2] Daraufhin formulierte das Bundesministerium des Innern (BMI), in dessen Zuständigkeitsbereich das BKA fiel, die Aufgaben der SG und legte Ausrüstung und Personal fest. Am 7. Mai 1951 traten 26 Kriminal- und ein Verwaltungsbeamter ihren Dienst bei der SG an.[3]

Begriffe wie »Leibgarde« oder »Leibstandarte« wurden bei der Gründung des Bundeskriminalamts und der Sicherungsgruppe bewusst vermieden. Die Nähe zur nationalsozialistischen Vergangenheit und die noch sehr lebendigen Erinnerungen an das damalige Polizeisystem verstärkten das Bedürfnis nach einem Neuanfang auch im Polizeibereich. Allerdings wurde eine nicht unerhebliche Zahl von Polizeibeamten, die bereits im Polizeiapparat des Nationalsozialismus tätig waren, nun im Bundeskriminalamt eingestellt.[4] Es bedurfte daher unbelasteter Begriffe wie Personenschutz oder Begleitschutz. Die Bezeichnung Personenschützer setzte sich in der weiteren Entwicklung dann auch gegenüber den Begriffen »Leibwächter« und »Bodyguard« durch. Personenschutz umfasst heute mehrere Schutzmaßnahmen, unter Begleitschutz ist dagegen nur der unmittelbare Schutz einer gefährdeten Person durch Begleitbeamte zu verstehen. Diese Maßnahme stellt eine der Hauptsäulen des Personenschutzsystems dar.[5]

Abb. 1: Der erste Fuhrpark der Sicherungsgruppe in Bonn zu Beginn der fünfziger Jahre *(Foto: BKA-Sicherungsgruppe, Berlin)*

Die konkreten Aufgaben des Personenschutzes blieben im BKA-Gesetz jedoch unerwähnt und wurden auch nicht in den Landespolizeigesetzen geregelt. Die Personenschützer handelten somit ohne gesetzliche Grundlage und besaßen damit auch keine polizeilichen Eingriffsrechte. Sie konnten sich nur auf die »Jedermann-Rechte« gemäß den strafgesetzlichen Bestimmungen über Notwehr, Nothilfe und Notstand, dem Recht der vorläufigen Festnahme nach der Strafprozessordnung und dem allgemeinen Hausrecht berufen.[6]

Diese fehlende Rechtsgrundlage, die unklare Kompetenzregelung zwischen Bund und Ländern sowie die personell enge Ausstattung behinderten die SG in den Jahren nach der Gründung, ihre zunehmenden Aufgaben in vollem Umfang wahrzunehmen.[7] Der Kabinettsbeschluss vom 13. Januar 1965 sollte diesen Mängeln entgegenwirken und sah vor, dass der Bundesminister des Innern die »Verantwortung für den ständigen persönlichen Schutz des Bundespräsidenten und des Bundeskanzlers am Wohnsitz und auf Reisen, für den ständigen persönlichen Schutz ihrer offiziellen ausländischen Gäste und für die innere Sicherung ihrer Dienst- und Wohngrundstücke« trägt.[8] Die Umsetzung der Schutzmaßnahmen läge beim Bundeskriminalamt, Abteilung Sicherungsgruppe. In Bezug auf die Kompetenzregelung zwischen Bund und Ländern heißt es, dass »die polizeiliche Zuständigkeit der Länder für Maßnahmen der vorbeugenden Gefahrenabwehr« davon unberührt bleibe. Die Verantwortung des Bundesministers des Innern beschränke sich auf die »unverzügliche Unterrichtung der Sicherheitsorgane der Länder über alle Erkenntnisse, die Sicherheitsvorkehrungen erfordern, sowie auf die Abstimmung der notwendigen Maßnahmen«.[9]

Die Frage der konkreten polizeilichen Befugnisse der Personenschützer blieb jedoch offen. Bis dahin hatten lediglich der Beschluss der Ständigen Konferenz der Innenminister und -senatoren der Länder (Innenministerkonferenz, IMK) vom 16. Februar 1955 und der darauf folgende Erlass des BMI vom 4. April 1955 bewirkt, dass die SG-Beamten durch Einzelerlasse der Innenministerien der Länder zu Hilfspolizeibeamten zu bestellen seien.[10] Der IMK-Beschluss wurde von allen Bundesländern mitgetragen, außer von Bayern. Für eine baldige Änderung dieser immer noch ungeklärten Rechtslage schien der politische Druck zum Zeitpunkt des Kabinettsbeschlusses im Jahr 1965 nicht groß genug gewesen zu sein. Das Bundeskriminalamt und damit die Sicherungsgruppe wurden noch bis Ende der sechziger Jahre zu wenig von der Öffentlichkeit wahrgenommen.[11]

Der erste Anschlag auf einen Repräsentanten des Staates ereignete sich im Ausland: die Entführung und Ermordung des deutschen Botschafters Karl Graf von Spreti am 5. April 1970 in Guatemala.[12] Innerhalb von nur zehn Monaten folgten weitere vier Entführungen oder Entführungsversuche, sodass die zuständigen Ministerien den Schutz der deutschen Botschaftsangehörigen vor allem in Krisengebieten wie Mittel- und Südamerika sowie im Libanon und in Uganda durch Kräfte der Sicherungsgruppe verstärkten.[13] Die Sicherung der Botschaftsgebäude übernahmen Beamte des Bundesgrenzschutzes (BGS).[14] In Hoch-Zeiten der Gefährdung wurden bis zu zehn Botschafter, zumeist aus lateinamerikanischen Ländern durch die SG geschützt.

Nachdem zu Beginn des Kalten Krieges vor allem der Erhalt der »äußeren Sicherheit« die deutsche Politik beschäftigt hatte, konzentrierte sie sich seit Ende der sechziger Jahre verstärkt auf die Innere Sicherheit. Ereignisse neuerer Gewaltqualität – auch des internationalen Terrorismus – auf bundesrepublikanischem Boden nahmen zu, angefangen mit der antisemitischen Terrorwelle 1970, ersten Angriffen gegen die zivile Luftfahrt und vermehrten linksterroristischen Aktionen von Gruppen wie »Tupamaros«, »Bewegung 2. Juni« oder RAF. Diese Vorfälle veränderten die Sicherheitslage im Inneren der Republik enorm.[15] Die sozialliberale Koalition von 1969 nahm daher das Versprechen von »Sicherheit« in ihre Reformagenda auf. In den kommenden Jahren wurde die Innere Sicherheit zum politischen Instrument und spätestens seit 1973 ein Feld, auf dem sich die politischen Akteure zu profilieren und zu professionalisieren begannen. Zahlreiche Sicherheitsinstrumente wurden entwickelt, beispielsweise das »Sofortprogramm der Bundesregierung zur Modernisierung und Intensivierung der Verbrechensbekämpfung« von 1970, das dem BKA und damit der SG half, ihre steigenden Aufgaben wahrzunehmen.

Prägend für die Innere Sicherheit der Bundesrepublik und gleichzeitig Anlass für die Sicherheitsbehörden, sich auch mit dem Thema Personenschutz zu beschäftigen, war die Entführung der israelischen Sportler durch die palästinensische Terrorgruppe »Schwarzer September« am 5. September 1972 während der Olympischen Spiele in München. Mit dem »Urknall«[16] Olympia stellte sich eine ganz neue Gefährdungssituation dar: Die Bundesregierung wurde von den terroristischen Gruppen für den Tod der fünf Terroristen verantwortlich gemacht, die bei der misslungenen Geiselbefreiung umgekommen waren. Zudem waren drei Terroristen festgenommen worden. Damit gerieten nun Mitglieder der Bundesregierung ins Blickfeld terroristischer Gruppen, da sie sich besonders eignen konnten, die drei Terroristen freizupressen.[17] Das Bundesinnenministerium beschloss daher, aus dem Amt geschiedene Bundespräsidenten und Bundeskanzler, gefährdete Fraktionsvorsitzende und explizit alle Angehörigen der Mitglieder von Verfassungsorganen in den Schutzkreis aufzunehmen.[18]

Auch auf Länderebene, vor allem im Bereich des Polizeipräsidenten Bonn, wurden die Sicherheitsmaßnahmen verstärkt. Mit Befehl vom 25. Oktober 1972 ordnete der Polizeipräsident unter anderem den erhöhten Schutz für Auslandsvertretungen in Bonn an, für hochstehende Persönlichkeiten wie den CDU-Parteivorsitzenden Rainer Barzel und für die Wohnungen von israelischen Botschaftsangehörigen. Für den israelischen Botschafter stellte das Polizeipräsidium ein eigenes Begleitkommando zusammen und veranlasste die Bestreifung seines Wohnsitzes.[19] Versuche des Sicherheitsreferats im BMI, diese Sicherheitsmaßnahmen am Ende des Jahres zurückzufahren, stießen dann auf den Widerstand von Bundesinnenminister Hans-Dietrich Genscher, der die aktuelle Bedrohung weiterhin fortbestehen sah.[20]

Die erweiterten Sicherheitsmaßnahmen überforderten schnell die Personalausstattung der Sicherungsgruppe, sodass Bundesinnenminister Genscher am 4. Januar 1972 Beamte des BGS zur Sicherungsgruppe abordnete.[21]

Bereits von 1962 bis 1972 waren ohne explizite Weisung zu Aushilfszwecken 118 Beamte des BGS zum BKA gewechselt sowie 2.706 Beamte des BGS zu den Polizeien der Länder übergetreten. Im Rahmen des »Schwerpunktprogramms für die Innere Sicherheit« von März 1972, das das Sofortprogramm von 1970 für die Jahre 1973 bis 1976 fortschreiben sollte, spielte daher der finanzielle und personelle Ausbau des BKA eine wesentliche Rolle.[22]

Parallel zum Schwerpunktprogramm von 1972 legte die IMK im Juni 1972 das »Programm für die Innere Sicherheit der Bundesrepublik Deutschland« vor, in dem sie forderte, den Schutzauftrag der Sicherungsgruppe zu legalisieren und dafür das BKA-Gesetz zu ergänzen.[23] Die IMK war eine der wichtigsten Institutionen in der Zusammenarbeit der Länder und mit dem Bund.[24] Auch Entscheidungen für die Umsetzung des Personenschutzes wurden auf der IMK gefällt, kamen jedoch oftmals erst nach langem Ringen zwischen den zehn bzw. elf Bundesländern und dem Bund zustande und können daher immer nur als Kompromisse gesehen werden.

Die Forderung der IMK wurde am 28. Juni 1973 mit der Verabschiedung des novellierten BKA-Gesetzes (BKAG) umgesetzt. Die Sicherungs- und Schutzaufgaben für die Verfassungsorgane des Bundes und deren Gäste waren damit gesetzlich verankert. Dazu heißt es in §9 BKAG:

»(1) Unbeschadet der Rechte des Präsidenten des Deutschen Bundestages und der Zuständigkeiten des Bundesgrenzschutzes und der Polizei der Länder obliegt dem Bundeskriminalamt

1. der erforderliche unmittelbare persönliche Schutz der Mitglieder der Verfassungsorgane des Bundes sowie in besonderen Fällen der Gäste dieser Verfassungsorgane aus anderen Staaten;
2. der innere Schutz der Dienst- und der Wohnsitze sowie der jeweiligen Aufenthaltsräume des Bundespräsidenten, der Mitglieder der Bundesregierung und in besonderen Fällen ihrer Gäste aus anderen Staaten.

(2) Sollen Beamte des Bundeskriminalamts und andere Polizeikräfte in den Fällen des Absatzes 1 zugleich eingesetzt werden, so entscheiden darüber der Bundesminister des Innern und die oberste Landesbehörde im gegenseitigen Einvernehmen.

(3) Dem Bundeskriminalamt stehen zur Erfüllung seiner Aufgaben nach Absatz 1 die Befugnisse entsprechend den §§ 10 bis 32 des Bundesgrenzschutzgesetzes zu. Die Grundrechte der körperlichen Unversehrtheit (Artikel 2 Abs. 2 Satz 1 GG), der Freiheit der Person (Artikel 2 Abs. 2 Satz 2 GG), der Freizügigkeit (Artikel 11 Abs. 1 GG) und der Unverletzlichkeit der Wohnung (Artikel 13 GG) werden nach Maßgabe dieser Vorschriften eingeschränkt.«[25]

Das BKA wurde mit dem novellierten Gesetz nicht nur Informations- und Kommunikationszentrale der deutschen Polizei neben anderen Zuständigkeiten, sondern war auch verantwortlich für den erforderlichen unmittelbaren persönlichen Schutz der Mitglieder der Verfassungsorgane des Bundes. Das BKA erhielt somit einen gesetzlichen Auftrag. Mit dieser Gesetzesänderung durchbrachen die IMK, der Deutsche Bundestag und der Bundesrat den bisher »strikt eingehaltenen Grundsatz, daß polizeiliche Prävention ausschließlich Sache der Länder ist«. Gleichzeitig unterstrichen sie deutlich »den Wert, den sie dem polizeilichen Personenschutz beimaßen«.[26] Für den ehemaligen Präsidenten des Bundeskriminalamts Hans-Ludwig Zachert war diese Änderung der Zuständigkeiten im exekutivpolizeilichen Bereich »ein epochaler Sprung nach vorn«.[27]

Obwohl weiterhin als nachgeordnete Behörde gegenüber dem BMI weisungsgebunden, behandelte nun das BKA alle konkreten Fragen zum konzeptuellen und strukturellen Personenschutz.[28] Die gesetzliche Verankerung des Personenschutzes im BKA-Gesetz 1973 bedeutete damit einen enormen Bedeutungszuwachs für die Sicherungsgruppe. Der Kreis der zu schützenden Personen hatte sich erheblich vergrößert, das Personal wurde rasant aufgestockt, die Ausrüstung modernisiert und die Zusammenarbeit mit anderen staatlichen Stellen wie dem Bundesnachrichtendienst (BND) und dem Bundesamt für Verfassungsschutz (BfV) intensiviert. Die für die Ausübung des Personenschutzes notwendigen Befugnisse waren jedoch nicht geregelt.[29] So war die Sicherungsgruppe zunächst weiter an den Standardbefugniskatalog nach §§10 bis 32 des BGS-Gesetzes gebunden, auf die der Absatz 3 des §9 BKA-Gesetz verwies.

Die Polizeiorgane der Länder blieben weiterhin zuständig für den Schutz der Personen, die ihrem jeweiligen Hoheitsgebiet angehörten und nicht unter §9 BKA-Gesetz fielen. Dies betraf auch den vom Personenschutz begrifflich zu trennenden Objektschutz, wobei beide in der Ausführung aber Verknüpfungspunkte zeigten. Zum einen diente der Objektschutz dem Schutz von ausländischen Botschaften und Konsulaten, die zum Beispiel im Raum Bonn zahlreich ansässig waren und durch die Kreispolizeibehörden der Stadt Bonn gesichert werden mussten. Ziel war es hier, diese Gebäude, die als Symbol für ausländische Präsenz galten, gegen Angriffe zu schützen.[30] Zum anderen bezog sich der Objektschutz auf den Schutz der Wohnhäuser von unter Personenschutz stehenden Personen. Ziel des Objektschutzes war es hier, den Schutz der sich im Gebäude aufhaltenden Personen zu gewährleisten.

Durch die zunehmende terroristische Bedrohung wurden diese Personen- und Objektschutzaufgaben zu einer großen personellen Belastung der örtlichen Polizeibehörden, sodass die Länderpolizeien spätestens seit 1973 durch den BGS, der bereits Sicherungsaufgaben im Luftverkehr und Personenschutz übernommen hatte, unterstützt werden mussten. Auf diese Weise entwickelten sich auch auf Länderebene neue institutionelle Strukturen heraus. War anfangs noch die einfache Bereitschaftspolizei mit ihren Dienststellen verantwortlich, richteten die Länder in den siebziger Jahren eigenständige Dienststellen für den Personen- und Objektschutz ein.[31]

Günther Scheicher, Leiter der Sicherungsgruppe, betonte in einem Vortrag auf der Arbeitstagung »Moderner Personenschutz« 1977 in der Polizei-führungsakademie Münster-Hiltrup, dass der Personenschutz innerhalb von fünf Jahren als »Spiegelbild sich ausbreitender Kriminalität gewalttätiger Prägnanz« einen Umfang erreicht habe, »der ihn [...] im staatlichen Bereich mit großer Geschwindigkeit der Institutionalisierung« zutreibe.[32] Der Personenschutz trete damit »aus dem Stadium der Improvisation« heraus, so Scheicher.[33] Bei der nun einsetzenden Institutionalisierung sei es wichtig, keine Fehler zu manifestieren, die irreversibel zu sein drohten.

Internationale Zusammenarbeit

Deutsch-deutsche Verbindungen und der Sonderfall Westberlin

Im anderen Teil Deutschlands, in der damaligen Deutschen Demokratischen Republik (DDR), war der Schutz von Repräsentanten des Staates vollkommen anders strukturiert.[34] Zu Kontakten zwischen beiden Personenschutzsystemen kam es nur bei Reisen von Schutzpersonen und Staatsbesuchen in dem jeweils anderen Land. So übernahm die zuständige Hauptabteilung Personenschutz im Ministerium für Staatssicherheit (MfS) die »Gewährleistung des physischen Schutzes ausländischer Delegationen und Persönlichkeiten während ihres Aufenthaltes auf dem Territorium der DDR«.[35] Als Bundeskanzler Helmut Schmidt mit Bundeswirtschaftsminister Otto Graf Lambsdorff und Bundesminister für Innerdeutsche Beziehungen Egon Franke 1981 in der DDR reiste, tauschten DDR-Personenschützer und die Sicherungsgruppe Bonn entsprechend Programmablauf, Karten, Teilnehmerlisten und vor allem die Kolonnenschemata aus.[36] Empfingen umgekehrt die

Bundesverfassungsorgane Gäste aus der DDR, war nach Änderung des §9 BKA-Gesetz das Bundeskriminalamt gesetzlich damit beauftragt, für diese Gäste Schutzmaßnahmen zu ergreifen.[37] Nach der Wende 1989/90 und der teilweisen Wiedervereinigung der beiden Polizeibehörden wurden ehemalige Personenschützer der DDR in die Sicherungsgruppe Bonn aufgenommen.

Durch die voranschreitende Freigabe der historischen Archive und durch neue Forschungsarbeiten wird immer detaillierter aufgedeckt, wie vielfältig die deutsch-deutschen Verflechtungen bei der Terrorismusbekämpfung waren. Nicht nur die Attentate in der Bundesrepublik wurden in der Ausbildungsbasis des MfS analysiert und nachgespielt, sondern auch alle weiteren, damit zusammenhängenden Vorgänge ausgewertet. Dies zeigt beispielsweise ein ausführlicher Bericht der Hauptabteilung XXII des MfS über den Fahrer des 1986 ermordeten Physikers Karl-Heinz Beckurts.[38]

Die Teilung Deutschlands hatte zur Folge, dass zahlreiche Reisen von Schutzpersonen in den unter alliiertem Sonderstatus stehenden Westteil Berlins unter erschwerten Bedingungen durch die Begleitbeamten organisiert werden mussten. Nicht nur aus dem Status Berlins in der föderalen Struktur der Bundesrepublik ergaben sich Einschränkungen für den Personenschutz, sondern vor allem durch die Vorgaben der alliierten Kommandantur.[39] So war die Wahrnehmung des Auftrags nach §9 BKA-Gesetz grundsätzlich nur den BKA-Beamten erlaubt. Es durften keine Bundesgrenzschutzbeamten in Westberlin einreisen, um Mitglieder der Verfassungsorgane und ihre Gäste zu schützen. Ebenfalls verboten war das Mitbringen von Waffen nach Westberlin, sodass den BKA-Beamten von einem Berliner Polizeibeamten Leihwaffen des Polizeipräsidiums Berlin ausgehändigt wurden. Die BKA-Beamten durften zudem, wie zunächst in allen Bundesländern, in Berlin nicht hoheitlich tätig werden und konnten nur im Rahmen des Notwehr- und Nothilferechts handeln.

Waren in den anderen Ländern Einzelabsprachen zwischen dem Bundesinnenminister und den Innenministern der Länder zum Tätigwerden der SG-Beamten für einen über den Hilfspolizisten hinausgehenden Status vereinbart worden, stand einer solchen Einzelregelung der alliierte Sonderstatus Westberlins entgegen. Hier versuchte das BMI immer wieder, die Arbeit der BKA-Beamten zu erleichtern und mit der alliierten Kommandantur Regelungen zu treffen. So stimmten im Dezember 1975 die Alliierten zu, dass Polizeibeamte ihre Dienstwaffe auf dem Luftweg mit sich führen durften, wenn der Polizeipräsident darüber unterrichtet wurde. Allerdings unterlag der Transport der Waffe den Bestimmungen der jeweiligen Luftfahrtgesellschaft. Diese sahen vor, dass die Dienstwaffe dem Flugpersonal auszuhändigen war. Am Ankunftsort musste der Polizeibeamte dann unter Umständen lange warten, bis er seine Waffe zurückerhielt.[40] Im Personenschutz, wo die Einhaltung von Terminen für die Schutzperson Priorität hat, stellte sich diese Regelung als wenig praktikabel heraus.

Zusammenarbeit auf europäischer und internationaler Ebene

Die Entwicklung der Terrorismusbekämpfung und damit des modernen Personenschutzes und seiner Institutionalisierung in der Bundesrepublik Deutschland ist zudem einzubetten in die Zusammenarbeit auf internationaler Ebene, unter anderem mit den westeuropäischen Nachbarstaaten und den USA.[41] Bis in die siebziger und achtziger Jahre waren politische Anschläge an der internationalen Tagesordnung, ausgeführt unter anderem von der »Irish Republican Army« (IRA), der französischen »Action Directe«, den »Roten Brigaden«, der »Euskadi Ta Askatasuna« (ETA) in Spanien oder palästinensischen Terrorgruppen. Viele Staaten erhöhten daraufhin ihre Sicherheitsmaßnahmen.

In Überlegungen zur Verbesserung oder zum Ausbau der Sicherungsgruppe wurde immer wieder Bezug auf diese Entwicklungen im Ausland genommen. Vor allem die Tätigkeit des US-amerikanischen Secret Service, der unter anderem den Präsidenten und seine Familie schützt, wurde aufgrund seiner langen Geschichte und großen Erfahrung aufmerksam beobachtet.[42] Die Personalsituation des Secret Service wurde immer wieder als wichtiger Bezugspunkt herangezogen, um eigene Forderungen zur Behebung von Personal- und Ausstattungsdefiziten in der Sicherungsgruppe zu begründen. Zudem wurden Personenschützer zur Ausbildung in die Lehrgänge des FBI entsendet.[43] Weniger Austausch gab es dagegen mit der Special Branch (Großbritannien) oder der »Service de protection des hautes personalités« (Frankreich).[44]

Die deutschen Personenschützer beobachteten aufmerksam das Verhalten ihrer ausländischen Kollegen bei Attentaten oder Attentatsversuchen, wie auf den französischen Staatspräsidenten Charles de Gaulle 1962, auf den amerikanischen Präsidenten John F. Kennedy 1963 oder auf den US-Präsidenten Gerald Ford 1975.[45] Da sich die Bundesrepublik einer ähnlichen Form der Terrorismusbedrohung gegenübersah wie Italien, tauschten die beiden Länder gezielt ihre Erfahrungen aus. Dies wurde besonders nach dem Anschlag auf den italienischen Außenminister Aldo Moro deutlich. Am 16. März 1978 entführten Mitglieder der »Roten Brigaden« mit einem Kommandounternehmen den italienischen Staatsmann Moro und erschossen dabei seine fünf Leibwächter. Nur wenige Monate zuvor hatte das Attentat auf den deutschen Arbeitgeberpräsidenten Schleyer stattgefunden. Deshalb analysierte die Sicherungsgruppe detailliert das italienische Schutzkonzept bei Moro. Im Ergebnis und zusammen mit den eigenen Erfahrungen wurde dann das gepanzerte Fahrzeug in der Sicherungsgruppe immer wichtiger.[46] Die Entführungen von Moro und Schleyer blieben lange ein wichtiger Referenzpunkt für Sicherungsmaßnahmen. Seit diesen beiden Anschlägen 1977 und 1978 wurde »dem Einsatz sondergeschützter Fahrzeuge sowohl für die Schutzperson als auch für die Personenschutzkommandos höchste Priorität eingeräumt«, da nur so die Schutzperson wie auch das Personenschutz-Kommando bei einem Angriff eine Überlebenschance hätten.[47]

Abgesehen von diesen anlassbezogenen Beobachtungen und vom gegenseitigen Erfahrungsaustausch arbeitete die Bundesrepublik in den siebziger Jahren jedoch kaum unmittelbar mit anderen Staaten zusammen. Dies wird auch in den Interviews der Autorin mit Sicherheitsexperten bestätigt. Der »internationale Austausch«, so BKA-Präsident Herold, habe vor allem in der Analyse der international stattfindenden Anschläge gelegen. Als ihm der spanische König Juan Carlos in einem persönlichen Gespräch sein Interesse am deutschen Personenschutz bekundete, habe man auch mal »informatorische Verbindungen« aufgenommen.

Auch auf Ebene der Bundesländer kam es kaum zu einem intensiven Austausch. Burkhard Hirsch, ehemaliger Innenminister von Nordrhein-Westfalen, erzählt hierzu im Gespräch mit der Autorin von einer USA-Besuchsreise, die für ihn »in höchstem Maße desillusionierend« gewesen sei. Bis auf ein paar wenige Vorteile unter anderem in der Kostenrechnung für Einsätze und einer Einsatzleitstelle in Los Angeles habe er die Polizei der USA eher als »zersplittert« in Erinnerung. Der Austausch zwischen Personenschützern Nordrhein-Westfalens und den Polizeistellen der USA sei auch dadurch begrenzt gewesen, weil er bereits damals fest davon überzeugt war, dass das Polizeisystem auf jeden Fall eine dezentrale Form – mit wenigen zentralen Funktionen wie der Wissensverteilung – besitzen müsse.

Auf internationaler Ebene fand eine Zusammenarbeit im Schutzbereich zunächst nur zu bestimmten Anlässen statt.[48] So setzte spätestens nach den Entführungen und Ermordungen von Botschaftsangehörigen in lateinamerikanischen Ländern ein verstärkter internationaler Austausch über Schutzmaßnahmen für die Vertretungen im Ausland ein.[49] Auch innerhalb der Bundesrepublik intensivierten die deutschen und die ausländischen Dienste gezielt im Laufe der siebziger Jahre gemeinsam die Schutzmaßnahmen. Dabei war zu beobachten, dass deutsche Dienststellen oft Initiativen ausländischer Dienste aufgriffen.[50]

Auf europäischer Ebene verstärkte sich die konkrete Zusammenarbeit zur Inneren Sicherheit. Die Internationale Kriminalpolizeiliche Organisation (IKPO) bot hierfür jedoch keine Plattform an, da Artikel 3 ihrer Geschäftsordnung die Verfolgung politischer Straftaten untersagte. Deshalb schlugen die führenden Sicherheitsexperten und Innenminister im europäischen Raum die Bildung neuer Gremien vor. So wurde auf der Tagung des Europäischen Rates in Rom am 1. und 2. Dezember 1975 die TREVI-Gruppe (Terrorisme, Radicalisme, Extremisme et Violence Internationale) gegründet.[51] Ziel sollte es sein, Fragen der Inneren Sicherheit untereinander zu diskutieren und Informationen auszutauschen. Auf dem ersten Treffen der EG-Innenminister am 29. Juni 1976 in Luxemburg wurden die Aufgaben von TREVI festgelegt, nämlich die »Verbesserung des Informationsaustausches über stattgefundene terroristische Anschläge«.[52] TREVI ist damit zwar keine offizielle Organisation der EG bzw. der EU und ihre Beschlüsse sind nicht rechtlich bindend, dennoch wurde TREVI zu einem wichtigen Forum, um über die Entwicklungen im Terrorismusbereich vor allem auf unterer Arbeitsebene zu beraten.[53]

Für den Personenschutz war die Arbeitsgruppe TREVI I (Terrorismusbekämpfung) zuständig, auf deren Sitzungen über die neuesten Entwicklungen in diesem Bereich diskutiert wurde. Aufgrund der allgegenwärtigen Bedrohung durch den Linksterrorismus erkannten die Mitglieder der Arbeitsgruppe, wie entscheidend der Personenschutz in der Terrorismusbekämpfung ist, und starteten mehrere Initiativen zur besseren Zusammenarbeit. So tauschten sich die Sicherheitsexperten von TREVI I auf ihren Sitzungen nicht nur über die Zuständigkeiten und Methoden des Personenschutzes in den einzelnen Ländern aus, sondern vereinbarten für den Personenschutz auch »Prinzipien, die für alle Staaten gelten« sollten.[54]

Trotz dieser Initiativen entwickelte sich die Zusammenarbeit im Personenschutz nur schleppend. Denn gerade in den frühen siebziger Jahren, als die Bekämpfung des internationalen Terrorismus auf multilateraler Ebene immer bedeutender wurde, war kein Staat bereit, »beim Kampf gegen nationale terroristische Gruppen eine engere Kooperation einzugehen und mögliche Kompetenzen im Bereich der inneren Sicherheit abzugeben«.[55] Die

Unterstützung der GSG 9 und der britischen Special Air Service (SAS) beim Aufbau der italienischen Sondereinheit Nucleo Operativo Centrale di Sicurezza (NOCS) blieb daher anfangs eher eine Ausnahme in der Zusammenarbeit der europäischen Staaten.[56]

Der Personenschutz: Ziele, Einstufung und Umsetzung

Bei der Reaktion auf die neuen Herausforderungen durch den Linksterrorismus in den siebziger und achtziger Jahren war der Personenschutz in der Bundesrepublik also zunächst auf sich allein gestellt. Die neuen Bedrohungsszenarien gaben dabei der Entwicklung des Personenschutzes eine besondere Dynamik. Bevor auf diese neuen Herausforderungen und die darauf folgenden Veränderungen im Personenschutzkonzept im zweiten Kapitel näher eingegangen wird, soll kurz die Funktionsweise des Personenschutzsystems Anfang der siebziger Jahre skizziert werden.

Personenschutz als Gefährdungsminimierung

Der Personenschutz und die Idee des Schutzes der Staatsrepräsentanten fügten sich in das allgemeine Verständnis der Sicherheitsbehörden ein, den Staat gegen die Bedrohung durch linksterroristische Attentate schützen zu müssen. So beschrieb Gerhard Boeden schon im März 1974 in einer Gefahrenabwehrstrategie, dass »der im Ansatz erkennbare Verfall demokratischer staatlicher Gewalt«, der »mit einem beachtlichen Abbau der Hemmungsschranken gegenüber dem Recht auf körperliche Unversehrtheit und Leben« einhergehe, ein gut funktionierendes Sicherheitssystem notwendig mache.[57] Denn nur so könnten die Mitglieder der Verfassungsorgane des Bundes »ihre verfassungsmäßigen Rechte und Pflichten ungestört, unbeeinflusst und ohne Gefahr für Leib und Leben wahrnehmen«. Da der Personenschutz genau dieses Versprechen zu geben schien, stelle er eine der wesentlichen Säulen des Sicherheitssystems dar. Zudem könne der Personenschutz, so der SG-Leiter Horst Krämer, zu einem verbesserten Sicherheitsgefühl der Bevölkerung beitragen, da dieses in hohem Maße davon beeinflusst werde, ob und inwieweit es der Polizei bzw. dem BKA gelinge, »die obersten Repräsentanten des Staates wirksam zu schützen«.[58]

Dabei steht der Personenschutz vor einem unauflösbaren Konflikt, nämlich die größtmögliche Freiheit mit absoluter Sicherheit verbinden zu wollen. Während Politiker nach einem Bad in der Menge streben und den bewussten Kontakt mit den Bürgern suchen, sehen Sicherheitsexperten die Notwendigkeit, mehr Distanz zu halten und ständig in Bewegung zu bleiben. Statt sich in offenen Fahrzeugen bürgernah zu geben, wie es vor dem Attentat auf Kennedy in der Politik üblich war, mussten Schutzpersonen sich hinter gepanzerten Autoscheiben verbarrikadieren. Dementsprechend werde der Personenschutz von den Betroffenen und der Polizeiführung als »ungeliebte Notwendigkeit« gesehen, wie es der damalige Abteilungspräsident der SG, Günther Scheicher, auf dem bereits erwähnten Personenschutz-Führungsseminar beschrieb: »Personenschutz ist unangenehm, zum Unmut herausfordernd, personalintensiv, teuer.«[59]

Zu dieser schwierigen Ausgangslage kam ein modernes Sicherheitsdilemma hinzu: Die Bedeutung des Personenschutzes in der Prävention von Gewalttaten war zwar vorstellbar, konnte jedoch nie wirklich bewiesen werden. Erst wenn ein Anschlag vereitelt worden war, zeigte sich den Sicherheitsexperten die zu vermutende Effizienz. Der Öffentlichkeit wurde die Bedeutung des Personenschutzes oft erst bewusst, wenn wegen mangelhafter oder gar keiner Sicherung ein Anschlag gelungen war – dann oft mit dramatischer Wirkung.[60]

Der Personenschutz beschränkte sich daher vor allem auf den Abschreckungseffekt, die Minimierung von Schwachstellen und die Möglichkeit, erkannte Gefahren sofort abzuwehren. Denn der Einsatz von Schutzmaßnahmen erhöhte das Risiko für den Täter. War er nicht bereit, dieses Risiko in Kauf zu nehmen, so würde er seinen Anschlagsplan aufgeben oder auf weniger bzw. nicht geschützte Ziele ausweichen.[61] Auch der Wert, den geschützte Personen dem Gefühl der Sicherheit beimaßen, war bei der Funktion des Personenschutzes nicht zu unterschätzen. In Abwägung dieser Vorteile gegenüber dem nie zu erreichenden absoluten Schutz, ergab sich meistens die Entscheidung *für* die Begleitung von gefährdeten Personen, weil sie »den Eindruck der optimalen Sicherheit« erweckte und tatsächlich »bei richtiger Ausbildung und Führung« auch wesentlich zur Sicherheitsgestaltung beitrug.[62] Um die Umsetzung der Schutzmaßnahmen zu optimieren, bedurfte es jedoch erst einmal der Identifizierung der gefährdeten Personen.

Die Einstufung der Schutzpersonen

Das Ziel des gesetzlichen Auftrags zum Personenschutz war das Erkennen, Verhindern und Abwehren von Gefahren, die der Schutzperson nicht nur durch Personen drohen konnten, sondern auch durch Sachen und äußere Verhältnisse.[63] Zur Identifizierung der gefährdeten Personen wurden Gefährdungslagebilder erstellt, für die Informationen aus polizeilichen, anderen behördlichen und öffentlichen Quellen zusammengetragen wurden.[64] Die Auswertung führte dann zu einer objektiven Einschätzung, ob mit schädigenden Handlungen gegen eine Person gerechnet werden musste.[65] Die Gefährdungshinweise, die während der terroristischen Aktivitäten der siebziger und achtziger Jahre für eine Gefährdungsanalyse herangezogen wurden, umfassten zumeist Drohbriefe an die jeweilige Person, die Nennung der Person in den Medien, auf Plakaten oder in Erklärungen der terroristischen Gruppen, die Aussagen von verhafteten Terroristen oder Funde in sogenannten konspirativen Wohnungen der Terroristen.

Um die Hinweise systematisch erfassen zu können, wurden verschiedene Gefährdungslagen unterschieden: die allgemeine Sicherheitslage, die Positionsgefährdung bzw. Funktionsgefährdung sowie die Individualgefährdung, auch Situationsgefährdung genannt. Für die allgemeine Sicherheitslage wurden Themenfelder wie Terrorismus, politischer Extremismus, politisch motivierte Ausländerkriminalität sowie Zielfelder wie Kernenergie – zum Beispiel der NATO-Doppelbeschluss – untersucht. Die Positionsgefährdung konnte sich zum einen aus der historisch entwickelten Gefährdung ergeben, wie beim Bundespräsidenten als Staatsoberhaupt oder beim Bundeskanzler als Regierungschef. Zum anderen konnten aber auch aktuelle politische Gründe eine Positionsgefährdung hervorrufen, wie oftmals beim Bundesminister des Äußeren, des Innern, der Justiz und der Verteidigung, dagegen weniger beim Bundesminister für Finanzen oder für Umwelt. Im Unterschied hierzu bezog sich die Funktionsgefährdung auf Funktionen, die Personen ausüben konnten, ohne eine bestimmte Position wie ein höheres Amt einzunehmen. Die Individualgefährdung war messbar an Umständen, die mit der Person, ihrem Umfeld, ihren Handlungen oder mit ihrer individuellen Vergangenheit verknüpft waren. Äußerten sich Personen zu exponierten Themen, vertraten außergewöhnliche Standpunkte oder trafen unpopuläre Entscheidungen konnte dies die individuelle Gefährdung erhöhen.

Dieses Gesamtlagebild führte entweder zu dem Ergebnis, dass keine konkrete Gefährdung vorliegt, oder es wurde eine Gefährdung festgestellt, deren

Grad mit den drei Gefährdungsstufen beschrieben wurde, die vom Arbeitskreis II »Öffentliche Sicherheit und Ordnung« (AK II) der Arbeitsgemeinschaft der IMK auf ihrer Sitzung vom 6. Februar 1975 definiert worden waren.[66] Während die Polizeiliche Dienstvorschrift 100 (»Dienstanweisung zur Durchführung des Schutz- und Begleitdienstes im Rahmen des §9 BKA-Gesetz« vom 1.7.1975, im Folgenden PDV 100) in den siebziger Jahren nur die konkrete Umsetzung der angeordneten Personenschutzmaßnahmen regelte, sollten die vom AK II festgelegen Richtlinien helfen, aus dem Gefährdungslagebild eine Einstufung in vorgegebene Gefährdungsstufen vorzunehmen und somit einen einheitlichen taktischen Sprachgebrauch zu garantieren.

In den Richtlinien der IMK waren folgende Gefährdungsstufen vorgesehen, die mit jeweils bestimmten Gefährdungslagen verbunden waren:

- Gefährdungsstufe 1 (GS 1): Die Person oder das Objekt ist erheblich gefährdet, mit einem Anschlag ist zu rechnen.
- Gefährdungsstufe 2 (GS 2): Die Person oder das Objekt ist gefährdet, ein Anschlag ist nicht auszuschließen.
- Gefährdungsstufe 3 (GS 3): Eine Gefährdung der Person oder des Objekts ist nicht auszuschließen.[67]

Der Gefährdungsstufe 1 waren die Inhaber einer Position mit sehr hohem Angriffsreizwert zuzurechnen, wie der Bundespräsident, der Präsident des Bundesrats und des Bundestags, der Präsident des Bundesverfassungsgerichtes und der Bundeskanzler sowie die Bundesminister des Inneren, des Äußeren, der Verteidigung und der Justiz, da sie mit grundlegenden Aufgaben der inneren und äußeren Sicherheit und der Strafverfolgung befasst sind. Des Weiteren fielen unter GS 1 jene Mitglieder von Verfassungsorganen, bei denen zwar keine »ausreichende Positionsgefährdung« besteht, aber »aktuelle konkrete Gefährdungserkenntnisse von Gewicht« vorliegen, wie Anschläge einschließlich Vorbereitungshandlungen.

In die Gefährdungsstufe 2 sollten Personen eingestuft werden, die »mündlich, schriftlich oder durch konkludente Handlung bedroht worden sind oder bedroht werden«. Dabei musste festgestellt werden, ob ernsthafte Drohungshandlungen vorlagen. Auch eine beiläufige Erwähnung in Schriften und Aufzeichnungen radikaler Gruppierungen deutete auf eine Gefährdung hin. Dabei musste es sich nicht um eine konkrete Drohung handeln, allein die »Häufigkeit und Qualität der Nennung« konnte bereits eine Gefährdung indizieren. Ein weiterer Passus hielt fest, dass »die Eigenschaft,

Mitglied eines Verfassungsorgans zu sein, oder das subjektive Gefühl der Gefährdung« allein nicht die Zuordnung zur GS 2 begründen würden.

Der Gefährdungsstufe 3 waren zunächst alle Mitglieder von Verfassungsorganen zuzurechnen, die »eine Position von Angriffswert für Angreifer innehaben«, aber nicht den GS 1 und 2 zuzuordnen waren. Hierzu zählten »alle Bundes- und Staatsminister, die Mitglieder des Bundesverfassungsgerichts, die Vizepräsidenten des Deutschen Bundestags, die Vorsitzenden der mit Sicherheitsfragen befassten Ausschüsse des Deutschen Bundestags und die Fraktionsvorsitzenden im Deutschen Bundestag«. Mitglieder von Verfassungsorganen, bei denen »konkrete Auffälligkeiten und Umstände«, wie »telefonische Belästigungen, schriftliche Beleidigungen« nicht für eine Zuordnung zu GS 1 oder GS 2 ausreichten, wurden ebenfalls in die GS 3 eingeordnet.

Für den Personenkreis nach §9 BKA-Gesetz legte das BKA die Gefährdungsstufen fest. Für alle weiteren Personen, eingeschlossen die ausländischen Diplomaten, war die jeweilige Länderpolizei verantwortlich sowie der Bundesinnenminister für Staatsbesuche und andere Gäste der Bundesregierung. Die Festlegung der Gefährdungsstufe war insofern entscheidend, da die konkreten Schutzmaßnahmen wie die Zahl der Begleitbeamten, Fahrzeuge und Innenschutz auf dieser Einstufung basierten, beispielsweise ob eine Schutzperson ein gepanzertes Fahrzeug erhielt oder nicht.

Die Angehörigen von gefährdeten Personen wurden im Schutzauftrag für die Sicherungsgruppe gemäß §9 BKA-Gesetz nicht genannt. Jedoch wurden sie auf Weisung des Bundesinnenministers in das Schutzkonzept spätestens ab Anfang der siebziger Jahre einbezogen – ein Graubereich, in dem auch subjektiv beeinflusste Entscheidungen möglich waren. So wurden die Ehepartner, hier meist die Ehefrauen, die Kinder oder auch die in häuslicher Gemeinschaft lebenden Eltern oder Schwiegereltern in den Schutzkreis aufgenommen.[68]

Ebenfalls unklar definiert und damit für willkürliche Entscheidungen empfänglich war der Schutz von Personen, die nicht in die originäre Zuständigkeit des Bundeskriminalamts nach §9 BKA-Gesetz fielen, aber nach Einschätzung der Sicherheitsstellen als gefährdet galten. Die originäre Zuständigkeit für diese Gruppe hatten gesetzlich zunächst die Länder inne. Schließlich wurde durch einen BMI-Erlass 1975 geregelt, dass Schutzmaßnahmen des BKA für nicht unter §9 BKA-Gesetz fallende Personen in Ausnahmefällen im Wege der Organleihe rechtlich zulässig seien.[69] Wenn bei Personen eine konkrete Gefährdung vorlag, konnten diese somit auf ausdrückliche Weisung des Bundesinnenministers unter Schutz gestellt werden: die sogenannten Nicht-§9-Personen oder auch Weisungspersonen. Das BKA wurde dann für die zuständige Landesbehörde tätig und nahm Polizeiaufgaben der Länder nach Landesrecht wahr. Hierfür hatten die Innenressorts der Länder dem BKA eine generelle Ermächtigung erteilt mit Pflicht zur vorherigen Anzeige des BKA an die Länder. Der Anfang dieser Regelung war die Erklärung des Innenministeriums Hessens, dass für den Schutz des BKA-Präsidenten Herold, der in Wiesbaden ansässig war, die SG auf ihrem Landesgebiet vollzugspolizeiliche Schutzmaßnahmen wahrnehmen dürfe.[70]

Die Nicht-§9-Personen stellten einen nicht unwesentlichen Teil des Schutzkreises dar und waren gleichzeitig eine leicht verschiebbare und ausdehnbare Gruppe. Den Kern dieser Gruppe bildeten die ehemaligen Mitglieder von Verfassungsorganen des Bundes wie die Bundespräsidenten a.D., die Bundeskanzler a.D. und die Bundesminister a.D. Hinzu kamen Mitglieder und ehemalige Mitglieder von Bundesbehörden wie die Präsidenten des BKA und des BfV, beamtete Staatssekretäre oder Partei- oder Fraktionsvorsitzende sowie gefährdete Personen aus Wirtschaft und Finanzwesen. In der Praxis konnte der Status als Person nach §9 BKA-Gesetz und als Nicht-§9-Person ineinander übergehen, wie beim CSU-Parteivorsitzenden Franz Josef Strauß, der gleichzeitig Mitglied des Deutschen Bundestags war. Sicherheitseinstufungen wurden auch für den in §9 BKA-Gesetz zweiten Personenkreis eingeführt, nämlich für die Gäste der Bundesregierung. Die Umsetzung des Schutzes für diesen Bereich wurde in der Polizeidienstvorschrift 130 (PDV 130) festgelegt und der PDV 100 angeglichen.

Die Einstufung für alle genannten Gruppen wurde zunehmend von den sich entwickelnden elektronischen Informationstechniken unterstützt, damals noch als »EDV« bezeichnet. Denn nicht nur bei der Fahndung wurde immer stärker auf die Vernetzung von Informationen in Bund und Länder gesetzt, wie die Arbeitsdatei PIOS (Personen, Institutionen, Organisationen, Sachen) zeigt, sondern auch beim Personenschutz.[71] So sollten Gefährdungshinweise, -einstufungen und Sicherheitsmaßnahmen für gefährdete Personen zusammengeführt bzw. überhaupt eine Datei mit potenziell gefährdeten Personen erstellt werden. Nachdem alle Innenminister und -senatoren der Länder einer solchen Datei zugestimmt hatten, begann das BKA ab dem 20. Juni 1977 mit dem Aufbau. Die Datei wurde beim BKA in Bonn-Bad Godesberg errichtet und war für alle diejenigen zugriffsoffen, die auch für die Arbeitsdatei PIOS, die im Rahmen von INPOL (Informationssystem der Polizei) erstellt worden war, berechtigt waren.

Die Umsetzung des Personenschutzes

In den bereits erwähnten »Richtlinien über Gefährdungsstufen und Schutzmaßnahmen für den Personen- und Objektschutz« vom 6. Februar 1975 wurden auch die Stufen der Schutzmaßnahmen (SM) festgelegt. Sie fanden später Eingang in die Polizeidienstvorschrift 100 (PDV 100), nach der die konkreten Personenschutzmaßnahmen umgesetzt wurden.

- SM 1: Ständige Begleitung der gefährdeten Person
- SM 2: Begleitung der Person in besonderen Fällen (zu bestimmten Zeiten/aus besonderem Anlaß)
- SM 3: Ständiger Objektschutz durch Posten und/oder Streife (je nach Lage des Objekts)
- SM 4: Objektschutz durch Posten/oder Streifen in besonderen Fällen (zu bestimmten Zeiten/aus besonderem Anlaß)
- SM 5: Mindestens einmalige Bestreifung des Objekts zu unregelmäßigen Zeiten innerhalb einer Stunde
- SM 6: Bestreifung des Objekts zu unregelmäßigen Zeiten im Rahmen des Streifendienstes[72]

Welche Schutzmaßnahmen den einzelnen Gefährdungsstufen zugeordnet werden sollten, ließen die Richtlinien offen. Hier hieß es lediglich, dass die einzelnen Schutzmaßnahmen miteinander kombiniert werden können und die Einstufung der jeweiligen Lageentwicklung anzupassen sei. Daher entwickelte die SG 22 Kriterien für das Einordnen in Gefährdungsstufen und Zuordnen von Schutzmaßnahmen: Für die GS 1 sollten grundsätzlich Maßnahmenstufen 1 und 3, ausnahmsweise Stufe 2 angewendet werden. Bei Einstufung in GS 2 sollte grundsätzlich Maßnahmenstufe 2 sowie notwendigenfalls Stufe 4 oder 5 durchgeführt werden. Personen der GS 3 sollten ausnahmsweise nach Maßnahmenstufe 2 sowie notwendigenfalls nach Stufe 5 oder 6 Schutz erhalten.[73]

Den Personenschutz für Personen nach §9 BKA-Gesetz sowie auf Weisung des Bundesinnenministers übernahm wie bereits erwähnt die SG des BKA. Für alle anderen Personen waren die jeweiligen Länder zuständig, in denen sich der Wohnsitz der Schutzperson befand. Unterstützt wurden beide Polizeien seit den sechziger Jahren durch den BGS, der jedoch nur Objektschutzmaßnahmen ausführte. Die Länder waren frei in der Gestaltung des Personenschutzes in ihrem Zuständigkeitsgebiet. Während einige Länder einfache Polizeivollzugsbeamte einsetzten, ließen andere Länder wie Nordrhein-Westfalen ihre gefährdeten Personen durch Spezialeinheiten wie das Sondereinsatzkommando (SEK) schützen.[74] Reiste eine Schutzperson der Gefährdungsstufe 1 oder 2 über die Landesgrenze, blieb weiterhin das Land des Hauptwohnsitzes verantwortlich.[75]

Zur Vorbereitung der eigentlichen Schutzsituation fand ein Sicherheitsgespräch mit der gefährdeten Person statt, in dem die Gefährdungsstufe und die neuen Maßnahmen genauer erklärt wurden. Dabei konnte auch die Schutzperson ihre eigenen Unsicherheitsgefühle darstellen oder Wünsche in der Umsetzung äußern. Oftmals waren Familienangehörige zugegen, die eventuell in das Schutzprogramm einbezogen wurden. In diesen Sicherheitsgesprächen wurden häufig Merkblätter ausgeteilt, die bereits seit Anfang der siebziger Jahre entworfen worden waren und in denen auf zahlreiche Möglichkeiten des Selbstschutzes und des eigenen Sicherheitsverhaltens hingewiesen wurde. Das »Merkblatt für Nachbarn von besonders gefährdeten Personen«, das 1975 von der IMK eingeführt und in den folgenden Jahrzehnten weiterentwickelt wurde, richtete sich an die Nachbarn von gefährdeten Personen und wies sie auf die besonderen Umstände hin. Die Anwohner wurden gebeten, bei der frühzeitigen Erkennung und Abwehr einer Gefahr für die Schutzpersonen mitzuhelfen.[76]

Nachdem alle vorbereitenden Maßnahmen getroffen waren, wurde der Schutzperson ein Personenschutzkommando zugeordnet, das den konkreten Begleitschutz der Schutzperson durchführen sollte. Die Größe des Kommandos richtete sich nach der Gefährdung der zu schützenden Person. So bestand zum Beispiel das Personenschutzkommando des Bundespräsidenten Walter Scheel im Dezember 1977 aus fünf Beamten der Sicherungsgruppe, zwei Beamten des BKA Wiesbaden und vier BGS-Beamten. Hinzu kamen zwei SG- und zwei BGS-Beamte für seine Ehefrau Mildred Scheel, zwei SG-, ein BKA- und drei BGS-Beamte für Tochter Cornelia und die gleiche Anzahl noch einmal gemeinsam für Tochter Andrea und Sohn Simon-Martin. Insgesamt waren für den Bundespräsidenten und seine Familie 27 Kräfte für den unmittelbaren Personenschutz eingeteilt.[77] Dabei wurden die Schutzkommandos oftmals nach Schutzbereichen aufgestellt. So umfasste der Schutzbereich »Bundeskanzler« nicht nur den Kanzler Helmut Schmidt, sondern auch seine Ehefrau Loki, seine Tochter Susanne und den Staatssekretär im Bundeskanzleramt. Die Kräfte wurden dann flexibel innerhalb des Bereichs eingesetzt.

Aufgrund der langen Arbeitszeit waren die unmittelbaren Begleitschutzkräfte der Kommandos oft in Schichten eingeteilt. Der Dienst begann mit der Abholung der Schutzperson an ihrem Wohnsitz, meist gegen 7.30 Uhr, und endete mit dem Zurückbringen der Schutzperson nach letzten Terminen, häufig erst nach Abendveranstaltungen in den Nachtstunden. Der unmittelbare Begleitschutz und die Innensicherung wurden durch die SG wahrgenommen, Aufgaben im Objektschutz sowie Fahrdienste oder Führen der Begleitfahrzeuge durch BGS- oder Länder-Beamte. Der Kommandoführer, überwiegend ein erfahrener älterer Kriminalbeamter des höheren Dienstes, leitete Organisation und Umsetzung der Personenschutzmaßnahmen, übergab beispielsweise Einzelaufträge an Kommandomitglieder und hielt den Kontakt zur Schutzperson oder zu seinem persönlichen Referenten.

Wie sah nun der konkret ausgeführte Personenschutz aus? Die PDV 100 enthält hier erste grobe Vorgaben, wie sich die Personenschützer zu verhalten hatten. Beim unmittelbaren persönlichen Schutz hatten sich die Schützer »ständig in unmittelbarer Nähe der zu schützenden Personen aufzuhalten und ihnen drohende Gefahren, insbesondere Angriffe auf Leib oder Leben, mit dem Einsatz ihrer Person abzuwehren«.[78] Weiter wurde in Punkt 11 der PDV 100 festgelegt, dass die eingesetzten Kräfte besondere Vorkommnisse und die Aufenthaltsorte der zu schützenden Personen dem Lagezentrum der Abteilung Sicherungsgruppe unverzüglich mitzuteilen haben, das wiederum die zuständigen Einsatzleitungen sofort unterrichtet. Handelte es sich um einen Anschlag, legte die PDV 100 in Punkt 9 fest, dass neben der sofortigen Abwehr der Gefahr die Schutzperson abgedeckt und aus der Gefahrenzone gebracht werden sollte. Neben möglichen Erste-Hilfe-Maßnahmen sollte sofort die notwendige ärztliche Versorgung sichergestellt werden. Erst dann sollte die Ergreifung des oder der Täter eingeleitet oder veranlasst und der Tatort und Tatbefunde gesichert werden. Dahinter stand der Grundsatz des Präventivvorranges, der besagt, dass erst wenn der Schutzauftrag nicht mehr beeinträchtigt war, repressive Maßnahmen eingeleitet werden sollten. Es durften keine Mitteilungen und Auskünfte an Medienvertreter gegeben werden.

Im täglichen Personenschutzgeschäft ging es um die ständige Organisation von Terminen, Aufenthalten und Fahrten der Schutzperson. Hierfür musste der Personenschutz genauestens sicherheitstechnisch vorbereitet werden, unter anderem durch Überprüfen der Termine, Absprachen mit anderen Sicherheitsbehörden, Festlegen der Wegstrecken, Durchsuchen von Räumen, Erkunden von Abstellmöglichkeiten für Kraftfahrzeuge oder Sichern eines Personenaufzuges vor und während der Benutzung.[79]

Bewegte sich die Schutzperson zwischen verschiedenen Zielen, war sie besonders gefährdet. War die Schutzperson an einem Ort erst einmal angekommen, der Ort gesichert und die Schutzperson gut untergebracht, war die Gefährdung eher gering. Der Aufenthalt auf öffentlichen Straßen und an öffentlich zugänglichen Plätzen war dagegen besonders aufmerksam zu planen. Dabei passten sich die Methoden des Schutzes allmählich den Herausforderungen an. Handelte es sich um eine besonders gefährdete Schutzperson, wie den Bundeskanzler oder den Bundesinnenminister, wurde für den Transport der Schutzperson sowie einer oder mehrerer Begleitbeamte ein gepanzertes Fahrzeug verwendet, das mit Behördenkennzeichen und mehreren auswechselbaren Tarnkennzeichen ausgestattet war. Begleitet wurden die gepanzerten Wagen von Begleitfahrzeugen – oft mit zivilem Anstrich – besetzt mit weiteren Begleitbeamten, um bei einem Angriff unabhängig und beweglich zu sein. Eines der Begleitfahrzeuge hielt sich oftmals im weiteren Umkreis der Kolonne zu Aufklärungszwecken auf. Bei weniger gefährdeten Personen wurden oft auch nur zwei Begleitbeamte eingesetzt, von denen einer der Fahrer war.[80] Zur Fortbewegung konnten auch Hubschrauber oder Flugzeuge der Bundeswehr genutzt werden.[81]

Die Kraftfahrzeugfahrer mussten über spezielle Fahrkenntnisse verfügen, schließlich fuhren die Fahrzeuge der Kolonne oft schnell und dicht hintereinander, gleichzeitig sollten die Verkehrsteilnehmer beobachtet werden. Da Anfang der siebziger Jahre die Kräfte des Schutz- und Begleitdienstes teilweise den oft stärkeren und schnelleren Dienstwagen der Schutzpersonen nicht folgen konnten, galt es hier wenigstens Sichtverbindung zu halten.[82] Die Reisen von Schutzpersonen ins Ausland waren für die Personenschützer eine besondere Herausforderung, da sie mit einer völlig fremden Umgebung konfrontiert waren, vor allem wenn sie nicht durch ein Vorauskommando erkundet und gesichert werden konnte. Die Personenschützer mussten sich dann ganz auf die spontan vorliegenden Gefahrensituationen konzentrieren. Wurde der Auslandsaufenthalt jedoch in Zusammenarbeit mit den ortsansässigen Sicherheitsbehörden vorbereitet, konnte die Gefährdung vermindert werden.

Der unmittelbare Begleitschutz wurde durch den Innenschutz ergänzt. Er ist in der PDV 100 unter Punkt 6 geregelt und sah vor, dass die eingesetzten Kräfte sicherstellten, dass »die jeweiligen Aufenthaltsorte der zu schützenden Personen entsprechend der jeweiligen Sicherheitslage« abgesichert wurden.[83] Ziel dabei war es, drohenden Gefahren im Inneren von Gebäuden vorzubeugen. Wie umfangreich der zu sichernde Innenbereich war, hing von der Größe des Objekts ab. Teilweise wurde bei größeren Gebäuden der engere Wohnbereich einer Schutzperson als separater »Sperrbereich« eingegrenzt, der dann nur noch mit Ermächtigung betreten werden durfte. Der Maßnahmenkatalog sah die Begehung des Sicherheitsbereichs, die Absuche nach sprengstoffverdächtigen Gegenständen, auch unter Einsatz von Sprengstoffhunden, sowie die Überprüfung und Überwachung sicherheitsrelevanter Räumlichkeiten und verdächtiger Personen und Sachen vor.[84] Die Intensität dieser Maßnahmen richtete sich nach der Gefährdungslage und wurde zumeist von den Begleitbeamten übernommen. Bei Einsatz von anderen Objektschutzkräften vor Ort musste eine Unterbringung derselben gewährleistet werden. War dies im Gebäude selbst nicht möglich, wurden die Polizeikräfte oftmals in einem Baucontainer vor dem Wohnhaus postiert. Anders war es bei Bundesinnenminister Genscher 1972, hier kamen die Beamten in den Kellerräumen seines Hauses unter. Die Innensicherung erfolgte von Anbruch der Dunkelheit mit nur einem, ab 0.00 Uhr dann mit zwei Beamten, ausgerüstet mit Maschinenpistolen. Diese Maßnahme wurde auch durchgeführt, wenn Genscher selbst nicht im Hause war.[85] Auf Urlaubsreisen waren ebenfalls Sicherheitskräfte, oft die Personenschützer selbst, für die Innensicherung der Unterkünfte in Hotels, Ferienwohnungen oder auf Campingplätzen verantwortlich.

Hinzu kam der Außen- und Objektschutz, also die Sicherung von Gebäuden gefährdeter Personen, durch uniformierte BGS-Beamte oder die örtliche Polizei. Für das Anwesen von Bundesinnenminister Genscher sah der von der Sicherungsgruppe im Jahr 1972 festgelegte Objektschutz vor, dass die Außensicherung durch sechs Beamte der nordrhein-westfälischen Polizei erfolgen sollte.[86] Entsprechend patrouillierten drei ständige Doppelposten vor dem Haus, hinter dem Haus und auf der Fahrstraße zum Haus, ausgestattet mit Funkstreifenwagen, Maschinenpistolen und Handsprechfunkgeräten. Lagen Dienst- und Wohnsitze eng beieinander, wie beim Bundespräsidenten, war der Objektschutz des Privatgebäudes eng mit denen der gefährdeten Ministerien und Bundesbehörden verbunden.

In den siebziger Jahren war der Objektschutz noch stark von der personellen Sicherung geprägt. Mit der technischen Weiterentwicklung nahm die Bedeutung materieller Schutzmaßnahmen im Personenschutzkonzept zu.[87] So wird heute der Objektschutz deutlich mehr durch materielle Schutzmaßnahmen wie Panzerverglasung und visuelle Sicherheitsanlagen bestritten. Zudem wurden in den neunziger Jahren Bürgernähe und Publikumsöffnung wichtiger. Ein Objekt, das durch Polizei-Hundertschaften geschützt würde, wäre im heutigen Verständnis von Demokratie, Offenheit und Transparenz nicht mehr zeitgemäß.

Eine weitere technische Schutzmaßnahme, die bereits erwähnt wurde, waren die gepanzerten Fahrzeuge. Spätestens seit den Attentaten auf Schleyer und den italienischen Ministerpräsidenten Aldo Moro hatte der Einsatz sondergeschützter Fahrzeuge sowohl für die Schutzperson als auch für die Personenschutzkommandos höchste Priorität.[88] Da in den siebziger Jahren jedoch nur wenige solcher Fahrzeuge vorhanden waren, erhielten nur besonders gefährdete Personen diese teils überlebenswichtige Maßnahme.[89]

Um den Personen- und Objektschutz ständig auf seine Funktionstüchtigkeit zu überprüfen, wurden in regelmäßigen Abständen Schwachstellenanalysen durchgeführt. So sollten Sicherheitslücken aufgedeckt werden, die von potenziellen Angreifern genutzt werden konnten.[90] Schwierig waren hierbei subjektive und objektive Faktoren, die die Wirksamkeit von Schutzmaßnahmen infrage stellten und so für Schwachstellen sorgten. Scheicher zählte hierzu den »Lebenszuschnitt, berufliche oder gesellschaftliche Funktion, Wohnverhältnisse, Persönlichkeitsstruktur«, zum Beispiel das Festhalten einer Schutzperson an einem bestimmten Hobby, das nur schwer zu sichern war. Hier müsse dann durch ein »vorgeschobenes, weitgefächertes und damit aufwendiges Schutzprogramm« versucht werden, die Schwachstellen zu beheben.

2. Kapitel
Attentate des Linksterrorismus: Krisen im Personenschutz

Das Personenschutzsystem, wie es Anfang der siebziger Jahre existierte, unterlag in den folgenden Jahrzehnten einer stetigen Weiterentwicklung. Mit den Korrekturen und Veränderungen wurde dabei größtenteils auf die Attentate der linksterroristischen Gruppen in den siebziger und achtziger Jahren reagiert. Denn die Bedeutung des Personenschutzes wurde erst durch geschehene Anschläge deutlich und sein Ausbau durch diese Eskalation vorangetrieben. Dabei waren vor allem Attentate bedeutend, die auf die Repräsentanten des Staates abzielten. Hatte der Staat Opfer durch Anschläge zu beklagen, erhielt der Personenschutz eine politische Relevanz.

Die historische Entwicklung des Personenschutzes wird daher anhand ausgewählter terroristischer Attentate mit besonderer politischer Ausstrahlungskraft und großer Rezeption in der Öffentlichkeit dargestellt. Wie sahen die konkreten Änderungen im System Personenschutz nach den Attentaten aus? Welche Konsequenzen zog die Sicherungsgruppe aus Attentaten bezüglich des Personenschutzkonzeptes, der Gefährdungseinstufung, des Umgangs mit der Bedrohung? Die alltäglichen Brand- und Sprengstoffanschläge, Banküberfälle, Sachbeschädigungen oder Sabotagehandlungen und andere Delikte der terroristischen Gruppen bleiben dabei im Hintergrund.[1]

Vor Beginn der ersten Phase von 1972 bis 1976 war der Personenschutz zunächst einmal ein begleitendes Phänomen zu den im Vordergrund stehenden Maßnahmen in der Inneren Sicherheit, wie sie das »Sofortprogramm der Bundesregierung zur Modernisierung und Intensivierung der Verbrechensbekämpfung« von 1970 vorsahen. Konkrete Anlässe hierfür waren die bereits beschriebenen Entführungen von deutschen Botschaftern im südamerikanischen Ausland, weltweit unternommene Flugzeugentführungen oder andere kriminelle Handlungen, denen die deutsche Regierung mit sicherheits- und innenpolitischen Maßnahmen begegnete. Institutionell spiegeln sich diese Reaktionen in den vielzähligen entstandenen Krisenstäben dieser Zeit wider. Katastrophenpläne wurden überarbeitet oder Geheimschutzvorschriften erneuert. Gleichzeitig war das Gefährdungsbewusstsein noch wenig ausgeprägt, wenn beispielsweise überlegt wurde, Einlasskontrollen bei Ministerien zu lockern.[2]

Erste Phase 1972–1976: Erste Attentate und die Ruhe vor dem Sturm

Staatlicher Attentismus nach der Ermordung von Drenkmanns

Die erste Phase ab 1972 war geprägt von einzelnen Ereignissen im Personenschutz mit oder ohne terroristischen Hintergrund, die nur wenige konkrete Veränderungen in der Umsetzung des Personenschutzes mit sich brachten. So war das Attentat auf den Richter des Bundesgerichtshofes in Karlsruhe, Wolfgang Buddenberg, durch das »Kommando Manfred Grashof« am 16. Mai 1972 kein Anlass, den Personenschutz verstärkt in den Blick zu nehmen. Dieser Anschlag auf den zuständigen Haft- und Ermittlungsrichter für die damals 129 laufenden politischen Verfahren hatte erstmals einen terroristischen Hintergrund.[3] Auch die Attentate auf Bundesaußenminister Scheel in La Paz im März 1971 oder auf Bundespräsident Heinemann im Oktober 1973 führten zu keiner Konzeptionsüberarbeitung. Das Bundesinnenministerium schrieb lediglich an das Bundeskriminalamt, dass die Beamten der Sicherungsgruppe zukünftig den zu schützenden Personen stets dicht folgen sollten.[4]

Nachdem der Überfall auf die israelische Olympiamannschaft im Jahr 1972 erste Auseinandersetzungen mit dem Thema Personenschutz nach sich gezogen hatte, folgte ein für die Personenschützer weniger krisenhaftes Jahr. Ende 1973 standen die beginnende Ölkrise und die dadurch aufkommenden wirtschaftspolitischen Fragen im Zentrum der Politik. In den letzten Monaten des Jahres 1974 wurde die innenpolitische Situation jedoch wieder kritisch. Der Prozess gegen Mitglieder der RAF und der »Bewegung 2. Juni« in Stuttgart-Stammheim stand kurz bevor. RAF-Mitglied Holger Meins war nach längerem Hungerstreik am 9. November in der JVA Wittlich verstorben.

Am darauffolgenden Tag, den 10. November 1974, wurde der Berliner Kammergerichtspräsident Günter von Drenkmann von Mitgliedern der »Bewegung 2. Juni« ermordet.[5] Nach diesem grausamen Ereignis kam bereits zwei Tage später die IMK der Länder zu einer Sondersitzung zusammen.[6] Die Stimmung war angespannt.[7] Die Vertreter der Länder berieten über Maßnahmen zur Verbesserung der Sicherheit von Personen und Gebäuden, beispielsweise den verstärkten Objektschutz im Raum Bonn, Stuttgart-Stammheim und Karlsruhe als Sitz des Bundesgerichtshofes und des Generalbundesanwalts. Der BGS sollte zunehmend für Sicherheitsaufgaben herangezogen werden. Die Wohnung des BKA-Präsidenten, deren Schutz der hessischen Polizei unterstand, sollte nun mit Kräften des BGS gesichert werden. Merkblätter zum Selbstschutz, wie sie die IMK beschlossen hatte, sollten an alle Personen, die schon einmal Opfer eines Angriffes gewesen waren, und an alle möglichen Opfer, gegen die sich Ausspähhandlungen richteten, sowie an alle Mitglieder des Innen- und Rechtsausschusses, verteilt werden.

Besonders diskutiert wurde in der Sitzung die Festlegung von Gefährdungskriterien. Opfergefährdung, gezielte Gefährdung und Positionsgefährdung wurden unter den Teilnehmern definiert und dabei vor allem der Bereich der Justiz berücksichtigt. Denn zu vermuten war, dass auch nach der Ermordung des Kammergerichtspräsidenten von Drenkmann »mit weiteren Anschlägen gegen Mitglieder der Verfassungsorgane und andere Bundespolitiker, insbesondere gegen Vertreter der Justiz« gerechnet werden musste.[8] Durch den bevorstehenden Baader-Meinhof-Prozess und die damit verbundenen Sicherheitsvorkehrungen war hauptsächlich das Land Baden-Württemberg personell belastet. Der Arbeitskreis II der IMK beschloss daher am 14. November, dass der Bund und die Länder Baden-Württemberg in der »jetzigen besonderen Sicherheitslage mit Kräften« unterstützen würden.[9]

Wie Klaus Weinhauer feststellt, war der Staat nach dem Mord an von Drenkmann darauf bedacht, den Bürgerinnen und Bürgern durch erweiterte innenpolitische Maßnahmen Stärke zu demonstrieren und »Flagge« zu zeigen.[10] Der erhöhte Schutz für Politiker oder einzelne Bundestagsmitglieder stand dabei nicht im Vordergrund. Zudem deuten die schnelle Ausweitung des Personenkreises auf Justizangehörige und die nur kurze Zeit später erfolgte Rücknahme des Schutzes nicht darauf hin, dass sich das Konzept systematisch und qualitativ verbessert hätte. Der Mord an von Drenkmann führte nicht dazu, dass der Personenschutz von den Sicherheitsakteuren als wichtig erachtet wurde. Vielmehr war die Zeit von staatlichem Attentismus in diesem Bereich geprägt.

So überwog im Jahr 1974 noch eine gewisse Sorglosigkeit bezüglich der Gefährdung von Personen und Objekten. Für das Sommerfest beim Bundeskanzler am 19. Juli 1974, zu dem 1.400 Gäste eingeladen waren, wurden die Sicherheitskräfte und Hundestreifen nur leicht aufgestockt. Für die Feier wurde keine besondere Gefährdung festgestellt, obwohl zahlreiche gefährdete Politiker zu diesem Sommerfest erschienen. Zur gleichen Zeit herrschte in den Vereinigten Staaten eine ganz andere Sensibilität für Sicherheitsfragen: Hier war der »Secret Service«, der für die Bewachung des Weißen Hauses zuständig war, bereits seit einigen Monaten mit Flugabwehrraketen ausgerüstet worden.[11]

Die Lorenz-Entführung: »Generalprobe« ohne Folgen

Nur wenige Monate später standen die Sicherungskräfte vor ihrer nächsten Herausforderung: Am 27. Februar 1975 wurde der CDU-Spitzenkandidat Peter Lorenz in Berlin entführt.[12] Im Bekennerschreiben der »Bewegung 2. Juni« begründeten die Terroristen die Wahl ihres Entführungsopfers damit, dass Lorenz der »Vertreter der Reaktionäre und Bonzen« sei und so für »Akkordhetze und Bespitzelung am Arbeitsplatz, für den Aufbau von Werkschutz und Antiguerillagruppen« und vieles andere verantwortlich.[13]

Obwohl noch etwas ratlos angesichts dieser neuen Situation wurden sofort in den Ministerien Sondersitzungen einberufen sowie politische und polizeiliche Krisenstäbe gebildet.[14] Im Vordergrund stand, Lorenz lebend aus den Händen seiner Geiselnehmer zu retten. So blieb zunächst auch unkommentiert, dass Lorenz zum Zeitpunkt des Attentats über keinen Personenschutz verfügt hatte. Nach dem Tod von Drenkmanns und der neu beurteilten Gefährdungslage hatte Lorenz zwar Begleitschutz erhalten, dieser war aber bereits im Januar 1975 eingestellt worden. Lediglich sein Wohnsitz wurde nachts beschützt.[15]

In einer Sondersitzung des Bundestags-Innenausschusses am Tag nach der Entführung kam die Frage nach seinem Personenschutz auf.[16] Daraufhin erklärte der Bundesinnenminister, dass die Maßnahmen in Berlin »in vollkommener Abstimmung mit dem Bunde« und gebilligt durch die IMK erfolgt waren. Die Sicherheitsbehörden hätten zwar verstärkte »Ausspähungstätigkeit« festgestellt, die »Grenze der Belastbarkeit« für die deutschen Sicherheitsbehörden sei jedoch »nahezu erreicht« und von den konkret gefährdeten Personen »werde nur derjenige nicht observiert, der sich strikt weigere«. Nun gehe es vor allem darum, »das Bewusstsein in der Bevölkerung für die Notwendigkeit zu stärken, Verdächtiges den zuständigen Behörden mitzuteilen«.

Auch der Abgeordnete Willy Brandt betonte in seiner Rede im Deutschen Bundestag am 13. Mai, dass es »einen absolut sicheren Schutz gegen den Terrorismus« nicht gebe.[17] »Dafür solle es also keinen Streit geben« – so die Meinung Brandts. Peter Lorenz habe schließlich nach seiner Freilassung selbst auf diesen Sachverhalt hingewiesen. Vielmehr käme es jetzt darauf an, dass der Deutsche Bundestag den Staatsdienern der Polizei und Justiz signalisierte, dass er »hinter ihnen« stehe. Die Anstrengungen für einen verbesserten Schutz und eine schnellere Ergreifung der Terroristen müssten verstärkt werden.

Bereits am Tag der Entführung reagierten die für den Personen- und Begleitschutz zuständigen Sicherheitsbehörden. Personenschutzmaßnahmen wurden verstärkt und die Personenschützer zu besonderer Aufmerksamkeit aufgerufen.[18] Die Belastbarkeit der Sicherungsgruppe war damit bereits überschritten. So bat dann auch der BKA-Präsident Herold in einer Vorlage an den Bundesinnenminister, die Schutzmaßnahmen zu reduzieren.[19] Die geschützten Personen hätten bereits auf Mängel hingewiesen; etwa 30 Verkehrsunfälle während des Einsatzes sowie ein Selbstmordversuch würden die »Bandbreite der Überlastungsfolgen« widerspiegeln. Daher bleibe nur übrig, die Maßnahmen abzubauen. Herold schlug die Einstellung des Schutzes für den Bundespräsidenten a.D. Gustav Heinemann vor, für den CDU-Generalsekretär Kurt Biedenkopf, für einige Staatssekretäre und Staatsminister sowie für Mitglieder des Deutschen Bundestags. Auch für Martina Genscher, die Tochter von Hans-Dietrich Genscher, und die Tochter des Bundesinnenministers Maihofer sollten die Maßnahmen aufgehoben werden. Mit einem handschriftlichen Vermerk lehnte Bundesinnenminister Maihofer diese Kürzungen ab.

Trotz der Beurteilung des Lorenz-Attentats als »zentrales Ereignis für die staatlichen Antworten auf den Terrorismus und die Kanalisierung des Phänomens«[20] entwickelte sich der Personenschutz nicht wesentlich weiter. Lediglich der Personenschutzkreis wurde quantitativ und teilweise hektisch ausgeweitet. Der politische Druck zur Anpassung politischer Strukturen, wie er nach Matthias Dahlke durch die Lorenz-Entführung erstmals vorhanden war, blieb bezüglich des Personenschutzes aus.[21] Der Personenschutz spielte bei der Frage, wie zukünftig solche Entführungen verhindert werden könnten, weiterhin eine untergeordnete Rolle.

Außenpolitisches Zwischenspiel: Stockholm

Der Überfall auf die Botschaft der Bundesrepublik Deutschland in Stockholm am 24. April 1975 rückte die Frage des Objektschutzes in den Vordergrund.[22] Vor allem in den Medien wurde diskutiert, wie sich die Terroristen überhaupt Zutritt zur deutschen Botschaft verschaffen konnten.[23] Dementsprechend versuchte die Bundesregierung alle Zweifel am ausreichenden Schutz zu zerstreuen, indem Pressesprecher Klaus Bölling zusammen mit dem Auswärtigen Amt gleich am Tag nach dem Überfall der Presse erklärte, dass ein nach menschlichem Ermessen ausreichender Schutz gewährleistet war.[24] Auch Bundeskanzler Schmidt erklärte am 25. April vor dem Deutschen Bundestag, dass »eine Botschaft, die viel Publikumsverkehr hat, keine Festung sein kann und daß die Sicherheitsmaßnahmen, die in diesem Fall in den letzten Wochen verstärkt worden waren, niemals perfekt sein könnten.«[25]

Der Krisenstab im Auswärtigen Amt begann jedoch gleich, die Sicherheitsmaßnahmen aller deutschen Botschaften im Ausland zu überprüfen, und forderte die Vertretungen im Ausland auf, die Regierung im Gastland »um verstärken Schutz für Personen und Objekte der Vertretungen« zu bitten.[26] Auch im Inland wurde der Objektschutz, zum einen für ausländische Missionen und zum anderen für eigene gefährdete Objekte, insbesondere im Raum Bonn, überdacht.[27] Der Neubau des Bundeskanzleramts, der im April 1976 bezogen wurde, erhielt umfangreiche Schutzmaßnahmen. Statt nur eines Sicherungsbeamten sollten nun mehrere BGS-Beamte eingesetzt werden, einer sollte ständig in der Alarmzentrale anwesend sein, die anderen Kontrollgänge im Gebäude und auf dem Gelände tätigen. Eine ausreichend hohe Umzäunung, die Installation der Kameraüberwachung und Fernsehanlage sowie der Dauereinsatz von Scheinwerfern waren vorgesehen. Der Leitungsbereich des Kanzleramts wurde durch eine zusätzlich eingebaute Tür geschützt, die automatisch schloss.[28]

Während sich der Objektschutz zunehmend für Bedrohungsszenarien sensibilisierte, verharrte der Personen- und Begleitschutz in der Bewegungslosigkeit. Dabei hatte die von der RAF im Dezember 1975 veröffentlichte »Stammheimer Erklärung« zum individuellen Terror gezielt gegen »Repräsentanten des Systems« aufgerufen, was, so die Analyse des BKA-Präsidenten, auf eine »Entwicklung der Personalisierung« hindeutete.[29] Gleichwohl wurde der Personenschutz als präventive Terrorismusbekämpfung in den Vorhaben des BMI für die 8. Legislaturperiode nicht einmal explizit genannt.[30] Vielmehr waren die Sicherheitsexperten damit beschäftigt, die seit dem Drenkmann-Mord chronische Überlastung im Personenschutz zu beheben. In seiner Sitzung am 15. Januar 1976 beschloss der Haushaltsausschuss des Bundestags die Empfehlung, bei voller Wahrung der fachlichen Verantwortung des BMI, »den jetzigen Umfang der Schutz- und Begleitdienste tunlichst auf das notwendige Maß einzuschränken«.[31]

Diese Aufforderung nutzte der BKA-Präsident Herold dazu, sein bereits im März und Oktober 1975 gefordertes Grundschutzmodell, das eine »Verdünnung« der Personenschutzmaßnahmen unter anderem für Nicht-§9-Personen bzw. Weisungspersonen wie Martina Genscher und Andrea Maihofer vorsah, dem Bundesinnenminister erneut vorzulegen. Diesmal stimmte Maihofer zu. Das Grundschutzmodell regelte, nur den Spitzen der Verfassungsorgane des Bundes, den vier Sicherheitsministern, den drei Altbundeskanzlern und den Parteivorsitzenden sowie den Politikern, bei denen eine ganz konkrete Gefährdung vorlag, ein ständiges Begleitkommando zuzuweisen.[32] Alle anderen Personen sollten fortan von einem Beamten oder von einem sogenannten Springerkommando geschützt werden. Die Umsetzung des Modells stieß auf erheblichen Widerstand bei den Schutzpersonen, sodass es im März 1977 erst bei 18 von 64 Schutzpersonen angewendet wurde.

Die Ermordung des Generalbundesanwalts Siegfried Buback einen Monat später, im April 1977, beendete diese Entwicklung schlagartig. Die Schutzmaßnahmen wurden auf Maihofers Weisung hin wieder im vollen Umfang aufgenommen.[33] Aufgrund dieser nur kurzen Episode der Maßnahmenkürzungen und der gleichzeitig fehlenden konzeptionellen Überarbeitung kann im Personenschutz die Phase der Lorenz-Entführung und des Stockholm-Attentats als Vorstufe zur zweiten Phase gesehen werden.[34]

Zweite Phase 1977–1984: Ein überlastetes System und sein Umbau

Ein »Riesenschock«: Mord an Buback und Ponto

Am 7. April 1977 erschoss das »Kommando Ulrike Meinhof« der RAF den Generalbundesanwalt Buback und seine Begleiter in Karlsruhe.[35] Die Sicherheitsbehörden waren aufgeschreckt. BKA-Präsident Horst Herold erinnert sich an dieses Ereignis mit den folgenden Worten: »Man hat das Thema einfach unterschätzt. Mich eingeschlossen. Und Buback eingeschlossen. Eigentlich alle, die Minister. Es war ein Riesenschock, der Buback-Mord.« Der Personenschutz erschien als letzte Möglichkeit, die ›Sicherheitslücke‹ zu schließen.

Für Buback kam diese Erkenntnis zu spät. Dabei war die Gefährdung für den Generalbundesanwalt als Angehöriger des Justizbereichs überdeutlich gewesen.[36] Das Lorenz-Attentat 1975 und schließlich die Sicherstellung von RAF-Unterlagen bei der Festnahme von Siegfried Haag und Roland Mayer am 30. November 1976, die eine Aufführung von Codenamen wie »big raushole« und »big money« für mögliche nächste Opfer enthielten und eine größere Aktion ankündigten, waren wichtige Warnsignale gewesen. Dass mit dem Codewort »margarine« Siegfried Buback gemeint war, wurde jedoch erst nach 1977 erkannt: Die Initialen von Buback ergaben den Namen einer bekannten Margarinemarke. Der BKA-Präsident hatte kurz vor dem Anschlag noch einen Vortrag gehalten, in dem er berichtete, dass die BEFA-Bewegungsbilder auffällige Aktivitäten zeigten und man sich »dem kritischen Punkt« nähern würde.[37] Dem Generalbundesanwalt sei seine persönliche Gefährdung auch bewusst gewesen, so Bundesjustizminister Vogel.[38]

Buback wurde zum Zeitpunkt des Attentats nur von seinem Fahrer und dem Leiter der Fahrbereitschaft begleitet, die beide mit in Bubacks ungepanzertem Mercedes saßen, er war also gänzlich ohne Personenschützer unterwegs.[39] Als Nicht-§9-Person fiel Buback in den Zuständigkeitsbereich des Innenministers Baden-Württembergs, Karl Schiess, der sogleich mitteilte, dass Buback, obwohl in die GS 1 eingestuft, den ständigen Begleitschutz abgelehnt hätte.[40] Hinzu kam die geringe Erfahrung der Polizei mit einem solchen Überfall. Der Personenschutz hatte nun erkannt, dass es wenig sinnvoll war, wenn die Beamten in den Fahrzeugen der gefährdeten Person mitfuhren. Ein wirksamer Begleitschutz konnte nur durch Begleitfahrzeuge gewährleistet werden. Man benötigte also mehr Kraftfahrzeuge.[41] Mit den Mängeln im Schutz Bubacks beschäftigten sich dann in einer hitzigen Diskussion der Landtag Baden-Württemberg sowie eine Sonderkommission in Karlsruhe.[42] In einem *Spiegel*-Interview beschuldigte der SPD-Sicherheitsexperte Heinz Pensky noch mehrere Monate nach dem Attentat das Land Baden-Württemberg, Buback keinen ausreichenden Schutz bereitgestellt zu haben.[43]

In der Sitzung des Innenausschusses des Deutschen Bundestags am 14. April 1977 wurde die Frage des Schutzes jedoch zugunsten einer einstimmigen und überparteilichen Geschlossenheit als für nicht mehr bedeutend erklärt.[44] Die Frage blieb auch in der Ansprache zum Staatsbegräbnis für den Generalbundesanwalt und die beiden Begleiter am 13. April sowie in der Erklärung der Bundesregierung zur Inneren Sicherheit und zur Terrorismusbekämpfung sieben Tage später unerwähnt.[45] Die Fahndung nach den Terroristen und der laufende Baader-Meinhof-Prozess standen im Vordergrund. Der »Mescalero«-Nachruf auf Buback, in dem der anonyme Autor seine »klammheimliche Freude nicht verhehlen« konnte und damit in der Öffentlichkeit großes Aufsehen erregte, tat sein Übriges.[46]

Dass nicht energisch nach Ursachen und möglichen Versäumnissen gefragt wurde, kritisierte schließlich Michael Buback, Sohn des Opfers, in einem Brief an Kanzler Schmidt, in dem er schwere Vorwürfe wegen Fehlern im Personenschutz für seinen Vater erhob. Er verurteilte das Vorgehen – vor allem von Innenminister Schiess – seinen getöteten Vater in die Diskussion um seine Sicherheit einzubeziehen, es verstelle den Blick auf die »wahren Zuständigkeiten«. Ihm ginge es vor allem um den Schutz »für die, die am Leben sind«, und für die in der Folgezeit »geeignete Sicherheitsmaßnahmen« getroffen werden müssen.[47]

Wie es Horst Herold in der erwähnten Innenausschuss-Sitzung vorhersah, war der Fall Buback der Beginn einer terroristischen Offensive. Am 30. Juli erschossen Susanne Albrecht und zwei weitere Terroristen der RAF den Vorstandsvorsitzenden der Dresdner Bank Jürgen Ponto bei einem Entführungsversuch in seinem Wohnhaus in Frankfurt.[48] Die Perfidität, mit der Albrecht ihre privaten Verbindungen zur Familie Ponto ausgenutzt hatte, schockierte die Öffentlichkeit. Bei vorherigen Besuchen im Haus der Familie Ponto im Juli 1977 hatte Albrecht bereits nach den Sicherheitseinrichtungen und einer installierten Alarmanlage gefragt.[49] Außer einem Tarnkennzeichen, das Ponto für seinen Mercedes im Juni 1976 erhalten hatte, waren keine Personen- und Objektschutzmaßnahmen, weder von der Dresdner Bank noch von der hessischen Polizei, getroffen worden – auch dann nicht, als kurz vor dem Attentat der Hund der Familie Ponto im Garten von Unbekannten erschossen worden war.[50]

Einen der wichtigsten Gefährdungshinweise über zwei männliche Personen, die am 7. Juli im Weltwirtschaftsarchiv Hamburg Unterlagen über Ponto und Hanns Martin Schleyer eingesehen hatte, erhielten die Landeskriminalämter und -innenministerien erst am 2. August und damit drei Tage zu spät. Dies verursachte erste Debatten über die »Strukturdefizite« in der Bund-Länder-Kommunikation.[51] Nachfragen, warum denn Ponto über keinen Personenschutz verfügte hatte, gab es dagegen keine – auch nicht im Innenausschuss des Bundestags, nachdem Herold in seinem ausführlichen Bericht über den Ponto-Mord das Thema Schutz mit keinem Wort erwähnte.[52]

Der Mord an Ponto hatte zur Folge, dass Wirtschaftsunternehmen und Banken ihr Schutzsystem überdachten bzw. überhaupt erst begannen, es zu entwickeln. Schließlich waren ihre Vorstandsvorsitzenden immer wieder in Schriften der terroristischen Szene als Symbolfiguren »kapitalistischer Repression« attackiert worden.[53] Auch die SG stellte Listen gefährdeter Personen zusammen, entwickelte neue Sicherheitsleitfaden für die Wirtschaft und verteilte vermehrt Merkblätter für gefährdete Personen und ihr Umfeld. Die Sorge um die führenden Persönlichkeiten des Wirtschafts- und Finanzwesens war berechtigt, wie sich nur wenige Wochen nach dem Ponto-Mord zeigen sollte.

Schleyer: »Eindeutig versagt«?

Am Abend des 5. September 1977 verließ Arbeitgeberpräsident Hanns Martin Schleyer sein Kölner Büro und stieg zu seinem Fahrer Heinz Marcisz in den ungepanzerten Mercedes 450.[54] Seine Personenschützer, Polizeihauptmeister Reinhold Brändle (41), Polizeimeister Roland Pieler (20) und Polizeihauptmeister Helmut Ulmer (24), folgten Schleyer in einem separaten Begleitfahrzeug auf dem Weg zu seinem Zweitwohnsitz in Köln. Seit dem 2. August erhielt Schleyer aufgrund deutlicher Gefährdungshinweise vom Innenministerium des Landes Baden-Württemberg, das aufgrund seines Hauptwohnsitzes in Stuttgart zuständig war, Schutzmaßnahmen in der höchsten Sicherheitsstufe, der Gefährdungsstufe 1.

Als die Kolonne in die Vincenz-Statz-Straße, eine Einbahnstraße, einbog, sah Fahrer Marcisz einen gelben Mercedes rückwärts auf sich zu kommen und sich plötzlich vor ihn querstellen. Marcisz musste abrupt bremsen, das Begleitfahrzeug mit den Personenschützern prallte auf Schleyers Auto und schob es in den querstehenden gelben Mercedes. Der Wagen, in dem Schleyer hinten rechts saß, war eingekeilt.[55] Fünf Terroristen näherten sich der Wagenkolonne und zielten bewusst auf Schleyers Begleiter. Innerhalb von zwei Minuten fielen 130 Schüsse. Marcisz und die Personenschützer starben im Kugelhagel, der Polizeihauptmeister Brändle erlag den Verletzungen durch über 50 Einschüsse.[56] Die Terroristen zerrten den unverletzten Schleyer aus dem Wagen und beförderten ihn in einen herangefahrenen VW-Bus. Mit ihrem Entführungsopfer verschwanden die Terroristen im Feierabendverkehr.[57]

Die Gefährdung Hanns Martin Schleyers war schon vor seiner Entführung offensichtlich gewesen. Erstmals waren die Täter mithilfe computerbasierter Fahndungen des BKA und der Polizeibehörden der Länder bereits vor der Tat identifiziert. Dass es sich bei den Initialen »H.M.« in den RAF-Unterlagen um Hanns Martin Schleyer handeln konnte, war spätestens seit Anfang August bei den zuständigen Sicherheitsbehörden bekannt.[58] Auch ließ die bereits erwähnte Tatsache, dass zwei männliche Personen die Materialmappen zu Schleyer im Hamburger Weltwirtschaftsarchiv eingesehen hatten, ein Attentat auf ihn vermuten.[59] In der Sitzung des Rechts- und Innenausschusses am 22. August 1977 hatte Generalbundesanwalt Kurt Rebmann Schleyer als nächstes mögliches Opfer genannt.[60] BKA-Präsident Herold trug im Kabinett am 31. August die Gefährdungslage für Hanns Martin Schleyer vor.[61] »Der nächste Anschlag ist bei Ihnen, Herr Hirsch«, sagte Herold gegenüber dem nordrhein-westfälischen Innenminister Hirsch.[62] Der Kanzler selbst hatte am 23. August ein Gespräch mit Schleyer geführt, der ihn zusammen mit dem Chef der Deutschen Bank aufgesucht hatte, weil sie die Sicherheit der führenden Personen der Wirtschaft gefährdet sahen.[63] Mit CDU-Oppositionsführer Helmut Kohl hatte sich Schleyer einige Tage vor dem Attentat im Bonner Restaurant »Roma« getroffen, um über die terroristische Bedrohung zu sprechen. Beide stimmten überein, dass es für sie »persönlich ausgeschlossen« sei, »im Falle einer Entführung gegen Terroristen ausgetauscht zu werden.«[64]

Aufgrund der neuen Hinweise war Schleyer dann vom Innenministerium Baden-Württemberg in die GS 1 hochgestuft worden.[65] Die Zuständigen für seinen Schutz, unter anderem der Sicherheitsberater der Firma Daimler-Benz, flogen am 2. August zu Schleyer nach Meersburg und unterrichteten ihn von der Gefährdungslage. Ab da waren für den Personenschutz ein Kommando in Stuttgart, Meersburg und Köln mit jeweils drei Beamten, für den Objektschutz an seinen Wohnsitzen in Baden-Württemberg mindestens 30 Polizeibeamte eingesetzt.[66] Das Polizeipräsidium Köln sah für die Kölner Wohnung zwölf Beamte für den Objektschutz vor. Noch am selben Tag erkundigte sich der baden-württembergische Innenminister im Lagezentrum seines Ministeriums, ob für Schleyer verstärkte Maßnahmen durchgeführt würden. Zudem versuchte Bundesinnenminister Maihofer ihn kurz vor dem Anschlag zu erreichen, ohne Erfolg. Über seine Sekretärin ließ er ausrichten, dass Schleyer sich mit BKA-Chef Herold in Verbindung setzen möge.[67] Von

Seiten der Schutzpolizei Baden-Württembergs war für Schleyer »Optimales« getan worden.[68]

Am Abend nach der Entführung Schleyers erklärte dann auch Kanzler Schmidt, dass jedermann wisse, dass es »eine absolute Sicherheit« nicht gebe.[69] Diese allgemeine Erklärung erhielt durch die Anklagen des entführten Schleyers aus seinem »Volksgefängnis« heraus – vor allem aus teleologischer Sicht – eine persönlich-tragische Dimension. In einem Tonband vom 12. September, das eine Nachricht der Entführer enthielt, hatte Schleyer an seinen Parteikollegen Helmut Kohl die Worte gerichtet, dass er die Wirksamkeit der ihm verordneten Schutzmaßnahmen damals zwar nicht beurteilen konnte, der Ablauf des 5. Septembers aber gezeigt hätte, »wie stümperhaft das Ganze gemacht wurde«.[70] Das BKA hätte bei den vorbeugenden Maßnahmen »eindeutig versagt«. Er sei bereit, »lautlos aus diesem Leben abzutreten, um die Fehler der Regierung, der sie tragenden Parteien und die Unzulänglichkeiten des von ihnen hochgejubelten BKA-Chefs zu decken«. Besonders diese Bemerkung ließ die Erinnerung an das Schleyer-Attentat für Herold schmerzhaft werden:

> »Natürlich war das für mich eigentlich der größte Schock meines Lebens. Denn ich hatte mir redlich Mühe gegeben, dass das Ergebnis nicht eintritt. […] Das verwindet man auch nicht, es ist eine Stimme aus dem Grabe, die einen schuldig spricht. Ich fühle mich nicht schuldig.«[71]

Nach dem Tod Schleyers am 20. Oktober veröffentlichte der CDU-Parteivorsitzende Franz Josef Strauß sogleich das hoch emotionale Schleyer-Video und heizte damit die gegenseitigen Schuldzuweisungen zwischen den Ländern Baden-Württemberg und Nordrhein-Westfalen erneut an. Daraufhin äußerte sich der nordrhein-westfälische Innenminister Hirsch am 31. Oktober im Deutschlandfunk zu den Schutzmaßnahmen, die »nach den damals vorhandenen Erkenntnissen […] ausreichend gewesen« seien.[72] Die Vorgehensweise der Terroristen sei für die Verantwortlichen »neu« gewesen. Zudem sei es immer die Frage, was dem Betroffenen an Schutzmaßnahmen »zuzumuten« sei. Er kritisierte weiter die Veröffentlichung des Tonbands, da es »mehr als unschön« sei, in dieser Weise einen »tragischen Vorgang parteipolitisch umzumünzen«.

Parteipolitische Debatten um die Verantwortlichkeiten beim Schutz für Schleyer fanden dann am 10. November auch im Landtag Baden-Württemberg statt, entfacht durch eine Große Anfrage der SPD-Fraktion. Der baden-württembergische Innenminister Schiess verurteilte darin die Versuche des BMI, die von dem Entführungsopfer Schleyer im Video geäußerte Kritik am Schutz seiner Person, die sich eigentlich an das BKA und an die Maßnahmen der Kölner Polizei gerichtet hätte, »vom Tisch zu wischen« und die »alleinige Verantwortung« Baden-Württemberg »anzulasten«.[73] Das Land Baden-Württemberg hätte dagegen alle »nach dem damaligen Stand der Erkenntnisse notwendigen und möglichen Maßnahmen zum Schutze Schleyers getroffen«. Das »gegenseitige Zuschieben der Verantwortlichkeit« könne im Bemühen, die Maßnahmen zu verbessern, nicht weiterhelfen. Das für »das Ansehen der Demokratie abträgliche Verantwortungsgeschiebe« müsse aufhören.

Neben dieser Debatte um die Verantwortung für den Personenschutz gab es kaum öffentliche Versuche, die tatsächlichen Mängel beim Schutz Schleyers aufzuklären. Diese Frage wurde dann durch den schockierenden Ausgang der Entführung und die Diskussion um die Fahndungspanne in Erftstadt-Liblar überschattet.[74] Damit verbunden war auch eine gewisse Nichtbeachtung der ebenfalls getöteten Begleiter Schleyers. Man gedachte ihrer zwar beim Staatsbegräbnis, in der gesamten Wahrnehmungsgeschichte des Attentats sind sie jedoch kaum verankert.[75] Der Personenschutz spielte in den Innenausschusssitzungen des Bundestags in der Diskussion um den Fall Schleyer keine Rolle. Die Abgeordneten stellten nicht die entscheidende Frage, ob die Entführung hätte verhindert werden können.[76]

Auf Arbeitsebene waren sich die Sicherheitsexperten damals wie heute schnell einig: Entscheidend für den verheerenden Ausgang war der mangelhaft durchgeführte Schutz. Dies war der Polizei in Baden-Württemberg und Nordrhein-Westfalen bewusst. Im Gespräch mit der Autorin erzählt der Dienststellenleiter des Personen- und Objektschutzes Karl Weil, Vorgesetzter der drei Polizisten und zuständig für den Schutz Schleyers von Seiten Baden-Württembergs, wie er beim Trauerakt für die drei getöteten Polizisten im Landtag Baden-Württemberg den Polizeipräsidenten von Köln, Jürgen Hosse, ansprach: »Das hätten wir alles nicht gebraucht, wenn wir vielleicht ein bisschen anders gehandelt hätten«. Hosse sei erblasst, so Weil, da er vielleicht nicht erwartet hatte, von ihm so direkt darauf angesprochen zu werden.

Tatsächlich hatten die Personenschützer an dem Tag nicht nur die gleiche Wegstrecke genutzt, anstatt eine Alternativroute zu fahren, sondern hatten auch den Abstand zwischen ihren Fahrzeugen viel zu gering gehalten – für Herold ein »Kardinalfehler«, mit dem die RAF »gerechnet« hatte.[77] Wäre der Begleitwagen nicht aufgefahren, wäre es dem Fahrer womöglich gelungen, mit einem Fahrmanöver den schießenden Attentätern zu entkommen oder das Feuer zu eröffnen. Doch so gab es damals bereits Stimmen, dass der

Personenschutz nicht qualifiziert durchgeführt worden sei. Das Innenministerium Baden-Württemberg wies jedoch alle Vorwürfe zurück und war der Meinung, dass es gegen ein »derart heimtückisches und brutales Vorgehen der Terroristen« keinen »absoluten Schutz« gebe.[78] Im Rückblick, so der Polizeipräsident Alfred Stümper, sei an den Vorwürfen »auch ein bißchen was dran«.[79] So war der Begleitschutz »mangelhaft trainiert«, der Mercedes ungepanzert und die Kolonne ohne vorausfahrendes Schutzfahrzeug.[80] Dies seien »elementare Versäumnisse auf der Seite des Staates« gewesen, so die Einschätzung Hirschs im Gespräch mit der Autorin.

Karl Weil sieht das Scheitern des Personenschutzes in einem anderen Punkt begründet. Denn wäre man über die eindeutige Gefährdung Schleyers und das mögliche Bevorstehen eines Attentats genauer informiert worden, hätte man den Schutz Schleyers auch anders gestaltet:

> »Dann hätte man sagen müssen: also hört, wir müssen bei Schleyer anders verfahren. Da hätte es also nicht eines Brändle, Ulmer, Pieler bedurft, um Personen- und Objektschutz zu machen, sondern da hätte man *dick* auftragen müssen, [...] hätte ein Vorauskommando, hätte Aufklärung [gehabt], Streife gemacht, hätte möglicherweise auch Beamte auf dem Motorrad – da hat es viele Möglichkeiten gegeben. [...] Also egal wer auf dem Wissen gesessen hat, [...] aber den Vorwurf muss man denen posthum machen, das ist ganz klar. Denn *wir* sind ja dran während der Sache, was man ja auch bitter bezahlt hat.«[81]

Die damalige Kritik an der Umsetzung des Personenschutzes ging jedoch nicht spurlos unter. Bereits zwei Tage nach der Schleyer-Entführung lud SG-Leiter Scheicher alle LKÄ der Länder zu einer Arbeitsbesprechung zum Personenschutz ein, in der Erfahrungen ausgetauscht und notwendige Maßnahmen konzipiert und koordiniert werden sollten.[82] Im BMI wurde darüber nachgedacht, ob die nach dem Buback-Mord gegebene Anordnung, die Begleitbeamten hätten in einem hinter der Schutzperson herfahrenden Begleitfahrzeug Platz zu nehmen, richtig gewesen sei.[83] Der Anschlag auf Schleyer habe vielmehr gezeigt, dass ein bis zwei Begleitbeamte im Wagen der Schutzperson mitfahren sollten, während die restlichen Begleitbeamten mit einem anderen Fahrzeug folgten. So wäre gewährleistet, dass bei einem Angriff von vorn »zunächst der neben dem Fahrer sitzende Begleitbeamte zu überwinden« wäre und die Reaktionsmöglichkeiten der auf zwei Fahrzeuge verteilten Beamten erweitert wären.

Einen Tag nach dem Attentat wurde in Köln auf einer Ministerratssitzung die Anschaffung von acht gepanzerten Funkstreifenwagen, 50 Schutzwesten und 100 Maschinenpistolen beschlossen.[84] Insbesondere Schießübungen seien wichtig, so in einer Besprechung im baden-württembergischen Landtag am 19. November.[85] Auch für den Bundespräsidenten wurden Sicherheitsfahrzeuge bestellt. Für ein drittes Begleitfahrzeug wurde sogar die neue Eliteeinheit GSG 9 in das Kommando aufgenommen, die »in voller Uniform und voller Bewaffnung« die Sicherheitsfahrzeuge begleiten sollten.[86] Das Auswärtige Amt orderte noch während der Schleyer-Entführung einen gepanzerten Mercedes vom Typ 350 SEL für den hauseigenen Fahrzeugpool.[87] Zudem wurden zivil ausgestattete Kräder zur Begleitung der Kolonnen eingeführt, primär zur Sicherstellung der Sofortalarmierung von Polizeikräften und der Täterverfolgung und sekundär zum Schutz der gefährdeten Person, zum Beispiel durch Verteidigung mit Maschinenpistolen. Trotz Ausstattungsengpässen bei den Ländern, wurde diese Maßnahme ab dem 7. Oktober umgesetzt. Nachdem das BKA jedoch darauf verzichtete, eine einheitliche Dienstvorschrift mit den Ländern abzustimmen, und schließlich die Krad-Begleitung im August 1979 einstellte, sahen sich auch die meisten Länder nicht mehr gezwungen, diese Regelung weiterzuführen.[88]

»Überlastet«: Fehlende Regeln und improvisierter Ausbau

Es war vor allem der allgemein mangelhafte Zustand des Personenschutzes, der seine Weiterentwicklung verhindert hatte. Der Höcherl-Bericht vom 2. Juni 1978, der die dramatischen Ereignisse in Köln untersuchen sollte, stellte dann auch fest, dass das BKA zurzeit durch die Personenschutzaufgabe »überlastet« sei.[89] Es fehlten insbesondere genügend Personenschützer, um den wachsenden Schutzkreis zu sichern.

Im Jahr 1974 hatte die Sicherungsgruppe noch für 20 Personen Schutzmaßnahmen durchgeführt. Die Zahl erhöhte sich zunächst auf 39 Personen und stieg dann innerhalb des Krisenjahres 1977 auf 63.[90] Neben Neueinstufungen von Personen erhielten nach dem Attentat auf Buback auch in GS 2 und 3 eingestufte Schutzpersonen ein ständiges Begleitkommando, darunter zum Beispiel der Bundesminister für Verkehr und Post- und Fernmeldewesen Kurt Gscheidle und die Bundestagsvizepräsidentin Liselotte Funcke. Nach der Ermordung Schleyers stufte das BKA weitere Personen ein und erhöhte die Schutzmaßnahmen, unter anderem beim Bundesratspräsidenten Bernhard Vogel und bei Martina Genscher. Auch in den Ländern erweiterte sich der Schutzkreis über die Ministerpräsidenten und Minister der obersten Behörden hinaus.

Diese Ausweitung des Schutzkreises während der siebziger Jahre verursachte einen enormen Personalmangel in der Sicherungsgruppe und den Länderpolizeien. Das BKA forderte für die Aufgaben des Personenschutzes immer wieder eine Personalaufstockung der SG. Bereits nach der Entführung des CDU-Politikers Lorenz 1975 und im Wahlkampf 1976 konnten statt der notwendigen 568 Sicherheitsbeamten nur 326 Beamte eingesetzt werden.[91] Um den Schutzumfang zu gewährleisten, mussten die Beamten der Sicherungsgruppe immense Überstunden leisten, pro Mann und Jahr erbrachten sie eine Mehrarbeit von umgerechnet 1,78 Jahren.[92] 1977 stieg die Zahl der SG-Beamten von 359 (vor der Entführung Schleyers) auf 586 (nach der Entführung Schleyers) und auf 620 (nach der Ermordung Schleyers). Die Zahl der BGS-Abordnungen verdoppelte sich von 210 (August 1977) auf 425 (Februar 1978).[93] Durch die zweite Terrorwelle Mitte der achtziger Jahre wurden noch einmal weitere 62 Planstellen (1987) für die SG geschaffen. Diese Entwicklung muss vor dem Hintergrund der Personalaufstockung des BKA von insgesamt 964 Planstellen im Jahr 1970 auf 3.500 im Jahr 1980 gesehen werden, verbunden mit einer Verzehnfachung der Haushaltsmittel auf 300 Millionen D-Mark – mit den Worten des ehemaligen BKA-Präsidenten Zachert »ein beispielloser ›Aufwuchs-Rekord‹ in der damaligen Behörden-Geschichte des Bundes«.[94]

Auch in den Ländern waren die Polizeien an ihre Belastungsgrenzen gestoßen. Besonders Nordrhein-Westfalen und Baden-Württemberg – Regierungssitz und Sitz der Gerichte für den Baader-Meinhof-Prozess – beklagten die Überlastung ihrer Polizeibehörden. So waren in Baden-Württemberg im Januar 1979 1.322 Beamte für den Objektschutz und 247 Beamte für den Personenschutz im Einsatz.[95] Nach der Ermordung Bubacks wurde in der Landespolizeidienststelle (LPD) Stuttgart II so viel Schutzpersonal angefordert, dass das Innenministerium vier Polizeireviere schloss und den Verkehrsdienst reduzierte.[96] Bis auf Weiteres sollten interne Sportveranstaltungen, Polizeiübungen, Tage der offenen Tür, Beteiligungen an Ausstellungen oder Ähnliches nicht mehr durchgeführt werden. Selbst die Beamten des Musikkorps des LPD Stuttgart II nahmen nun Aufgaben im Vollzugsdienst wahr. Schließlich wurden auch Sondereinheiten wie das MEK oder das SEK mit Personenschutzaufgaben betraut.

In den Sommermonaten verbrachten die SG-Schutzpersonen der Gefährdungsstufe 1 und 2 ihren Urlaub in anderen Bundesländern, beispielsweise Bundeskanzler Schmidt am Brahmsee. Die dortige Länderpolizei musste den Objektschutz leisten. So gab das Innenministerium Schleswig-Holstein in der angespannten Lage 1978 an, dass es für diese Personen nur die Objektschutzmaßnahmen 5 und 6 durchführen könne und der Begleitschutz durch die SG oder andere Länderbeamte erhöht werden solle.[97]

Ein Einstufungssystem mit offener Umsetzung

Die dargestellte Ausweitung des Schutzkreises spiegelt die Tendenz zur Improvisation im Personenschutz wider. Ein Grund dafür war, dass der Aufgabenbereich nicht ausreichend durch klar definierte Befugnisse und Regeln strukturiert war. Zum einen zeigen Anfragen des Auswärtigen Amtes an das BMI, Schutzmaßnahmen für privat einreisende ausländische Prominente durchzuführen, wie gering das Verständnis gefestigt war, welche Personengruppe in den Aufgabenbereich des BKA fiel.[98] Zum anderen hielt BKA-Präsident Herold die Entscheidung des BMI, Muammar al-Gaddafi, Staatsoberhaupt Libyens, während seines privaten Aufenthalts in der Deutschen Klinik für Diagnostik in Wiesbaden keinen Schutz bereitzustellen, für unangemessen und lieh ihm kurzentschlossen sein eigenes Personenschutzkommando aus.[99]

Das BMI bemühte sich folglich, diesen regelungsfreien Raum zu minimieren, zum Beispiel durch eine klarere Definition des Begriffs »erforderlicher Schutz« oder eine eindeutigere Festlegung, wer über Notwendigkeit und Umfang der erforderlichen Schutzmaßnahmen auf welche Weise zu befinden habe.[100] Trotz dieser Bemühungen blieb der Bereich der Befugnisse offen für subjektive Entscheidungen. Die Polizei von Bund und Ländern konnte sich bei der Gefährdungseinstufung zwar an der PDV 100 orientieren. Welche Schutzmaßnahmen aus welcher Gefährdungsstufe abzuleiten waren, war aber nicht bindend geregelt. Der AK II der IMK hatte in seinen Richtlinien vom 6. Februar 1975 lediglich erklärt, dass die einzelnen Schutzmaßnahmen miteinander kombiniert werden können und die Einstufung der jeweiligen Lageentwicklung anzupassen sei. Die daraufhin von der SG 22 entwickelten Kriterien für die Zuordnung von Schutzmaßnahmen zu den Gefährdungsstufen blieben jedoch immer nur eine Empfehlung.[101] Auch die bereits genannten »Richtlinien für die Durchführung des Personen- und Objektschutzes« wurden nicht vereinheitlicht, sondern blieben eine Einzelmaßnahme für das jeweilige Bundesland. Bereits die Entscheidung, wer zu den gefährdeten Personen zählte, fiel »sehr schwer«.[102]

Im Krisenjahr 1977, das vom Schrecken über die Toten in Karlsruhe, Frankfurt und Köln und vom emotional erhitzten Klima geprägt war, ließ diese fehlende bindende Regelung Freiraum für »Auswüchse im Personenschutz«, so Herold im Gespräch. Der Personenschutz sei explodiert, die »ganze Richterschaft« hätte Anträge gestellt. Wie all diese Anträge dann so schnell beurteilt werden konnten? »Das wurde dann pauschal gemacht«, erinnert sich Herold. So kam es, dass die Zuteilung von ständigen Begleitkommandos völlig ausuferte. Bereits vor der Ermordung Bubacks hatten Personen der GS 3 entgegen den Kriterien der SG 22 von 1976 die Schutzmaßnahme 2 (»Begleitung in besonderen Fällen«) erhalten. Im Krisenjahr 1977 wurde nun für 23 der 33 Personen der GS 3 ein volles Begleitkommando nach Schutzmaßnahme 1 zur Verfügung gestellt. Die Einschätzung, dass bei diesen Personen eine Gefährdung lediglich »nicht auszuschließen« sei, stand mit der Zuweisung eines vollen Kommandos nicht mehr im vorgesehenen Verhältnis. Sogar bei der GS 2 gaben die Kriterien vor, noch keine ständige Begleitung durchzuführen, sondern nur zu besonderen Anlässen. Lediglich die in GS 1 eingestuften Personen hatten grundsätzlich ständigen Personenschutz. Die improvisierte Praxis bezüglich der Personen der GS 3 hatte damit die GS 3 der GS 1 angeglichen und die GS 2 obsolet werden lassen.

Die Einstufung in Gefährdungsstufen hatte in der krisenhaften Situation nach der Entführung von Schleyer also keinen Aussagewert mehr. Grund für den sprunghaften Ausbau des Personenschutzes besonders im Jahr 1977 war also nicht nur die überhastete Neueinstufung oder Hochstufung von gefährdeten Personen, sondern die veränderte Zuordnung von Schutzmaßnahmen. So waren im Herbst 1977 etwa 45 Vollkommandos im Einsatz gegenüber 18 Kommandos sechs Monate vorher. Dieser hohe Personalbedarf war dann auch durch den Einsatztaktik der Springer-Kommandos nicht mehr zu decken.

Umgehen der Zuständigkeiten

Obwohl nur das BKA die Erforderlichkeit des Schutzes feststellen sollte, kam es immer wieder vor, dass Personenschutzmaßnahmen von anderer Stelle angeordnet wurden. Auch deshalb konnte es insgesamt zu einem überhasteten und vorschnellen Ausbau der Personenschutzmaßnahmen kommen. So wünschte der Bundestagsabgeordnete und Vorsitzende der CSU-Landesgruppe sowie ehemalige Bundesminister für das Post- und Fernmeldewesen, Richard Stücklen, ständige Schutzbegleitung an seinem Wohnsitz Weißenburg (Bayern) und im gesamten Bundesgebiet. Sein ständiger Begleitschutz war im Juli 1975 eingestellt worden. Der zuständige Oberregierungskriminalrat im BMI sprach sich jedoch gegen eine Hochstufung aus und begründete dies mit dem allgemeinen Personalmangel in der SG sowie dem beschlossenen Abbau der Maßnahmen. Zudem – und dies ist das entscheidende Argument – sehe er nach dem Gefährdungslagebild für Stücklen keine deutliche Gefährdung. Obwohl auch Staatssekretär Siegfried Fröhlich den ständigen Personenschutz für »nicht vertretbar« hielt, ordnete Bundesinnenminister Maihofer für den Bundestagsabgeordneten schließlich ein ständiges Begleitkommando nach der höchsten Gefährdungsstufe GS 1 an.[103]

Diese ungewöhnliche Praxis einer persönlichen Entscheidung jenseits fachlicher Begründungen wurde auch Jahrzehnte später noch durchgeführt. So erhielt der Bundesminister für besonderes Aufgaben und Chef des Bundeskanzleramts, Rudolf Seiters, im Mai 1990 ständigen Begleitschutz für sich und seine Familie am Urlaubsort, obwohl nach Angaben des BKA keine Gefährdung bestand.[104] Da Seiters sich bewusst war, dass es sich hier um ein – mit den Worten des BKA – »in der Praxis unübliches Wunsch-Verfahren« handelte, bat er vorsorglich darum, die BMI-Weisung an das BKA für seinen ständigen Begleitschutz auch schriftlich zu erhalten.

Dass die Zuständigkeiten umgangen werden konnten, war wohl auch unter den Schutzpersonen bekannt. In vielen Fällen verlangten die Politiker die Entscheidung ihres Schutzes direkt vom Bundesinnenminister oder sogar vom Bundeskanzler. Im Jahr 1980 teilte das BKA dem Bundeskanzler a.D. Georg Kiesinger mit, dass die Zuständigkeit der Sicherungsgruppe für seinen ständigen Begleitschutz ende und auf das Land übergehe.[105] Kiesinger protestierte daraufhin und forderte weiterhin Personenschutz. Die Rechtslage interessiere ihn nicht. Als das BKA ihm deutlich zu machen versuchte, dass es keine Gefährdungshinweise für seine Person gab, empfand Kiesinger das »vorgetragene Verfahren als Bürokratismus«. Die Entscheidung, dass sein Personenschutz ende, nehme er nur vom Bundeskanzler oder Bundesinnenminister »persönlich« entgegen. Dazu kam es nicht, Kiesinger erhielt weiterhin ein ständiges Begleitkommando und blieb eingestuft in Gefährdungsstufe 3.

Wenn sich die Schutzperson absolut weigerte, den Schutz abzugeben, war die Klärung der Schutzfrage durch den Bundeskanzler jedoch auch eine Möglichkeit für das BKA, den Konflikt ohne größere Auseinandersetzungen zu lösen. Denn für manche Personen, vor allem auf unteren Ebenen, war es nicht von Vorteil, den unbedingten Schutzwunsch mit dem Bundesinnenminister oder sogar dem Bundeskanzler persönlich zu besprechen.[106] Die Kreativität, die Schutzpersonen beim Versuch entwickelten, ein Schutzkommando zu erlangen oder zu behalten, deutet bereits auf eine der wichtigen emotionalen Einflussgrößen im Personenschutz hin, nämlich seine Bedeutung für den eigenen politisch-sozialen Status.

Besonders anfällig für die Umgehung der Zuständigkeiten zeigten sich Nicht-§9-Personen, da sie allein auf Weisung des Bundesinnenministers Schutz erhielten. Aufgrund der fehlenden gesetzlichen Regelung wurde die Gefährdungseinstufung und die Umsetzung von Personenschutzmaßnahmen für Nicht-§9-Personen wie ehemalige Bundeskanzler eher provisorisch gehandhabt. So forderte der Bundesrechnungshof das BKA auf, die Länder, die gesetzlich zuständig für den Schutz von Nicht-§9-Personen waren, die Kosten für den Schutz tragen zu lassen.[107] Es müsse deutlich geregelt werden, dass den Mitgliedern von Verfassungsorganen beim Ausscheiden aus dieser Funktion kein Schutz mehr vom BKA gewährt werden dürfe, vielmehr dieser an das Land übergehen müsse. Nur auf dem Wege der Organleihe und eben der Kostenerstattung durch die Länder könne das BKA dann noch tätig werden. Zum Zeitpunkt dieser Forderung waren unter anderem die Bundespräsidenten a.D. Scheel und Carstens sowie Bundeskanzler a.D. Kiesinger betroffen.

Einige Jahre zuvor war der Bundesrechnungshof jedoch bereits der rechtlichen Auffassung des BKA gefolgt, dass der erforderliche Schutz der Amtsträger des BKA als Nicht-§9-Personen »aus dem Gesichtspunkt des Selbstschutzes durch Angehörige ihres Hauses erfolgen« könne sowie auch Ehefrauen und in häuslicher Gemeinschaft lebende Kinder vom Schutzauftrag nach §9 BKA-Gesetz erfasst werden könnten. Letztgenannte Regelung war von Nöten, sollte nicht das Mitglied des Verfassungsorgans vom BKA und sein Ehepartner von der Länderpolizei beschützt werden.[108] So konnte die Familie einer Schutzperson nach §9 BKA-Gesetz durch ein einziges Schutzkommando betreut werden.

Insgesamt blieb diese rechtliche Lage bis in die neunziger Jahre ungeklärt, sodass auch 1994 der Abteilungsleiter der Sicherungsgruppe Krämer erneut forderte, dass unbedingt eine gesetzliche Regelung dieser Problematik angestrebt werden müsse.[109] Wenngleich es in der Vergangenheit »zu keinen nennenswerten Problemen« mit den zuständigen Polizeibehörden der Länder gekommen sei, solle der Schutzauftrag bei Nicht-§9-Personen eindeutig dem BKA zugewiesen oder die ausschließliche Verantwortlichkeit des betreffenden Bundeslandes festgeschrieben werden. Diese Regelung wurde bereits seit über zwei Jahrzehnten gefordert.

Vermischte Kompetenzen von Bund und Ländern

Neben dem teils regelungsfreien Raum der Gefährdungseinstufung und der Schutzmaßnahmen hinderte vor allem die stark fragmentierte Aufgabenverteilung durch die föderalistische Struktur der Bundesrepublik, dass der Personenschutz effektiv umgesetzt werden konnte. Die vermischten Kompetenzen im Schutz von Personen und Objekten bewirkten ein ineinander verwobenes Tätigkeitwerden unterschiedlichster Sicherheitsbehörden. Der »Riss der Zuständigkeiten«, so BKA-Präsident Herold im Gespräch, ging hier »irrational durch die ganze Materie«.

In der Bundeshauptstadt Bonn zeigte sich die rechtlich kaum entzerrte Komplexität besonders deutlich. Im Raum Köln-Bonn kam es zu Einsätzen des Polizeipräsidiums, der Landeshundertschaft, des Bundesgrenzschutzes, der Hausinspektion des Deutschen Bundestags, der SG und des militärischen Abschirmdienstes – ein »unkontrolliertes Sicherheitsrisiko«.[110] Vereinbarungen über wahrzunehmende Sicherungsaufgaben im Raum Bonn, wie die zwischen Bundesinnenminister Maihofer und dem nordrhein-westfälischen Innenminister Hirsch, sollten zur Entzerrung beitragen und wurden auch öffentlich verkündet, um über die vielen tätigen Kräfte aufzuklären.[111]

Diese »zerfaserte Verantwortungsverteilung in Bonn«, so stellte es SG-Leiter Scheicher 1977 fest, würde sich in Zukunft kaum ändern, sodass ein »Bedürfnis nach enger Kooperation und ebenso schneller wie rückhaltloser Information untereinander« entstehe.[112] Die Voraussetzung hierfür war eine verbesserte Bund-Länder-Zusammenarbeit. Zwar hatte die IMK zum Informationsaustausch bereits einige Maßnahmen beschlossen, beispielsweise den Informationsaustausch zwischen Bund und Ländern (IMK-Beschluss vom 4.7.1968), die regelmäßige Bund-Länder-Besprechung auf Abteilungsleiter-Ebene (IMK-Beschluss vom 21.9.1972) und die Lagezentren für Innere Sicherheit (IMK-Beschluss vom 11.4.1975).[113] Ebenso hatte Kanzler Schmidt in seiner Erklärung vor dem Bundestag zur Inneren Sicherheit am 13. März 1975 betont, dass die föderale Struktur im Bereich Innere Sicherheit ein »enges Zusammenwirken zwischen Bund und Ländern« erfordere.[114]

Von einem zuverlässigen und vor allem einheitlichen Informationsnetzwerk kann in den siebziger Jahren jedoch nicht die Rede sein. Dabei konnte gerade in diesem sensiblen Bereich des Personenschutzes eine geänderte Gefährdungslage über das Leben einer Schutzperson entscheiden. Die Behäbigkeit des Systems hatte dazu geführt, dass die Mängel zum Zeitpunkt der Schleyer-Entführung noch nicht behoben worden waren, und das Informationsnetz sich »in einem schlechten Zustand« befand, so Innenminister

Abb. 2: »Koordinierung und Zusammenarbeit«, Karikatur aus der Ausstellung »Nur nicht verunsichern lassen – Karikaturen zur inneren Sicherheit« 1989 im Bundesamt für Verfassungsschutz *(Karikatur: Fritz Behrendt, BArch, B443/715)*

Hirsch im Gespräch. Der Informationsfluss war im Jahr 1977 »bei weitem nicht optimal« – im Gegenteil, er wies »kräftig ausgeprägte Züge der Improvisation« auf.[115]

Vor allem die mangelnde Kommunikation zwischen dem BKA als Zentralstelle für die Sammlung und Auswertung von Nachrichten und Unterlagen für polizeiliche Verbrechensbekämpfung und den ausführenden Länderpolizeien gefährdete den Personenschutz. Dienststellenleiter des Personen- und Objektschutzes Karl Weil, zuständig für den Schutz von Schleyer, erzählt im Gespräch mit der Autorin, dass sie mit der SG Bonn eigentlich gar nichts zu tun hatten: »Von denen waren wir so weit weg wie die Sonne vom Mond«. Dass BKA-Präsident Herold noch fünf Tage vor dem Schleyer-Attentat auf »einprogrammierte Kontaktschwierigkeiten« zwischen Bund und Ländern hingewiesen hatte, konnte das Attentat auf Schleyer auch nicht mehr verhindern.[116] So kommt Herold im Gespräch mit der Autorin zu dem Schluss, dass Schleyer »voll in die föderale Lücke gefallen« sei.

Nach jedem Mord, so hatte es Bundesinnenminister Maihofer formuliert, müsse das Bund-Länder-Verhältnis »immer wieder überdacht werden«, und man müsse »eben auch ganz elastisch immer wieder neu reagieren«.[117] Dieser Forderung mussten die Sicherheitsakteure nach dem Fall Schleyer nachkommen, wollte man sich nicht wieder dem Vorwurf der Opposition aussetzen, dass »bei klarer Kompetenzabgrenzung weniger Pannen entstünden«.[118] Bereits auf der IMK am 15. Oktober 1977, also noch während der Entführung Schleyers, wurde daher über eine mögliche Personenschutz-Leitstelle in Bonn diskutiert, die schließlich am 1. Februar 1978 per Erlass in Betrieb genommen wurde. Sie sollte die zu diesem Zeitpunkt etwa 50 Kommandos besser koordinieren und Mängel bei der Abstimmung verhindern.[119]

Dieser seit langem notwendigen Zusammenarbeit in Bonn standen jedoch weiterhin die Vorbehalte von Bund und Ländern entgegen, wie eine Beschwerde von Innenminister Hirsch über die fehlende Zusammenarbeit der SG-Beamten mit seinen Landespolizisten zeigt.[120] Auch sein Versuch, eine bundesweite Vereinfachung der Meldewege bei Reisen Gefährdeter in andere Bundesländer zu erreichen – zum Beispiel durch Festlegung nur einer Kontaktstelle pro Bundesland – scheiterte am fehlenden Engagement des Bundes.[121] Einige wenige Initiativen im Personenschutz ergaben sich schließlich im Zuge der Weiterentwicklung der Polizeibehörden, beispielsweise in Verwaltungsabkommen der Länder zur verbesserten Zusammenarbeit der Polizeikräfte oder in Stabsübungen der Sicherheitsbehörden für den Fall eines Terroranschlags.[122] Streitigkeiten über Kompetenzen zwischen Bund und Ländern beim Personen- und Objektschutz blieben jedoch bis zur endgültigen gesetzlichen Regelung im Jahr 1997 an der Tagesordnung.

Improvisierter Ausbau

Die dargestellten systemischen Mängel im Personenschutz und die schwierige Umsetzung aufgrund der teils fehlenden Regeln ließen zu, dass in angespannten Krisenlagen eher improvisierte bis hektisch-emotionale Entscheidungen getroffen wurden. Das Schleyer-Attentat hatte die Folgen dieses kurzfristigen Handelns deutlich vor Augen geführt. Auch die Sicherheitsakteure selbst nahmen dies wahr, wenn zum Beispiel die Hamburger Polizei am Tag des Buback-Mordes im Frühjahr 1977 davor warnte, in eine »Schutzhysterie« zu verfallen.[123] Ebenso wies der Innensenator Berlins darauf hin, dass sich aus der uneinheitlichen Umsetzung der Personenschutzmaßnahmen in den Ländern die »Gefahr einer ständigen Ausweitung«, ein »gegenseitiges Hochschaukeln« ergeben hätte.[124] Dabei sei die »Effektivität« dieser ständigen Ausweitung »zweifelhaft«. Auf den Sitzungen der IMK prüften die

Länder dann auch Möglichkeiten, gemeinsam einer Ausweitung der Schutzmaßnahmen entgegenzusteuern. Am 24. November 1978 fasste die IMK den Beschluss, dass die Innenminister und -senatoren der Länder in ihrem Bereich darauf hinzuwirken hätten, dass bei Festlegung von Gefährdungsstufen und Gewährung von Schutzmaßnahmen der nach der PDV 100 »gebotene strenge Maßstab« angelegt werde.[125]

Auch die Personenschützer selbst äußerten sich kritisch zu den improvisierten Maßnahmen kurz nach dem Schleyer-Attentat. »Alles wird rausgeschickt, was Beine hat«, beanstandete ein Bonner Sicherheitsbeamter – vermutlich der Sicherungsgruppe – die erhebliche Aufstockung durch nicht für den Personenschutz ausgebildete BGS-Beamte.[126] Für die politische Führung sei das ständige Einsetzen von neuen Schutzkräften eine »gute Rückversicherung«, im Ernstfall müssten aber die Personenschützer »den Kopf hinhalten«. Die Gefahr, dass junge unerfahrene BGS-Beamte eine kritische Situation fehleinschätzten, sei hoch, so der Beamte. Die bloße Demonstration der Staatsgewalt halte er daher für nicht effektiv und sogar sicherheitsmindernd, wenn zum Beispiel eine neue Verfügung den Personenschützern vorgab, an neuralgischen Punkten wie Ampeln aus den Fahrzeugen zu springen und mit der Waffe im Anschlag die Szenerie zu beobachten. Die Reaktionen auf die Anschläge des Jahres hätten gezeigt, dass man »leicht von einem Extrem in das andere« fallen würde. Daher käme es jetzt darauf an, dass »die Politiker Augenmaß behalten« und für effektive Schutzmaßnahmen, wie die Ausstattung mit sondergeschützten Wagen, sorgen würden. Noch im Jahr 1990 kritisierten die Teilnehmer der Sicherheitskonferenz »Personenschutz: richtig oder gar nicht« in Bonn rückblickend, dass immer nur »nachgekartet« worden war, nachdem ein Attentat passiert sei, anstatt vorher ein durchdachtes Konzept zu entwickeln.[127]

Rationalisierung und Neukonzeption

Der Höcherl-Bericht 1978 hatte bestätigt, dass das BKA mit dem Personenschutz überlastet war. Deshalb wurde nach Wegen gesucht, das BKA von diesen Aufgaben zu befreien. Hierfür wurden von Bund und Ländern verschiedene Szenarien überlegt, beispielsweise eine neue Bundesbehörde außerhalb vom BKA und BGS einzurichten. Infrage kam auch die seit längerem diskutierte Novellierung des BKA- und BGS-Gesetzes und die damit verbundene Übertragung des gesamten Personenschutzes auf den BGS. Diese Pläne wurden jedoch fallen gelassen, da der BGS nicht über genügend Personal verfügte und die »jungen Beamten« des BGS mit dem Personenschutz, der als »typische Einzeldienstaufgabe« der Aufsicht durch Vorgesetzte entzogen sei, überfordert wären.[128]

Die endgültige Entscheidung gegen eine Novellierung war dann auch ganz im Sinne des neuen FDP-Bundesinnenministers Gerhart Baum, der im Juni 1978 das Amt von Werner Maihofer übernommen hatte. Baum strebte eine Neukonzeption des Personenschutzes an, für die keine gesetzliche Änderung vorgenommen werden musste. Die Arbeitsgruppe im BMI schlug deshalb vor, die festen Begleitkommandos zu reduzieren und die für die SG vorgesehenen Planstellen besser zu verwenden. Die Verringerung der Begleitkommandos sollte durch ein neues taktisches Konzept und eine neue Gefährdungseinstufung, also durch weniger Schutzmaßnahmen, ermöglicht werden.[129]

Das neue Konzept sah vor, dass die bisherige ständige Begleitung durch eine flexible Taktik aus Schutzobservation und Schutzbegleitung ersetzt wurde. Besonders Schutzpersonen, die nicht in Gefährdungsstufe 1 eingeordnet waren, sollten nur noch aus besonderem Anlass begleitet und die Begleitung durch Schutzobservation ergänzt werden. Diese neue Ausrichtung war ein wichtiger Schritt in der Entwicklung der Schutzkonzepte, nämlich hin zum *erweiterten* Personenschutz, wie er mit Anpassungen noch heute ausgeübt wird. Ziel ist es dabei, Gefahren wie Tatvorbereitungen bereits im Vorfeld durch intensives Beobachten des Umfelds der Schutzperson zu erkennen, um dann gegebenenfalls präventive oder repressive Maßnahmen zu ergreifen bzw. vom konspirativen zum offenen Auftreten überzugehen.

Diese Lehren hatten die Sicherheitsbehörden auch aus der Analyse des Schleyer-Attentats und des Attentats auf Moro in Rom gewonnen. Eine Voraufklärung oder ein Vorauskommando hätte vielleicht vor dem Schleyer-Attentat den Bus auf dem Gehweg entdeckt. Ebenso war den italienischen Personenschützern von Moro nicht aufgefallen, dass ein Gemüsewagen, der seit Jahren an einer bestimmten Stelle des Arbeitswegs Moros gestanden hatte, am Tattag plötzlich fehlte, weil er den Angriff behindert hätte. Darüber hinaus wurden für dieses neue Schutzkonzept über 200 Attentate weltweit ausgewertet.[130] Für die neuen Maßnahmen, die einen zweiten schützenden Ring um die gefährdete Person ziehen sollten, wurde bei der SG ein neues Sachgebiet zum 5. November 1979 gegründet, das Referat SG 23. Dies sollte die Aufklärungsmaßnahmen, wie die Begleitung aller Aktivitäten der Schutzperson im Urlaub, lenken und die Informationen prüfen.

Die zweite Maßnahme der Neukonzeption, die neue Gefährdungseinstufung, stieß auf heftigen Widerstand. Aus Erfahrung des bereits erwähnten Grundschutzmodells hatte das BMI eine nur schrittweise Umsetzung angeordnet. Bereits im Dezember 1979 hatte Baum seinen Ministerkollegen vorsichtig mitgeteilt, dass der neue Begleitschutz nach Art, Zeit und Ort der jeweiligen Lage angepasst werden würde.[131] Die folgende Herunterstufung einiger Schutzpersonen sollte erst mündlich durch Baum selbst mitgeteilt, dann in einem Schreiben an die Schutzperson erklärt und schließlich durch BKA-Beamte erneut mündlich erläutert werden. Erst nach Zustimmung der Schutzperson sollten die neuen Maßnahmen umgesetzt werden. Das BMI rechnete daher mit sechs bis sieben Jahren bis zur vollständigen Umstellung der Maßnahmen.[132] Daher konnten trotz des politischen Drucks durch die zahlreichen kritischen Stimmen aus allen Fraktionen zu den überbordenden Kosten des Personen- und Objektschutzes die Kommandozahlen erst nach mehreren Jahren verringert werden.[133] Die Zahl der Schutzpersonen wurde von 61 im Jahr 1978 auf 34 Schutzpersonen im Jahr 1981 reduziert. Dabei sank die Zahl der gefährdeten Personen in GS 1 von 21 auf 13 und wurde in Stufe 3 sogar halbiert (von 37 auf 16).[134]

Auch die Länder versuchten konzeptionelle Veränderungen umzusetzen, um die nach dem Schleyer-Attentat sprunghaft angestiegenen Schutzmaßnahmen zu reduzieren.[135] Jedoch sind diese Rationalisierungsversuche auch vor dem Hintergrund der »Formierung einer liberalen Gegenbewegung« zu sehen, die in den Monaten nach der Schleyer-Entführung einsetzte.[136] Nicht zufällig fiel die Reduzierung der Schutzmaßnahmen in die Amtszeit des liberalen FDP-Innenministers Baum.

Weiter im Schatten der Terrorismusbekämpfung

Während der Personenschutz auf Arbeitsebene nach 1977 langsam weiterentwickelt wurde, blieb er als präventiver Bereich der Terrorismusbekämpfung in der Öffentlichkeit eher unbeachtet. Die Sicherungsgruppe wurde kaum wahrgenommen. Dagegen wurde die zunehmende Polizeipräsenz vor allem in der Hauptstadt Bonn mit knapp 600 Polizisten, die die Ministerien oder das Diplomatenviertel bewachten, durchaus registriert. Die Panzerfahrzeuge, Maschinenpistolen oder Uniformen beeindruckten die Bevölkerung und prägten ihr Bild von der staatlichen Präsenz.[137] Nur direkt nach den erschreckenden terroristischen Attentaten gab es hin und wieder Zuschriften aus der Bevölkerung mit taktischen Vorschlägen zur besseren Ortung von entführten Persönlichkeiten, beispielsweise das Tragen von Minisendern in Armband-Uhren oder in Schuhabsätzen. Mediziner schlugen vor, den Minisender im Falle einer Entführung zu verschlucken. Dies wurde wegen des schnellen natürlichen Ausscheidens jedoch vom BKA verworfen.[138] Eine Bürgerinitiative, die verhindern wollte, dass die Sicherungsgruppe den Neubau in Meckenheim bezog, stellte nach der Ermordung Schleyers ihre Bedenken zurück, um »einer raschen Verbesserung der Arbeitsbedingungen für die Bediensteten des Amtes nicht länger im Wege zu stehen«.[139]

Während der Staat in der Terrorismusbekämpfung nach der »Tendenz zur Improvisation« nun eher auf die »Suche nach einer neuen, stärker gesellschaftspolitisch fundierten Strategie«[140] ging, blieb der Personenschutz weiter im Schatten der Anti-Terrorismus-Politik. Bereits in den Sicherheitsgesprächen beim Bundeskanzler, zu denen 1977 Vertreter alle Parteien eingeladen worden waren, spielte der Personenschutz in der Gesamtstrategie keine Rolle.[141] Vielmehr sahen führende Kriminalisten den Einsatz gut ausgebildeter Kriminalbeamter im Personenschutz als Personalverschwendung an.[142] Entsprechend niedrig war die Priorität, die dem Personenschutz für die Innere Sicherheit zugeordnet wurde. Zugleich fühlten sich die Politiker und Bundestagsabgeordneten wie nie zuvor in der Geschichte der Republik bedroht. Bonn war im Herbst 1977 in eine Festung mit Sandsäcken verwandelt worden.

Die 1979 bis 1982 folgenden Anschläge trafen dann vor allem Militärangehörige, wie den NATO-Oberbefehlshaber Alexander Haig am 25. Juni 1979, oder die Ramstein Air Base, den Stützpunkt der US Air Force am 31. August 1981. Mit diesen Attentaten wollte die RAF ihr Umfeld erneut motivieren. Die brutalen Anschläge im Jahr 1977, bei denen auch Begleiter und Fahrer, also die »kleinen Leute« getroffen worden waren, hatten abstoßend gewirkt.[143] Nur zwei Wochen nach Ramstein wurde am 15. September 1981 ein Anschlag auf den NATO-General Frederick J. Kroesen in Heidelberg verübt, bei dem das Fahrzeug des Generals von einer Panzerabwehrrakete beschossen wurde. Zu seinem Glück hatte Kroesen einen Tag zuvor ein gepanzertes Sicherheitsfahrzeug erhalten, sodass sein Fahrer und er selbst nur verletzt wurden.[144]

Das neue Personenschutzkonzept, das direkte Begleitmaßnahmen und Voraufklärung kombinierte, hatte sich beim Anschlag auf Kroesen bewehrt: Bereits drei Monate vorher war durch Aufklärungsarbeit herausgekommen, dass Kroesen ausgespäht wurde.[145] Daraufhin wurde nach dem Anschlag vor allem die SG 23 gestärkt, die für Aufklärungsmaßnahmen wie die Luftaufklärung zuständig war. Sie erhielt unter anderem ein neues Programm zur Streckenaufklärung im Großraum Bonn.[146] Tatsächlich hatten terroristische Gruppen intensive Ausspähhandlungen getätigt, wie schriftliche Unterlagen zeigten, die das BKA bei der »Aktion Eichhörnchen« im Oktober 1982 in 17 Erddepots der Terroristen entdeckte.[147]

Die Neukonzeption des Personenschutzes bezog sich jedoch zunächst nur auf die Personen nach §9 BKA-Gesetz. Für die Erweiterung des neuen Konzepts auf Nicht-§9-Personen wie Wirtschaftsvertreter waren die Länder verantwortlich. Trotz erster Hinweise wurde ihre Gefährdung in den folgenden Jahren jedoch völlig unterschätzt.

Dritte Phase 1985–1993: Überraschungen und Ratlosigkeit

Beckurts: Das Entdecken der Wirtschaft

Die Attentate zu Beginn der achtziger Jahre deuteten auf eine neue Stoßrichtung der terroristischen Gruppen hin. Die Opfer waren Personen, die nicht unmittelbar im Rampenlicht standen und daher über wenig oder gar keinen Schutz verfügten. In der Nacht des 11. Mai 1981 verübten Terroristen der »Revolutionären Zellen« einen Anschlag auf den hessischen Wirtschaftsminister Heinz-Herbert Karry. Sie stellten eine Leiter an die Hauswand und schossen durch das Schlafzimmerfenster über seine schlafende Ehefrau hinweg auf den Minister. Er wurde aus etwa drei Meter Entfernung mehrere Male in den Bauch getroffen. Nur eineinhalb Stunden danach starb Karry. Die Leiter war speziell für den Tatort verkürzt worden, was auf eine sorgfältige Planung des Attentats hinwies.[148] Da die hessische Polizei für den Schutz des Ministers zuständig gewesen war, blieb das Attentat in der SG größtenteils unbeachtet. Lediglich als Beispiel dafür, dass aktuell vor allem Personen aus dem »regional bedeutsamen, wirtschaftlich-politischen Bereich« gefährdet wären, wurde der Fall Karry herangezogen.[149]

Diese neue Zielgruppe der terroristischen Gruppen wurde bestätigt, als das Vorstandsmitglied der Motoren- und Turbinen-Union (MTU) und Präsident des Bundesverbands der deutschen Luft- und Raumfahrtindustrie, Ernst Zimmermann, am 1. Februar 1985 ermordet wurde. Inszeniert wie eine Hinrichtung entsprach dieses Attentat genau den »spektakulären Aktionen«, vor denen das BMI bereits im Juni 1983 alle Bundesländer gewarnt hatte.[150] Bei Zimmermann, der deutlich in die RAF-Zielgruppe des »militärisch-industriellen Komplexes« (MIK) gepasst hatte, die in den Bereichen Rüstung, Hochtechnologie, Kernenergie und Genforschung tätig war, hatte jedoch vermutlich weder Vorfeldaufklärung noch persönlicher Begleitschutz stattgefunden.[151] So lag diesmal der nachlässige Schutz nicht am Kompetenzgerangel zwischen Bund und Ländern, sondern am fehlenden Bewusstsein für die Gefahr, in der sich führende Akteure aus der Wirtschaft befanden.

So kam es, dass Siemens-Vorstand Karl-Heinz Beckurts im Juli 1986 auf dem Weg zur Siemens-Zentrale einem nächsten Attentat der RAF zum Opfer fiel. Seine Ehefrau Ina Beckurts erinnert sich im Gespräch mit der Autorin an den Morgen des 9. Juli:

> »Er sagt ›Tschüss‹ und geht aus der Tür. Und fünf Minuten später gibt es einen Knall – ich dachte erst an einen Überschallflieger, der die Schallmauer durchbricht. Dann habe ich gedacht: also so ein lauter Knall, das war doch eine Explosion.«

Die Explosion, die Ina Beckurts gehört hatte, war eine Sprengfalle, nur 800 Meter entfernt vom Wohnsitz der Familie Beckurts. Sie war auf der Strecke installiert worden, die Beckurts täglich vom Wohnsitz in Straßlach zum Arbeitsplatz in München fuhr – also genau solch eine Fahrt, vor der die Sicherheitsbehörden gewarnt hatten.[152] Der tödliche Sprengsatz war auf einem zweirädrigen Fahrradanhänger versteckt neben einem Baum an der Straße angebracht worden und wurde mit einer elektronischen Zündvorrichtung aus einer Kiefernschonung heraus ferngezündet. Das langsame Herannahen der Wagenkolonne aufgrund einer Straßenabzweigung begünstigte das genaue Auslösen des Sprengsatzes.

Die Bilder vom Tatort zeigen die Brutalität des Anschlags: Der BMW-7er war an den Straßenrand geschleudert worden, der Motorbereich halb weggerissen und die rechten Türen mit großen Löchern durchsiebt. Karl-Heinz Beckurts und sein Fahrer Eckhard Groppler starben noch am Tatort. Begleitet wurde Beckurts ungepanzerter BMW von einem werkseigenen Fahrzeug der Firma Siemens. Die Personenschutzkräfte blieben unverletzt. Die RAF bekannte sich mit einem »Kommando Mara Cagol« zum Anschlag.[153] Die Täter sind bis heute unbekannt.

Beckurts galt als gefährdet, da sein Name in Asservaten auftauchte, die bei der Verhaftung von Angela Senftleben am 13. Januar 1986 wegen Unterstützung einer terroristischen Vereinigung gefunden worden waren. Er war daher auch in der Zentralen Gefährdungsdatei (APIS) des BKA aufgeführt und hatte ab Mitte März 1986 durch Siemens Personenschutz erhalten. Zwei werkseigene Personenschützer begleiteten Beckurts zwischen seinem Wohnhaus und seiner Arbeitsstelle. Das Begleitfahrzeug war mit Autotelefon und Funk zur Siemens-Sicherheitszentrale ausgestattet. Der Sicherheitsbeauftragte von Siemens hatte Sicherheitsgespräche mit Beckurts, seinem Fahrer und seiner Sekretärin geführt. Das LKA Bayern, das vom BKA über die Gefährdung Beckurts unterrichtet war, hatte zwar Beckurts und den Sicherheitsbeauftragten von Siemens darüber informiert, jedoch keine besonderen Maßnahmen veranlasst.[154]

Entscheidend war jedoch, dass Beckurts stets zur gleichen Zeit, auf gleichem Weg mit dem gleichen Fahrzeug vom gleichen Fahrer gefahren wurde. Die Terroristen hatten die Lebensgewohnheiten akribisch studiert. Sogar Beckurts Adresse und seine Telefonnummer waren im amtlichen Telefonbuch verzeichnet. Sein immer gleich vollzogener Arbeitsweg führte über eine enge Staatsstraße von Straßlach nach München. Der Forstenrieder Park und der Grünwalder Forst mit ihren zahlreichen Waldwegen schlossen die Straße rundherum ein und ließen Straßlach wie in einer Sackgasse enden. Eine ständige Fahrstreckenänderung schien unmöglich, die Bedingungen für einen solchen Anschlag waren damit optimal. Dennoch hätten zumindest häufig wechselnde Abfahrtszeitpunkte die Kalkulierbarkeit reduzieren können. Beckurts sei jedoch für seine Pünktlichkeit bekannt gewesen und wollte dem Ratschlag des Geschäftsführers des Bayerischen Verbandes für Sicherheit in der Wirtschaft nicht folgen, »unordentlich« zu leben.[155]

Nur zwei Möglichkeiten waren geblieben, das Attentat zu verhindern: die Panzerung des Fahrzeugs und eine effektive Voraufklärung.[156] Die bayerische Polizei zeigte sich überrascht, dass Beckurts einen »normalen BMW« fuhr, nahm man doch an, dass ein vom betriebseigenen Sicherheitsdienst begleiteter hochrangiger Manager auch »in einem gepanzerten Fahrzeug unterwegs war«.[157] Denn spätestens das Attentat auf US-General Kroesen 1985 hatte gezeigt, dass Schutzpersonen solch brutale Angriffe nur überleben konnten, wenn sie in einem gepanzerten Wagen saßen.

In der Schwachstellen-Analyse der SG 22 vom 29. Juli kündigten vor allem die zahlreichen, auffälligen Tatvorbereitungen der Terroristen den Anschlag an.[158] So hatten mehrere Zeugen beobachtet, dass sich verschiedene Personen zuvor und am Tag selbst in der Nähe des Tatortes aufgehalten hatten, wie eine Gruppe, die »Vermessungsarbeiten« durchführte. Auch Ina Beckurts erinnert sich im Gespräch an seltsame Ereignisse kurz vor dem Attentat. Sie erzählt von Personen, die in der Sackgassen-Straße des Beckurts-

Wohnsitzes in Straßlach die Familie Beckurts beobachtet hatten. Als ihr Mann eines Abends von der Arbeit nach Hause kam, berichtete er ihr von einem Fahrzeug, das ihn seit München verfolgt hätte und sich nicht abschütteln ließ. Nur durch die Anfahrt einer Polizeistation habe er den Verfolger abhängen können. Zu diesem Zeitpunkt hatte Beckurts noch keinen Personenschutz. Nachdem sie diese Vorfälle bei der örtlichen Polizei gemeldet hatten, seien jedoch seitens der Polizei keine Konsequenzen gezogen worden, erzählt Ina Beckurts.[159]

Als Ergebnis der Schwachstellen-Analyse entwickelte das BKA das Fahndungskonzept 106 (»Konzept 106«), nach dem im Umfeld möglicher Zielpersonen von terroristischen Angriffen Fahndungen durchzuführen waren.[160] Weil die Öffentlichkeitsfahndung nicht den gewünschten Erfolg gebracht hatte, die linksterroristischen Gruppen sich konspirativ verhielten und sich teilweise auf die Fahndungsmaßnahmen der Polizei eingestellt hatten, musste die Fahndung ins Vorfeld der Attentate verschoben werden. Es handelte sich also nicht – wie oft vermutet – um ein neues Schutzkonzept, sondern ausdrücklich um ein Fahndungskonzept, mit dem Attentäter bereits bei ihren Tatvorbereitungen gefasst und damit die Sicherheit gefährdeter Personen erhöht werden sollte. Die entsprechenden Fahndungs- und Aufklärungsmaßnahmen sollten dabei grundsätzlich durch Kräfte der Länder, bei Personen nach §9 BKAG jedoch durch das BKA erfolgen.

Der Beckurts-Mord war somit Anlass, die Vorfeldaufklärung endlich zu intensivieren. Seit vielen Jahren waren sich die Experten einig, dass »moderner Personenschutz nicht mehr ohne qualitativ hochstehende Aufklärung machbar ist und sein wird«.[161] Bei einer besseren Umsetzung dieser polizeitheoretischen Gewissheiten und der Anwendung eines Aufklärungskonzepts hätte man die Tatvorbereitungen erkannt und wäre der Täter habhaft geworden: der Mord an Beckurts und Zimmerman wäre also »nicht geschehen«.[162] Für die Familie Beckurts kam das neue Konzept jedoch zu spät.

Nach Jahren relativer Ruhe – der Mord an Zimmermann war von der Öffentlichkeit kaum wahrgenommen worden – hatte sich die RAF wieder »ins Bewusstsein der Bundesbürger zurückgebombt«, wie es *Der Spiegel* formulierte.[163] Dabei sei der Beckurts-Mord mit seiner tückischen Waffenanwendung, dem präzisen Plan und seiner brutalen Ausführung auf offener Straße nach Generalbundesanwalt Rebmann ein »Novum« in der Geschichte des westdeutschen Terrorismus. Die Annahme des BfV-Präsidenten Heribert Hellenbroich, dass »die Zeiten bei der RAF vorbei« wären, hatte sich als trügerisch herausgestellt, vielmehr schien eine neue Offensive der RAF zu beginnen.

Gleichzeitig hatte sich mit Beckurts endgültig bestätigt, dass die Wirtschaft zunehmend im »Fadenkreuz der Terroristen« stand.[164] Beckurts war als Leiter des Bereichs Forschung und Technik bei Siemens und als ehemaliger Leiter des Kernforschungszentrums Jülich in den Augen der Terroristen einer der Protagonisten des »militärisch-industriellen-Komplexes« gewesen. So hieß es dann auch im Bekennerschreiben der RAF, dass Beckurts »präzise den Kurs des internationalen Kapitals in der aktuellen Phase der politischen, ökonomischen und militärischen Strategie des imperialistischen Gesamtsystems« repräsentiere und ihn vorantreibe.[165] Nach Analyse der Attentate auf Hanns Martin Schleyer, Ernst Zimmermann und Karl-Heinz Beckurts erschienen Personen aus Bankenwesen und Wirtschaft nun sogar die begehrteren Zielobjekte zu sein als staatliche Repräsentanten.

Die Wirtschaftsunternehmen waren seit mehreren Jahren gewarnt gewesen, hatten jedoch ihre Führungskräfte nicht rechtzeitig mit den notwendigen Schutzmaßnahmen versorgt.[166] Spätestens nach dem Mord an Beckurts beschäftigte die Staatsschützer und die Vorstandsetagen der Industrie die Frage, wer als nächstes Opfer der RAF werden sollte. Obwohl das Bewusstsein für die Gefährdung ihrer Führungskräfte in den folgenden Jahren zunehmend geschärft wurde, blieben die fehlerhafte Vorfeldaufklärung und die mangelnde Zusammenarbeit der Wirtschaftsunternehmen mit den staatlichen Polizeibehörden die Achillesferse im Schutz von Menschenleben, wie sich in einem der bekanntesten Anschläge der achtziger Jahre zeigen sollte.

Herrhausen und die Ohnmacht der Sicherheitsexperten

Die Lage in der zweiten Hälfte der achtziger Jahre blieb sehr angespannt. Mehrere Sprengstoffanschläge hatten sich ereignet – ohne schlimme Opfer zu fordern und daher kaum wahrgenommen von der Öffentlichkeit.[167] Das Personenschutzsystem schien nach den Erfahrungen der erschreckenden Attentate professionalisiert zu sein. Sondergeschützte Fahrzeuge waren angeschafft worden, die Beratung der Betroffenen vorangetrieben und die Vorfeldaufklärung intensiviert. Um ein Attentat zu verhindern, hatten sich als entscheidende Faktoren in diesem »ungleichen Kampf«[168] neben einem gepanzerten Fahrzeug vor allem die Durchbrechung von Gewohnheiten und die Beobachtung des Umfelds der Person herausgestellt.

Dennoch traf es im Jahr 1989 eine Schutzperson, die in Gefährdungsstufe 1 eingeordnet war und als eine der bestgeschützten Führungskräfte galt. Der Vorstandsvorsitzende der Deutschen Bank Alfred Herrhausen verfügte über vier werkseigene Personenschützer der Deutschen Bank, also keinen polizeilichen Personenschutz, und einen gepanzerten Dienstwagen. Zwei Personenschützer im sogenannten Aufklärungsfahrzeug fuhren Herrhausen gut 100 Meter voraus, ein zweites Begleitfahrzeug folgte im vorgeschriebenen Abstand. Durch das Land Hessen erhielt Herrhausen die Schutzmaßnahme 5, also die stündliche Objektschutzstreife an seinem Wohnsitz in Bad Homburg. Herrhausen war in der Gefährdungsdatei APIS aufgeführt und in das Konzept 106 eingegliedert. Hierbei hatten sich keine Ausspähversuche beobachten oder deutliche Gefährdungen erkennen lassen.[169] Dagegen waren aber weit vor dem Tattag konkrete Anschlagsvorbereitungen im Schriftverkehr beschlagnahmter terroristischer Unterlagen gefunden worden.[170]

Am Morgen des 30. November 1989 konnte dieser scheinbar optimale Schutz nichts mehr ausrichten, weil genau die beiden oben genannten Faktoren, die Veränderung der Alltagsroutine und die Voraufklärung, nicht ausreichend beachtet worden waren. Als die Wagenkolonne auf den Seedammweg im Bad Homburger Kurviertel einbog, explodierte auf Höhe der Freizeitanlage Taunus-Therme eine Sprengladung in einer weißen Plastiktasche, die Herrhausen sofort tötete und seinen Fahrer Jakob Nix schwer verletzte. Das gepanzerte Fahrzeug von Herrhausen wurde dabei total zerstört.[171]

Bei diesem Attentat kam es zu einer »Verkettung unglücklicher Umstände«, die zwar einzeln hätten verhindert werden können, so jedoch zu einem der brutalsten Attentate des westdeutschen Terrorismus führten.[172] Die Terroristen konnten den Vorstandsvorsitzenden beispielsweise leicht ausfindig machen. Sein Name und seine Adresse standen im öffentlichen Telefonbuch. Jeden Tag fuhr Herrhausen mit seiner Schutzkolonne um eine ähnliche Uhrzeit die gleiche Strecke – »die konnten richtig auf ihn warten«, so BKA-Präsident Zachert im Gespräch mit der Autorin.

Noch kurz vor dem Attentat hatte Herrhausen um ein Sicherheitsgespräch gebeten, so der ehemalige SG-Leiter Scheicher. Daraufhin habe er den Deutsche Bank-Chef in seinem Wohnhaus aufgesucht und mit ihm sein alltägliches Verhalten besprochen. Im Gespräch mit der Autorin erinnert sich Scheicher an diese Unterhaltung:

Scheicher:	Was machen Sie denn so, am Samstag, am Sonntag?
Herrhausen:	Ja, zum Beispiel setze ich mich aufs Fahrrad und fahr durch den Taunus.

Scheicher:	Allein?
Herrhausen:	Ja, selbstverständlich, ich will ja auch mal allein sein.
Scheicher:	Immer die gleiche Strecke?
Herrhausen:	*(zögert)*
Scheicher:	Also ja.
Herrhausen:	Ja stimmt, also immer die gleiche Strecke.
Scheicher:	Und ich weiß von Ihren privaten Begleitschützern, dass Sie auch immer zur gleichen Zeit und immer auf der gleichen Strecke ins Büro fahren. Das ist lebens-, wirklich lebensgefährlich!

Scheicher habe Herrhausen zugeredet, sein Verhalten doch zu ändern. Herrhausen habe daraufhin einige Tage lang andere Zeiten, andere Wege gewählt. Aber dann, so bedauert Scheicher, »fing der alte Schludrian wieder an, und dann war er auch tot«.

Planmäßig und mit größter Präzision konnten die RAF-Terroristen am Morgen des 30. November somit ihr sorgfältig vorbereitetes Attentat verüben. Hierin lag der zweite entscheidende Fehler im Personenschutz Herrhausens. Die Polizeikräfte und das Personenschutzkommando hatten die Vorbereitungen der Täter nicht wahrgenommenen, die dadurch völlig ungestört erfolgten. Mehrere Zeugen gaben nach dem Anschlag zu Protokoll, dass sie seltsame Dinge bemerkt hatten. So hatte der Hausmeister der Taunus-Therme einen Klingeldraht im Gebüsch entdeckt, aber sich nichts weiter dabei gedacht.[173] Als Bauarbeiter verkleidete Männer hatten den Gehweg aufgestemmt, um ein Kabel zu verlegen. Eines Tages lehnte ein silberfarbenes Jugendfahrrad mit einer weißen Plastiktasche an einem Begrenzungspfahl am Gehweg. Keiner der Zeugen meldete seine Beobachtungen der Polizei, vielleicht auch, weil das Bewusstsein für die terroristische Bedrohung in den vergangenen Jahren zurückgegangen war. Weder die vorausfahrenden Personenschützer der Deutschen Bank noch die Aufklärungskräfte des Konzepts 106 hatten die Auffälligkeiten bemerkt.

Für die staatlichen Sicherheitsbehörden stellte sich damit die Frage, ob die einzelnen Maßnahmen, insbesondere des Konzepts 106, tatsächlich praktiziert wurden. Warum blieben die Tatvorbereitungen unerkannt? Wie konnten Straßenbauarbeiten auf dem Seedammweg nicht auffallen, wo Herrhausen doch immer die gleiche Strecke fuhr? Die terroristische Vorgehensweise, sich als »Vermessungstruppe« zu tarnen, war seit dem Anschlag auf Beckurts 1986 bekannt und allen eingesetzten Kräften der Abteilung SG vertraut.[174]

Für SG-Leiter Scheicher ist im Rückblick klar: »Wenn man die Strecke genauer abgesucht hätte, hätte man das vielleicht entdecken können.« So wurde die fehlende Effektivität des Konzepts 106 vor allem auf den Personalmangel der Länderpolizeien zurückgeführt. Im Raum Bonn waren 117 gefährdete Personen in das Konzept 106 eingebunden, aber nur bei 18 dieser Personen wurden konkrete Fahndungsmaßnahmen durchgeführt.[175] Ein Polizist aus Bad Homburg klagte, dass die zwei Polizisten, die sie pro Schicht hätten, aufgrund der zahlreichen Schutzpersonen »von einem gefährdeten Haus zum anderen rasen und zwischendurch noch schnell die Fahrtrouten exponierter Persönlichkeiten abfahren« würden – für genaue Beobachtungen bliebe da keine Zeit.[176] Daher war auch Bundesinnenminister Schäuble der Meinung, dass es »sicherlich wünschenswert« wäre, wenn die »Reduzierung des [in das Konzept 106] einbezogenen Personenkreises« gelänge.[177] Das Gegenteil trat jedoch ein: Nach dem Anschlag auf Herrhausen steigerte sich die Zahl potenzieller Zielpersonen im Bereich der Wirtschaft.[178]

Zudem beschlossen die Länder gemeinsam mit dem BKA in einer Sondersitzung der Kommission Staatsschutz am 13. Dezember, dass das Konzept 106 bundesweit einheitlich gestaltet und angewendet werden müsste.[179] Hierfür würden Speziallehrgänge eingeführt unter anderem zur Unterweisung, wie terroristische Gewalttäter identifiziert werden können. Das Gremium hielt am Konzept 106 fest. Der Mord an Herrhausen hatte aber gezeigt, dass es in der Umsetzung noch Nachbesserungsbedarf gab. Vor allem bestätigte sich erneut die Erfahrung, dass Informationen zwischen staatlichen Stellen und dem privaten Personenschutzkommando unzureichend ausgetauscht wurden.[180]

In der Presse ließen sich auch gleich kritische Stimmen über den Personenschutz Herrhausens vernehmen, wie ein Interview mit Richard Meier, Präsident a.D. des Bundesverfassungsschutzes, zeigte. Das Begleitkommando hätte es versäumt, so Meier, vor der Abfahrt die Umgebung von Herrhausens Villa zu überprüfen. Dabei hätten den Leibwächtern die späteren Attentäter auffallen müssen. Die Beobachtung solcher Dinge sollte für ein Begleitkommando »zur zweiten Natur werden, privat oder polizeilich«.[181] Das hessische Innenministerium wies die »Ferndiagnosen« Meiers zurück: »Spekulative Meinungsäußerungen« über »angebliche Defizite beim Schutz gefährdeter Personen« seien für die Fahndung nach den Mördern Herrhausens nicht »hilfreich«.[182] Und so forderte auch der SPD-Abgeordnete Willfried Penner im Innenausschuss, das »Handeln auf die Ermittlungen zu konzentrieren«: Man müsse zwar den Personenschutz und gegebenenfalls

Versäumnisse darin überprüfen, solle aber nicht »der Mär nach einer absoluten Sicherheit nachlaufen«.[183] Das Bild des zerborstenen Fahrzeugs schien diesen Eindruck zu bestätigen. Später sollte sich herausstellen, dass es vor allem die weichen Schweißnähte, die bei einem gepanzerten Wagen mit Kurbelfenster zwangsläufig entstehen, gewesen waren, die Herrhausen am Ende das Leben kosteten.[184]

Für die Sicherheitsakteure war der Mord an Herrhausen ein schwerer Rückschlag. Entmutigung und Ratlosigkeit prägten die Stimmung bei den Personenschützern. Der Polizist Erwin Paske, der bis in die Abendstunden am Unglücksort gewesen war, berichtet heute, dass er den Anschlag auf Herrhausen als »persönliche Niederlage« empfunden habe.[185] Sie hätten ja um die Gefährdung Herrhausens gewusst. Sein Fazit: »Wir haben eine Schlacht gegen den Terrorismus verloren.« Auch SG-Leiter Scheicher erinnert sich an die »resignative« Stimmung. Das Image der Polizei war beschädigt, auch der Polizei als Ganzes, so Zacherts Urteil im Gespräch. Man sei dem Vorwurf ausgesetzt gewesen, als Polizei nicht in der Lage zu sein, Personen zu schützen. Der Schock über diese grauenvolle Tat saß tief. Und noch heute beschäftigen sich die Medien und die Öffentlichkeit immer wieder mit diesem brutalen Mord am 30. November 1989.[186]

Die »zweite Reihe«: von Braunmühl, Tietmeyer und Neusel

Das Risiko eines neuen terroristischen Anschlags schien in den achtziger Jahren immer weniger kalkulierbar. Mit dem tödlichen Attentat auf den Leiter der Politischen Abteilung des Auswärtigen Amtes Gerold von Braunmühl (10. Oktober 1986) sowie den Attentatsversuchen auf den Staatssekretär im Bundesfinanzministerium Hans Tietmeyer (20. September 1988) und auf den Staatssekretär im Bundesinnenministerium Hans Neusel (Bonn, 27. Juli 1990) hatte sich die Anzahl der gefährdeten Personen schlagartig vervielfacht.[187] Nun konnten Personen nur aufgrund ihrer Funktionsstelle, sei es im militärischen, ökonomischen oder im staatlich-politischen Bereich, bereits abstrakt gefährdet sein.

Die RAF zielte damit auf die Verunsicherung breiter Kreise von Verantwortungsträgern, die kaum umfassend durch staatliche oder private Maßnahmen geschützt werden konnten. Erstmals hatten Anschläge direkt in Bonn stattgefunden, auch dies war eine neue Dimension. Bisher waren terroristische Akte immer weit weg des politischen Geschehens verübt worden. Nun war der Terrorismus in die Hauptstadt eingezogen – aus Sicht der Terroristen versprach dies eine größere Öffentlichkeit und einen höheren Symbolwert.[188]

Die Sicherheitsbehörden schienen ohnmächtig angesichts der großen Zahl möglicher Attentatsziele in »zweiter Reihe«. Darunter gab es auch Personen, deren Gefährdung eindeutig gewesen war, wie Hans Tietmeyer. Als westdeutscher Repräsentant der Weltbankgruppe und stellvertretender Direktor der Weltbanktagung im Oktober 1988 waren für ihn eine »erheblich verschärfte Gefährdungslage« bestätigt, aber keine Begleitschutzmaßnahmen veranlasst worden.[189] Die Sicherheitsakteure hatten sich vielmehr auf den Schutz von Tietmeyers Vorgesetzten, Bundesfinanzminister Gerhard Stoltenberg, konzentriert und dessen Schutzmaßnahmen erhöht. Dass die Terroristen aufgrund der erhöhten Polizeipräsenz bei Stoltenberg Alternativen in der »zweiten Reihe« suchen könnten und in Tietmeyer ein mögliches »Ausweichopfer« fanden, hatten die Sicherheitskräfte nicht erwogen.

Entsprechend hatten Kräfte des Konzepts 106 die tägliche Fahrtroute Tietmeyers zum Dienstort nicht gründlich abgesucht. So blieben die Trampelpfade und Gucklöcher im Gebüsch an einer der neuralgischsten Stelle, angelegt von als »Vermessungstruppe« verkleideten Terroristen, unentdeckt.[190] Das gleiche Versäumnis ereignete sich zwei Jahre später beim Anschlag auf Staatssekretär Neusel. Bei ihm kam hinzu, so die Analyse der örtlichen Polizei, dass die Aufklärungsbeamten mit einem Anschlag so weit vom Wohnhaus der Schutzperson entfernt nicht gerechnet hatten. Die bisherigen Anschläge auf Beckurts, von Braunmühl, Tietmeyer und Herrhausen hatten gezeigt, dass sich bei längeren Fahrstrecken für die Täter der Anschlag zeitlich schwerer kalkulieren lasse.[191] Somit erfordere der Anschlag auf Neusel ein »Umdenken« bei der Umsetzung des Konzepts.

Die Anschläge auf die »zweite Reihe« bewirkten, dass die im Jahr 1978 begonnenen Reduzierungsbemühungen zugunsten einer qualitativen Verbesserung des Personenschutzes beendet wurden. Die Schutzpersonenanzahl hatte sich seit 1985 von 50 auf insgesamt 91 Personen im Jahr 1990 erhöht.[192] Bundesinnenminister Schäuble warnte nach dem Neusel-Anschlag dann auch vor »blindem Aktionismus« und lehnte eine Verschärfung der Sicherheitsmaßnahmen ab: »Wir sind ein freiheitlicher Rechtsstaat mit einem geringstmöglichen Maß an Kontrollen. Das lassen wir uns von ein paar verrückten Verbrechern nicht kaputtbomben«.[193] Nicht alle potenziell gefährdeten Staatsbeamten sollten durch den Staat geschützt werden. Der absolute Schutz wurde endgültig aufgegeben, nun ging es vielmehr um die Verteilung von Risiko. Die Fehler im vorhandenen Personenschutzkonzept waren bekannt, es galt, sie zu beheben.

Rohwedder: Ein letzter Schlag im Schatten der Einheit

Der moderne Personenschutz hatte nach zwei Jahrzehnten ein hohes Niveau an Professionalisierung erreicht. Ein letztes, erschütterndes Attentat durch den Linksterrorismus sollte jedoch noch einmal zeigen, dass einzelne Fehler im Schutzkonzept zu verheerenden Folgen führen konnten.

Am Abend des 1. April 1991 wurde Detlev Karsten Rohwedder in seinem Düsseldorfer Wohnhaus von einem RAF-Kommando ermordet. Von einer Kleingartenanlage gegenüber wurde er durch das Fenster seines Arbeitszimmers in der ersten Etage erschossen. Rohwedder war im Rahmen der deutsch-deutschen Bemühungen im Einheitsprozess 1990 zum Präsidenten der Treuhandgesellschaft berufen worden, die das Vermögen der »volkseigenen Betriebe« der damaligen DDR absichern, neu ordnen und privatisieren sollte. Er war vom nordrhein-westfälischen Innenministerium seit Mitte 1990 in die Gefährdungsstufe 2 eingeordnet gewesen, wurde zu bestimmten Anlässen begleitet und hatte Schutzmaßnahmen an seinem Wohnhaus anbringen lassen, das von Objektschutzstreifen unregelmäßig beobachtet wurde.

Nach dem Attentat stellten sich die Politiker und Sicherheitsexperten, aber auch die bundesdeutschen Bürger die Frage, warum im Haus einer gefährdeten Persönlichkeit nur das Erdgeschoss mit schusshemmendem Glas ausgestattet war, aber nicht die erste Etage, in der man sich gewöhnlich besonders abends aufhielt.[194] Das Ehepaar Rohwedder hatte nach mehreren Sicherheitsgesprächen und Empfehlungen des Polizeipräsidenten Düsseldorfs und der Sicherheitsfirmen entschieden, die obere Etage ihres Wohnhauses nicht zu schützen.[195] Leider waren in dem genannten Fenster zum Arbeitszimmer Rohwedders an diesem Abend auch keine Gardinen zugezogen, sodass die Attentäter direkten Einblick hatten – für einige die Hauptursache für das Gelingen des Anschlags.[196] Wiederum hatte sich gezeigt, dass der Schutz einer gefährdeten Person auch durch menschliches Handeln oder durch nachlässiges Verhalten geschwächt werden konnte.

Der zweite Kritikpunkt war die fehlerhafte Einstufung Rohwedders in die Gefährdungsstufe 2. Nachbarn sahen ihn abends ohne Personenschützer nach Hause kommen.[197] Da das BKA als Entwickler von Gefährdungslagebildern nur Einstufungen empfehlen durfte, die Einstufung selbst aber der

Länderpolizei vorbehalten blieb, war es hier zu einem Missverständnis gekommen, woraufhin Rohwedder nur die GS 2 erhielt.[198] Des Weiteren waren Gefährdungshinweise verzögert mitgeteilt worden. Letztlich hatten auch die seit dem 1. Februar 1990 durchgeführten 208 Maßnahmen des Konzepts 106 keine Anzeichen für Tatvorbereitungen in der Kleingartenanlage ergeben.[199] Es gebe »viel zu viele Häuptlinge, aber zu wenige Indianer«, die Rohwedder wirklich schützten, erklärte sich der CDU-Abgeordnete Johannes Gerster das Gelingen des Attentats. Ein »riesiger bürokratischer Apparat« sei in Bewegung, aber die »eigentliche Kontrolle vor Ort« funktioniere nicht.[200]

Nach zwei Jahrzehnten der linksterroristischen Bedrohung und der Erfahrung von über dreizehn terroristischen Attentaten gab es immer noch Nachsteuerungsbedarf in den grundlegendsten Personenschutzmaßnahmen. Dass dazu oft der Tod einer führenden Persönlichkeit Anlass sein musste, führte im Jahr 1991 bei den Abgeordneten des Bundestags zu einer gewissen Resignation.[201] »Bitterkeit« käme auf, so der SPD-Abgeordnete Penner, dass sie es in 20 Jahren nicht geschafft haben, »dieses Unwesens Herr zu werden«. Schließlich appellierte Bundesinnenminister Schäuble an die Abgeordneten, dass sie auf einem »gar nicht so falschen Weg« seien. Aber wenn sie »in dem Zustand der Erfolglosigkeit verharren sollten«, würden sie »in eine politische Krise unseres Rechtsstaates hineinschlittern«.

Verändertes Bedrohungsszenario

Weitere Tote durch RAF-Anschläge waren in den nächsten Jahren nicht zu betrauern: Rohwedder war das letzte RAF-Opfer. Seit der Wiedervereinigung 1990 verlagerte sich die Bedrohung von der RAF und dem internationalen Linksterrorismus hin zu Rechtsextremismus und Fremdenfeindlichkeit. Bereits im November 1992 gründete das BKA eine eigene Gruppe zur Bekämpfung der politisch motivierten Kriminalität von »rechts«. Die Vorfälle in Bad Kleinen im Juni 1993, bei dem ein GSG 9-Beamter und ein RAF-Terrorist ums Leben kamen, können somit als »historische Zäsur« bezeichnet werden.[202] Bereits ein Jahr zuvor hatte die RAF ihr April-Schreiben veröffentlicht, in dem sie ankündigte, auf gewalttätige Aktionen zu verzichten.

Mit Anschlägen der RAF, so die Neueinschätzung der Bedrohungslage im Januar 1993, sei »derzeit nicht zu rechnen«, die »Stillhaltephase« dauere an.[203] Zwar gerieten im Jahr 1995 der ehemalige Parlamentarische Staatssekretär Volkmar Köhler, die Mitglieder des Bundestags Joseph-Theodor Blank und Paul Breuer noch einmal ins Visier der linksextremen Gruppe »Antiimperialistische Zellen«, sie überlebten aber die Sprengstoffanschläge. Drei Jahre später, am 20. April 1998, folgte dann das Auflösungsschreiben der RAF. Der Motor zur Weiterentwicklung des Personenschutzes, die linksterroristische Bedrohung, hatte damit endgültig seine Kraft verloren.

Für den Personenschutz ergaben sich in den neunziger Jahren nicht nur neue Herausforderungen durch die entstandene private Sicherheitsbranche, sondern es wurden auch neue gesetzliche Bestimmungen geschaffen. Zum 1. August 1997 trat die Aktualisierung des BKA-Gesetzes in Kraft, das die Rechtsgrundlagen der SG gesetzlich fundierte und sie gemäß §5 BKA-Gesetz dem Auftrag der Gefahrenabwehr anpasste.[204] Die dazugehörigen Befugnisse wurden nun endlich gesetzlich festgelegt und in den §§ 21 bis 25 BKA-Gesetz verankert, so die Berechtigung, Informationen zu sammeln. Die neue Personenschutzkonzeption, die nicht nur den unmittelbaren Personenschutz (also die unmittelbare Begleitung) umfasste, sondern aus einem Maßnahmenbündel im Sinne des erweiterten Personenschutzes (Aufklärung, Feststellung von Gefahrenquellen, Abwehrmaßnahmen etc.) bestand, wurde durch die Aktualisierung gesetzlich festgeschrieben.[205] Zudem wurde der bereits seit 1992 durch die Sicherungsgruppe übernommene Zeugenschutz durch die BKAG-Änderung zum gesetzlichen Auftrag. Im Juni 1998 zog die Sicherungsgruppe mit den Regierungsstellen in die Hauptstadt Berlin um.

Spätestens seit den Anschlägen auf den damaligen SPD-Kanzlerkandidat Oskar Lafontaine am 25. April 1990 und auf den damaligen Bundesinnenminister Wolfgang Schäuble am 12. Oktober 1990 waren die Personenschützer mit einem ganz anderen Bedrohungsszenario konfrontiert: die Gefährdung durch den allein handelnden, geistig verwirrten Täter, der durch Personenschützer schwer zu erkennen ist.[206] Wie immer hatte Schäuble bei einer Wahlveranstaltung die Nähe seiner Zuhörer gesucht und trat ohne abschirmende Personenschützer vor der ihm vertrauten Bevölkerung seines Wahlkreises auf. Mehrere Schüsse eines psychisch gestörten Einzeltäters trafen ihn lebensgefährlich.

Ähnlich wie bei der Bedrohung durch terroristische Gruppen schwankten auch hier die Reaktionen zwischen dem Ruf nach mehr Sicherheitsmaßnahmen und der fast resignierenden Feststellung, dass es absoluten Schutz nicht geben könne.[207] Dennoch wurde das neue »Tatmuster« eines Anschlags aus der unberechenbaren Publikumsdeckung sogleich als neues Trainingsszenario in den Personenschutz aufgenommen.[208] Sicherheitsakteure überlegten, wie die Sicherheit von Politikerauftritten gegenüber einem solchen Bedrohungstypus gesteigert werden könnte und zogen Personen- und Einlasskontrollen, Waffendetektor-Schleusen oder panzerglasgeschützte Rednerpulte in Erwägung. Der unberechenbare Einzeltäter wurde somit zur Bedrohung, die bis heute im Personenschutz das Grundszenario darstellt.

*

Zusammenfassend kann festgehalten werden, dass die Entwicklung des modernen Personenschutzes – wie hier aufgezeigt – in drei Phasen erfolgte. Die Änderung des BKA-Gesetzes 1973 und die damit festgelegte Zuständigkeit des BKA für den Schutz der Verfassungsorgane des Bundes war Teil eines größeren Reformprogramms zur verbesserten Organisation der Polizeien des Bundes und der Länder.[209] Gleichzeitig aber zeichnete sich in dieser ersten Phase des Personenschutzes die zunehmende Bedrohung durch den Linksterrorismus ab. Die Attentate auf Buback, Ponto und Schleyer führten zu teils improvisierten Maßnahmen, wie die sprunghafte Ausweitung des Schutzkreises und die Vervielfachung des Personals der Sicherungsgruppe und der Länderpolizeibehörden. Nach Abklingen dieser Terrorwelle im Jahr 1978 kam es in der zweiten Entwicklungsphase zu überlegteren Regulierungen des Schutzumfangs bis hin zur deutlichen Reduzierung des Personenschutzes unter Bundesinnenminister Baum. Nach einer etwas ruhigeren Zeit Anfang und Mitte der achtziger Jahre vergrößerte sich in der dritten Phase der Schutzumfang erneut nach den Morden an von Braunmühl, Herrhausen und Rohwedder und den Anschlagsversuchen auf Neusel und Tietmeyer. Allerdings wurden nun nach jedem Attentat nicht nur immer wieder die Schutzmaßnahmen ausgeweitet, jetzt wurde auch die Personenschutzkonzeption in wichtigen Punkten weiterentwickelt. Nicht die Quantität des Schutzes wollte das BKA ändern, sondern die Qualität.

Die neuen Bedrohungsszenarien der linksterroristischen Attentate auf einen Repräsentanten des Staates hatten ein neues Gefährdungsszenario begründet, das Handlungsdruck erzeugte. Dies förderte die Entwicklung des Personenschutzkonzeptes vom reinen »Bodyguard«-System, also der unmittelbaren Begleitung einer Schutzperson durch Sicherheitsbeamte mit dem alleinigen Ziel der Abwehr, hin zum erweiterten Personenschutz mit umfangreichen Begleitmaßnahmen. In den siebziger Jahren hatten die terroristischen Attentate die Sicherheitslücken im »Bodyguard-System« offenbart. Die Analyse der Attentate zeigte dann, wie umfangreich sich die Attentäter zeitlich und logistisch auf die Tat vorbereitet hatten. Dies ließ Personenschutzexperten das Konzept dahingehend verändern, dass begleitende

Maßnahmen diese Tatvorbereitungen bereits im Vorfeld erkennen sollten, beispielsweise durch das offene oder verdeckte, aufklärerische Beobachten des Umfelds einer Schutzperson. Der Wert dieser Maßnahmen wurde zwar bereits Ende der siebziger Jahre hoch eingeschätzt und der Personenschutz immer stärker auch als Teil der Verbrechensbekämpfung angesehen. Jedoch wurde das neue Konzept erst mit der Aktualisierung des BKA-Gesetzes von 1997 festgeschrieben.

Bei dieser Dreiphaseneinteilung wird deutlich, dass sich die Weiterentwicklungen im Personenschutz nach der Zyklus-Theorie verhalten. Wie oftmals bei Organisationen oder Institutionen eine aktive und eine passive Phase einander abwechseln, so ist auch beim Personenschutz zu erkennen, dass auf eine schnelle, kurzfristige Ausdehnung des Schutzkreises wiederum Versuche des Rückbaus und der Reduzierung der Personenzahl folgten. Diese zyklische Entwicklung wurde erst durchbrochen, als in den achtziger Jahren zunehmend über qualitative Konzeptionsänderungen nachgedacht wurde.

3. Kapitel
Personenschutz zwischen Emotion und Statussymbol

Emotionalität im Personenschutz

Der Personenschutz sollte vor einer Gefährdung schützen, die auf eine Verletzung der körperlichen Unversehrtheit abzielte. Letzten Endes ging es um Leib und Leben. Dies machte den Personenschutz zu einem hoch emotionalen Feld. Die geäußerten Gefühle einer möglicherweise gefährdeten Person und ihr dringender Wunsch nach einem Schutzkommando ließen dann auch diejenigen Entscheidungsträger wanken, die in ihren Überlegungen sonst nur streng fachlichen Gesichtspunkten folgten. Darunter mischten sich mitunter vermeintlich (partei-)politische Verbindlichkeiten. In wenigen Fällen lehnten gefährdete Personen Schutzmaßnahmen ab, weil sie die privaten Einschränkungen nicht hinnehmen wollten – auch dies ein Zeichen für die emotionale Konnotation des Personenschutzes. Es waren also nicht nur systemimmanente Mängel wie die fehlende gesetzliche Verankerung oder die Bund-Länder-Problematik, die die Entwicklung von Schutzumfang und -intensität im Personenschutz beeinflussten, sondern besonders auch diese individuellen Empfindungen oder subjektiven Entscheidungen. Im Bereich der Wirtschaft und der privaten Sicherheitsbranche bewirkten fast ausschließlich subjektive Empfindungen wie Gefährdungsgefühle, dass die Personen einen Bodyguard engagierten, wie später noch zu sehen sein wird.

Gesellschaftliches Klima und diffuse Bedrohung

Die Emotionalität im Personenschutz entstand durch das gesellschaftliche Klima.[1] Die linksterroristische Bedrohung hatte zu großer Verunsicherung geführt. Regelmäßige Meldungen über Bombenattentate, Banküberfälle und teils tödlich verlaufende Zwischenfälle mit Polizisten oder Grenzbeamten prägten die Nachrichten. Der Staat beteuerte die Nichterpressbarkeit der Demokratie, änderte Gesetze und schuf neue Geschäftsordnungen. Wie die hektische Stimmung der siebziger Jahre auf politisches Handeln wirken konnte, zeigten zum Beispiel die zahlreichen improvisierten Katastrophen- und Krisenstäbe. Sie waren nicht aufeinander bezogen, somit auch nicht hierarchisch aufgebaut und wurden von verschiedenen Ministerien geleitet. »Ihre Existenz ist wie ihre Zuständigkeit zufällig«, so die Einschätzung des Bundeskanzleramts.[2] Dieses Zufallssystem hatte zur Folge, dass nach jedem Ereignis wieder ein neues Gremium gebildet wurde, wenn das bestehende nicht exakt passte. Erst in den achtziger Jahren begannen die staatlichen Stellen, das System klarer zu gliedern und zu flexibilisieren.

Viele Stimmen berichten rückblickend von einer »aufgeheizten Dramatik, einer Hektik, einer öffentlichen Hysterie«, so der damalige BMI-Staatssekretär Fröhlich.[3] Der Ministerialdirigent im BMI Kurt Fritz spricht von einer »Ausnahmesituation der Terrorismusbedrohung«.[4] Fenster von Regierungsgebäuden wurden mit Ziegelsteinen vermauert, Barrikaden aus Sandsäcken vor dem Kanzleramt errichtet und das Gelände gegen Unbefugte abgeschottet.[5] Auf Weisung des Chefs des Bundeskanzleramts Manfred Schüler wurde der Kabinettssaal mit Panzerglas versehen.[6] Für Außenstehende wirkte dann die Hauptstadt Bonn wie ein »Dauer-Krisenstab«: Der Schleyer-Mord, Stammheim und Mogadischu »steckte den Politikern in den Knochen« und führte zu einer »psychischen Erosion«.[7]

Die »Krise des Sicherheitsgefühls«[8] erfasste dann nicht nur die eigentlichen Schutzpersonen, sondern auch das gesamte Umfeld, das in die Bedrohung einbezogen wurde. So verteilte das Bundeskriminalamt beispielsweise die bereits erwähnten Hinweisblätter für Nachbarn, damit diese beim Schutz der gefährdeten Person halfen.[9] Zudem veränderte der enorme Ausbau des Personenschutzes im Krisenjahr 1977 das Verhältnis zwischen Politikern und Bürgern. Der CDU-Abgeordnete Gerd Langguth kritisierte, dass die Politiker nicht mehr in der Lage seien, mit der Bevölkerung normal zu sprechen, weil sie durch bewaffneten Schutz ständig abgeschirmt seien.[10] Walter Scheel erzählt der Autorin, dass das Auftreten mit Personenschutz nicht mehr seinem Verständnis eines bürgernahen Bundespräsidenten entsprochen hätte.

Das Gefühl der Unsicherheit in dieser Zeit war auch entstanden, da sich die Bedrohung so schwer lokalisieren ließ. Spätestens als Gerold von Braunmühl im Jahr 1986 in Bonn auf offener Straße erschossen wurde, war die Bedrohung durch den Terrorismus direkt in der Hauptstadt und damit in der Nachbarschaft vieler Politiker angekommen. Dieses Attentat auf den Abteilungsleiter im Auswärtigen Amt führte unmittelbar vor Augen, dass jeder Beamte aus der »zweiten Reihe« des Bonner Politikapparates gefährdet sein konnte, wodurch sich das Sicherheitsbedürfnis noch einmal verstärkte. Im »Klima der Angst« wurde dann oft das tatsächliche Bedrohungspotenzial der RAF überschätzt.[11] Der Ruf nach Schutz erhielt zunehmend emotionale Züge. Immer mehr baten um Personenschutz. Umso schwieriger wurde es für die Verantwortlichen, den Kreis der Geschützten festzulegen. Eine Fehlentscheidung konnte schließlich fatale Folgen nach sich ziehen. Die Überlegung war daher, lieber einen Menschen mehr zu schützen, als einen zu wenig. Damit kam der Personenschutz jedoch an seine Grenzen – »Sicherheit ist ausverkauft«.[12]

Darüber hinaus trug zur Emotionalisierung des Personenschutzes bei, dass dieser eine existenzielle Bedrohung minimieren sollte und gleichzeitig eine höchst persönliche und private Angelegenheit war. Dies machte den Personenschutz zu einem stark von Emotionen geprägten Bereich. Gefährdete Politiker fühlten sich durch die Maßnahmen in ihren persönlichen Gewohnheiten betroffen. Sie erlebten die Begleitschutzmaßnahmen täglich im Berufs- und im Privatleben. Kanzler Brandt beschwerte sich über die Omnipräsenz der Sicherheitsbeamten, diese »Nichtstuer« und deren Benehmen.[13] Schutzpersonen versuchten, über die Maßnahmen und ihre Ausführung mitzubestimmen. So äußerte die Ehefrau des Kanzlers, Rut Brandt, den Wunsch nach weiblichen Schutzpolizistinnen.[14] Aber auch ein männlicher Politiker hielt es »unter Sicherheitsaspekten durchaus für sinnvoll«, eine weibliche Personenschützerin in das Kommando aufzunehmen. Hierfür schlug er sogleich eine bestimmte Polizistin vor, mit der er bereits »positive Erfahrungen« gemacht habe.[15] Über diese persönlich-emotional vorgetragenen Wünsche dann mit sachlich und fachlich begründeten Argumenten zu entscheiden, war für die Verantwortlichen nicht einfach.

Die Einmischung der Schutzperson in die Sicherungsmaßnahmen begann bereits mit den Forderungen, Personenschützer besser einzukleiden oder ihnen bessere Umgangsformen beizubringen.[16] Bundesminister Hans Apel beschrieb in einem ausführlichen Brief die Mängel in seinem Personenschutzkommando.[17] Die Personenschützer würden selten die englische Sprache beherrschen und nähmen bei Auslandsreisen häufig »die Attitüde mitreisender Touristen« ein. Zudem wären sie nicht ausreichend bereit, vor dem jeweiligen Tagungslokal auf das Ende der Sitzung zu warten, sodass der Delegationsleiter selbst dafür sorgen müsse, dass die deutschen Sicherheitsbeamten nicht den Anschluss an die Delegation verlieren würden.

Kaum gebilligt wurde jedoch, wenn sich die Schutzperson in die Ausübung des Personenschutzes einmischte und dieser dadurch die Gesetze missachtete. Auf Wunsch des Generalbundesanwalt Rebmann verwendeten seine Personenschützer beispielsweise bei Verkehrsstau Sondersignale wie Blaulicht, die nur nach den §§35 und 38 der Straßenverkehrsordnung (StVO) angewendet werden durften.[18] Die Personenschützer könnten sich diesem Verlangen Rebmanns aufgrund des ständigen persönlichen Kontaktes »nicht entziehen«, so der Dienststellenleiter des Personen- und Objektschutzes in Stuttgart. Rebmann stellte die Anwendung des §35 StVO aufgrund seiner hohen Gefährdung als berechtigt dar. Der baden-württembergische Innenminister Stümper wies ihn jedoch darauf hin, dass unter Berücksichtigung einer hohen Unfallgefahr für alle Beteiligten im Straßenverkehr und des Auffälligkeitsgrads seiner öffentlichen Bewegungen »die Entscheidung über Art und Umfang der Inanspruchnahme von Sonder- und Wegerechten bei Kraftfahrzeugfahrten« dem jeweiligen Kommandoführer obliege.[19] Hieran wird deutlich, dass auch eine gewisse Autoritätshörigkeit einer objektiven Umsetzung von Personenschutzmaßnahmen im Wege stehen konnte. Wünschen der Schutzpersonen, auch die Ablehnung von Schutzmaßnahmen, wurde – »durch die Autorität der Schutzperson bedingt« – zu schnell von den Personenschützern entsprochen.[20]

Die Emotionalität im Personenschutz zeigte sich auch bei der Einstufung von gefährdeten Personen und der Zuweisung von Schutzmaßnahmen durch die Entscheidungsträger auf höchster Ebene. Im damals aufgeheizten Klima und angesichts der eigenen alltäglichen Bedrohung mussten sie auf Forderungen von Kollegen nach mehr Schutz eingehen und ihn gegebenenfalls sogar verweigern. Die eigenen Gefühle, die damit verbunden waren, behinderten oftmals eine objektive Entscheidung und erhöhten die Zahl fachlich nicht gerechtfertigter Personenschutzkommandos.

»Dringliche Bitte« um Schutz

Der Einfluss von Gefühlen wird vor allem bei den Entscheidungen im Personenschutz sichtbar, die scheinbar jeder objektiven und rationalen Beurteilung der Situation widersprachen. Dies wurde insbesondere in zwei politischen Gruppen deutlich, nämlich bei den Bundesministern der weniger im Rampenlicht stehenden Ressorts und den Bundestagsabgeordneten. Sie reagierten ausgesprochen emotional, wenn beispielsweise die Personenschutzmaßnahmen im Rahmen des Grundschutzmodells 1976 oder der Neukonzeption 1978 reduziert werden sollten. Die Betroffenen wollten am persönlichen Schutz unbedingt festhalten.

Beispiele hierfür sind der Bundesminister für innerdeutsche Beziehungen Egon Franke und die Bundesministerin für Jugend, Familie und Gesundheit Antje Huber sowie Bundestagsvizepräsidentin Annemarie Renger, die trotz fehlender Gefährdungserkenntnisse so vehement auf ihren Personenschutz bestanden, dass sich die Neukonzeption, nämlich Begleitung nur in besonderen Fällen statt eines eigenen Vollkommandos, erst nach mehrjährigen Verhandlungen mit den Schutzpersonen umsetzen ließ.

So entzog sich Bundesminister Franke wiederholt den Gesprächen des BKA, sodass ein langwieriger Prozess von gegenseitigen Schreiben, Gesprächsangeboten und Beschwerden folgte. Wichtig sei es Franke dabei, so schreibt er an Bundesinnenminister Baum, dass bei der Herunterstufung eine »einheitliche Behandlung sichergestellt« werde.[21] Zwischen der ersten Benachrichtigung der Konzeptänderung im Dezember 1979 und dem endgültigen Entzug des eigenen Personenschutzkommandos im Februar 1982 lagen über zwei Jahre. Auch sein Ministerium hatte 1978 Beschwerde beim BMI eingelegt, dass das Ministeriumsgebäude weniger geschützt sei als die nahe gelegenen Bundesministerien der Justiz, für Forschung und Technologie sowie für Bildung und Wissenschaft.[22]

Auch bei Familienministerin Huber dauerte es Jahre, bis die Neukonzeption umgesetzt werden konnte. Sie sah, so der Leiter ihres Ministerbüros in einem Gespräch mit der Sicherungsgruppe, eine »Ungleichbehandlung« im Verhältnis zu Bundeswirtschaftsminister Otto Graf Lambsdorff.[23] Nachdem das ständige Begleitkommando abgezogen worden war, ereignete sich im September 1981 auch prompt ein kritischer Vorfall. Unter Eindruck dieses Ereignisses schrieb Huber am nächsten Tag einen Brief an SG-Leiter Boeden: »Ich möchte Ihnen – für den Fall, daß Sie es nicht in der Presse gelesen haben – mitteilen, daß ich gestern Morgen vor der Kaserne Essen-Kupferdreh anlässlich einer Gelöbnisfeier in eine Schar von Demonstranten geraten bin, die mir drohten, mich beschimpften, meinen Wagen mit Parolen beschmierten und mir einen Autoreifen zerschnitten. Zum Glück konnten wir mit dem Platten einige hundert Meter in eine abgesperrte Straße fahren, wo der Reifenwechsel vorgenommen wurde. Vielleicht hätte ein Begleitkommando die Situation auch nicht gerade erleichtert, aber ihr Entstehen durch Umsicht vermeiden können. Mein Eindruck ist, Ihr neues System des flexiblen Schutzes funktioniert prima. Mit freundlichen Grüßen, Antje Huber.«

Bundestagsvizepräsidentin Annemarie Renger wählte den direkten Weg und verfasste 1982 einen persönlichen Brief an Bundeskanzler Schmidt. Nach Beschreibung ihrer aktuellen Tätigkeiten und ihrer Unzufriedenheit mit dem Vorgehen des neuen Bundesinnenministers Baum bei der Frage ihres Schutzes fährt sie fort: »Meine Bitte geht nun dahin, daß Du den Bundesminister des Innern dinglich bittest, meine Personenschutzmaßnahmen aufrechtzuerhalten. Ich fühle mich durch die Tatsache, daß eine erhebliche Anzahl von Terroristen verschiedener Nationalität in der Bundesrepublik per Haftbefehl gesucht werden [sic!], bedroht. Den Innenminister habe ich ebenfalls gebeten, meinen Personenschutz aufrechtzuerhalten. Mit herzlichen Grüßen, Deine Annemarie Renger«.[24] Obwohl die Richtlinien für die Gefährdungseinstufung das »subjektive Gefühl der Gefährdung« für eine Höherstufung als nicht ausreichend erklärte, konnte sich Schmidt diesem Wunsch nicht verwehren und richtete an Baum die »herzliche Bitte«, noch einmal zu prüfen, ob der gegenwärtige Personenschutz »nicht noch einige Zeit aufrechterhalten werden« könne.[25] Während andere Schutzpersonen gerade ihr Kommando abgaben, blieb der Bundestagsvizepräsidentin ihre ständige Begleitung noch mehrere Monate erhalten.

Auch bei den Bundestagsabgeordneten spielten emotionale oder individuell-soziale Faktoren eine wesentliche Rolle, wobei ihre konkrete Gefährdung nicht sehr hoch war. Freilich hatten die Attentate auf die »zweite Reihe« gezeigt, dass die Terroristen auch Personen auf unterer politischer Ebene ins Visier nahmen. Zudem erhielten Abgeordnete immer wieder Drohbriefe gegen sich und ihre Familien – »der ›kleine Terror‹ gegen Politiker«.[26] Aber wer der über 500 Bundestagsabgeordneten sollte geschützt werden? Während sich die Sicherungsgruppe bei der Gefährdungseinschätzung eng an die Funktions- und Positionsgefährdung hielt, brachten die emotional geprägten Anfragen verunsicherter Abgeordneter manch fachlich begründete Entscheidung ins Wanken.

Besonders nach den Attentaten der siebziger und achtziger Jahre ersuchten Abgeordnete um mehr Schutz. So trat im November 1974 der CDU-Abgeordnete Karl Miltner im Innenausschuss des Bundestags an Maihofer heran und bat darum, für die CDU/CSU-Ausschussmitglieder »geeignete Maßnahmen für die Gewährleistung der persönlichen Sicherheit« zu ergreifen und auch die Familien einzubeziehen.[27] Als nur wenige Tage später ein Attentat auf den niedersächsischen Finanzminister Walter Leisler Kiep stattfand – das bis heute unaufgeklärt ist und für manche Sicherheitsexperten als vorgetäuscht gilt –, schien die Sorge Miltners bestätigt. Das BKA wurde daraufhin veranlasst, die Gefährdungslagen der Bundestagsabgeordneten gründlich zu überprüfen.[28] Die ständige Ausweitung der Schutzmaßnahmen für diese Gruppe führte dazu, dass noch 1995, nach dem Attentat auf MdB Joseph-Theodor Blank im April des Jahres, zu den 122 Schutzpersonen allein 53 Abgeordnete zählten.[29]

Diese Ausweitung des geschützten Personenkreises hinterließ auch in der Öffentlichkeit ihre Spuren. Der Vorsitzende des Bundestagsinnenausschusses Friedrich Schäfer äußerte »große Beunruhigung«, wenn er sehe, wie »Abgeordnete mit 4-Mann-Begleitung in Spanien oder Schottland herumführen« oder Fraktionssitzungen voller Begleiter wären.[30] Er habe Angst, dass »eines der bekannten Presseorgane darüber berichte«.

Zu erwähnen sind hier jedoch auch wenige Beispiele, bei denen Bundestagsabgeordnete den Schutz verweigerten. Der Vorsitzende der SPD-Bundestagsfraktion Herbert Wehner lehnte 1972 trotz höchster Gefährdung seiner Person (GS 1) Personenschutzmaßnahmen generell ab. Obwohl die Sicherheitsexperten auf Fachebene einer Einstellung des Schutzes vehement widersprochen hatten, entschied Bundesinnenminister Genscher nach einem Telefonat seines Staatssekretärs mit Wehner, den Personenschutz zu beenden – gegen den Willen der Schutzperson konnten eben keine Maßnahmen durchgeführt werden.[31]

Parallel zu den Wünschen im Personenschutz entwickelte sich auch die Kostenerstattung für materielle Sicherheitsmaßnahmen am Wohnsitz der Abgeordneten nicht so wie bei Mitgliedern anderer Verfassungsorgane. Hier gab es die Möglichkeit, Antrag auf Kostenerstattung für eingebaute Sicherheitsmaßnahmen am Wohnhaus zu stellen. Bereits 1975 galten nach Einschätzung des BKA alle Mitglieder des Deutschen Bundestags allein durch ihre Mitgliedschaft als abstrakt gefährdet, damit jedoch noch nicht zwangsläufig als eingestuft. Die Präsidentin des Bundestags entschied daraufhin in jedem Einzelfall persönlich über den Einbau und die Kostenerstattung einer Überfallmeldeanlage mit Polizeinotruf. Diese Praxis der Einzelfallentscheidung stieß im Ältestenrat des Bundestags jedoch auf Kritik. Er beschloss deshalb am 24. April 1975 eine neue Regelung: Eingestuften MdBs in GS 1 bis GS 3 sollten alle für »erforderlich« gehaltenen Kosten für Sicherheitsmaßnahmen erstattet werden. Abstrakt gefährdete, also nicht eingestufte Abgeordnete sollten Sicherungskosten von je 6.500 D-Mark erhalten.[32] Die Obergrenze für diese Gruppe wurde in den folgenden Jahren auf bis zu 25.000 D-Mark erhöht.

Diese Sonderregelungen widersprachen jedoch dem späteren Beschluss der Bundesregierung von 1986, der vorsah, dass generell Mitgliedern von Verfassungsorgangen, die abstrakt gefährdet waren, nur bis zu 15.000 D-Mark erstattet werden sollten. Auch die in GS 3 eingestuften Mitglieder erhielten nicht uneingeschränkte Kostenerstattung, sondern nur bis zu 30.000 D-Mark.[33] Bereits 1983, als die allgemeine Sicherheitslage keine abstrakte Gefährdung der Abgeordneten erkennen ließ, hatte BKA-Präsident Zachert in seinem Vortrag vor dem Ältestenrat gefordert, die Gefährdungslage von MdBs von »strengeren Voraussetzungen abhängig« zu machen und die Kostenerstattung teilweise einzustellen.[34] Mit einer entsprechenden Empfehlung des Ältestenrats könnte der Schutzkreis, so Zachert, von 100 auf 20 Personen minimiert werden. Der Ältestenrat war jedoch nicht überzeugt und vertagte die Entscheidung. Obwohl auch der Bundesrechnungshof die Kostenerstattung für Abgeordnete immer wieder kritisiert hatte, blieben diese Sonderregelungen in den neunziger Jahren trotz erheblicher finanzieller Belastung bestehen.

Neben diesen beiden genannten Personengruppen, bei denen die Forderungen besonders zahlreich waren, kam es auch bei anderen Schutzpersonen zu speziellen Anfragen. So wünschte Bundeskanzler a.D. Kiesinger (GS 3), dass bei seiner Ehefrau während seiner mehrwöchigen Abwesenheit Personenschutz durchgeführt wird und sich auch nachts ein Sicherheitsbeamter im Haus aufhält. Trotz geringer Gefährdungseinstufung wurde diesem Sonderwunsch nachgegeben. Daraufhin forderte Kiesinger die Ausweitung des Schutzes in der Form, dass das Haus innen auch bei Abwesenheit beider Ehepartner nachts geschützt werden sollte.[35] Und auch CDU-Generalsekretär Kurt Biedenkopf, ebenfalls in GS 3 eingestuft, erhielt trotz Beendigung des Wahlkampfes 1976 weiterhin ein ständiges Personenschutzkommando, da sich der Politiker bedroht fühlte.[36]

Personenschutz auf Lebenszeit

Ohne eindeutige Regelung entschied allein das BMI beziehungsweise auf Länderebene der jeweilige Innenminister, ob und in welcher Form ehemalige Bundespräsidenten oder Bundeskanzler weiterhin Personenschutz erhalten sollten – die sogenannte Nachsorge. Nur wenige dieser Politiker gaben ihren Schutz gern ab, die meisten von ihnen bestanden auf den Erhalt des Kommandos. Ob hier Gefährdungsgefühle, Statusdenken oder einfach nur

Bequemlichkeit überwogen, können womöglich die Schutzpersonen selbst kaum noch klar benennen. Um in der Öffentlichkeit kein Aufsehen zu erregen, wurde dann auch mal angegeben, dass der Personenschutz eingestellt worden sei, obwohl dies nicht zutraf.[37]

Bis zum heutigen Zeitpunkt erhält Bundeskanzler a.D. Helmut Schmidt Schutzmaßnahmen in Form eines Begleitkommandos. Obwohl in der Kabinettssitzung am 17. September 1982 festgelegt worden war, dass nach vierwöchiger Beibehaltung des ständigen Schutzes für ausscheidende Minister und Kanzler eine Reduzierung geprüft werden solle, wurden bei ihm bis heute nur wenige Schutzmaßnahmen aufgehoben.[38] Ein Erlass des BMI von 1987 sorgte weiterhin für seinen Schutz mit der Aussicht, die Gefährdungslage später erneut zu überprüfen.[39] Nachdem seine Gefährdung zurückgegangen war, stieß im Juni 1988 der Versuch, ihn in die Gefährdungsstufe 2 umzustufen, auf den Widerstand des Altkanzlers. Er sei nicht generell gegen eine Verringerung – so könnte man am ehesten die zwei BGS-Beamten abziehen – wolle sich aber auf keinen Fall von den »vier ›handverlesenen‹, zum BKA abgeordneten Hamburger Beamten trennen«.[40] Auch einen geringeren Schutz bei Auslandsreisen oder die Reduzierung auf nur einen Fahrer lehnte Schmidt mit Verweis auf seine Gefährdung ab.[41]

Aus Gründen der »Haushaltsklarheit und Haushaltswahrheit« wurde im BMI schließlich erwogen, die Kosten für die »nachsorgende Betreuung« von ehemaligen Mitgliedern der Bundesverfassungsorgane (Altbundespräsidenten und Altbundeskanzler), bei denen ein ständiges Personenschutzkommando nach Gefährdungslage nicht notwendig war, nicht im Haushalt für Sicherheit zu veranschlagen.[42] Die Kosten, die für eine »ranggerechte Betreuung« anfallen würden, wie Dienstwagen, Kraftfahrer oder auch das Ein- und Auschecken sowie Hotel- und Flugumbuchungen für die Schutzperson, sollten dann bei den jeweiligen obersten Bundesbehörden, also Bundespräsidialamt und Bundeskanzleramt, geltend gemacht werden. Diese Überlegung wurde jedoch von den betroffenen Bundesbehörden abgelehnt und daher nicht umgesetzt.

Ein weiterer Fall einer Weisung durch das BMI zur Nachsorge war der ehemalige BKA-Präsident Horst Herold. Seit 1974 war er als Nicht-§9-Person durch Weisung des BMI wegen seiner Tätigkeit im BKA geschützt worden.[43] Auf eigenen Wunsch war Herold zunächst nur auf Fahrten vom BKA zu seiner Wohnung durch einen Kriminalbeamten im Dauerdienst und einen Beamten des Haussicherungsdienstes des BKA mit einem zweiten Dienstwagen begleitet worden, dies auch bei Auftritten in der Öffentlichkeit. Durch eine Absprache mit dem Land Hessen im August 1975 durften schließlich auch Beamte des BKA in Engenhahn, dem Wohnsitz Herolds, tätig werden. Herold war inzwischen in die Gefährdungsstufe 1 eingeordnet worden und erhielt Schutzmaßnahmen 1 und 3 (ständiger Objektschutz). Aufgrund der extrem hohen Gefährdung des BKA-Präsidenten im Krisenjahr 1977 und der damit verbundenen hohen Kosten für den Objektschutz wurde schließlich im Dienstgebäude des BKA eine Wohnung für Herold eingerichtet, die er im Juni 1977 bezog. Herold erhielt zudem ein gepanzertes Dienstfahrzeug, das er auch für Privatfahrten nutzen sollte.

Nach seinem Ausscheiden aus dem Amt im Jahr 1981, übertrug das BMI per Erlass vom 27. März 1981 die Zuständigkeit für den Schutz des immer noch stark gefährdeten Präsidenten a.D. auf das BKA. Herold bot an, mit seiner Ehefrau in die USA auszureisen, wo er als Person unbekannt, daher nicht mehr gefährdet und die Bundesrepublik auch nicht mehr für seinen Schutz verantwortlich gewesen wäre. Allerdings erwartete er dafür einen Kaufkraftausgleich durch den Staat. Dies lehnte das BMI jedoch ab. Enttäuscht vom fehlenden Entgegenkommen kaufte sich Herold ein Grundstück auf dem BGS-Gelände in Rosenheim, wo er – zur Erleichterung der Verantwortlichen – gleich über einen Objektschutz verfügte.[44] In den folgenden Jahren war das Schutzverhältnis zwischen Herold und dem BKA zunehmend von Meinungsverschiedenheiten geprägt. Es wurde über materielle Objektschutzmaßnahmen, über Ausgleichszahlungen für die Einschränkungen durch Personenschutzmaßnahmen oder über die Bereitstellung von sondergeschützten Fahrzeugen verhandelt. Als der *Spiegel* im Jahr 1985 den neuen Wohnsitz von Herold veröffentlichte, verstärkte sich sein Verlangen nach mehr Sicherheit und seine Unzufriedenheit über den Umgang der ehemaligen Dienstbehörde mit seiner Person.[45]

Versuche zur Abstufung von Herold hatte es seit 1983 gegeben, sie waren jedoch, nach BKA-Präsident Heinrich Boge, nur »schrittweise« möglich, was »aus der Schutzperson selbst und weniger aus der Gefährdungslage her begründet« war.[46] Durch die Attentate in den achtziger Jahren verschärfte sich aber immer wieder die Gefährdungslage. Neue Schutzmaßnahmen wie ein gepanzertes Fahrzeug und einen Begleitbeamten lehnte Herold ab, da diese Maßnahmen keinen Schutzwert hätten. Er übernähme lieber selbst die Verantwortung, indem er das Fahrzeug lenke, und kaufte sich einen Opel Commodore.[47] Im Mai 1986 erhob Herold schließlich Klage gegen die Bundesrepublik Deutschland wegen Nichterfüllung der beamtenrechtlichen Fürsorgepflicht gemäß §79 Bundesbeamtengesetz, unter anderem bezüglich der Einschränkung seiner persönlichen Freiheit, keiner Nebenerwerbsmöglichkeit, Unverkäuflichkeit seines Hauses und der Aufwendungen für Geh- und Fahrrechte.[48]

Vor dem Hintergrund dieses schwierigen Verhältnisses kam es erst 1989 zu einer Herabstufung Herolds in die GS 2, die er – so Herold in einem Schreiben an Ministerialdirektor Schreiber im BMI – »natürlich hinzunehmen« habe.[49] Er erlaube sich aber, Zweifel anzumelden, ob der Bundesinnenminister Friedrich Zimmermann es »tatsächlich billigt«, seinen Schutz auf nur einen Begleitbeamten zu reduzieren. »Ich habe Gründe für die Annahme«, so Herold weiter, dass »die politische Führung es nicht gutheißt, wenn bei mir gerade zu Zeiten erhöhter Bedrohung infolge des RAF-Hungerstreiks der Schutz drastisch vermindert wird.«

Die Irritationen über die Zuständigkeiten bei der Festlegung von Schutzmaßnahmen löste das BMI, indem es per Erlass vom 16. Juni 1994 nun auch die »Entscheidungskompetenz für eventuelle Ein-/Ausstufung« Herolds dem BKA übertrug. Gleichzeitig blieb jedoch ein vorheriger Erlass des BMI, dass mit Herold eine Regelung nur »einvernehmlich« angestrebt werden solle, bestehen. Die Sicherungsgruppe sah darin einen unüberwindbaren Konflikt, der einer Einstufung nach fachlich begründeten Gefährdungskriterien im Wege stünde.[50] Schließlich setzte BKA-Präsident Zachert die Ausstufung durch, und alle Schutzmaßnahmen wurden mit dem 31. Dezember 1994 eingestellt.

Dass eine Abstufung nur in engem Einvernehmen beziehungsweise eine Änderung von Schutzmaßnahmen nur in enger Abstimmung mit der Schutzperson vorgenommen werden durfte, behinderte also die Beendigung des Personenschutzes von Schmidt und Herold. Eine sachlich begründete Einstufung bzw. Ab- oder Ausstufung, wie es die Vorschriften vorsahen, war so unmöglich und verursachte immense Zusatzkosten. Die Ausnahmeregelungen für die Schutzpersonen Schmidt und Herold wurden dann auch zum Präzedenzfall. Andere Schutzpersonen hatten sie aufmerksam verfolgt, was neue Sonderregelungen nach sich zog und den Personenschutz weiter ausdehnte.

Exkurs: Wirtschaft und private Sicherheitsbranche

Die Emotionalität im Personenschutz kam besonders dort zum Ausdruck, wo fehlende Regelungen Handlungsspielräume eröffneten. Während sich der Staat um einen verbesserten Personenschutz bemühte, wuchs in Wirtschaft und Finanzwesen nur allmählich das Bewusstsein für die Gefährdung ihrer Führungskräfte, obwohl die Attentate der siebziger und achtziger Jahre – Bankier Ponto, Arbeitgeberpräsident Schleyer, MTU-Vorstandsvorsitzender Zimmermann – das Opferprofil der terroristischen Gruppen verdeutlicht hatten. In den folgenden Jahren stieg das Bewusstsein für die Gefährdung und parallel dazu entwickelte sich die private Sicherheitsbranche. Das zunehmende Sicherheitsbedürfnis verlangte nach ausführenden Sicherheitskräften und beschleunigte die Entstehung von Sicherheitsfirmen und privaten Anbietern. Die Sicherheit in der Wirtschaft wurde zu einer ökonomisch relevanten Größe.

Aufgrund der anfangs noch wenig regelungsgebundenen Strukturen im privaten Bereich und der – im Gegensatz zum staatlichen Schutz – Ausrichtung am Dienstleistungsprinzip standen individuell-subjektive Wünsche von potenziellen »Kunden« meist im Vordergrund. Mit dem Personenschutz bot sich gleichzeitig ein neues Instrumentarium an, im sozial-gesellschaftlichen Raum die eigene hierarchische Position zu verdeutlichen und Macht zu demonstrieren. Doch zunächst zum wachsenden Sicherheitsbedürfnis in der Wirtschaft und zur Zusammenarbeit mit dem staatlichen Personenschutz.

Personenschutz in der Wirtschaft

Nur langsam bildeten sich in den großen, international tätigen Unternehmen neue Strukturen im Sicherheitsbereich heraus. In den siebziger Jahren entstanden zunächst Netzwerke aus Sicherheitsakteuren und Beratungsfirmen, die sich auch in Zeitschriften wie »Sicherheits-Berater«, »Informationsdienst zu Problemen der Sicherheit in Betrieb, Unternehmen und Verwaltung« oder »Zeitschrift für die Sicherheit der Wirtschaft« über die neuesten Entwicklungen im Sicherheitsbereich austauschten.

Neben dem Werkschutz, der sich als wichtiges Element im Sicherheitskonzept immer stärker institutionalisierte, war es vor allem der Personenschutz für Vorstandvorsitzende oder andere besonders gefährdete Personen, der in der Unternehmenssicherheit an Bedeutung gewann.[51] Die Bestimmung der Funktions- und Individualgefährdung von Führungskräften war dabei für die Sicherheitsverantwortlichen schwierig, da sie nicht auf die Informationen zugreifen konnten, über die die staatlichen Behörden verfügten. Wie genau solch eine Gefährdungseinstufung erfolgen sollte, war in den ersten Jahren unklar. Daher blieben persönliche Gefährdungsgefühle und eigene Beobachtungen von Gefährdungsaspekten gerade in der Wirtschaft lange Zeit wichtige Indizien und wurden in das Sicherheitslagebild aufgenommen. So forderte Günter Malpricht, Sicherheitsberater bei der DH+P GmbH in Offenbach, noch Anfang der neunziger Jahre, dass Gefährdungsgefühle bis hin zu existenzieller Angst »in jedem Fall ernstgenommen werden« sollten, »unabhängig davon, ob Anhaltspunkte für eine konkrete Bedrohung« vorlägen.[52]

Die Schutzniveaus in den Unternehmen blieben in den siebziger Jahren noch sehr uneinheitlich. Das Land Hessen entschied beispielsweise, keine Sicherheitsmaßnahmen für Herbert Quandt in Bad Homburg durchzuführen, da er bereits über einen starken privaten Schutz verfüge, der »erheblich« über das hinausging, was die Polizei hätte leisten können.[53] Zur gleichen Zeit wurde der Vorstandsvorsitzende der Dresdner Bank Jürgen Ponto nur unzureichend privat geschützt. Als er im Juli 1977 von Terroristen erschossen wurde, verfügte er weder über ständigen Personenschutz noch war sein Wohnsitz mit umfangreichen materiellen Sicherheitsmaßnahmen ausgerüstet. Lediglich eine Alarmanlage war installiert. Auch in den Zeichnungen zum Grundstück von Jürgen Ponto sind keine Sicherheitsmaßnahmen wie Überwachungskameras, Fernsehanlage, Scheinwerfer und anderes zu erkennen. Nach der Ermordung ihres Vorstandsvorsitzenden ließ die Dresdner Bank dann einen unternehmenseigenen Personen- und Objektschutz aufbauen.[54]

Die Gefährdung des eigenen Personals gewann in den Unternehmen und Banken erst nach den ersten Attentaten an Aufmerksamkeit. Allein im Jahr 1982 ereigneten sich 682 Anschläge gegen Personen und Objekte der Wirtschaft.[55] Dennoch dauerte es noch einige Jahre, bis die Wirtschaftsunternehmen ausreichend für die Gefährdung sensibilisiert waren und ihren Führungskräften ausreichend Schutz anboten. Beispielsweise erhielt Deutsche Bank-Chef Herrhausen 1989 vier werkseigene Personenschützer.

Beim Schutz von Wirtschaftsvertretern trafen oftmals die private Sicherheitsbranche, der unternehmenseigene Schutz sowie die Länderpolizeien aufeinander.[56] Hierfür wurden zahlreiche Übereinkünfte getroffen, um die Zusammenarbeit zu verbessern. Zum einen sollten staatliche Stellen über die allgemeine Gefahrensituation unterrichten, zum Beispiel durch Herausgabe eines »Lagebildes Innere Sicherheit für Wirtschaft und Industrie« sowie durch periodische oder aus aktuellem Anlass angesetzte Besprechungen durch eine lokale Polizeidienststelle. Bei konkreten Gefahrenlagen sollte das Polizeipräsidium des Landes oder das LKA die Sicherheitsverantwortlichen direkt benachrichtigen und beraten. So tauschten sich Staat und Wirtschaft in der Bankenkommission aus, deren Vorsitz in den siebziger Jahren zeitweise BKA-Präsident Horst Herold innehatte.[57]

Zudem sollten bei akuten Gefahren werksinterne Schutzmaßnahmen mit polizeilichen Maßnahmen unmittelbar abgestimmt, Einstufungen und Schutzumfang gemeinsam festgelegt und die gefährdete Person informiert werden. Die Beratung und der Austausch der Maßnahmen übernahmen nach Gesetzeslage dabei immer prioritär die Länderpolizeibehörden. Sollte es sich jedoch bei der betroffenen Person aus der Wirtschaft, Industrie oder dem Finanzwesen gleichzeitig um ein Mitglied der Bundesverfassungsorgane handeln, führte das BKA die Beratung und Schulung im Personenschutz durch.[58]

In der Umsetzung zeigten sich jedoch bereits mit dem Anschlag auf Ponto 1977, dass diese Strukturen nicht so effektiv waren wie erhofft. Deshalb forderte BKA-Präsident Herold eine Verbesserung in diesem Sektor, indem die AG Kripo beispielsweise neue Merk- und Informationsblätter für die Wirtschaftsunternehmen ausarbeiten sollte.[59] Gleichzeitig erstellte die Abteilung Terrorismus des BKA Listen mit Namen derjenigen führenden Personen aus der Wirtschaft und dem Finanzwesen, die in beschlagnahmten Unterlagen bei der Festnahme von Verdächtigen aufgetaucht waren.[60] Darüber hinaus wurden gefährdete Personen aus der Wirtschaft und dem Finanzwesen in das bereits erwähnte Konzept 106 zur Durchführung von Fahndungsmaßnahmen im Umfeld möglicher Zielpersonen der RAF einbezogen. Diese Voraufklärungsmaßnahmen wurden in den achtziger Jahren auch bei Wirtschaftsunternehmern angewendet, was jedoch keines der folgenden Attentate, insbesondere auf Alfred Herrhausen, verhindern konnte.

Erst in den neunziger Jahren wurde die Zusammenarbeit im Bereich Personenschutz effektiver gestaltet. Um die Schutzmaßnahmen beispielsweise für den Präsidenten der Deutschen Bundesbank Hans Tietmeyer festzulegen, kontaktierte der dortige Sicherheitsverantwortliche die SG in Bonn-Meckenheim und bat sie um ihre Einschätzung.[61] Im Jahr 1993 wurde dann die »Arbeitsgemeinschaft für Sicherheit der Wirtschaft e.V.« (ASW) gegründet. Sie dient als zentraler Ansprechpartner für die Zusammenarbeit in Sicherheitsfragen und soll die Wirtschaft dabei unterstützen, ihre Interessen gegenüber den staatlichen Stellen besser zu vertreten. Eine Vorgängerorganisation aus den siebziger Jahren, gegründet durch die Deutsche Industrie- und Handelskammer, hatte zur Zusammenarbeit kaum beitragen können. Die ASW verbindet bis heute die größten Unternehmen und Organisationen der deutschen Wirtschaft.

Die unzureichende Zusammenarbeit zwischen Staat und Wirtschaft in den siebziger und achtziger Jahren lag darin begründet, so Stuttgarts Landespolizeipräsident Alfred Stümper im Mai 1985, dass die Wirtschaft vom Staat zunehmend auf Eigensicherungsmaßnahmen verwiesen worden sei und sich der Staat aus gewissen Sicherheitsaufgaben – kräftemäßig oft zwangsläufig – sogar zurückgezogen hätte. Staatliche Organe hätten die Wirtschaft immer weniger unterstützen können – begleitet durch eine »auch subjektiv betriebene Verunsicherung in der Bereitschaft eines gegenseitigen Zusammenwirkens im Sicherheitsinteresse«. Dadurch sei die Kooperation zwischen beiden Sicherheitsbereichen unzureichend gewesen und es sei zu Mängeln in der Kommunikation gekommen.[62]

Angesichts dieser schleppenden Entwicklung der Sicherheitsstrukturen in den Betrieben, nahmen Führungskräfte der Wirtschaft ihren Schutz selbst in die Hand. Bereits in den siebziger Jahren war für einige von ihnen die gefühlte Gefährdung überdeutlich. Besonders nach 1977 ließen Topmanager Hochsicherheitsbereiche in den Vorstandsetagen einbauen, Warnanlagen, Panzerglas und TV-Kameras installieren sowie hohe Außenmauern errichten und engagierten Sicherheitsfirmen für ihren privaten Schutz.[63] Fahrstühle fuhren nur noch mit persönlich zugeordneten Schlüsseln in die Vorstandsflure, ihre Vorsitzenden trugen teilweise Waffen mit sich. Sicherheitsschleusen und Lautsprecher-Anlagen führten Besucher zu den Terminen. Dächer von Privathäusern oder Unternehmensgebäuden wurden für den Fall eines terroristischen Überfalls von oben verstärkt oder mit bestimmten Sicherungen versehen. Manche Topmanager traten in der Öffentlichkeit nicht mehr auf, Ablichtungen wurden nicht mehr an die Medien gegeben, ihre Aufenthaltsorte für die Presse nicht mehr zu ergründen. Joggen war nur noch mit Leibwächtern möglich.

Der Verleger Axel Springer beispielsweise wurde aufgrund seiner starken persönlichen Gefährdung bereits von staatlicher Seite durch Personen- und Objektschutzkräfte der Landespolizei Hamburg und Berlin umfangreich geschützt. Sein eigenes Sicherheitsbedürfnis war jedoch so hoch, dass Springer noch einen privaten Sicherheitsdienst engagierte.[64] Ein eigener Sicherheitschef organisierte die Maßnahmen für seinen persönlichen Schutz. Er selbst trug eine Waffe mit Waffenschein bei sich und hielt zwei Schäferhunde auf seinem Anwesen in Schwanenwerder. Falls die dortige Zufahrtsstraße auf der Insel versperrt gewesen wäre, hätte ein Schnellboot für das Entkommen auf der Havel bereitgestanden. Wie Springer wollten sich viele nicht nur in ihrer Arbeitsstätte bestens beschützt wissen, sondern auch im Privatleben für höchste Sicherheitsmaßnahmen sorgen.

Dieses Verhalten verdeutlicht, welche Sicherheitsbedürfnisse durch die Gefährdung der eigenen Person entstehen konnten. Die Bedeutung der subjektiven Betroffenheit zeigt sich besonders in diesem offenen Feld des privaten Schutzes, wo gefährdete Personen, soweit sie über die finanziellen Mittel verfügten, alle erdenklichen Formen des Selbstschutzes ergriffen. Die teilweise umfangreichen selbstverordneten Sicherheitsmaßnahmen veranschaulichen, welch große Rolle die Emotionalität im Personenschutz spielte und wie deutlich der Personenschutz eine Frage von Unsicherheit oder Angst, aber auch eine Frage des Status sein konnte.

Der Boom der privaten Sicherheitsbranche

Um die zunehmenden Sicherheitsbedürfnisse der Wirtschaft und des Bankenwesens zu erfüllen, boten in den siebziger Jahren viele neugegründete Sicherheitsfirmen ihre Dienste an. Der große Boom der privaten Sicherheitsdienste setzte dann aber erst Ende der achtziger und Anfang der neunziger Jahre ein. Zwischen 1976 und 1978 stieg die Zahl der Gründungen im privaten Sicherheitsgewerbe von 362 auf 478 Unternehmen. Zehn Jahre später waren es dann bereits 780 Unternehmen. Entsprechend stieg die Zahl der Beschäftigten in der Sicherheitsbranche von 160.000 im Jahr 1979 auf 200.000 bis 250.000 Mitarbeiter im Jahr 1996.[65] Vermehrt fanden internationale Fachmessen für Sicherheitstechnik statt, wie die »Safety 74« im Jahr 1974 mit ihren immer zahlreicheren Besuchern und Ausstellern.[66] Gleichzeitig entstanden Dachverbände wie der Bundesverband Deutscher Wach- und Sicherheitsunternehmen (BDWS) im Jahr 1973. Erste »Tendenzen einer marktorientierten Privatisierung von Sicherheit« haben sich damit bereits in den siebziger Jahren gezeigt, wie es Klaus Weinhauer feststellt.[67]

Tätigkeitsfelder von privaten Sicherheitsfirmen waren anfangs vor allem Objektschutz, Werkschutz, Geld- und Werttransporte, Personenschutz. Ab Mitte der neunziger Jahre übernahmen sie auch Sicherheitsdienste auf Flughäfen und bei Verkehrsbetrieben, Bewachung von Haftanstalten, Überwachung des ruhenden Verkehrs oder präventiven Streifendienst. Die private Sicherheitsbranche wuchs auch deshalb so schnell, weil sich der Staat, unter anderem aus haushaltstechnischen Erwägungen, aus den bis dahin öffentlichen Aufgaben zurückzog und diese zunehmend privatisierte. Bereits an den genannten Aufgabenfeldern ist zu erkennen, dass die Bereiche Staat und private Sicherheitsbranche in der Praxis »unter dem Druck der Entwicklung fast zwangsläufig zueinander finden« mussten.[68] In den neunziger Jahren geriet die private Branche dann verstärkt in Konkurrenz zu staatlichen Sicherheitsakteuren oder übernahm teilweise sogar Sicherheitsaufgaben im staatlichen Bereich. Während die staatliche Seite dem entstehenden privaten Sicherheitsgewerbe in den siebziger Jahren noch wenig Bedeutung beigemessen hatte – so zeigen es die wenigen gemeinsamen Zusammenkünfte und Veranstaltungen von Staat und privater Branche – so befassten sich die staatlichen Institutionen spätestens in den neunziger Jahren vermehrt mit den auftretenden Folgen für das staatliche Gewaltmonopol und das Verhältnis von Sicherheit und Freiheit.[69]

Der moderne Rechtsstaat in der Bundesrepublik hatte das Faustrecht und die Ausübung privater Macht zur Sicherung des Rechtsfriedens stark eingeschränkt und auf aktuelle Notsituationen begrenzt. Nur wenn staatliche Gewalt in einer akuten Gefahr nicht zur Verfügung stand, sollte die Privatperson zur Notwehr greifen dürfen. Dem Staate, so war eine der wichtigsten Prinzipien nach der Erfahrung der nationalsozialistischen Diktatur, sollte ein Gewaltmonopol zukommen. Nur er allein sollte die öffentliche Sicherheit gewährleisten.[70]

Die zunehmenden Tätigkeiten der privaten Sicherheitsbranche schienen genau dieses Staatsprinzip zu unterlaufen. Die Privatisierung von staatlichen Aufgaben in diesem Bereich war und ist bis heute umstritten.[71] Auch wenn private Sicherheitsunternehmen die polizeiliche Arbeit sinnvoll ergänzen konnten, indem eine Bewachungsfirma beispielsweise zeitaufwendige Routinearbeiten der staatlichen Polizei übernahm und somit Kapazitäten freimachte für andere polizeiliche Tätigkeiten, so wurde die Aufgabenabgrenzung zwischen staatlichen und privaten Akteuren angesichts der Gefahr für das staatliche Gewaltmonopol heftig diskutiert. Staatliche und private Sicherheitsinstitutionen folgen voneinander abweichenden Zielrichtungen und sind unterschiedlichen Grundsätzen verpflichtet.[72] So hat sich die staatliche Polizei im Rechtsstaat demokratisch zu verantworten, ist der gesamten Bevölkerung verpflichtet und ist dem Parlament Rechenschaft schuldig. Ihr

Handeln unterliegt gesetzlichen Rahmenbedingungen. Demgegenüber sind die privaten Sicherheitsdienste meist profitorientiert und folgen nicht dem Gleichheitsprinzip, sondern sind kundenorientiert. Während der Bürger das Handeln der staatlichen Polizei in formalen Regeln der Ausübung weiß, sind die Handlungs- und Tätigkeitsfelder der Privaten für den Bürger oft nicht sofort ersichtlich.

Die Bedenken der staatlichen Sicherheitsbehörden bezogen sich vor allem auf den Einsatz der »Privaten« im öffentlichen Bereich, wie Streifendienst auf öffentlichen Wegen und Plätzen, da er das staatliche Gewaltmonopol tangierte, teilweise durch nicht ausreichend geschulte Sicherheitskräfte ausgeübt wurde, keiner Kontrolle unterlag und nicht durch die Notrechte gedeckt war.[73] Mit der neuen Bewachungsverordnung vom 7. Dezember 1995, in der unter anderem auch die Zahl der Pflichtausbildungsstunden für private Sicherheitskräfte festgelegt wurde, war ein erster Schritt in diese Richtung getan.[74] War die Ausbildung der privaten Sicherheitskräfte zuvor in sporadisch zusammengestellten, oft nur sehr kurzen Kursen erfolgt, entstanden in den neunziger Jahren zunehmend seriöse Ausbildungsstätten.

In den Anfangsjahren der privaten Sicherheitsbranche hatten die Sicherheitsunternehmen gern erfahrene Personenschützer eingestellt, die ihr Rüstzeug bei staatlichen Stellen erlernt hatten. So wechselten viele staatliche Sicherheitskräfte aus Bundeswehr, Polizei und BGS zu den privaten Unternehmen. Besonders die Kräfte der ehemaligen GSG 9 waren bei den Personalchefs der Unternehmen beliebt.[75] Der erste Kommandeur der GSG 9, General a.D. Ulrich K. Wegener, wurde von einem Sicherheitsunternehmen als Berater rekrutiert. Technische und materielle Voraussetzungen privater Sicherheitsanbieter, die häufig über die sicherheitstechnischen Möglichkeiten der Polizei hinausgingen, sowie finanzieller und hierarchischer Aufstieg gaben dabei oft den Ausschlag. So wurde Günter Malpricht, zuvor Referatsleiter beim BKA, zum Sicherheitsberater bei der DH+P GmbH. Oder Heribert Hellenbroich, von 1983 bis 1985 BfV-Präsident, dann kurz Chef des BND, wurde ab 1989 freier Sicherheitsberater für die Industrie- und Handelsschutz GmbH in Frankfurt.

Jahrelang in staatlichen Stellen tätige Beamte hatten so die Möglichkeit, ihr Wissen weiter zu vermitteln, was viele besonders nach der Pensionierung nutzten. Dies begründete einen starken Wissenstransfer im Personenschutzgeschäft von den staatlichen Behörden hin zur privaten Branche, wodurch auch die Kommunikation zwischen der Polizei und den Herstellern von Sicherheitstechnik und -ausrüstung leichter wurde. Die ehemaligen staatlichen Ordnungshüter hatten damit auch großen Anteil daran, dass sich in den neunziger Jahren die Ausrüstung der Polizei verbesserte und zum Beispiel moderne Waffen oder Sicherheitswesten genutzt werden konnten.[76]

Während die staatlichen Sicherheitsakteure und Rechtsexperten dem Einsatz der privaten Sicherheitsdienste im öffentlichen Bereich kritisch gegenüberstanden, stimmten sie dem gezielten Personen- und Objektschutz ohne Bedenken zu. Schutzmaßnahmen für Einzelne entsprachen ganz dem zumutbaren Eigenschutz, wenn durch die Lebensumstände eine latente Gefahr entstanden war. Diese Schutzausübung war auch rechtlich abgedeckt, da die privaten Personenschützer im Rahmen des Hausrechts und der sogenannten Notrechte, wie Notwehr/Nothilfe, Besitzkehr/-wehr, Festnahme durch Jedermann, handelten. Und da die Abwehr eines konkreten Angriffs als *ultima ratio* grundsätzlich auf den individuellen Einzelfall abzielte und auch beschränkt war, waren die rechtlichen Rahmenbedingungen ausreichend.[77] Damit bleibt ein wesentlicher Unterschied zwischen staatlichen und privaten Personenschützern bis heute die rechtliche Situation: Private Sicherheitskräfte können nach wie vor nur auf die »Jedermann-Rechte« zurückgreifen.

Wie sah nun der Personenschutz in der privaten Sicherheitsbranche konkret aus? Anders als im staatlichen Schutz, wo der Gefährdungsgrad einer Person anhand von Gefährdungsstufen klar definiert wurde, gaben private Personen aufgrund eines subjektiven Bedrohungsgefühls oder aus Prestigegründen Schutzmaßnahmen bei privaten Unternehmen in Auftrag. Bei diesen Gründen dürfe, so Scheicher 1977 angesichts der zunehmenden Schutzanfragen, der Personenschutz nicht mehr Angelegenheit der Polizei sein. Hier öffne sich dann für private Einrichtungen das Feld, wobei sich Art und Umfang der Schutzmaßnahmen oft aus der finanziellen Potenz des Schutzsuchenden ergeben würden.[78] Auch im Falle einer Entführung der Schutzperson folgt das Handeln privater Sicherheitsdienste anderen Prinzipien als das staatliche Handeln. Während der Staat bei einem politisch-ideologischen Attentat, das auf die Souveränität der Staatsmacht zielt, nur solange Schutz gewährte, wie auch die Staatsräson gewahrt wurde – man denke an die Entscheidung der Bundesregierung bei der Entführung des Arbeitgeberpräsidenten Schleyer gegen den Gefangenenaustausch –, war ein privates Sicherheitsunternehmen bei einer kriminellen Erpressung diesem Grundsatz nicht verpflichtet.[79]

Die eigentliche Umsetzung der Personenschutzmaßnahmen erfolgte freilich nach ähnlichen Kriterien wie bei staatlichen Schutzmaßnahmen, beide

Bereiche näherten sich hier im Laufe der Zeit aufgrund des verstärkten Austausches in der Praxis sogar an. Private Sicherheitsunternehmen diskutierten wie staatliche Stellen Fragen des Personenschutzkonzeptes, wie Chefzimmer gestaltet oder wie gefährdete Personen sich am Telefon verhalten sollten, wie zum Beispiel 1982 auf einem Workshop der Schweizerischen Stiftung für Risikoberatung in Zürich.[80] In der Öffentlichkeit hinterließen die privaten Personenschützer oftmals einen zwielichtigen Eindruck, so titelte *Die Welt* im April 1976: »Die Leibwächter. Teuer, unbeliebt, unverzichtbar und nicht immer seriös: Personenschutz für Prominenz«.[81]

In den achtziger Jahren war klar geworden, dass die Polizei nicht mehr allen möglichen Sicherheitsstörungen in ausreichendem Maße entgegenwirken kann – auch wenn staatliche Sicherheitsakteure die verstärkte Erosion des staatlichen Gewaltmonopols fürchteten. Somit war das Geschäft mit der Sicherheit weiter auf Ersatzpersonen, wie private Sicherheitsakteure, angewiesen. Mit dem Aufstieg der privaten Sicherheitsdienste wurde die kollektive Sicherheit, wie sie im Personenschutz nur durch den Staat hergestellt worden war, plötzlich individuell verfügbar. Jeder konnte Schutz für die eigene Person erhalten, das Sicherheitsmonopol des Staates war aufgehoben.

Mit dieser Entwicklung eröffneten sich neue Möglichkeiten, den eigenen gesellschaftlich-sozialen Status durch ein aufsehenerregendes Personenschutzkommando zu erhöhen. Inwieweit dies ein Grund für hochrangige Unternehmer war, sich in einer Kolonne aus schwarzen Limousinen durch die Stadt zu bewegen oder Vorstandsetagen gegenüber den eigenen Mitarbeitern abzuschirmen, muss hier offen bleiben. Die öffentliche Wahrnehmung von Verhalten und Auftreten von Wirtschaftspersönlichkeiten und Politikern sowie Erfahrungen von Sicherheitsexperten geben jedoch erste Hinweise auf ein in vielen gesellschaftlichen Kreisen vorhandenes Statusdenken. So ist kaum verwunderlich, dass eine Münchner Autohändlerin diese neue Marklücke erkannte und einen Leibwächter-Verleih gründete, bei dem reiche Leute für ihre Partys Leibwächter gegen eine Gebühr von 25 Mark pro Stunde buchen konnten – für etwas mehr Prestige eine scheinbar gute Investition.[82]

»Statussymbol oder Notwendigkeit?«

Der Personenschutz befindet sich immer auf einer Gratwanderung zwischen Emotion und Statussymbol. Letztlich ist die Grenze zwischen tatsächlichen Unsicherheitsgefühlen und dem Wunsch nach mehr Status kaum eindeutig zu ziehen. Der Aspekt des Statusdenkens wird jedoch in fast allen Interviews von den Sicherheitsexperten und den Schutzpersonen thematisiert. So gibt es einige Hinweise, die auf diese soziale Funktion des Personenschutzes hindeuten. Personenschutz wurde vielfach zum Prestigeobjekt und führte so auch mit zu dem bereits dargelegten improvisierten Ausbau des Personenschutzes in den siebziger Jahren. Die Omnipräsenz der Sicherheitsmaßnahmen im öffentlichen Raum und ihre Wirkung auf die Beobachter spielten dabei eine wichtige Rolle.

Wahrnehmung in der Öffentlichkeit

Den Wert des Personenschutzes als Statussymbol innerhalb der sozialen-gesellschaftlichen Hierarchie nahmen auch die Öffentlichkeit und die Medien deutlich wahr. Zunehmend erschienen Artikel über Personenschutz und Bodyguards, da sich die Öffentlichkeit für die Sicherheitsvorkehrungen in der Politikerwelt interessierte. Waren Politiker in den vorherigen Jahrzehnten auch mal privat durch die Fußgängerzone des Wohnortes geschlendert, erschienen sie jetzt nur noch umfangreich beschützt und teilweise abgeschirmt vom Bürger zu öffentlichen Auftritten. Wege und Straßen in der Stadt waren dann unpassierbar.

Immer öfter fragten sich daher die Pressevertreter, ob es sich beim Personenschutz um »Statussymbol oder Notwendigkeit« handelte.[83] Der *Kölner Stadtanzeiger* konstatierte dazu im Jahr 1979, dass es »in gewissen Kreisen schon zum Sozialprestige« gehöre, »sich einen ›Bodyguard‹ […] zu leisten«.[84] Noch deutlicher drückte es der *Rheinische Merkur* vom 11. Januar 1980 aus. Er beschrieb den Personenschutz als »Sozialprestige« und zitierte den SPD-Abgeordneten Rudi Walther, der es bedenklich fände, dass die Leibwächter »offensichtlich als Statussymbol empfunden« würden.[85] Die Kürzungsvorhaben im Personenschutz durch das BMI unter Gerhart Baum, die insbesondere die Schutzpersonen in Gefährdungsstufe 2 betrafen, hätten Verstimmungen hervorgerufen, denn »wer sich einmal zum Rang der Gefährdungsstufe 2 hochgearbeitet hat, ist schon wer«. Und auch die *Frankfurter Allgemeine*

Zeitung berichtete kritisch über das »Geschäft mit der Sicherheit«, bei dem die Sicherheitsmaßnahmen »manchmal nur für das Prestige« seien.[86]

In einem Interview mahnte schließlich der Direktor des Instituts für Terrorismusforschung und frühere Präsident des Hamburger Verfassungsschutzes Hans Josef Horchem, dass der Personenschutz »kein Statussymbol« sein dürfe, sondern für diejenigen verbessert werden müsse, die »tatsächlich gefährdet« seien.[87] In der Wahrnehmung der Bürger war es dann auch vor allem der Kostenfaktor, der Ärgernis hervorrief. So waren die Nachbarn von Volker Rühe im Hamburger Stadtteil Harburg entrüstet über die »irrsinnigen« Kosten von mehr als 300.000 D-Mark zum Nachteil der deutschen Steuerbürger: »Da dürfe man nicht drüber nachdenken«.[88]

Wie problematisch prestigebedingte Interessen für die Arbeit der Sicherheitsbehörden waren, zeigen auch die Überlegungen der Polizeivollzugsbeamten auf der Arbeitstagung »Moderner Personenschutz« im März 1977. In der Abschlussdiskussion wurde einhellig festgestellt, dass die »außerpolizeilichen Einflüsse« wie politische Erwägungen oder Prestigegedanken »häufig so stark« seien, dass die Konzeption der Polizei »unterlaufen« werde.[89] Wegen »allgemeiner politischer Rücksichten« würden diese »subjektiven Elemente« dann »unmittelbar nach einer bestimmten, fast immer höherwertigen Maßnahmenstufe verlangen«. Und auch der Bonner Polizeipräsident Hans Joachim Gebauer betonte in seinem Vortrag, dass ein häufiges Motiv, Personenschutz durchzuführen, eine »prestigebedingte Pseudogefährdung« sei.[90] Dieses Motiv von den tatsächlichen Gefährdungserkenntnissen zu unterscheiden wäre die Schwierigkeit für die verantwortlichen Polizeiführer. Schließlich konstatierte auch die Gewerkschaft der Polizei in einer Stellungnahme im Juli 1978, dass in der Bundesrepublik im Gegensatz zu anderen Ländern wie Großbritannien die Frage des Personenschutzes »zu einer Frage des Prestiges« geworden sei.[91]

Unter den Schutzpersonen, denen diese Kritik galt, wurden diese Diskussionen kaum geführt, sodass auch keine diesbezüglichen Meinungen an die Öffentlichkeit drangen. Dennoch kam in Zusammenhang mit den Debatten um den richtigen Personenschutz – zum Beispiel nach einem erfolgten Attentat – hin und wieder die Frage des Prestiges auf. So diskutierten die Abgeordneten im Bundestagsinnenausschuss im Rahmen der Aufklärung von Schutzversäumnissen für den Deutsche Bank-Chef Herrhausen im Jahre 1989, ob der Personenschutz etwas über »den Wert oder das Ansehen der zu schützenden Personen« aussage, was von den meisten Abgeordneten sogleich verneint wurde.[92] Dennoch muss festgehalten werden, dass der Gedanke, der

Personenschutz könne über die Stellung einer Person im staatlich-elitären Hierarchiegebilde mitbestimmen, durchaus vorhanden war und intern auch ausgesprochen wurde.

Serviceleistung und Prestigeobjekt

In den Gesprächen der Autorin mit den Schutzpersonen wird die Funktion des Personenschutzes als Serviceleistung und Prestigeobjekt immer wieder thematisiert. Der Personenschutz bedeutete nicht nur Einschränkungen im täglichen Leben, sondern brachte auch Vorteile und Erleichterungen mit sich. Es sei angenehm gewesen, so die interviewten Schutzpersonen und Familienangehörigen, an Staus mit Blaulicht vorbeifahren zu können, bei Fährüberfahrten im Urlaub direkt auf das Schiff fahren zu dürfen – während die anderen Urlauber die Ankunft der Kolonne abwarten mussten – oder am Flughafen an den Wartenden vor der Sicherheitskontrolle vorbeigeschleust

Abb. 3: Helmut Schmidt mit Personenschützern im Garten, Mai 1983

(Foto: J.H. Darchinger, Friedrich-Ebert-Stiftung)

zu werden. Bei Wanderungen habe man nicht mehr an den Anfangspunkt der Wanderung zurückkehren müssen, weil man ja vom Personenschutzkommando abgesetzt und wieder abgeholt wurde. Man gehörte zu den »VIP-Personen«, so eine Schutzperson. So äußert auch Helmut Schmidt im Gespräch, dass der Personenschutz eben nicht nur Nachteile, sondern auch Vorteile habe, wenn zum Beispiel die Personenschützer ihm als Rollstuhl-Fahrer einen schweren Koffer tragen oder ihm beim Einsteien ins Auto helfen würden.[93] Der Personenschutz sei da eine »unglaubliche Hilfe«.

Diese Serviceleistungen und Erleichterungen im täglichen Leben konnten auch zum Statussymbol werden. So hätten manche Schutzpersonen ihren Personenschutz »zelebriert«, wenn zum Beispiel ein vorausfahrendes Motorrad ihrem Konvoi die Straße frei machte, um dann mit enormer – und teilweise die Verkehrsordnung missachtender – Geschwindigkeit durch innerstädtische Straßen zu fahren. Unter Schutzpersonen wurde auch Umfang und Ausmaß des Personenschutzes thematisiert. Im Gespräch mit der Autorin erzählt eine Schutzperson, dass bei einem Empfang der Hausherr seine Gäste ans Fenster führte, nach draußen zeigte und erklärte: »Das ist mein Polizeischutz und das ist mein Panzerauto.«

In der Wirtschaft war der Umstand, dass man als Manager Personenschutz erhalten hatte, ebenfalls erwähnenswert. Lernte man nach einem Arbeitsplatzwechsel neue Kollegen und ihre Lebenspartner kennen, wie es die Ehefrau einer Schutzperson erzählt, fiel dann schon einmal der Kommentar »Übrigens stehe ich auch unter Personenschutz«. Man hätte dann gewusst, dass man diese Person nun »unter bedeutend abspeichern« konnte.

Der Personenschutz sei wie eine »schmückende Attitüde« gewesen, so der ehemalige BKA-Präsident Zachert im Gespräch, hätte eine entsprechende »Bedeutung« symbolisiert und einen »unglaublichen Luxus« mit sich gebracht: »Man hatte einen Dienstwagen, man hatte sozusagen die Butlers rundherum, […] das ist doch etwas Herrliches.« Wenn ein Konvoi vorfuhr und die Türen von Sicherheitspersonen aufgerissen wurden, habe das eben »Eindruck« gemacht.

Ein Personenschützer, der die Entwicklung der Sicherungsgruppe seit Anfang der siebziger Jahre aktiv miterlebt hat und in vielen Kommandos tätig war, berichtet im Gespräch, dass beim Personenschutz immer Unsicherheit und Bequemlichkeit vermischt wurden, schließlich würden die Personenschützer einen »riesigen Service« bieten. Die Schutzpersonen seien durch den Personenschutz von »allem Weltlichen, also was einen so belastet im täglichen Leben, befreit«, das würde dann das Kommando übernehmen. Der »Serviceaspekt« sei daher »nicht zu unterschätzen«.

In Verbindung damit stehe der Aspekt des Statussymbols, so der Personenschützer. Seit die Sicherungsgruppe in den siebziger Jahren Personenschutz in breiter Form durchgeführt hätte, habe sich »die Elite immer mit Personenschutz umgeben müssen und auch mit Personenschutz auseinandersetzen müssen«. Somit hätte der Personenschutz in dieser Zeit wesentlich die Bildung der politischen und der wirtschaftlichen Elite beeinflusst. Heute seien Eliten ohne Personenschutz »nicht mehr denkbar«. Position, Personenschutz und Statussymbol seien in dialektischer Form miteinander verknüpft. Der Politiker strebe nicht nur eine wichtige Position an, um die »Erotik der eigenen Macht zu genießen«, sondern auch, um Statussymbole nutzen zu können. Offen würde das jedoch keiner sagen, so der Personenschützer. Im Gespräch mit einer hochstehenden Schutzperson erhält die Autorin auf die Frage, ob der Personenschutz denn auch Prestige bedeute, daher nur ein zustimmendes Lächeln.

Daher überrascht es auch nicht, dass bereits Ende der siebziger Jahre – wie oben aufgeführt – Schutzpersonen vehement protestierten, wenn die Schutzmaßnahmen gekürzt werden sollten. Schutzpersonen hätten sich in dem Fall sogar untereinander »bescheinigt«, dass der Kollege wichtig sei und beschützt werden müsse, so erzählt ein Interviewpartner: »Da waren sich alle einig.« Auf diese Weise habe man sich gegenseitig die gepanzerten Fahrzeuge »genehmigt«. Entgegen der sonstigen Konkurrenzen habe es in diesem Moment »auch keinen Zwist unter den Parteien« gegeben, da man sich »untereinander gedeckt« habe. Für Stephan Meier, Sohn des ehemaligen BfV-Präsidenten, war das Statussymbol Personenschutz vor allem eine parteipolitische Eigenheit, so im Gespräch mit der Autorin: Vor allem die Partei-Politiker und weniger die Parteilosen wie sein Vater seien es gewesen, die auf solche Statussymbole Wert gelegt hätten.

Ob dem Einfordern von Schutzmaßnahmen statusbezogene Interessen oder doch eine subjektiv empfundene Bedrohung zugrunde lagen, kann letztendlich nicht endgültig festgestellt werden. Es gibt jedoch zahlreiche Hinweise, dass es nicht die Unsicherheit war, die den Umgang mit dem Personenschutzkommando bestimmte. So wurde Generalbundesanwalt Rebmann zwar von »einer Sicherheitseskorte unter Einsatz von Blaulicht und Martinshorn« nach Hause gefahren, zog sich dann jedoch um und ging »allein mit dem Dackel im Wald spazieren«.[94]

Den Sicherheitskräften war die Problematik bewusst, dass der Personenschutz als Statussymbol instrumentalisiert wurde. Sie hatten den Eindruck, dass ihre Sicherheitsmaßnahmen öfter mehr als Serviceleistungen empfunden wurden. Würde man die Motivation untersuchen, warum tatsächlich oder vermeintlich gefährdete Menschen Schutzmaßnahmen verlangten, so würde »das Phänomen der Angst, der Sorge um psychische wie körperliche Unversehrtheit nicht einmal den ersten Platz unter den Motiven« einnehmen, so SG-Leiter Scheicher bereits im Jahr 1977.[95] Rückblickend auf seine über 30-jährige Berufserfahrung urteilt der bereits erwähnte Personenschützer, dass Schutzpersonen offensichtlich auch den »Glanz« genossen, den ein volles Schutzkommando ihnen beim Auftreten in der Öffentlichkeit gab.

Zudem lassen Verhaltensweisen von Schutzpersonen vermuten, dass der Personenschutz mehr als nur Schutz gegen terroristische Attentate darstellte. So meldete die Familie eines ehemaligen Ministerpräsidenten zahlreiche Privatfahrten an, die Frau des Ministerpräsidenten zeigte sich »begeistert« von den Fahrdiensten und betonte, dass ihr der Amtsnachfolger ihres Mannes »in die Hand« versprochen habe, dass für – man achte auf die Reihenfolge – »sie und ihren Mann« ein Dienst-Fahrzeug mit Fahrer ständig bereitstehen würde. Solches Verhalten meldeten die Personenschützer dann ihren Vorgesetzten.[96] Auch die ständigen Anfragen nach Personenschutz durch den Vorsitzenden der europäischen Arbeiterpartei (EAP), Lyndon LaRouche, wurden von den Sicherheitskräften in diese Kategorie eingeordnet, da keine Gefährdungshinweise für ihn vorlagen. Die Anfragen der EAP nach Personenschutz bis hin zu fingierten Mordanschlägen würden nur dazu dienen, für die Partei eine »öffentlichkeitswirksame politische Anerkennung zu erlangen«.[97]

Dass der Personenschutz als Statussymbol gesehen wurde, verdeutlicht die Erzählung einer Interviewperson:

> »Es kommt immer wieder vor, dass jemand sagt: ›Wieso hat der Sowieso noch Personenschutz und ich nicht? Der eine kommt von der Arbeitgeberseite, der andere von der Arbeitnehmerseite: Sind wir etwa nicht genauso viel wert?‹ Und man merkt bald, dass die Frage des Personenschutzes sehr schnell in eine Prestigefrage überging. Wer keinen Personenschutz hat, ist offenbar nicht so wichtig wie der andere. Dass das eine ganz andere Kategorie ist – bist du gefährdet oder nicht – steht auf einem anderen Blatt.«

So kommt auch BKA-Chef Herold im Gespräch zu dem Schluss, dass es besonders nach den terroristischen Anschlägen im Jahre 1977, als die Zahl der Personenschutzanfragen drastisch angestiegen war, plötzlich zum »Status eines Politikers« gehörte, geschützt zu werden: »Daran maß sich seine Bedeutung.«

Personenschutz als innerelitäres Distinktionsmerkmal: Ein Deutungsversuch

Es stellt sich somit die Frage, ob der Personenschutz auch als ein Instrument dienen konnte, in die Ordnung der staatlichen Elite der Bundesrepublik einzugreifen. In der Forschung wird zwischen unterschiedlichen Formen von Elite unterschieden, wie Geburtselite, Machtelite, Positionselite, Leistungselite, Funktionselite oder Werteelite. Sie wurden je nach Erscheinung in der soziologischen Forschung zu unterschiedlicher Zeit behandelt.[98] Der Elitenbegriff wird oft unklar benutzt und bietet diverse Interpretationsmöglichkeiten. Hier soll zunächst nicht von einer herrschenden Elite, einer Oberschicht oder einer gesellschaftlichen Elite ausgegangen werden, sondern das Augenmerk wird auf eine kleinere Gruppe der staatlichen Elite gelegt.[99] In der bundesrepublikanischen Geschichte erfolgte nach Morton Reitmayer

Abb. 4: Regierungsmitglieder verlassen die Sitzung des Krisenstabs, 1977

(Foto: J.H. Darchinger, Friedrich-Ebert-Stiftung)

eine Entwicklung von einer eher nicht klar definierten Elite nach 1945 zur »christlich gebundenen Wert-Elite« der fünfziger Jahre.[100] In den sechziger Jahren begann nach Reitmayer die Pluralisierung des Elitenbegriffs, die zunehmende Differenzierung von Teileliten und der damit verbundene verstärkte Leistungsgedanke.

Bei der Frage nach einer elitebildenden Funktion des Personenschutzes geht es aber weniger um die Entstehung einer neuen Elite, sondern vielmehr darum, wie Elite durch konkretes Handeln geformt oder ausgeübt wird, also um Praktiken und Semantiken. Damit verbunden ist die Frage nach den Orten dieser Elitekommunikation und des Elitehandelns sowie den Medien der Eliteperformanz. So beschreibt Beate Krais, dass man an den Personen, die zur Elite zählen, »sehen« könne, »welche Leistungen, welches Handeln, welches Sein gesellschaftlich anerkannt und prämiert werden« würde.[101] Zu »sehen« waren auch die Personenschutzmaßnahmen, die den symbolischen Nutzen haben konnten, die Zugehörigkeit zu einer Elite zu kennzeichnen.[102] Als öffentlichkeitswirksames Symbol konnte der Personenschutz gleichzeitig zu einem höheren Bekanntheitsgrad und damit zu einer höheren Reputation verhelfen. Personenschutz wäre somit auch eine spezifische Reputationstechnik – eine unter mehreren Techniken, die über die Elitenzugehörigkeit entscheien kann.[103]

Vor dem Hintergrund der bereits seit den sechziger Jahren stabilen westdeutschen Elitenbildung bot sich mit dem noch wenig geregelten Personenschutzsystem ein neues Instrument an, Außenstehenden den Zugang zur Elite zu erleichtern. Reichten Funktion und Position nicht aus für die Aufnahme in den staatlich-elitären Kreis – zum Beispiel als Bundestagsabgeordneter –, so konnten durch ein Personenschutzkommando eindrückliche Symboliken, wie das Vorfahren mit einer Polizeikolonne vor dem Bundestagsgebäude in Bonn, die tägliche Begleitung durch Sicherheitsbeamte im politischen Raum oder die medienwirksamen Auftritte in der Öffentlichkeit, genutzt werden, um den vormals geschlossenen Kreis der Elite zu öffnen und innerhalb der Hierarchie aufzusteigen. Aus der entgegengesetzten Perspektive betrachtet, förderte der Personenschutz somit auch die Sichtbarkeit des von der RAF und anderen linksterroristischen Gruppen verhassten Systems und ihrer Eliten sowie ihren Versuchen, sich gegen die Angriffe zu schützen. Die Opferwahl steuerte gleichzeitig die Wahrnehmung der Öffentlichkeit von bedeutenden und unbedeutenden Persönlichkeiten.

Die Zahl der Personenschützer, die Ausstattung des Kommandos oder die Wahl der Fahrzeuge konnten als ein Gradmesser dienen, die Wertigkeit der Person zu bestimmen. Kaum ein elitebildendes Element konnte so konkret die Zugehörigkeit zur staatlichen Elite beziffern wie der Personenschutz. Die Einordnung in ein Gefährdungsstufensystem und die Klassifizierung der Schutzperson mit einer klar definierten Zahl verwandelte die eher diffuse Hierarchie in eine sichtbare und greifbare Ordnung. Durch Einstufungslisten wurde sie visualisiert.[104] Waren im Kabinett zunächst alle Minister auf einer Stufe, so wurde – neben der Sitzordnung am Kabinettstisch – durch die Einordnung der Minister in unterschiedliche Gefährdungsstufen erstmals deutlich, welche Person welche Stellung im inner-hierarchischen Gefüge einnahm. So war der Verteidigungsminister »in der 1« eingestuft, die Familienministerin »in der 2«. Der Personenschutz ermöglichte somit in einer bestimmten Phase der Elitenentwicklung die vermeintlich objektive Messbarkeit einer politisch-gesellschaftlichen Position.

Anfang der achtziger Jahre versuchten die Sicherheitsbehörden, den Schutzkreis wieder einzudämmen und den regelungsfreien Raum stärker zu kontrollieren. Als Ende der achtziger Jahre die Bedrohung durch den Linksterrorismus schließlich abnahm und der Erhalt von Personenschutzmaßnahmen stärker reglementiert war, stand der Personenschutz als elitebildendes Instrument nicht mehr im Vordergrund. Die Zugehörigkeit zur obersten staatlichen Elite zeigte sich dann wieder an den klassischen elitenbildenden Kriterien wie Funktion, Position oder Anerkennung.

Diese nur phasenweise Neuordnung durch den Personenschutz verdeutlicht, dass der Personenschutz keine neue westdeutsche Elite hervorbrachte, sondern als Instrument zur Binnendifferenzierung innerhalb der bereits bestehenden Elite diente. Soziologische Grundannahme ist dabei, dass die Elitenbildung durch die ständige Zirkulation und Mobilität der Elitenmitglieder vom »Moment der Diskontinuität« geprägt wird.[105] Dass neben der eigentlichen Elitenbildung der innerelitäre Wettbewerb und die ständige Verhandlung, wer zu welchem Zeitpunkt, an welcher Position, zu welcher Stufe der Elite gehört, einen sehr wichtigen gesellschaftlichen Vorgang darstellt, betont auch Jean-Pascal Daloz, wenn er beschreibt, dass »intra-elite competition among prominent social actors is often of more crucial importance to them than domination over the lower strata, which is largely taken for granted«.[106] Dabei käme es nach Daloz auch auf den »symbolischen« Konkurrenzkampf an, bei dem es unter anderem um das Erreichen von mehr Bekanntheit und Aufmerksamkeit ginge.[107] Um den innerelitären Wettbewerb zu analysieren, fordert Daloz einen »›decentred‹ approach« innerhalb der Elitenforschung.

Dass dieses innerelitäre Aushandeln von Status vor allem unter Bundestagsabgeordneten von Interesse gewesen zu sein scheint, bestätigt eines der Ergebnisse der Mannheimer Elitenstudie von 1968, das besagte, dass sich das Ansehen von Bundestagsabgeordneten unter Eliten als nicht besonders hoch erwies.[108] Besonders diese politische Gruppe hatte nach der Attentatsserie im Jahr 1977 um Personenschutz gerungen, was, so die Vermutung einer Interviewperson, nur »Neidkomplex« hätte gewesen sein können. Im hierarchischen Konkurrenzkampf war der Personenschutz für die Abgeordneten womöglich eine Chance, das Ansehen zu erhöhen und somit auf der innerelitären Leiter nach oben zu steigen. Indem ein Abgeordneter, der wie alle anderen Abgeordneten zum unteren Bereich der staatlichen Elite gehörte, durch ein Personenschutzkommando über die gleichen »Insignien der Macht« wie die Top-Elite aus Kanzler und Ministern und somit über die gleiche symbolische Kraft verfügte, konnte er sich im Sinne der elitären Distinktion von seinen Abgeordnetenkollegen nach unten hin abgrenzen und gleichzeitig in den Kreis der obersten Elitemitglieder eintreten.

Dabei handelte es sich nicht primär um eine berechnete öffentlichkeitswirksame Inszenierung. Denn im Gegensatz beispielsweise zu Frankreich, wo Statussymbole einen noch höheren Wert einnehmen, war die Vorstellung des deutschen Politikers mehr von Bescheidenheit, Zurückhaltung und Anerkennung durch Leistung geprägt – wie auch noch beim später beschriebenen emotionalen Habitus im Umgang mit Gefährdung zu sehen sein wird. Jedes zu offensichtliche Produzieren in der Öffentlichkeit, Zurschaustellen von Statussymbolen oder elitäre Auftreten entsprach nicht den Erwartungen der Öffentlichkeit an die Politiker, die doch souverän und ohne sich in den Vordergrund drängende Ausschweifungen die staatlichen Geschicke lenken sollten.

Aber auch ohne explizite Zurschaustellung konnte die Symbolik des Personenschutzes seine Wirkung entfalten. So spielte der Personenschutz als Statussymbol vor allem auch im nicht-öffentlichen Bereich eine Rolle, wenn zum Beispiel eingestufte Abgeordnete neue Sicherheitsmaßnahmen am Privathaus finanziert bekamen und damit gegenüber Kollegen aus dem Bundestag eine vermeintlich höhere Wertigkeit aufwiesen. Es handelte sich demnach vor allem um eine unter Elitemitgliedern betriebene Aushandlung dessen, wer zur Top-Elite gehörte oder nicht. Somit konnte der Personenschutz einen Prozess der sozialen Differenzierung bewirken, in dem zwischen Gruppen mit unterschiedlichem »Wert« durch äußere Symbole unterschieden wurde: Wer geschützt war, war gefährdet und wer gefährdet war, war eine bedeutende politische Persönlichkeit im gesellschaftlichen Gefüge der Bundesrepublik. Eliten- und Sicherheitsbewusstsein waren miteinander verknüpft.

Die Zugehörigkeit zur westdeutschen Elite wurde mit dem Personenschutz zu einem sozialen Aushandlungsprozess von Status. Als Symbol von Geltung und Macht war der Personenschutz – phasenweise – eine innerelitäre Distinktionsmöglichkeit und kann als Erklärungsmodell für binnenspezifische Konkurrenzen und räumliche Verschiebungen innerhalb der westdeutschen Elite dienen. In Verbindung mit größeren Entwicklungslinien beförderte der Personenschutz damit auch die zunehmende Dynamik von Abschottung und Begrenzung sozialer Gruppen innerhalb der bundesrepublikanischen Gesellschaft. So hat auch in diesem Sinne der Terrorismus der siebziger und achtziger Jahre die moderne deutsche Gesellschaft in ihren Grundstrukturen geprägt.

4. Kapitel Personenschutz und Terrorismus als Erinnerungsgeschichte

Das Generieren von Erinnerung

Mit dem Personenschutz wurde die Zeit des Linksterrorismus für Politiker und Richter zu einer sehr persönlichen Angelegenheit. Die vorherigen Ausführungen haben gezeigt, dass die Schutzsituation in vielerlei Hinsicht von hoher Emotionalität geprägt war. Wie geschützte Politiker und ihre Familien diese Ausnahmesituation erlebten und wie sich der Personenschutz auf ihr Leben auswirkte, soll vor allem anhand der Erinnerungen der Schutzpersonen erzählt werden. Sie geben Aufschluss darüber, wie das Leben als Schutzperson aussah, wie sich der Alltag veränderte und welche Emotionen damit verbunden waren. Die Geschichte des Personenschutzes ist damit auch eine Erinnerungsgeschichte.

Das heutige Verhalten von ehemaligen Schutzpersonen weist darauf hin, dass die Schutzzeit oft ein relevanter Einschnitt in ihrem Leben war. So ließ erst kürzlich Bundesinnenminister Baum eine Fotoausstellung in seiner jetzigen Anwaltskanzlei konzipieren, bei der eine Fotografie im Mittelpunkt stand, die zeigt, wie er seine Tochter Julia im Juli 1979 mit Begleitkommando zur Schule bringt.[1] Diese Fotografie, die so treffend seine Situation unter Personenschutz verbildlicht, blieb auch nach der Ausstellung in der Kanzlei hängen. Andere Schutzpersonen wie Kurt Breucker oder Horst Herold sammelten alle damaligen Gefährdungshinweise in Aktenordnern und dokumentierten ihre Zeit unter Personenschutz in ihrem Privatarchiv.

Werden die ehemaligen Schutzpersonen im Interview gebeten, über diese Zeit ihres Lebens zu erzählen, ist jedoch die Erinnerung nicht sofort präsent. Die Bedeutung der Schutzzeit für das alltägliche Familienleben ist bisher wenig reflektiert worden. Erinnern sich die Personen im Interview dann doch, so haben sie vorher eigene Unterlagen zu dieser Zeit studiert oder ihnen helfen beispielsweise Fotografien, die die Autorin ihnen vorlegt. Für den Verlauf des Gesprächs und damit auch für die Auswertung und die Ergebnisse sind interpersonale Faktoren, also die Beziehung zwischen Interviewten und Interviewer, sowie intrapersonelle Faktoren, wie unter anderem Stimmungslagen bei den interviewten Personen, von Bedeutung.

Der Erinnerungsprozess selbst ist von drei Faktoren bestimmt: zum ersten von individuellen Faktoren, zum zweiten von familiären Strukturen und den Medien der Erinnerung und zum dritten vom öffentlichen Rahmen der Erinnerung.[2] So ist die Erinnerung an den Personenschutz oftmals eng mit dem damaligen Beruf verknüpft, der den Schutz veranlasst hatte. Das Mitwirken als Richter beim Baader-Meinhof-Prozess kann so ein wichtiger Relevanzpunkt in der eigenen Biographie darstellen. Der Personenschutz ist dann nur Teil einer großen Erzählung.

Als weiterer individueller Faktor ist das Alter zu nennen, das die Aufschichtung der Erinnerungen mitbestimmt. In diesem Zusammenhang spielen generationelle Faktoren eine Rolle, wie der soziokulturell geprägte Umgang mit Erinnerung als Verarbeitungsprozess oder die Weitergabe von Erinnerungen.[3] Zudem verändert sich durch ein fortgeschrittenes Alter der Blick auf die Vergangenheit, wie das Interview mit einem Politiker deutlich zeigt. Am vermeintlichen Ende des Lebens stehend, erfolgt die Rückschau auf die damalige Situation unter Personenschutz innerhalb einer persönlich gezogenen Lebensbilanz und damit unter einem anderen Vorzeichen. Andere Interviewpersonen verbinden mit der damaligen Zeit traumatische Erlebnisse, die die Erinnerung an den Personenschutz überlagern. So bewirkte der Verlust von drei Polizistenkollegen oder einer geliebten Person durch ein Attentat, dass es zu einer Verschiebung innerhalb der biographischen Erzählung gekommen war und die eigentliche Erfahrung mit dem Personenschutz nicht mehr so deutlich präsent ist. In der Erinnerung wiegt das traumatische Erlebnis dann auch so schwer, dass die Betroffenen kaum reflektieren, ob ein besseres Personenschutzkonzept das Attentat hätte verhindern können.

Daher gibt es in einigen Interviews anfangs verwunderte Nachfragen zu dem sehr speziellen Untersuchungsthema Personenschutz. Besonders wenn der Personenschutz an sich noch nicht reflektiert oder bewusst erinnert wurde, wird er in das vorhandene Erzählmuster, wie die Rolle als Richter in einem Prozess oder als Bundesminister in der damaligen Politik, kaum mit einbezogen. Die Erinnerung an das Leben unter Personenschutz ist somit eng an die Gesamterzählung gebunden und bleibt oft unter anderen, für das identitätsstiftende Erinnerungskonstrukt zunächst bedeutenderen Erlebnissen »vergraben«.

Danach gefragt, wie Personenschutz in das Privatleben eingegriffen hat oder wie die Schutzperson mit Unsicherheit und Bedrohung umgegangen ist, antworten die Interviewpartner überwiegend rational und überlegt. Zum Teil haben die Personen das Untersuchungsthema antizipiert und Vorannahmen entwickelt, welches Ziel mit dem Interview wohl verfolgt werden soll und welche Vermutungen die Autorin bereits mitbringt. Ihre Antworten scheinen dann teilweise auf diese Annahmen bezogen oder angepasst zu sein. Erst durch die Führung zum episodischen Erzählen über alltägliche Situationen öffnen sich Wege hin zu einer Erinnerung an empfundene Unsicherheit oder an den Austausch über Bedrohungsgefühle mit Menschen aus dem persönlichen Umfeld.[4] Dann erzählen die Interviewpartner lebendig und spontan – und oft selbst mit Erstaunen – über die bisher kaum reflektierten Lebensbedingungen von damals. Manche Episoden werden zum ersten Mal und mit hoher emotionaler Färbung erzählt, was wiederum auf eine starke Emotionalität beim Erleben hinweist. Wie stark das gesamte Leben von der Schutzsituation geprägt war, nehmen manche der Interviewten dann erst bewusst war und beginnen die damalige Situation stärker zu reflektieren.[5]

Inwieweit auf diese affektiv geprägten Erlebnisse eingegangen werden kann, ist zudem bestimmt von Geschlecht, Position und Selbstverständnis der Interviewperson. Bei einem starken sozialen Gefälle zwischen Interviewten und Interviewerin, wie es bei den ehemaligen Mitgliedern der Bundesregierung besteht, ist eine Öffnung für ein Gespräch – zumal bei einer individuell eher verschlossenen Haltung der Interviewperson – über emotionale Erinnerungen oder Erlebnisse nur schwer möglich. Zudem können soziale und kulturelle Hierarchien Tabus und blinde Flecken fördern: So spielen auch die Altersdifferenz sowie das Geschlecht eine Rolle, also das Selbstverständnis als gestandener Mann gegenüber einer jungen, weiblichen Interviewerin aufzutreten. Ganz anders stellt sich demnach die Interviewsituation mit weiblichen Interviewten dar. Durch die Gesprächssituation »von Frau zu Frau« ergibt sich eine spontanere Vertrautheit und Nähe, was die eigentliche Distanz unter Fremden zu überbrücken hilft und das Gespräch für persönliche Erfahrungen und Erinnerungen öffnet. Hierzu ist bereits wissenschaftlich erforscht, dass sich Frauen besser an positive Erlebnisse erinnern als Männer oder privates Erleben schneller offenbaren als Männer.[6]

Hinzu kommt, dass die Ehefrauen mit der Situation des ständigen Schutzes teils stärker konfrontiert waren als ihre Männer. Während die Männer den Personenschutz als Begleitphänomen ihres mit Terminen überfüllten Tages kaum wahrnahmen, waren Ehefrauen und Kinder von den Einschränkungen des Schutzes meist stärker persönlich betroffen. Aufgrund des fast ausschließlichen Öffentlichkeitsinteresses an der Person des Ehemannes, haben die Ehefrauen zudem teilweise ein starkes Bedürfnis, ihre eigene Sicht auf die damalige Zeit darzustellen, was die Bereitschaft zum Erzählen noch verstärkt. So sind es oft die Ehefrauen, die nach dem zunächst geplanten Interview mit dem Ehemann als Schutzperson zum Gespräch hinzukommen und teils sogar ohne Aufforderung über die emotional belastende Situation für die gesamte Familie zu sprechen beginnen – eine Situation, an die sich die »eigentliche« Schutzperson nicht erinnert hat.[7]

Wie sehr familiäre Strukturen oder Medien der Kommunikation die Erinnerungsproduktion beeinflussen, wird in den Gruppengesprächen deutlich. Handelt es sich um das Kind einer Schutzperson und damit um eine andere Generation, kann eine viel offenere Herangehensweise und der Wunsch, über die Erfahrung der Schutzsituation zu erzählen, beobachtet werden. Diese sind dann oftmals eingebettet in die allgemeine Familiensituation, die geprägt war von einem oft abwesenden Elternteil und der alltäglichen und teilweise belastenden Konfrontation mit dem »Anderssein« als Kind eines Prominenten. Auch hier ist also die Erfahrung der Schutzsituation Teil einer gesamtbiographischen Erzählung der interviewten Person.

Kommen mehrere Nachkommen einer Schutzperson zusammen, sind die gemeinsamen Gespräche von der jeweils familiär vorherrschenden Erinnerungskultur geprägt. Das Gespräch ermöglicht dann, die Erinnerung an die Personenschutz-Zeit miteinander auszuhandeln. Dem liegt die Annahme zugrunde, dass Kinder zwar die gleiche Umwelt erleben, sie aber unterschiedlich wahrnehmen können. Dies wird in der Familientherapeutik mit dem Konzept des *Non-shared-environment* beschrieben.[8] In einem Gruppeninterview mit Kindern einer Schutzperson und der Schutzperson selbst zeigt sich diese unterschiedliche Wahrnehmung der erlebten Schutzsituation in der teils konfrontativ vorgetragenen Gegensätzlichkeit der verschiedenen Erzählungen.

Diese Aushandlung im Gespräch erfolgt besonders in jenen Familien, wo es noch keine vorangegangenen Auseinandersetzungen über dieses Thema gegeben hat und keine gemeinsame Erzählung generiert worden ist.[9] Sprachliche Merkmale weisen auf dieses erstmalige Aushandeln hin. Interviewpersonen, die ihre Erinnerungen bereits in einer Autobiographie festgehalten haben, können ihre Zeit unter Personenschutz sofort und in glatter und bruchloser Sprache beschreiben. Die Antwort von Ersterzählenden dagegen ist durch langes Nachdenken, zögernde und fragmentierte Erzählweise oder durch Widersprüche in den Inhalten der Erzählung charakterisiert. Eindeutig ist die Erstverhandlung des Themas, wenn sich die Gesprächspartner verwundert über die Sichtweise des Geschwisterteils zeigen oder die Ehefrau, dankbar für die Gesprächsaufforderung, nun endlich einmal ihre eigene Sicht auf die damalige Situation darstellen will.

Der Austausch über das Thema kann dann zum bewussten Abgrenzen der eigenen Erfahrung gegenüber den Erzählungen des anderen Familienmitglieds führen oder sogar zu offenen Dementis. Bringt der Erinnerungsprozess eine familiäre Auseinandersetzung mit sich, wird er teilweise auch als Möglichkeit und Projektionsfläche gesehen, allgemeine Konflikte in der Familie auszuhandeln. Entsprechend sind die jeweiligen innerfamiliären Strukturen der Gesprächsteilnehmer zu beachten, die mit einer fest ritualisierten Rollenzuordnung das Gespräch über diese Zeit stark bestimmen können.

Im öffentlichen Rahmen ist die Erinnerung an dieses Thema dagegen kaum existent. So wenig der Personenschutz damals als expliziter Lebensumstand oder als »Ausnahmesituation« aufgefasst wurde, so wenig wurde diese Zeit auch im Nachhinein reflektiert oder mit anderen ausgetauscht. Während die Omnipräsenz der Bilder zum »Deutschen Herbst« 1977 eine starke kollektive Erinnerung fördert, ist der Schutz von hochstehenden Personen und die damit verbundenen Folgen für die Beschützten kaum sichtbar.[10] Bereits damals war der Personenschutz für die allgemeine Öffentlichkeit und die Medien eine Selbstverständlichkeit, und somit für die Betroffenen selbst auch. Personenschutz fand in fast all ihren täglichen Situationen ständig statt, sodass sich auch keine prägnanten Orte oder Gegenstände als sogenannte Ankerplätze der Erinnerung herausbilden konnten, die ihre Erinnerungen hätten »verorten« oder wieder »erlebbar« machen können, wie es oftmals bei Kriegsopfern der Fall ist.[11] So war der Personenschutz als wesentlicher Bestandteil der Lebenssituation trotz Allgegenwärtigkeit für die Beschützten kaum fassbar – und wurde damit auch nicht in der Erinnerung bewahrt.

Insgesamt ist festzustellen, dass der Personenschutz und die damit verbundene Lebenssituation oft nicht explizit als alleinstehende Erfahrung erinnert werden, sondern scheinbar unreflektiert den Alltag begleitet haben. Als Teil einer Gesamterzählung kann die Erinnerung an diese speziellen Umstände teilweise nur durch Assoziationen, Episoden oder konkret vorgelegtes Bildmaterial – als wichtiger Realitätsanker – angestoßen und oft zum ersten Mal sprachlich gefasst werden. Besonders die Frage nach Beginn und Ende der Schutzmaßnahmen lassen Einschnitte im Lebensverlauf erkennen, die den Schutzpersonen dann als wichtige Anhaltspunkte innerhalb ihrer biographischen Erzählung dienen und ihre Gesamterzählung rahmen.

Hans-Ludwig und Christel Zachert: Personenschutz als Teil des Lebens

Hans-Ludwig Zachert war von 1990 bis 1996 Präsident des Bundeskriminalamts in Wiesbaden.[12] Seit er im Jahr 1987 zum BKA-Vizepräsidenten ernannt wurde, stand er unter Personenschutz. Er war der Gefährdungsstufe 1 zugeordnet und erhielt Schutzmaßnahmen der Stufe 1. Mit seiner Dienstzeit als Präsident endete der Personenschutz. Er verfügte über ein ständiges Begleitkommando und zwei gepanzerte Mercedes mit zwei Fahrern und vier Begleitbeamten.[13] Mit dem Wechsel nach Wiesbaden 1987 bezog er mit seiner Ehefrau Christel ein Wohnhaus auf dem Neroberg, das mit umfangreichen Objektschutzmaßnahmen versehen war, wie einer Notrufanlage mit zahlreichen Notknöpfen in den Zimmern und Sicherheitsglas in den Fenstern. In besonders gefährdeten Zeiten, zum Beispiel nach den Vorfällen in Bad Kleinen 1993, ließ das Polizeipräsidium Wiesbaden einen Container mit einer Objektschutzmannschaft vor dem Haus der Zacherts aufstellen, um einen besseren Schutz zu gewährleisten. Diese Maßnahmen zogen dann wiederum Schwierigkeiten mit den Nachbarn nach sich.

Mit dem Begleitschutz begann auch die Nutzung eines sicherheitsgeschützten Fahrzeuges, mit dem Hans-Ludwig Zachert jeden Morgen abgeholt wurde. In einem hochgesicherten Fahrzeug neben Männern mit »Maschinenpistolen auf dem Schoß« Platz zu nehmen, das sei eine »beengende Erfahrung« gewesen und hätte man erst mal »akzeptieren« müssen. Vor seiner Vizepräsidentenzeit war Zachert Abteilungsleiter und Hauptabteilungsleiter der Sicherungsgruppe und zuständig für die Zuordnung von Sicherheitsmaßnahmen. Als ihm diese Maßnahmen nun selbst zuteilwurden, sei dies ein ganz anderer Aspekt gewesen. Er habe sich in seiner »persönlichen Freiheit« und in seiner »Bequemlichkeit« beeinträchtigt gefühlt. Das Schutzkommando fuhr morgens in die Garage des Hauses und wartete auf Zachert, der dort direkt ins Fahrzeug stieg. Der Weg ins Amt wurde dann oftmals variiert, was Zachert jedoch seinem Kommando überließ.

Überhaupt wollte sich Zachert so wenig wie möglich in die Aufgabenerfüllung des Kommandos einmischen, wies lediglich auf die Beachtung der Verkehrsregelung oder Geschwindigkeitsbegrenzungen hin. Denn als ehemaliger Hauptabteilungsleiter kannte er nicht nur alle Strukturen und Vorgehensweisen im Personenschutz, sondern war als Vizepräsident des BKA auch gleichzeitig Dienstherr aller Personenschutzkräfte. Dementsprechend fühlte sich Zachert seiner Vorbildfunktion verpflichtet, wollte alle Vorschriften einhalten und vermied größtenteils die private Einflussnahme auf die Schutzmaßnahmen. Auch der Bundesinnenminister habe ihn ermahnt, so Zachert, seinen eigenen Personenschutz mit höchstmöglicher »Akkuratesse« durchführen zu lassen, da dies nicht nur verhindere, dass die Republik einen »riesen Image-Schaden« erleide, wenn ihm als BKA-Präsident etwas zustoße, sondern man wisse dann auch als Schutzperson, dass man sich auf den eigenen, von Zachert zugeordneten Personenschutz verlassen könne.

Abgesehen vom ständigen Schutz im Beruf wurde Zachert auch privat, gemeinsam mit seiner Ehefrau Christel, zu allen Unternehmungen wie Geburtstagen, Festivitäten oder Einkäufen auf dem Großmarkt von mindestens zwei Beamten begleitet. Im Urlaub, wenn die Zacherts auf eine ihrer mehrtägigen Radtouren für Gruppen gingen, fuhren die Sicherheitsbeamten mit einem Begleitwagen mit. »Bühnenreif« waren auch seine Lehrveranstaltungen als Honorarprofessor an der Universität Trier ab 1992, bei denen Zachert von seinem Personenschutzkommando bis in die Vorlesung hinein begleitet wurde.

Dass die Personenschützer immer »an einem dran« waren, fand Zachert »extrem lästig«. Die vielen kleinen Umstellungen im täglichen Leben wie das morgendliche Abholen unter höchsten Sicherheitsaspekten, waren für Zachert die »unangenehmste Begleiterscheinung«. Insgesamt war es keine schöne Zeit, wie sich Zachert erinnert. Aber er habe das akzeptiert, auch aus Gründen des Vorbilds, und sich mit dem Kommando arrangiert. Und auch seine Familie habe das »unglaublich duldsam und kooperativ mitgetragen«. Wo sich Frauen in anderen Schutzkreisen über die ständige Begleitung beklagten, unterstützte ihn seine Frau und übernahm sogar die Initiative, wenn sie sagte, dass die »Jungs« nun zur Familie gehörten und man die Schutzsituation positiv sehen müsse. Wie sehr diese besonderen Umstände dennoch das Leben der Zacherts verändert hatten, wird durch die Erzählungen zur Beendigung des Personenschutzes deutlich.

Im Gegensatz zu vielen anderen Schutzpersonen ließ Zachert kurz nach Ausscheiden aus seinem Amt 1996 den Personenschutz einstellen. Damit begann zwar nicht ein völlig neues Leben, aber er habe nun alles wieder selbst organisieren müssen, so Zachert, wie die Zeitung zu holen, abends noch spontan etwas zu besorgen oder mit öffentlichen Verkehrsmitteln zu fahren und dafür den Fahrscheinautomaten bedienen zu müssen. So sei er kurz nach Einstellung des Schutzes frustriert und mit leeren Händen vom Brötcheneinkaufen nach Hause gekommen, weil das eingesteckte 2-D-Mark-Stück für den Kauf von zwei Croissants, zwei Brötchen und Brot nicht ausgereicht habe. Von Zachert gänzlich unbemerkt hatten sich die Brotpreise in der Zeit unter Personenschutz erhöht. Ihr Mann, so beschreibt es Christel Zachert, sei in der ersten Zeit »lebensuntüchtig« gewesen und musste erst wieder »den Alltag lernen«.

Nicht anders war es mit dem Autofahren: Nachdem er zehn Jahre chauffiert worden sei und mit der Wagenkolonne gelegentlich Vorfahrtsrechte in Anspruch genommen hatte, musste sich Zachert erst wieder »zivilisieren« und sich an das normale Leben im Autoverkehr gewöhnen. Hinzu kam, dass sich Zachert in fremden Städten nur schwer orientieren konnte, da er es gewohnt war, nach Angabe der Adresse dorthin gefahren zu werden und das Kartenlesen lange nicht selbst tätigen musste. Andererseits genossen die Zacherts auch das »höchstmögliche an Freiheit«, als sie kurz nach der Pensionierung mit dem offenen Cabrio ohne Schutzbegleitung in den Urlaub fuhren.

Rückblickend bewertet das Ehepaar Zachert die zehn Jahre mit Personenschutz als Einschränkung der persönlichen Freiheit. Nach einer bestimmten Zeit hätte man diese Schutzsituation dann rational verarbeitet und sich mit den Bedingungen arrangiert, was Zachert als »Verdrängung« bezeichnete. Die Erinnerung an diese Schutzsituation sei »ganz weit weg«, so Frau Zachert, weil sie es vergessen wollten. Der Mensch würde ja immer nur die schönen Dinge in Erinnerung behalten. Erst durch das Gespräch sei nun alles wieder zurückgekommen. Und nachdem die Erzählung von Hans-Ludwig Zachert im Gespräch immer lebendiger wurde, stellt Frau Zachert fest, dass das bei ihm ja doch »noch alles recht präsent« sei.

Gerhart Baum und Tochter Julia: Personenschutz und Prominenz

Gerhart Baum, Bundesinnenminister von 1979 bis 1982 und vorheriger Staatssekretär im BMI, und seine Tochter Julia haben bis zu diesem Zeitpunkt kaum miteinander über die Zeit unter Schutz gesprochen. Erst die Einzelinterviews mit der Autorin und andere Anregungen, wie die Erzählung ihrer Geschichte in einem Dokumentarfilm, setzten diesen Austausch in Gang.[14] Ganz überrascht habe sich der Vater über ihre Sicht auf die damalige Familien- und Lebenssituation gezeigt, so beschreibt es Julia. Auch mit ihren Geschwistern, einem Bruder und einer Schwester, habe sie sich kaum über diese Zeit unterhalten, da jeder seinen ganz eigenen Lebensweg gegangen sei und man kaum Kontakt zueinander habe, für Julia möglicherweise auch das Ergebnis der damals schwierigen Situation als Politiker- und Prominentenfamilie.

Mit der Ernennung zum Bundesinnenminister im Jahr 1979 erhielt Gerhart Baum als Schutzperson in Gefährdungsstufe 1 die höchsten Sicherheitsmaßnahmen und sah sich »plötzlich drei Autos gegenüber«, wie er beschreibt. In einem der sicherheitsgeschützten schwarzen Mercedeswagen mit Blaulicht saß Baum gemeinsam mit seinem Fahrer und einem Sicherheitsbeamten, ein zweites diente als Begleitfahrzeug, besetzt mit weiteren Sicherheitsbeamten. Das dritte Fahrzeug konnte gegebenenfalls die Familie des Ministers befördern. Bereits als Staatssekretär im BMI hatte Baum über einen Dienstwagen verfügt, den er jedoch ohne Schutzbegleitung selbst gesteuert hatte. Nun in Gefährdungsstufe 1 begleiteten ihn in besonders angespannten Sicherheitslagen noch zwei Polizeimotorräder. Diese Umstellung habe man schon wahrgenommen, so die damals erst achtjährige Julia, es erschien ihr aber wie eine »normale Entwicklung« im Berufsleben des Vaters. Für ihn selbst war es jedoch, so Baum, eine »totale Veränderung«.

Dieser Umbruch im täglichen Leben der Familie Baum wurde durch die ersten Objektschutzmaßnahmen offensichtlich. Vor ihrer Wohnung mitten in der Innenstadt Kölns wurde ein Wohnwagen für die örtliche Polizei platziert. Nach etwa einem Jahr zog die Familie in ein neues Haus in der Vorstadt, das mit Panzerverglasung, Kameras, Bewegungsmeldern, Ausleuchtungsmasten und Mauern versehen wurde. Ein festinstallierter Wohncontainer wurde in den Hof gestellt.

Noch stärker veränderte sich für den Bundesinnenminister der tägliche Ablauf. Er war außerhalb seiner Wohnung »nicht mehr allein«, in jeder Lebenssituation, sei es im Hotel, bei Spaziergängen, zum Einkaufen oder beim Gang zur Toilette, wurde er von Sicherheitsbeamten begleitet. Sein Tag begann mit der Sicherungsgruppe und endete mit ihr. Mindestens 20 Personenschützer, in zwei Schichten eingeteilt, bildeten sein ständiges Schutzkommando. Termine und Reisen, ob mit Fahrzeug, Hubschrauber oder Flugzeug, mussten in Zusammenarbeit mit seinem Ministerbüro bis aufs Genaueste geplant werden. Das Vorkommando regelte die Absicherung eines Termins oder Auftritts mit der örtlichen Polizei. Besonders bei der ersten Kölner Wohnung, die direkt an einer Hauptverkehrsstraße lag, war eine gute

Zusammenarbeit der Sicherungsgruppe mit der örtlichen Polizei wichtig. Wenn sich die SG-Beamten zur Abholung des Ministers ankündigten, sperrten die Kölner Objektschutzbeamten die Straße.

Tochter Julia bemerkte diese Veränderungen besonders, wenn sie mit ihrem Vater oder der ganzen Familie unterwegs war. Sie selbst hatte, wie ihre Mutter und ihre Geschwister, keinen eigenen Personenschutz, wurde aber ab und zu in einem der drei Sicherheitsfahrzeuge der Schutzkolonne zur Schule gebracht oder von dort abgeholt.

Nur vier Wochen nach Ausscheiden aus seinem Amt ließ Baum seinen Personenschutz einstellen, was er wie eine »Befreiung« von diesen »beengenden Lebensverhältnissen« empfand. Kameras und Lichtanlagen wurden abgebaut und der Wohncontainer abtransportiert. Auf die kahle Stelle, die der Container hinterließ, so erinnert sich Julia, pflanzte ihre Mutter bald ein paar Bäumchen, damit es dort nicht so »nackt und leer« aussah. Für Julia kamen die Einstellung des Schutzes und das Verschwinden der Objektschutzmaßnahmen vor dem Haus von »heut auf morgen« und ohne »wirklichen Abschied«. Sie fand es seltsam, dass ihr Vater, bis dahin stark geschützt, einen Tag später nicht mehr gefährdet sein sollte. Zudem war für sie die Anwesenheit der Personenschützer auch »das Normale« gewesen, wie ein »integrierter Zustand«. So erinnert sich Julia an ihre letzte Fahrt im Sicherheitswagen, bei der ihr ein Polizeibeamte sagte: »Ab morgen kannst du dann wieder alleine fahren.« Sie verstand es damals so, dass das »feine Leben« nun vorbei sei und sie wieder ein Ottonormalbürger sei. Das plötzliche Ende der Schutzsituation hätte ihr erst bewusst gemacht, wie anders die Situation vorher gewesen war.

Gerhart Baum beschreibt das Leben unter Personenschutz als eine »Ausnahmesituation«, die es zu akzeptieren und bestmöglich zu integrieren galt. Auch seine Tochter Julia hat diese Zeit als schwierig in Erinnerung, wenn auch unter einem anderen Vorzeichen. Nicht so sehr die Einschränkung durch Schutzmaßnahmen prägte damals ihren Alltag, sondern vielmehr das Leben als Prominentenkind.[15] Dabei verstärkten die Schutzmaßnahmen, wie die polizeiliche Begleitung zur Schule, diese »Sondersituation«. Es waren die »Reaktionen von außen«, mit denen Julia schwer umgehen konnte, und die sie als »Downside« des Personenschutzes beschreibt. Eine Person der Öffentlichkeit zu sein, ständig im Mittelpunkt zu stehen, die »Augen immer auf dich« gerichtet zu wissen und »auf Schritt und Tritt beobachtet und beurteilt oder verurteilt« zu werden, das war für Julia die besondere Last. Dass ihr Vater bewacht wurde, war für viele ihres sozialen Umfeldes ein Zeichen, dass die Familie Baum etwas »Besonderes« sein musste. Die achtjährige Julia wollte dagegen einfach nur »integriert« sein, »dazugehören« und keine Sonderposition einnehmen. Sie wollte, wenn überhaupt, nur auffallen durch Dinge, die sie selbst ausmachten und nicht allein durch die Tatsache, die Tochter eines Politikers zu sein. Hinzu kam, dass sie sich kaum mit Freunden über diese »Ausnahmesituation« austauschen konnte, da keiner aus ihrem sozialen Umfeld diese Umstände nachempfinden konnte, was sie noch mehr »isolierte«. Mit einem selbst initiierten Wechsel in eine andere Schule, in der sie unbekannt war und die sie auch mit dem Fahrrad erreichte, konnte sich Julia von dieser belastenden Situation befreien.

Der Personenschutz und das Leben unter Schutzmaßnahmen haben für den Vater wie für die Tochter eine spezielle Bedeutung in der Erinnerung an diese Lebensphase erhalten. Wie wichtig diese Erfahrung auch für die Erinnerungskultur des heute noch aktiven Politikers Baum ist, zeigt die bereits erwähnte Fotografie-Ausstellung in seiner Rechtsanwaltskanzlei. Die Fotografie von Jupp Darchinger, die zeigt, wie der Innenminister, umringt von einem Personenschutzkommando, seine Tochter Julia morgens durch den Kölner Stadtwald zur Schule bringt, stand als zentrales Erinnerungsbild im Mittelpunkt.[16]

Eberhard Foth: Im Dienste der Justiz

Während seiner Richterschaft im Baader-Meinhof-Prozess in Stuttgart-Stammheim vom 20. Mai 1975 bis zur Urteilsverkündung am 28. April 1977 war Eberhard Foth unter Personenschutz gestellt. Seit der Ermordung des Berliner Kammergerichtspräsidenten Günter von Drenkmann im November 1974 ordnete das Innenministerium Baden-Württemberg für Foth Objektschutzmaßnahmen durch ein sporadisch zusammengezogenes Polizeikommando der Landespolizei an. Mit Beginn des von Öffentlichkeit und Medien aufmerksam verfolgten Baader-Meinhof-Prozesses erhielt Richter Foth, zusammen mit seinen Richterkollegen, nun Schutzbegleitung. Da die Richter in Stuttgart in die Zuständigkeit der Landespolizei fielen, wurden sie durch baden-württembergische Polizeikräfte begleitet. In vorbereitenden Sicherheitsgesprächen erläuterten die Sicherheitsexperten des Landes Baden-Württemberg Foth die notwendigen Maßnahmen, wie die Sicherheitsverglasung der Fenster seines Wohnhauses in Stuttgart und den Einbau einer Alarmanlage. Die Schutzperson Foth wurde für den Notfall einem bestimmten Polizeirevier zugeordnet, die bei Alarm anrückten. Für den Objektschutz wurden auch Kräfte der Landespolizei und des Bundesgrenzschutzes eingesetzt.

Für Richter Foth, seine Ehefrau Ingeborg und ihre gemeinsamen Kinder bedeuteten die Maßnahmen eine fühlbare Umstellung. Auch wenn der Polizeischutz einige Vorteile mit sich brachte, die Kinder zum Beispiel im Urlaub immer jemanden zum Fußballspielen hatten, so war der Schutz insgesamt für Foth »lästig«. Besonders im Urlaub gab es Situationen, in denen er mit seiner Familie lieber nicht »unter Polizeiaufsicht« gestanden hätte. In einem Sommerurlaub glaubte sich Foth gänzlich allein mit seiner Frau am Strand, bis doch plötzlich ein Personenschützer »hinter einer Düne hervorguckte«. Grundsätzlich habe er zu den Personenschützern immer Distanz gehalten, sodass auch der gelegentliche Wechsel der Polizeibeamten für Foth kein Problem darstellte.

Je nach Sicherheitslage schwankte die Intensität des Schutzes. Seine Kinder konnten meist allein den kurzen Schulweg zurücklegen. In angespannten Lagen wurden sie jedoch von Polizisten gebracht. Auch Foth selbst lenkte sein Fahrzeug teilweise selbstständig und wurde dann nur von einem Polizeifahrzeug begleitet, was er jedoch aus Erfahrung des Schleyer-Attentats für zwecklos hielt. Spätestens mit der Übernahme des Richtervorsitzes von dem für befangen erklärten Vorsitzenden Theodor Prinzing wurde der Schutz intensiviert und zur Urteilsverkündung am 28. April 1977, bei der die Polizei von einer erhöhten Gefährdung ausging, noch einmal verstärkt. Mit begleitenden Polizeimotorrädern wurde Richter Foth zum Prozessgebäude auf dem Gelände der Justizvollzugsanstalt Stuttgart-Stammheim gefahren. Im Gerichtsgebäude selbst wurden Foth und seine Richterkollegen dann aber nicht durch Polizeikräfte geschützt, da der Verhandlungsraum von vorneherein mit größten Sicherheitsmaßnahmen versehen war. Erst in Mittagspausen, wenn die beteiligten Richter einen Spaziergang über die angrenzenden Felder machten, wurden sie wieder von vorausgehenden und nachfolgenden Polizeikräften begleitet und zusätzlich von einem langsam hinterher fahrenden Polizeifahrzeug geschützt.[17]

In den folgenden Jahren nach der Urteilsverkündung blieb Foth in Terroristenprozessen in Stuttgart tätig und wurde deshalb weiterhin beschützt. Im Juli 1980 wurde er schließlich als Strafrichter an den Bundesgerichtshof geholt und war laut Sicherheitsexperten nach wie vor gefährdet. Bis zum Abitur seiner Kinder blieb der Lebensmittelpunkt in Stuttgart, und Foth erhielt für seine neue Tätigkeit eine Unterkunft in der Luftwaffenkaserne Karlsruhe, um ihm größtmögliche Sicherheit zu gewährleisten. Als nach seiner Pensionierung der Schutz eingestellt wurde, war das für Foth keine große Umstellung. Da er sich an den Personenschutz erst gar nicht gewöhnt habe, sei das Wegfallen auch kein Verzicht. Als ihn damals seine Bekannten fragten, ob er noch Personenschutz habe, erklärte er dann auch, dass auf ihn nun »wieder geschossen« werden dürfe. Seine Frau jedoch – so Foth auf Nachfrage der Autorin – sei sehr froh gewesen, als der Personenschutz eingestellt wurde.

Insgesamt habe er, so erzählt er lachend, den Personenschutz und die Gefährdung seiner Person nicht »fürchterlich ernst« genommen. Gleichzeitig beschreibt er, dass er noch heute ein Auto, das ihm längere Zeit folgt, sofort bemerken würde. Man sei vorsichtiger geworden und halte wie damals sein Umfeld unter Beobachtung.

Das Ehepaar Vogel: Personenschutz als Notwendigkeit

Die Einführung von Personenschutzmaßnahmen kam für Hans-Jochen Vogel zunächst überraschend. Während des Landtagswahlkampfes in Bayern 1974 meldeten sich zwei Beamte des Bundeskriminalamts bei ihm und teilten mit, dass er als Bundesjustizminister nun eine Zeit lang begleitet werden würde. Man beteuerte ihm, dass es Anzeichen dafür gebe, dass die Begleitung »sinnvoll« sei. Da es sich um eine vorläufige Maßnahme zu handeln schien, schenkte Vogel den neuen Begleitern wenig Aufmerksamkeit. Er hatte nicht erwartet, dass diese Schutzsituation die nächsten 17 Jahre andauern würde. Als der Personenschutz auch nach dem Landtagswahlkampf fortgesetzt wurde, wog Vogel noch einmal die Vor- und Nachteile ab, traf die »rationale Entscheidung«, aus Achtung vor dem Gemeinwohl seine Person mithilfe des Personenschutzes vor einer der Bundesrepublik schadenden Entführung oder Erschießung schützen zu müssen.

Seine Frau Liselotte konnte diese Entscheidung weniger staatsmännisch akzeptieren. Nachdem sie erfahren hatte, dass nun Personenschutz eingeführt und das Ganze im »Uferlosen« enden würde, habe sie die erste Nacht »Panik« verspürt. Das werde sie nicht aushalten können, so ihre Erinnerung:

> »Zu Anfang hab ich gedacht: Nein, das kann ich nicht mitmachen, das halte ich nicht aus. Das ist eine Einschränkung meiner Freiheit, die ich nicht hinnehmen kann. Und zwar nicht in dem Sinne, dass ich es nicht will, sondern ich kann das nicht. Das war schon eine Überlegung. Aber was wollen Sie denn machen? Öffentlich erklären, ich hätte mit dem Mann nichts zu tun? (*lacht*).«

Sie hätte damit vor der Entscheidung gestanden, es auszuhalten oder ihren Mann zu verlassen. Sie habe sich für das Aushalten entschieden. Nach 17 Jahren wäre es dann zu einem »gewohnten Zustand« geworden. »Da denkt man am Anfang, man kann es überhaupt nicht ertragen, und am Schluss merken Sie es gar nicht mehr, wenn einer hinten Ihnen herläuft.« Dennoch, so betont Liselotte Vogel, wären vor allem die Familienmitglieder die »Hauptleidtragenden« gewesen. Dagegen hätten die Schutzmaßnahmen ihren Mann, dessen Terminkalender so ablief wie zuvor, in seinem »täglichen Dasein« in »keiner Weise eingeschränkt«, so ihre Einschätzung.

Im Januar 1981 ging Hans-Jochen Vogel nach Berlin und wurde Regierender Bürgermeister der Stadt. Damit wurde sein Personenschutz der Gefährdungsstufe 1 zunächst heruntergestuft. Als er seine Tätigkeit in Bonn als SPD-Fraktionsvorsitzender aufnahm, wurde der vorherige Schutzumfang wieder eingeführt. Im Jahr 1991 wurde mit Ende seiner Tätigkeit als Fraktionsvorsitzender und Parteivorsitzender der Personenschutz für Vogel und seine Familie eingestellt. In ihrer neuen Wohnung in München lehnte das Ehepaar dann jegliche Sicherheitsmaßnahmen ab. Man habe nur noch eigenes Sicherheitsverhalten geübt, wie den Schreibtisch nicht vor das Fenster zu stellen, wie es Rohwedder 1991 zum Verhängnis geworden war, sondern zwischen die Fenster. Dass die Bewachung durch Personenschützer dann endgültig beendet war, sei eine »große Freude« gewesen, erinnert sich Liselotte Vogel. Der erste Sommer ohne Schutz sei dann auch »schon schön« gewesen. Erst als der Schutz weggefallen sei, habe man richtig gemerkt, wie eingeschränkt man gewesen sei.

Während sich Liselotte Vogel im Laufe des Gesprächs zunehmend öffnet, bleibt die Erzählung von Hans-Jochen Vogel durchgehend kontrolliert.[18] Ihm erscheint es wichtig, die Thematik der staatlichen Bekämpfung des Linksterrorismus faktenbasiert darzustellen und dabei seine eigene Rolle darzulegen. Während er auf Fragen nach Gefühlen und der damaligen Lebenssituation kaum eingeht, beantwortet er Fragen nach seiner Funktion als Justizminister und nach den rechtlichen Herausforderungen in der Bekämpfung des Terrorismus umso genauer. Sich selbst als Fachkundigen und somit Zuständigen für die Erzählung der staatlichen Terrorismusbekämpfung und der historischen Ereignisse dieser Zeit einschätzend, korrigiert er dann auch mehrmals die Ausführungen seiner Frau zu diesen Themen. Sie könne dagegen mehr zum privaten Leben und den Auswirkungen des Personenschutzes erzählen, daher solle sie dann eher diese Fragen übernehmen.

Nachdem ihr Mann das Interview wegen eines Termins beenden musste, führt Liselotte Vogel das Gespräch weiter und erinnert sich detailliert und emotional an das Leben ihrer Familie unter Personenschutz.[19] Sie erzählt, dass sie sich über die Wirksamkeit des Schutzes keine Illusionen gemacht hatte. Sie war überzeugt, dass die Personenschützer, die bei einem Waldspaziergang hinter ihnen liefen, von einer terroristischen Gruppe leicht zu überwinden gewesen wären. Einen absoluten Schutz hätte es nicht geben können. Aber die Angst, so Liselotte Vogel, würde man aus der Erinnerung verdrängen. Schließlich sei es »unangenehm«, daran erinnert zu werden. 17 Jahre Personenschutz hätten gewiss ihr Leben geprägt, stellt sie im Rückblick fest. Wie genau einem aber zumute war, das sei in einem Interview nicht vermittelbar. Man könne nur Fakten erzählen, aber die Empfindungen könne man nicht übertragen. Mit dem Interview sei alles wieder zum Vorschein gekommen und man würde über das ein oder andere nachdenken.

Familie Meier: Personenschutz in der Familiengeschichte

Richard Meier war von 1975 bis 1983 Präsident des Bundesamts für Verfassungsschutz und lebte in dieser Zeit mit seiner Ehefrau und den drei Kindern Gabriela, Stephan und Robert in Köln. Aufgrund eines von ihm verursachten Unfalls im August 1982, bei dem er schwerste Verletzungen erlitt, konnte er erst am 1. Dezember 1982 wieder sein Amt aufnehmen. Im Mai 1983 wurde er dann von Bundesinnenminister Zimmermann vorzeitig in den Ruhestand versetzt.

An den Beginn seines Personenschutzes kann sich Meier nicht mehr genau erinnern.[20] Seine Tochter Gabriela dagegen weiß noch, dass der Begleitschutz im Jahr 1975 mit seiner Präsidentschaft begann und berichtet auch von verstärkten Objektschutzmaßnahmen.[21] Jeden Tag wurde Meier morgens an seinem Wohnsitz mit einem Begleitschutzkommando und einem sicherheitsgeschützten Fahrzeug abgeholt und meist ins Verfassungsschutzamt gefahren. Überall, sei es zur Arbeit, beim Einkaufen oder im Urlaub, sei er von Sicherheitsbeamten begleitet worden, so die Erzählung Meiers. In besonders angespannten Sicherheitslagen wusste selbst das Personenschutzkommando bis zur Ankündigung von Meier nicht, wohin die nächste Fahrt gehen sollte. In diesen Zeiten wurden auch die Kinder Gabriela, Stephan und Robert von Sicherheitsbeamten zur Schule gebracht. Als die Tochter

Gabriela zum Studium nach München zog, wurde sie gefragt, ob sie dort Personenschutz haben wolle, was Gabriela jedoch ablehnte.

Für Meier war der Personenschutz immer eine »Selbstverständlichkeit«, die er akzeptierte – auch wenn es Situationen gab, in denen er lieber alleine gewesen wäre. Die Anwesenheit von Objektschutzkräften an seinem Wohnsitz habe er »hingenommen«. Auch Sohn Stephan erinnert sich, dass man es schließlich als »normal« empfunden hätte, wenn bei einem Spaziergang mit dem Hund ein Begleitbeamter vorauslief und zwei weitere Beamte in 20 Meter Abstand folgten. Die Personenschützer »gehören dann auch mit zur Familie« – wie »ein erweiterter Kreis«. Saßen sie morgens mit am Tisch, bekamen sie alle Familienangelegenheiten mit. Das wäre die Normalität gewesen und man hätte damit leben müssen. Sein Vater stimmt dieser Ansicht zu.

Im Interview entsteht der Eindruck und wird durch den Vergleich mit anderen Quellen bestätigt, dass das Ende des Personenschutzes für die Familie Meier mit einem dramatischen Ereignis zusammenfiel. Mit dem 1982 selbstverschuldeten und folgenschweren Unfall Meiers, bei dem seine Lebensgefährtin starb, änderte sich das Leben der Familie Meier entscheidend.[22] Der Unfall verursachte nicht nur gesundheitlich längerfristige Folgen für Meier sowie familieninterne Spannungen, sondern war auch Grund für das frühzeitige Ausscheiden aus dem Amt.[23] Die Schutzmaßnahmen endeten also in einer erinnerungstheoretisch sehr komplexen Lebensperiode aller Gesprächsteilnehmer.

Für Meier war die Einstellung der Schutzmaßnahmen – sei es in positiver oder negativer Sicht – »kein Problem«. Tochter Gabriela erinnert sich jedoch, dass »eine gewisse Last abgefallen« war, zwar nicht spürbar, aber »vielleicht von der Vorstellung her«. Ihre Eltern erschienen ihr mit dem Ende des Personenschutzes und nach der ganzen ereignisreichen Zeit »entspannter« als vorher. Gleichzeitig erinnert sich Gabriela, dass mit dem Personenschutz auch eine »gewisse Selbstständigkeit« weg war, auch eine »gewisse Sicherheit«, auf die man sich bis dahin immer hatte verlassen können. Auch das Autofahren musste der Vater nun nach jahrelangem Fahrdienst wieder selbst übernehmen. Auf die Frage, ob der Personenschutz die Familie verändert hatte, erklärt Sohn Stephan, dass die ganze Zeit der siebziger Jahre, unter anderem der sogenannte Deutsche Herbst, »turbulent« gewesen sei und das Leben aller Menschen verändert hätte. Die Überlegung, wie ihr Familienleben verlaufen wäre ohne Personenschutz, ist unwesentlich, weil der Vater, so Gabriela, seine berufliche Laufbahn nun mal so geplant hatte. Die damit verbundene Herausforderung für die Familie stand nicht »zur Debatte«.

*

Die Erzählungen der hier aufgeführten Schutzpersonen enthalten vielfältige Erlebnisse und Erfahrungen mit dem Personenschutz. Bei der Auswertung der Interviews zeigten sich zwei deutliche Schwerpunkte, mit denen die Schutzpersonen den Personenschutz verbanden: der Eingriff des Personenschutzes in das Privatleben sowie der Umgang mit der persönlichen Gefährdung und der damit einhergehenden Unsicherheit. Diese zwei Themenbereiche sollen im Folgenden mithilfe von ausgewählten Interviewerzählungen dargestellt werden. Dabei sind es vor allem die Episoden in den Gesprächen, die den jeweiligen Schwerpunkt auf persönlich-biographische Weise beleuchten. Zusammen mit anderen Quellen sollen diese Erinnerungen in ein Gesamtbild eingeordnet werden.[24]

5. Kapitel
Bewegen in privaten und öffentlichen Räumen

Verschobene Grenzen der Privatsphäre unter Personenschutz

Der Personenschutz wirkte sich vielfältig auf das Leben der Schutzperson aus. Besonders das Eindringen des Personenschutzes in die privat-familiäre Sphäre wird von den Betroffenen in den Erzählungen deutlich erinnert. Denn die Umsetzung des Schutzes fand nicht nur in der Öffentlichkeit statt, sondern auch in einem Raum, der mit Privatheit, Nähe und Intimität verbunden wird. Die Personenschützer bewegten sich ohne ständige Dienstaufsicht in einem Bereich der Schutzperson, der normalerweise von der Öffentlichkeit strikt getrennt wurde. Das Leben unter Personenschutz konnte so zu einer Ausnahmesituation werden.

Wie sich das private Leben unter dem Einfluss des Personenschutzes veränderte, hing zum einen von der Gestaltung und Umsetzung der Schutzmaßnahmen ab. Zum anderen spielte eine Rolle, wie Privatheit gesellschaftlich und sozio-kulturell verankert war und welche Vorstellungen von Privatheit in dieser Zeit vorherrschten. Denn die Grenzen zwischen Privatheit und Öffentlichkeit sind nicht natürlicherweise festgelegt, sondern ergeben sich aus dem Wandel sozialer Praktiken und sind zudem diskursiv konstruiert.[1] Nur vor diesem Hintergrund kann beurteilt werden, mit welcher Intensität und mit welchen Folgen die Schutzmaßnahmen in das private Leben eingriffen oder eingreifen konnten.

Überlegungen zu Privatheit

Seit den sechziger Jahren wandelten sich in der westlich geprägten Kultur die Vorstellungen von Privatheit und Öffentlichkeit.[2] Die »Ideologie der Häuslichkeit«, die in den fünfziger Jahren das private Leben bestimmte, wurde durch die kulturellen Umbrüche am Ende des Jahrzehnts, unter anderem durch die Forderungen der »68er«-Bewegung, verdrängt und neue Familienkonzepte entstanden.[3] Privatheit sollte dabei nicht aufgegeben, sondern anders gestaltet werden. Insgesamt erhält die Privatheit aus kulturhistorischer Perspektive in den siebziger Jahren eine neue Bedeutung und das Individuum ein neues Gewicht.[4]

Gleichzeitig wurde der ordnungspolizeilich-repressive Einsatz der Videoüberwachung »mehr und mehr zu einer Selbstverständlichkeit«.[5] Mit der Zunahme von Überwachungskameras seit den 2000er Jahren ist eine »new surveillance« zu beobachten, die von der Forschung immer mehr als Zeichen eines gesellschaftlichen Wandels begriffen wird.[6] Wie sich die Überwachung durch Kameras im Allgemeinen und der Einsatz von Überwachungskameras und anderen Sicherheitsinstrumenten im Personenschutz im Besonderen auswirkten, wird in der nachfolgenden Darstellung der Privatheit von Schutzpersonen detailliert beschrieben.

Bei der Untersuchung sozio-kultureller Veränderungen von Privatheit und Öffentlichkeit ist gerade bei den Schutzpersonen zu beachten, dass es sich hier um Politiker, Richter und Wirtschaftsunternehmer handelt, deren Leben von spezifischen Bedingungen geprägt ist. Die beruflichen Tätigkeiten, das private und familiäre Leben folgten bei diesem Teil der gesellschaftlichen Elite erkennbaren Mustern. Das Arbeitspensum eines Politikers im täglichen Politikbetrieb oder eines Richters in einem aktuellen, von der Öffentlichkeit beobachteten Prozess war meist hoch, die familiären Kontakte und die privaten Momente geringer und die Verbindung zur Öffentlichkeit – vor allem bei hohem Bekanntheitsgrad und wachsender Aufmerksamkeit seitens der Medien – oft stark ausgeprägt. So wie bei prominenten Personen allgemein, kann der lokale wie zeitliche Raum für Privatheit also sehr klein sein.

Die Sphären von Privatheit und Öffentlichkeit bei Politikern oder anderen Mitgliedern der gesellschaftlichen Elite – ob prominent oder nicht – stehen in einem anderen Verhältnis zueinander als bei Normalbürgern.[7] Die zunehmende »Veröffentlichung des Privaten«[8] und die Inszenierung des Politikers als »media personality« ist zwar in den siebziger und achtziger Jahren noch nicht so verbreitet. Vielmehr wurden private Momente gegenüber der Öffentlichkeit und den Medien überwiegend in rarer und gezielt inszenierter Form präsentiert, wie die Bilder der Familie Kohl bei ihrem Urlaub am Wolfgangsee zeigen. Dennoch standen Politiker allein aufgrund ihrer Funktion oftmals im Rampenlicht. Je mehr die Öffentlichkeit in die Privatsphäre einzudringen drohte, desto stärker wurde dieser letzte private Bereich geschätzt

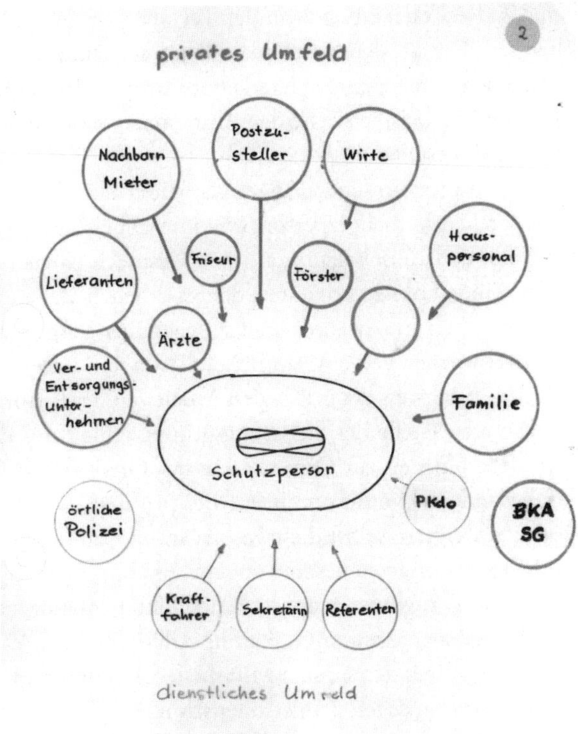

Abb. 5: Analyse des Umfelds von Bundesaußenminister Hans-Dietrich Genscher (1974–1992) durch die Sicherungsgruppe, o.J.

(Schaubild: BKA-Sicherungsgruppe, Berlin)

und verteidigt. Wenn nun der Personenschutz in das Privatleben vordrang, konnte das zu emotionalen Irritationen führen. Dies betraf auch Schutzpersonen, die zuvor weniger im öffentlichen Interesse gestanden hatten. Sie hatten also ihre private Sphäre bisher nicht verteidigen müssen, der Eingriff in den privaten Raum durch Personenschützer war für sie daher eine völlig neue Erfahrung. Der Personenschutz bedeutete fast immer eine Veränderung der bis dahin bestehenden Zuordnungen von privaten und öffentlichen Räumen.

Über diese Auswirkungen des Personenschutzes waren sich die Sicherheitsakteure und Personenschützer bewusst und versuchten, wie die Analyse des Umfelds von Bundesaußenminister Genscher (*Abb. 5*) zeigt, dieses Thema aufzunehmen. In seiner 1974 entwickelten Gefahrenabwehrstrategie forderte SG-Leiter Gerhard Boeden, dass bei der Umsetzung von Sicherheitsmaßnahmen das »Recht der zu schützenden Personen auf Individualfreiheit« einzubeziehen sei.[9] Es galt, den Schutzbefohlenen so wenig wie möglich »in seinem persönlichen Bereich zu tangieren oder gar zu beeinträchtigen« sowie die Einsatzkonzeption, beispielsweise den Abstand zur Schutzperson, je nach Situation flexibel zu gestalten.[10]

Über alle bekanntgewordenen Angelegenheiten aus dem dienstlichen oder privaten Bereich der Schutzperson, wie ihre Lebensgewohnheiten, die Besuche bei Freunden und Bekannten, ihre Gesprächspartner und familiären Kontakte, ihre Freizeitaktivitäten oder ärztlichen Behandlungen sei »strenges Stillschweigen zu bewahren«, auch gegenüber Vorgesetzten.[11] Über die Begleiteinsätze wurden keine Ablaufberichte, sondern lediglich Diensttagebücher mit dem Nachweis der geleisteten Arbeitszeit der Personenschützer geführt. Die Einsatzleitstelle der Sicherungsgruppe erhielt nur die Terminpläne der Schutzbefohlenen zur Organisation der Einsätze und die Aufenthaltsorte bei besonderen Vorkommnissen. Bei privaten Reisen konnte die Schutzperson sich weigern, selbst diese Informationen an die Leitstelle weiterzugeben. Bei allen Einsätzen bestand zudem das absolute Fotografier-Verbot, es sei denn, das Fotografieren erfolgte zu »Dokumentationszwecken auf Weisung«. Nach der sogenannten Guillaume-Affäre im Jahre 1974, bei der die Spionagetätigkeit eines der engsten Mitarbeiter Brandts, Günter Guillaume, auch mithilfe von Aussagen der Personenschützer zu Brandts Privatleben enttarnt worden war, erhielt das strenge Gebot der »Diskretion« noch einmal besonderes Gewicht.[12] Diese ungewöhnliche Form der Preisgabe privater Details hatte nicht nur Schutzpersonen, sondern auch Personenschützer verunsichert.

In der Umsetzung war der mehr oder weniger starke Eingriff in das Privatleben der Schutzperson fast unvermeidlich. Dies war auch für die Personenschützer nicht immer angenehm, war ihre Arbeit doch teilweise persönlich schwierig zu handhaben oder konnte zu zwischenmenschlichen Konflikten führen. Das Verhältnis zwischen Schutzperson und Personenschützer sowie das Verhalten des Personenschützers war damit bedeutend für die private Situation der Schutzperson. Gleichzeitig war ein gutes Verhältnis auch eine wichtige Voraussetzung für den Erfolg des Schutzprogramms.[13]

Um die Veränderungen der privaten Sphäre durch den Eingriff des Personenschutzes beschreiben zu können, sollen im Folgenden soziologische Modelle zum intersubjektiven Handeln, zur Privatheit und zum Raum als Analyseinstrumente herangezogen werden. Die Forschung unterscheidet zwischen unterschiedlichen Formen der Privatheit. Das Private soll hier mit

Beate Rössler als etwas verstanden werden, zu dem man selbst den Zugang »kontrollieren« kann, der vor »unerwünschtem Zutritt anderer« geschützt werden soll und ein Bereich des Individuums darstellt, der Autonomie ermöglicht.[14] Rössler teilt die Privatheit in eine dezisionale, eine informationelle und eine lokale Privatheit. Unter der dezisionalen Privatheit versteht Rössler den Anspruch, »vor unerwünschtem Zutritt im Sinne von unerwünschtem Hineinreden, von Fremdbestimmen bei Entscheidungen und Handlungen« geschützt zu sein. Die lokale Privatheit umfasst den »Schutz vor Zutritt anderer in Räume oder Bereiche«. Mit informationeller Privatheit beschreibt Rössler den Schutz vor »unerwünschtem Zugang im Sinne eines Eingriffs in persönliche Daten über sich«. Die folgende Analyse orientiert sich an diesen Definitionen von Rössler, wobei die Veränderungen der lokalen Privatheit methodisch und semantisch in Anlehnung an das Zwiebelmodell veranschaulicht werden.[15]

Für die Darstellung der vielfältigen Auswirkungen des Personenschutzes auf die lokale und dezisionale Privatheit von Schutzpersonen und ihren Angehörigen ist zu beachten, dass sich die Äußerungen der Betroffenen zur Privatheit in Form und Dichte stark unterscheiden. Die (männlichen) Schutzpersonen selbst – wie bereits in den biographischen Erzählungen erwähnt – konzentrieren sich in ihrer Erinnerung stärker auf ihr berufliches Leben und weniger auf Einzelheiten zum Privatleben mit der Familie. Demgegenüber erinnern sich die Lebenspartner und Kinder von Schutzpersonen besonders facettenreich, wie der Personenschutz ihr Privat- und Familienleben beeinflusste – ein Umstand, der sich unter anderem aus der damaligen gesellschaftlichen, geschlechtsspezifischen Zuordnung von Beruf, Privatheit und Familie erklären lässt. Zunächst wird die Privatsphäre aus Sicht der eigentlichen Schutzperson und anschließend das Erleben der Angehörigen geschildert.

Außen: Bewegen im öffentlichen Raum

Der private und öffentliche Raum der Schutzperson kann in mehrere Sphären eingeteilt werden. Im Folgenden soll sich mithilfe eines eigens entwickelten, mehrschichtigen Modells an vier Sphären orientiert werden: Die äußere Sphäre umfasst die öffentlichen Räume, in denen sich die Schutzperson aufhält, in denen es aber auch zu privaten Handlungen kommen kann, beispielsweise Fahrten zum Dienstsitz. Eine nächste, weiter innen liegende

Sphäre – man kann sie als halb-außen bezeichnen – beschreibt das Bewegen in und die Interaktion mit dem sozialen Umfeld der Schutzperson, zum Beispiel mit Nachbarn und Freunden oder mit Urlaubskontakten. Eine dritte Sphäre, die halb-innen liegt, bilden die privaten Räume und die Beziehung zu nahestehenden Personen wie Lebenspartner oder Kinder. Das Haus, der Garten oder das Grundstück sind dabei die räumlichen Äquivalente. Der ganz persönliche Raum der Schutzperson, die vierte Sphäre, ist von Intimität geprägt und betrifft die Schutzperson direkt in ihrer persönlichen Raumausfüllung.[16]

Der Übergang von privatem und halb-außen liegendem Bereich hin zur öffentlichen Sphäre begann für die Schutzperson in jenem Augenblick, in dem sie die privaten Räume verließ und vom Schutzkommando übernommen wurde. Besonders die in Gefährdungsstufe 1 eingeordneten Politiker und Richter wurden jeden Morgen durch ihr Begleitkommando an ihrem Wohnsitz, der bereits tags und nachts durch Objektschutzkräfte gesichert wurde, mit den Dienst- und Begleitfahrzeugen abgeholt und zum Dienstsitz gefahren. Je nach aktueller Gefährdungslage konnte sich die Übernahme der Schutzperson zu einem bis in die kleinsten Details abgestimmten morgendlichen Ritual entwickeln. So erzählt BKA-Präsident Zachert, dass sein Kommando, bestehend aus zwei Fahrzeugen, morgens um 7.10 Uhr in die Garage seines Wohnhauses fuhr, er durch einen Begleitbeamten an der Wohnungstür abgeholt wurde – ohne Licht im Treppenhaus zu machen – und sie gemeinsam durch das Treppenhaus in die Garage hinuntergingen.[17] In welches Fahrzeug er einstieg, ob in den ersten oder zweiten Wagen, ob in den Fond oder auf den Beifahrersitz, wurde von Tag zu Tag entschieden. Die Fahrzeuge verließen daraufhin die Garage, auch mal in unterschiedliche Richtungen, und fuhren zum Bundeskriminalamt. Teilweise informierte die Schutzperson das Begleitkommando erst im Moment des Losfahrens über das Fahrtziel der Kolonne.

Bei einer schwierigen Wohnsituation musste die Übernahme der Schutzperson noch umfangreicher organisiert werden, so bei Bundesinnenminister Gerhart Baum. Seine Etagenwohnung in Köln, die er zusammen mit seiner Familie bewohnte, befand sich an einer Hauptverkehrsstraße in der Innenstadt. Wenn die morgendliche Fahrt zum Dienstsitz bevorstand, meldete sich das SG-Begleitkommando bei den im Container vor dem Wohnhaus untergebrachten örtlichen Objektschutzkräften. In Polizeiuniform deutlich als Polizisten zu erkennen, sperrte der Objektschutz daraufhin die Straße ab und stoppte den fließenden Verkehr. Wurde der Bundesinnenminister in seiner

Wohnung noch kurz aufgehalten, dauerte die Sperrung manchmal mehrere Minuten, was bei den Verkehrsteilnehmern für Unruhe sorgen konnte – das sei dann sehr »unangenehm« gewesen, so Baum.

Wie bei allen anderen Terminen wurde die Ankunft oder das Auftreten der Schutzperson bei den jeweiligen örtlichen Polizeien angemeldet, die Örtlichkeit vorher erkundet und schließlich gesichert. Angesichts der meist vollen und eng gestaffelten Terminplanung bedurfte es daher einer genauesten Organisation des Kommandos und der Fahrstrecke. Baum erzählt hierzu, dass er meist frühmorgens noch nicht wusste, wo er am Nachmittag sein würde. Schnell mussten bei Terminverschiebungen die Schutzmaßnahmen geändert werden, sodass er oft an einem Tag »zwei solche Truppen verschlissen« habe. Das eine Kommando musste begleiten, das andere reiste bereits zum nächsten Zielort und hielt sich für die Schicht am folgenden Tag bereit.

Der Weg vom Wohnsitz zur Arbeitsstelle war der Moment, in dem die Öffentlichkeit den Schutz der Person am deutlichsten wahrnahm. Mit Polizeifahrzeugen, Blaulicht und Polizeikelle wurden die Schutzpersonen der Gefährdungsstufe 1 in einer Kolonne von zwei bis drei Fahrzeugen durch die Städte und Vororte geschleust – zu beruflichen wie zu privaten Zwecken. Generalbundesanwalt Rebmann, Nachfolger des ermordeten Siegfried Buback und als hoch gefährdet eingeschätzt, fuhr mit fünf gepanzerten Limousinen durch Karlsruhe und erregte durch teils verkehrsgefährdende Fahrmanöver einiges Aufsehen.[18] Bei besonders starken Gefährdungslagen wurde er auf seinen Fahrten zum Gericht sogar durch Luftüberwachung mithilfe eines Hubschraubers gesichert. In Hoch-Zeiten des Terrorismus begleiteten zusätzlich vorausfahrende und nachfolgende Motorräder die Wagenkolonnen von gefährdeten Schutzpersonen. Die Kolonne des Bundespräsidenten Scheel wurde um ein Fahrzeug mit vollbewaffneten GSG 9-Beamten erweitert.[19] Um dann den Fahrtenfluss der Kolonne zu gewährleisten, wurden auch Ampeln abgeschaltet, wie es die Familie Meier erzählt. Besuchte Verfassungsschutzpräsident Meier seinen Sohn im Schweizer Internat, wurde er ab der Schweizer Grenze von einer Kolonne Schweizer Polizeikräfte mit Fahrzeugen und Motorrädern begleitet, was die Fahrzeugkolonne noch erheblich vergrößerte. Sich auf diese Weise im Straßenverkehr zu bewegen, war für die meisten Schutzpersonen eine neue Erfahrung: »Das war natürlich auch eine totale Veränderung meines Tagesablaufs«, erinnert sich Baum an seine Kolonnenfahrten in Köln.

So war es auch nicht zu übersehen, wenn die schwarzen Mercedes im Kolonnenschema auf der Autobahn fuhren, bei dem sie den Wagen mit der

Schutzperson in die Mitte nahmen und durch Ausscheren das Einreihen eines »Fremdfahrzeuges« verhinderten. Bei Stau fuhr das Begleitkommando zuweilen auf dem Standstreifen und nutzte Blaulicht und Polizeikelle. Das »bewirkte Wunder«, wie der BKA-Präsident Zachert erzählt. Eine solche Fahrweise ist nach der Straßenverkehrsordnung bei bestimmten Bedingungen und Notsituationen zulässig, die aber in den meisten Fällen nicht vorlagen. So verlangte Zachert dann auch von seinem Kommando, sich wieder an die Straßenverkehrsordnung zu halten und die »sportliche Übung«, nur wenige Meter Abstand zwischen den Fahrzeugen zu halten, zu beenden. Er sah durch diese Fahrweise mehr Gefahr für andere Verkehrsteilnehmer, aber auch für sich selbst, wenn sein Fahrzeug zum Beispiel bei einer Notbremsung von dem dicht folgenden, gepanzerten Wagen, der bis zu drei Tonnen wog, überrollt werden konnte »wie eine Walze«. Dass man als Schutzperson auch mal selbst das Fahrzeug steuern konnte, wurde nur in niedrigeren Gefährdungsstufen genehmigt, wie bei den Richtern im Baader-Meinhof-Prozess Breucker und Foth oder beim Polizeipräsidenten von München, der jeden Tag ein anderes Fahrzeug aus seinem Fuhrpark auswählte.[20] Das Selbststeuern eines zivilen Fahrzeugs wurde aber auch als Tarnung genutzt. So wurde für BKA-Präsident Zachert in der hohen Gefährdungslage nach den Ereignissen in Bad Kleinen ein kleiner, ungepanzerter Volkswagen in Erwägung gezogen.

Dies war aber eher die Ausnahme. Meist saßen die Schutzpersonen im Fond eines gepanzerten Fahrzeugs, was eine große Umstellung erforderte. Die Türen des Fahrzeugs waren so schwer zu öffnen, dass Bundesinnenminister Baum nach einigen Monaten Schmerzen in den Armen hatte, wie er lachend im Interview erzählt. In den Türen des Wagens waren Vorrichtungen, sogenannte Schießscharten angebracht, in denen Begleitbeamte ihre Maschinenpistolen einhängen konnten. Für Bundesjustizminister Vogel war das Fahren in einem sondergeschützten Fahrzeug »zunächst fremd«. Spätestens nach der Entführung des Arbeitgeberpräsidenten Schleyer kam die Vorgabe der Sicherungsgruppe hinzu, dass mindestens ein Begleitbeamter im gleichen Fahrzeug wie die Schutzperson Platz nehmen musste.[21] Somit saß die Schutzperson nicht mehr nur mit ihrem bekannten und vertrauten Fahrer im Dienstwagen, sondern teilte die kurze Zeit zwischen zwei Terminen, die oftmals auch zur Entspannung und Sammlung diente, mit einem Begleitbeamten auf engem Raum.

Dass die Fenster im gepanzerten Wagen nicht geöffnet werden konnten, war für viele Schutzpersonen eine große Beschwernis, vor allem für die Raucher unter ihnen. Während viele Normalbürger das Autofahren mit einer angenehmen, da privaten Sphäre verbinden – man denke hier an den populären Ausspruch »My car is my castle« – beschreibt BKA-Präsident Herold den Aufenthalt im Schutzfahrzeug als gänzlich anderes Erlebnis: »Im gepanzerten Fahrzeug kann man ja nicht von verreisen sprechen, eher von transportiert werden. Man sitzt hinter dickem Panzerglas, Lüftung ist nicht möglich, Klimaanlage schleudert künstlich die Keime rein, alles hustet und niest. Der Winkel, in dem man rausguckt, ist von hinten sehschlitzartig verengt. Man hat von der Landschaft gar nichts wahrgenommen. Unerträgliche Hitze oder fürchterlich erzeugte Kälte. […] Das allein war eine Qual.« So wurden schließlich auch immer wieder gepanzerte Wagen genutzt, bei denen sich die Fenster dank einer speziellen Konstruktion einen kleinen Spalt breit öffnen ließen. Damit war aber wiederum eine Schwäche in der Panzerung des Wagens verbunden, weil das Zusammenschweißen der Einzelteile keine durchgehende Panzerverstärkung mehr ermöglichte. Diesen Sachverhalt entdeckte man erst beim Anschlag auf Herrhausen im Jahr 1989, als die Fensterscheibe der Explosion nicht standhielt und Herrhausen tödliche Verletzungen in der Bauchgegend zufügte.

Auch die eigentliche Fahrt im sondergeschützten Fahrzeug war für einige Schutzpersonen beunruhigend. Durch sein großes Gewicht war das Fahrzeug nur schwer zu manövrieren. Die schnelle Fahrweise und die in den siebziger Jahren noch übliche Handhabe, sich nicht anzuschnallen, ließen Ängste aufkommen, bei einer plötzlichen Notbremsung durch die Scheibe geschleudert zu werden. Die beruhigenden Worte des Personenschützers an Herrn Zachert, dass durch die Fensterpanzerung die Scheibe nicht zerbrechen würde, konnte die Sorgen auch nicht beschwichtigen. Dass man als Schutzperson dann beim Aufprall an der Scheibe sterben würde, kommentiert Zachert ironisch: »Na gut, dann bin ich eben eine Briefmarke an der Wand, das ist aber auch nicht erstrebenswert.«

Besonders auf Glatteis konnte sich der gepanzerte Wagen zu einem unkontrollierbaren Koloss entwickeln, weil es schwer war, »das Ding zum Bremsen zu kriegen«, wie Liselotte Vogel erzählt. Der Innenminister von Nordrhein-Westfalen Hirsch, der das gepanzerte Fahrzeug bei seinen Reisen in der DDR und im ehemaligen Ostblock selbst steuerte, erzählt dann auch, dass es schwer zu fahren sei. Im Falle eines Überschlags mit dem Wagen wäre zudem ein Entkommen aufgrund der Schwere der Türen unmöglich gewesen. Hierfür gab es in der ersten Fahrzeuggeneration eine Zündpatrone, die die Scheibe im Fond des Wagens heraussprengte. Zachert erzählt lachend, dass auch diese Vorstellung nicht beruhigend gewesen sei, »wenn erst mal dieser Zustand des Eingepfercht-Seins in diesem Gehäuse ist, [und] man jetzt mit Sprengung anfängt, [...] nein, das möchte ich auch nicht.«

Wie beeinträchtigt sich Schutzpersonen in diesen sondergeschützten Fahrzeugen fühlen konnten, zeigt die Erinnerung Zacherts an seine erste Fahrt nach dem Ende des Personenschutzes. Das Ehepaar Zachert fuhr allein mit ihrem Cabrio nach Lyon. Zachert konnte wieder als »normaler« Beifahrer neben seiner Frau Platz nehmen und hatte das Gefühl, seit langer Zeit wieder in einem »normalen« Fahrzeug zu fahren. Das ist für die Zacherts unvergesslich: »Und dann noch offen, also das ist das höchstmögliche an Freiheit. [...] Also das haben wir genossen, ja, das muss ich sagen.«[22]

Für die Dienstorte, die von der Schutzkolonne angefahren wurden, waren meist höchste Sicherheitsvorkehrungen getroffen worden. Oft wurden die Schutzpersonen direkt in das entsprechende Gebäude gebracht. So erzählt Richter Breucker von der Einfahrt auf das Gelände der Strafvollzugsanstalt Stammheim, auf dem ein Gerichtsgebäude extra für den Baader-Meinhof-Prozess errichtet worden war. Die Ankunft der Richter wurde per Funk angekündigt, woraufhin sich die Tore zum Gefängnisgelände – umlagert von Presse und Öffentlichkeit – öffneten und die Fahrzeugkolonnen ohne Halt in den Innenhof fuhren. Durch den Hintereingang betraten die Richter dann den Gerichtssaal.

Das Regierungsviertel in Bonn war nicht minder geschützt. Die Schutzperson fuhr ungehindert an Sicherheitszäunen, Schlagbäumen und Kontrollen vorbei. Ein Ring von mehreren Sicherheitszonen, Alarmanlagen, Polizisten mit tragbaren Funkgeräten, Lichtgürtel um die Ministerien, rechnergesteuerte Zugangskontrollen oder verteilte Alarmknöpfe im Park von Villa Hammerschmidt prägten den Raum, in dem sich Schutzpersonen aufhielten. Nachdem bereits die Baustelle des BKA-Neubaus aufgrund der hohen »Sicherheitsempfindlichkeit« in höchster Sicherheitsstufe geschützt worden war, erhielt der Neubau selbst schließlich eine hohe Umzäunung, Kameraüberwachung und einen Dauereinsatz von Scheinwerfern. Der Leitungsbereich des Bundeskanzleramts wurde durch die bereits erwähnte gepanzerte Tür gesichert, die automatisch schloss.[23]

Auch bei Dienstreisen nahmen die Schutzpersonen die örtlichen Gegebenheiten anders wahr als gewohnt. Während sich der normale Fluggast in die Schlange vor den Sicherheitskontrollen am Terminal einreihte, wurden Schutzpersonen der Gefährdungsstufe 1 durch extra eingerichtete Zugangswege an den Wartenden vorbeigeschleust. Auch auf dem Hauptbahnhof

Karlsruhe war es kaum zu übersehen, wenn ein Richter der Karlsruher Gerichte mit Blaulicht und Schutzkolonne zum Bahnhof gebracht und unter Schutz von »unauffällig-auffällig dezent gekleideten, hochaufgeschossenen jungen Männern« zum Bahnsteig begleitet wurde.[24] Selbst das Anhalten an einem Autobahn-Rastplatz konnte einen größeren Schutzeinsatz bedeuten. Wenn Bundeskanzler Kohl am Montagmorgen und Freitagabend mit seinem Kommando zwischen seinem Wohnort und Bonn pendelte und regelmäßig an einem bestimmten Rastplatz einen Mitarbeiter seines Büros umsteigen ließ, wurde dies als Gefährdungspunkt im Sicherheitskonzept geführt.[25]

Die genannten Beispiele zeigen, dass sich der Bezug der Schutzpersonen zu ihren Mitmenschen im öffentlichen Raum verändern konnte. Sie traten kaum in Interaktion mit ihnen, weil ihnen die Kontaktaufnahme verboten wurde. Als Bundespräsident Scheel im September 1977, noch während der Entführung von Schleyer, den Wunsch äußerte, die Bonner Bevölkerung an Empfangs- und Abschiedszeremonien für ausländische Staatsbesuche im Park der Villa Hammerschmidt teilnehmen zu lassen, wurde ihm dies aus Sicherheitsgründen untersagt.[26] Auch BKA-Präsident Zachert erklärte in einem Interview der Hessenschau nach dem Attentat auf Bundesinnenminister Schäuble 1990, bei dem Schäuble den engen Kontakt mit den Wählern aus seinem Wahlkreis gesucht hatte, dass ihm die »sehr populäre und volksnahe Praktizierung der Annäherung zum Publikum«, wie das Autogrammgeben oder Händeschütteln »sehr Sorge« bereiten würde: »Wir werden eine Überdenkung vornehmen müssen, was das Verhältnis Politiker zum Bürger angeht.«[27] Er selbst nahm seinen Lehrauftrag an der Universität Mainz nur mit Schutzkommando wahr: Wenn er auf dem Podium vor der versammelten Studentenschaft saß, bewachten ihn seine Personenschützer, den Blick auf das Publikum gerichtet – ein Umstand, der die Distanz des Redners zu seinen Zuhörer eher vergrößerte.

Rückblickend bemerkt Richter Breucker, dass »viele unserer Politiker den Kontakt zum Bürger verloren« hätten. Sie würden »immer nur hinter Personenschützern hergeführt« und stiegen »sofort in die nächste gepanzerte Limousine«. Dass ein Minister »einfach mal abends in die Kneipe geht und sich mal umhört, was die Leute denken und sagen, das passiert heute nicht mehr«. Diese Beobachtung beschrieb schon Gunter Hofmann, als er 1987 den Bonner Polizeipräsidenten zur Situation in Bonn zitierte: »Inzwischen urteilt selbst der Bonner Polizeipräsident, die Politiker im Regierungsviertel hätten sich zu tief eingebunkert und übertrieben es, wie sie sich einzäunen hinter Stacheldraht.« Aber auch diese Kritik sei ungehört verhallt im »alltäglichen Ausnahmezustand«.[28]

Zudem war die öffentliche Sphäre geprägt von den Veränderungen des politischen Geschäfts, wie die erwähnte Personalisierung und Privatisierung des Politischen. Die »Hinterbühne« der Politiker war früher, so Joshua Meyrowitz, inhaltlich und darstellerisch von der »Vorderbühne« getrennt.[29] Als Beispiel führt er hierfür den früheren US-Präsidenten Franklin D. Roosevelt an: Wenn dieser während seiner Rasur mit Journalisten diskutierte, blieb diese Situation unerwähnt, die »persönliche Hintergrundbeziehung« zu Journalisten wurde aus der Berichterstattung herausgehalten. Diese Trennung von »Vorderbühne« und »Hinterbühne« habe sich allmählich aufgelöst, so Meyrowitz. Die politischen Sachfragen wurden zunehmend personalisiert. Öffentlichkeit und Medien interessierten sich auch für die Personen, die hinter den Entscheidungen standen. So erzählt Richter Breucker, dass er die »ständige Existenz in den Medien« durch die Berichterstattung über den Baader-Meinhof-Prozess als »eines der belastenden Momente« in Erinnerung hat.

Alle Bewegungen der Schutzperson waren genau geplant und kalkuliert, um einen größtmöglichen Schutz zu gewährleisten. Die öffentliche Sphäre der Schutzperson war durchorganisiert und selbst in privaten Momenten wie der Fahrt im Dienstfahrzeug vom Personenschutz erfasst. Erst der Eintritt in das unmittelbare soziale Umfeld brachte den direkten Kontakt zu Nachbarn, Freunden oder Bekannten.

Halb-Außen: Herausforderungen im sozialen Umfeld

Das soziale Umfeld der Schutzperson befand sich in einem Bereich zwischen Öffentlichkeit und Privatheit. In dieser Sphäre fanden vor allem Freizeitaktivitäten statt und wurden Beziehungen zu Freunden, Bekannten oder Nachbarn am Wohnsitz oder im Urlaub gepflegt – also soziale Kontakte, die mehr oder weniger privat gestaltet sein konnten.

Für die Schutzpersonen bedeuteten die Freizeitaktivitäten einen wichtigen Ausgleich nach meist langen Arbeitstagen. Doch auch hierbei wurden die Schutzpersonen von ihrem Kommando begleitet. Richter Breucker berichtet, dass sein Eintreffen auf dem Tennisplatz mit gepanzerten Limousinen und zwei bewaffneten Personenschützern aufregend und »aufsehenerregend« war. Zugleich äußerte er zusammen mit seinem Kollegen Foth den Wunsch, die Fußballspiele der Stuttgarter Richtersportgemeinschaft besser abzusichern. Die Veranstaltung aus Sicherheitsgründen aufzugeben und somit »weitere Beschränkungen ihrer Verhaltensweisen hinzunehmen«, sei den betroffenen Richtern nicht zuzumuten.[30] Bei noch höher eingestuften Schutzpersonen, wie Bundesinnenminister Baum, wurde dann bei einem Schwimmbadbesuch im Sport-Leistungszentrum Köln aus Sicherheitsgründen das Schwimmbecken für andere Nutzer gesperrt.

Die Schutzpersonen konnten nicht allein in der Stadt einkaufen, durch die Straßen schlendern oder spazieren gehen.[31] Stets wurden sie von ihren Personenschützern mehr oder weniger offensichtlich begleitet. Junge Männer in durch Waffen »ausgebeulten Jacken« und ein meist älterer, seriös wirkender Mann ließen die Öffentlichkeit schnell auf einen geschützten Politiker schließen.[32] Richter Breucker erzählt, dass er auf seine in Jeans und Lederjacke gekleideten Personenschützer angesprochen wurde, wenn er mit seiner Frau in eleganten Läden einkaufte. Auf die Frage der Verkäuferin: »Gehören sie dazu?« antwortete Breucker dann: »Ja, das sind unsere Söhne.« Im Parkhaus des Einkaufszentrums stand währenddessen oft der dazugehörige Blaulichtwagen. Einen Parkplatz musste sich die Schutzperson also auch nicht mehr suchen. Wenn die Schutzperson einen Ausflug mit ihrer Familie aufs Land plante, wurde zwar nicht – wie bei offiziellen Terminen – ein Kommando vorausgeschickt, der Ausflug und das Einkehren in eine Wirtschaft wurden jedoch gesichert. Jede Freizeitaktivität konnte so an Spontaneität und Emotionalität verlieren.

Um die Freizeit doch mal so privat wie möglich zu verbringen, haben Schutzpersonen ihr Kommando teilweise nicht informiert. Wurde Richter Foth abends von seinem Kommando mit zwei geschützten Fahrzeugen nach Hause gebracht, verließ er gern einmal kurz danach die Wohnung und joggte alleine durch den Wald. War es schon dunkel, nahm Foth eine Stirnlampe mit. Wolfgang Schäuble, 1989 neuer Bundesinnenminister, erläuterte der Sicherungsgruppe, dass er weiterhin auf »einen bestimmten Freiraum ohne Personenschutzkommando« bestehe. Dann zählte er auf, bei welchen privaten Aktivitäten er nicht geschützt werden wolle: »Friseurtermine, Tennisstunden, Jogging, private Restaurantbesuche«.[33]

Wie belastend dieser Eingriff in die Freizeit für die Schutzpersonen sein konnte, schildert der Generalstaatsanwalt in Braunschweig, Heinrich Kintzi. Selbst nicht in dieser Weise geschützt, berichteten ihm seine Richterkollegen »vom Personenschutz rund um die Uhr« und »vom Verzicht auf Hobbys«.[34] Er sei dankbar, so Kintzi, dass er selbst keine derartige Einschränkung des Privatlebens hinnehmen musste.

Enge Freundschaften blieben trotz der neuen Gefährdungssituation des Freundes und den damit verbundenen Umständen meist bestehen. Dennoch war es »nicht schön«, so Innenminister Hirsch, wenn Freunde bei ihrem Besuch von seinen Schutzmaßnahmen beeinträchtigt wurden. Besucher mussten angemeldet und dem Kommando bekannt sein. War dies nicht der Fall, wurden sie auf Sicherheitsrisiken überprüft. Vor allem für Freunde, die den Schutzfamilien bereits bekannt waren, war das eine »Belästigung«. Die Schutzpersonen unternahmen aufgrund ihres umfangreichen Arbeitspensums und ihrer geringen Terminfreiheit sowieso nur wenige private Abendbesuche und spontane Unternehmungen mit Freunden waren durch den Personenschutz erschwert. Einige Möglichkeiten des »mitmenschlichen Umgangs«, wie es BKA-Präsident Zachert formuliert, gingen damit verloren. Auch die Ehepartner, die teilweise ebenfalls geschützt wurden, mussten eine völlig neue Freizeitgestaltung hinnehmen. Liselotte Vogel beschreibt im Rückblick, dass sie sich am Anfang schwer an die neuen Umstände gewöhnen konnte. Freunde und Bekannte hätten sich mit den neuen Bedingungen erst vertraut machen müssen. Als sie beispielsweise bei einem Klassentreffen von ihren Freunden vor einem »Mann« gewarnt wurde, der sie die ganze Zeit beobachten würde, konnte Liselotte Vogel ihre Freundinnen beruhigen, schilderte ihre Situation als Schutzperson und klärte sie über die draußen stehenden Personenschützer auf.

Manche Freunde fürchteten, durch die Gefährdung des Freundes selbst bedroht zu sein. So verweigerte ein Bekannter des Ehepaars Foth den Besuch bei ihnen, weil es ihm zu gefährlich sei. Schließlich kam nur seine Ehefrau zu Besuch. Für Ingeborg Foth war das »nicht gerade so schön anzuhören«.[35] Auch den Richterkollegen von Foth fiel es schwer, sich auf die neue Situation des beschützten Kollegen einzustellen. So berichtet Foth weiter, dass ihm damals zu Ohren kam, dass Kollegen sich beschwert hätten, dass die »Stammheim-Richter« in der Kantine säßen und damit alle anderen Besucher gefährden würden. Daraufhin wurde überlegt, ob man den Richtern des Baader-Meinhof-Prozesses das Essen nicht einfach direkt ins Büro bringen solle. Dass habe ihn sehr geärgert, erinnert sich Foth, sodass er entschied, nicht mehr in die Kantine zu gehen.

Wie schwierig der Umgang mit den beschützten Personen für Bekannte und Freunde werden konnte, zeigte sich auch bei den sozialen Kontakten der Kinder. So stellten sich Bekannte die Frage, ob sie ihre Kinder überhaupt mit denen von Schutzpersonen spielen lassen sollten oder ob es nicht doch zu gefährlich sei. In einem Fall versuchten Eltern, die Aufnahme eines

Schutzperson-Kindes in den Kindergarten zu verhindern, da dies ein Sicherheitsrisiko für den ganzen Kindergarten und eine Gefährdung ihrer eigenen Kinder bedeuten würde. Sie forderten, dass die Eltern ihr Kind in einen anderen Kindergarten geben.

Auch in Urlaubssituationen konnten Skepsis und Distanz die Bekanntschaften trüben. So erzählt das Ehepaar Zachert, dass die Mitfahrer auf ihren zahlreichen Radtouren anfangs sehr irritiert davon waren, dass sie von Personenschützern der Zacherts begleitet wurden. Christel Zachert erinnert sich, wie die anderen Teilnehmer reagierten, als sie mit den sicherheitsgeschützten Fahrzeugen und den bewaffneten Begleitbeamten bei der Reisegruppe ankamen: »Den Leuten, die da standen, mit ihren Fahrrädern war ein ganz großer Schrecken anzusehen«. Erst durch Erklärung der Situation und Beruhigung, dass keine Gefährdung für die anderen Teilnehmer bestand, war die übliche Integration des Ehepaars Zachert in die Radtourgemeinschaft möglich.

Die Familienmitglieder einer Schutzperson mussten somit im alltäglichen und sozialen Umfeld aus einer spezifischen bis problematischen Position heraus agieren. Innenminister Hirsch kommt hier zu dem Schluss, dass der Personenschutz »isolierte«. Die Mitmenschen seien im sozialen Umgang »befangener« gewesen. »Man sei schon eine andere Familie gewesen«, so der Sohn von BfV-Präsident Meier. Für Horst Herold stellte sich die Situation noch einmal schwieriger dar. Bereits in seiner Wohnung im BKA-Dienstgebäude während seiner aktiven Zeit erschien er manchen Beobachtern sozial isoliert.[36] Als er nach seiner Amtszeit in das allein stehende Wohnhaus ohne Nachbarschaft und soziale Verbindungen auf dem geschützten BGS-Kasernengelände in Rosenheim zog, war die Lage ähnlich. Herold erzählt, dass anfangs noch viele Freunde und Bekannte zu Besuch gekommen seien und die Anmeldung am Kaserneneingang erduldet hätten. Als dann die Besuche »nicht erwidert werden konnten, hat sich das reduziert auf einen ziemlich breiten Briefwechsel, der auch verebbt.«

Diese Schwierigkeiten betrafen auch den Umgang mit Nachbarn am heimischen Wohnort. Manche sorgten sich durch die Nähe der Schutzperson um ihre eigene Sicherheit, andere wollten gar in das Schutzkonzept einbezogen werden. Sicherheitsmaßnahmen wie die Wachcontainer auf dem Hof der Schutzperson oder bewaffnete Personenschützer, die das Ankommen und Abfahren von Personen kontrollierten, waren für einige Nachbarn ein Zeichen der enormen Gefährdung. Postpakete als potenzielle Gefahrenquellen wurden von ihnen nicht mehr angenommen. Zudem fühlten sich einige von den Sicherheitsmaßnahmen, wie das tägliche An- und Abfahren des Kommandos oder die nächtlichen Kontrollgänge des Objektschutzes, in ihrer Nachtruhe gestört. So gab es bei einem Politiker »Zoff« mit den Nachbarn, und es kam trotz Beschwichtigungsversuchen zu »unschönen« Szenen. Eine Interessenvertretung aus der Nachbarschaft forderte ihn und seine Familie – auch in der Presse – dazu auf, das Wohnviertel zu verlassen: »Scheren Sie sich weg! Sie müssen wegziehen! Wir wollen Sie hier nicht haben!«

Diese Problematiken teilten die Schutzpersonen den Sicherheitskräften mit und baten sie um Hilfe. So wünschte Generalbundesanwalt Rebmann eine Erklärung des Landes Baden-Württemberg an seine Nachbarn, die angesichts seiner Gefährdung beunruhigt waren, dass im Falle einer Beschädigung ihrer Häuser durch eine Bombe das Land für bestimmte Schäden aufkommen würde.[37] In der Nachbarschaft des Staatsministers Hans-Jürgen Wischnewski häuften sich ebenfalls Klagen der Nachbarn über die Gefährdung ihrer eigenen Häuser und die Schutzmaßnahmen, die »nicht unwesentliche Belästigungen« verursachten, wenn zum Beispiel ein Kindermädchen des Nachbarn eine verloren gegangene Maschinenpistole im Wohngebiet fände.[38] Im Falle von hoch gestellten Schutzpersonen wie der Bundeskanzler wurden spezielle Verträge mit den Nachbarn ausgehandelt, die die Nachbarschaft klären sollten.[39]

Grundsätzlich waren die Nachbarn von Schutzpersonen über die Situation informiert. Wie oben dargestellt, sollten die Anwohner durch Merkblätter des Bundeskriminalamts für verdächtige Personen und Fahrzeuge sensibilisiert werden. So meldeten die Nachbarn von Innenminister Hirsch, dass ein Auto mit »komischen Leuten drin« seit längerer Zeit vor der Tür stände. Die Nachbarn von Richter Foth informierten über einen Mann, der »mit Gewehr rumschleiche«, bei dem sich jedoch herausstellte, dass er nur auf Spatzen-Jagd gewesen war. Die Nachbarschaft, so Foth im Rückblick, hätte sich insgesamt »doch sehr verständig gezeigt«. Auch Richter Breucker erzählt von einem positiven Verhältnis zu seinen Nachbarn, sie versorgten die Objektschutzkräfte mit Kaffee in Thermoskannen und die Nachbarstochter begann sogar eine Liaison mit einem Polizeischutzbeamten.

Diese guten Beziehungen zu Nachbarn waren jedoch bei den Schutzpersonen der Gefährdungsstufe 1 eher selten. Vor allem bekannte Persönlichkeiten gelangten in das Kreuzfeuer der öffentlichen Kritik. So beschwerte sich eine Urlaubsnachbarin von Helmut Schmidt in der *WELT*, dass durch seine Anwesenheit im Dezember 1980 in ihrem Urlaubsort auf Gran Canaria keine Zimmer mehr frei gewesen seien, weil diese von den neun Begleitbeamten des Bundeskanzlers belegt worden waren. »Auf diese Weise hat der Bundeskanzler [...] unsere Nerven strapaziert und uns den Urlaub verpatzt«, hieß es im Leserbrief. Daraufhin ließ das Bundeskanzleramt in der *WELT* verlautbaren, dass der Bundeskanzler die Unannehmlichkeiten bedaure.[40]

Schutzpersonen konnten also nur in wenigen Fällen normale nachbarschaftliche Beziehungen pflegen. Nachbarn waren den Schutzpersonen gegenüber eher kritisch eingestellt. Sie gingen auf Distanz bis hin zum Nachbarschaftsstreit. Hoch gefährdete Personen konnten durch besondere Schutzmaßnahmen einer normalen Nachbarschaft auch völlig entzogen werden, wie bei BKA-Präsident Herold. Das Ergebnis dieses Rückzugs von beiden Seiten konnte die soziale Isolation bedeuten.

Die nachbarschaftlichen Beziehungen und alle anderen sozialen Interaktionen wurden durch die Einschränkungen im privaten Leben und die verringerte Bewegungsfreiheit stark beeinflusst, wobei das Ausmaß von der Dauer und der Art der Sicherheitsmaßnahmen abhing. Mit dem fehlenden sozialen Austausch im Privatbereich konnte ein Mangel an Sinnesreizen entstehen, der zu emotionalen und kognitiven Veränderungen der Wahrnehmung führen konnte. Einsamkeit, Frustration oder Unruhe sind nur einige der möglichen Reaktionen auf eine solche Isolation.[41]

Halb-Innen: Urlaub mit der Familie

Die Fahrt in den Urlaub war für die Schutzpersonen und ihre Angehörigen meist die einzige Zeitspanne, in der alle Familienangehörigen zusammen waren und der vielbeschäftigte Vater sich intensiv der Ehefrau und den Kindern widmen konnte. Der Familie kommt hier eine besondere Bedeutung zu, da sie traditionell als Hort des privaten Lebens betrachtet wird.[42] Sie schützt vor den Anforderungen des öffentlichen Lebens, gleichzeitig bedürfen die primären Beziehungen in der Familie selbst wieder des Schutzes der Privatheit.

Wie diese Privatheit durch den Personenschutz aufgebrochen wurde und wie sich dies auf eine vormals private Situation auswirken konnte, zeigte sich besonders während des Urlaubs gefährdeter Personen. Fuhren Schutzpersonen der Gefährdungsstufe 1 an den Urlaubsort, wurden sie weiter von ihrem Kommando mit allen dazugehörigen Maßnahmen begleitet. Daraus ergab sich bereits bei der Urlaubsplanung die ein oder andere Zieländerung und Umgestaltung. Das Ehepaar Zachert entschied, seinen Urlaub vor allem mit geführten Radtouren zu verbringen. Im Gegensatz zum Strandurlaub, wo man sich bis zu drei Wochen an einem Ort aufgehalten hätte und daher für potenzielle Angreifer »schneller zu orten« gewesen wäre, konnte man sich auf den Radtouren »noch am freiesten bewegen«, erzählt Christel Zachert.

War der Urlaubsort festgelegt, begann für das Begleitkommando die Vororganisation des Aufenthaltes. Eine adäquate Unterkunft musste gefunden werden, die rundum gesichert werden konnte, abgeschlossene Garagen für die Fahrzeuge und eine Nachrichtenverbindung über Fernschreiber bot. Mit der örtlichen Polizei wurden anfallende Objektschutzmaßnahmen besprochen und die ärztliche Versorgung vor Ort geregelt. Gleichzeitig mussten die für den Einsatz geeigneten Personenschützer in die Kommandos eingeteilt werden. So forderte Bundesinnenminister Maihofer für seinen Osterurlaub im Jahr 1977 Personenschützer an, die auch Ski fahren konnten.[43] Dass sich eine Schutzperson spontan zum Start in den Urlaub entschloss, war damit nicht möglich.

Nach einer detaillierten Urlaubsplanung und letzten Terminen fuhr die Familie zum Urlaubsort, oftmals jedoch getrennt. Die Schutzperson flog direkt von einem beruflichen Termin mit dem Hubschrauber oder die Familie musste aus Sicherheitsgründen in unterschiedlichen Fahrzeugen sitzen. Selbst Ehepartner nahmen teilweise getrennte Flüge, wie bei Familie Meier. Auch Gerhart Baum erinnert sich, dass seine Familie aus Sicherheitsgründen nicht mit ihm zusammen im Auto sitzen konnte. Er durfte immer nur eine Person mitnehmen, zum Beispiel seinen Sohn. Seine Tochter und seine Ehefrau mussten dann in einem zweiten Fahrzeug Platz nehmen. So hätten sie nie als Familie in seinem Auto zusammen gesessen, sondern sich nur ab und zu über Funk unterhalten. Die freie Gestaltung im Umgang mit seiner Familie empfand Baum daher als »beengt«, sein Familienleben und die Freizeit »eingeschränkt«.

Bei solch einer Privatfahrt wollte die Schutzperson mitunter unauffälliger auftreten und nicht die schwarzen Limousinen nutzen. So wünschte BfV-Präsident Meier für den Korfu-Urlaub mit seiner Familie andere Fahrzeuge als die üblichen gepanzerten Mercedes. Die Sicherungsgruppe entschied sich für einen orangefarbenen und einen grell blauen Wagen, die jedoch mit den üblichen Interieurs wie die Schießscharten für die Maschinenpistolen ausgestattet waren. Die Kinder von Meier erzählen lachend, dass diese Fahrzeuge noch auffälliger waren als die schwarzen gepanzerten Limousinen. An der Grenze nach Italien waren die Fahrzeuge der Kolonne bereits angekündigt und mussten sich nicht in die übliche Schlange zur Passkontrolle einreihen, sondern »rauschten mit 120 durch die Sonderabsperrung«. Ab hier wurde die deutsche Kolonne von zusätzlichen Kräften des Gastlandes wie der Antiterroreinheit Italiens eskortiert. Das Übersetzen mit der Fähre von Brindisi nach Korfu war dann nicht nur ein aufsehenerregendes Ereignis für die ebenfalls übersetzenden Touristen – die bereits Kommentare verlauten ließen, was auf »Staatskosten« alles finanziert werde –, sondern auch für die Kinder Meiers: »Wir fuhren gerade auf den Parkplatz, krabbelten aus dem Auto heraus, verschwitzt. Und dann ging die Tür auf und der Hafenkapitän marschierte mit Begleitung in Gala-Uniform, salutierte vor dem Auto, wir wurden hineingebeten.«

Am Urlaubsort selbst waren stets alle Sicherheitsmaßnahmen getroffen. Für den geplanten Segeltörn von Bundesinnenminister Maihofer forderte die Sicherungsgruppe ein Boot der Wasserpolizei an.[44] Während des Sommerurlaubs von Bundeskanzler Schmidt und seiner Frau Loki etablierten sich die Sicherheitskräfte als »Campinggruppe« mit Zelt bzw. Wohnmobil, Schlauchboot und Surfbrett auf dem Grundstück am Brahmsee.[45] Später, so Schmidt im Gespräch, sei eine Baracke und schließlich ein Wachhaus errichtet worden. Bei Richter Foth waren die Personenschützer in einem Wohnwagen direkt neben dem Zelt der Schutzperson und seiner Frau untergebracht. Nächtigte die Schutzperson in einem Hotel, erhielten die Personenschützer das Nachbarzimmer, holten ihre Schützlinge zum Essen an ihrer Zimmertür ab und begleiteten sie zum Speisesaal. Während des Essens setzten sich die Begleitbeamten meist an einen separaten Tisch, von dem aus sie aber gegebenenfalls schnell eingreifen konnten.

Auch bei Familie Baum wurden die Sicherheitsmaßnahmen im Urlaub sehr hoch gehalten. Im Sport- und Leistungszentrum Berchtesgaden, so erinnert sich Tochter Julia, wurde ein Schlafzimmer »komplett umgebaut als Überwachungszentrale«. Hier kamen alle Bilder der Kameras zusammen, die das Vorauskommando eine Woche vorher installiert hatte. Ihr Vater empfand es dann als »merkwürdiges Gefühl«, wenn man abends in sein Zimmer ging und wusste, dass da jemand die ganze Nacht vor der Tür auf einem Stuhl saß. Sollte die Schutzperson nicht ständig überwacht werden, wurde der Aufenthaltsort, wie das Ferienhaus der Ministerin Huber, mit technischen Sicherheitsmaßnahmen ausgerüstet. Es erhielt schussfestes Glas in der Haustür und helle Scheinwerfer zum Ausleuchten des Grundstücks.

Bei jeder Aktivität außerhalb des Wohnraumes wurden die Familienmitglieder begleitet. Dies bedeutete für die geschützten Personen nicht immer eine Einschränkung, sondern konnte durchaus einen Gewinn darstellen, wenn zum Beispiel die Tochter von Bundesinnenminister Baum mit den Personenschützern Schlitten fuhr.[46] Und als Christel Zachert im Skiurlaub

Abb. 6: Willy Brandt mit seiner Ehefrau Brigitte Seebacher-Brandt und seinem griechischen Freund Basil P. Mathiopoulos im Urlaub auf Kreta, im Hintergrund sein BKA-Personenschützer und der Bootsführer, Oktober 1980

(Foto: unbekannt, privat)

von einer Schneewechte erfasst und unter einer Lawine begraben wurde, konnte der Personenschützer, der hinter ihr fuhr, sie schnell orten und befreien. Hans-Ludwig Zachert, der mit den anderen Personenschützern weitergefahren war, hatte davon nichts bemerkt und fragte seine Frau unten am Lift, wo sie denn so lange geblieben sei.

Selbst wenn der Personenschutz nicht ständig anwesend war, so ließ beispielsweise Richter Foth während einer Bergtour mit Steigeisen und Eispickel die Personenschützer an der Talstation zurück, blieb doch insgesamt die ständige Begleitung im Urlaub eine Belastung für die Schutzpersonen. Unternahmen Baum und seine Familie in ihrem Italien-Urlaub einen Ausflug, wurden ihre drei deutschen Mercedes von italienischen Carabinieri und Policia stradale begleitet – eine Kolonne von bis zu sieben Fahrzeugen, die sich durch die engen oberitalienischen Gassen drängte. Für einen kleinen Mittagsstopp musste aufwendig ein Lokal gefunden werden, bei dem alle Fahrzeuge abgestellt und alle Personen verpflegt werden konnten. Dementsprechend erschien Bundesinnenminister Baum das Ganze mehr wie ein deutsch-italienisches Polizeitreffen oder die »Besetzung einer Kleinstadt«.

Kanzler Schmidt wurde auf Mallorca von vier Sicherheitsbeamten und zwei Fernmeldetechnikern sowie von zwei Mitarbeitern begleitet.[47] Das Ehepaar Genscher konnte im Urlaub nicht in ein Schuhgeschäft gehen, ohne dass drei Personenschützer den Eingang des Geschäfts bewachten.[48] Bei einem Urlaub der Familie Meier wurde die Begleitung auch mal unkonventionell gehandhabt. Da die Personenschützer am Strand nur mit Badehose bekleidet waren und somit keine Pistolenhalfter tragen konnten, verstaute Frau Meier die Waffen kurzerhand in ihrer Strandtasche.

Wirklich private Momente für sich zu finden, war für die Schutzpersonen meist schwierig. Wie oben erwähnt, erzählt Richter Foth, dass er sich mit seiner Frau allein am Strand wähnte, als dann plötzlich doch ein Personenschützer hinter der Düne hervorschaute. Auch Familienministerin Huber versuchte, den Personenschutz im Urlaub abzuschütteln und »abzuhauen«, weil sie mal »ohne« sein wollte. Durch einen anderen Hotelausgang entzog sie sich mit ihrem Ehemann dem ständigen Schutz, wurde aber bei Ankunft im Ort wieder von den Begleitbeamten empfangen. Der Kellner hatte den Personenschützern verraten, wie und wann sie das Hotel verlassen hatten. Um der ständigen Beobachtung durch »fremde« Personenschützer zu entgehen und den Urlaub »so privat wie möglich gestalten zu können«, bat Bundestagspräsidentin Annemarie Renger um eine besondere Regelung für ihren Urlaub: Statt eines Beamten der Sicherungsgruppe wolle sie einen Freund ihres Sohnes mitnehmen, der die Aufgaben des Sicherheitsdienstes übernehmen könne.[49] In seinem Marokko-Urlaub wies Generalbundesanwalt Rebmann seinen Fahrer an, die ihn begleitenden sechs marokkanischen Sicherheitsbeamten abzuhängen.[50] Damit er solche Maßnahmen erst gar nicht ergreifen müsse, hatte Innenminister Hirsch einen Ausweg gefunden. »Will man sich wieder frei bewegen, fahren wir nach Ungarn«, pflegte er scherzhaft zu sagen. Die Mitnahme der deutschen Personenschützer in die Ostblock-Länder war nämlich nicht gestattet. Dort konnte er sich dann wie ein »Tourist« bewegen.

Die Personenschützer und andere Sicherheitskräfte konnten also eine Belastung für den privaten Urlaub bedeuten oder die Bewegungsfreiheit stark einschränken. Private Momente außerhalb der eigenen Ferienwohnung oder außerhalb des Zeltes waren rar. Durch die ständige Begleitung mit Fahrzeugen blieben die Schutzpersonen auch den Augen der Öffentlichkeit nicht verborgen, wenn sich nicht sogar Miturlauber durch ihre Anwesenheit bedroht fühlten. Zudem verließen die Personenschützer besonders im Urlaubsgeschehen oftmals ihre eigentliche professionelle Rolle als Sicherheitsbeamte und übernahmen andere, teils familiäre Funktionen, wenn sie zum Beispiel die Familie zum Strand begleiteten. Die Grenze zwischen außen und innen konnte verschwimmen, sodass das Urlaubsgeschehen ambivalent erschien. Personenschützer waren zwar per se nicht Teil der Familie, nahmen aber wie alle anderen Familienangehörigen am privaten Familienleben teil. Insgesamt fanden Schutzpersonen im Urlaub nicht mehr die Privatsphäre wie vorher als Nicht-Schutzpersonen.

Innen: Verlust an Spontaneität und Intimität

Der persönliche Raum stellt die letzte, direkt im Innern liegende Sphäre der Privatheit dar. Besonders die Spontaneität und die Intimität waren hier vom Personenschutz beeinflusst. Hinsichtlich der Spontaneität ist vor allem eine Funktion des persönlichen Raums betroffen, nämlich die Sicherung von Autonomie, die nach Beate Rössler nur dann gelingt, wenn die Person auch »authentisch handelt«, wenn sie sich also mit ihren Wünschen und Handlungen »identifizieren kann«.[51] In Rösslers Worten ist hier die dezisionale Privatheit eingeschränkt, also die *nichträumliche* Vorstellung von Privatheit, die auf Handlungen, Interessen, Verantwortung und Betroffenheit des Individuums abzielt. Die Schutzperson kann nicht allein entscheiden, wann wo und wie sie handeln wird. Sie wird vielmehr durch die Entscheidungen des Personenschützers gelenkt, der den Zeitpunkt des Aufbrechens bestimmt oder den Weg festlegt.

Eine spontane selbstbestimmte Handlung, zum Beispiel ungeplant in den Zoo oder einkaufen zu gehen, ist unter Personenschutz kaum möglich. Der BKA-Präsident Zachert erzählt hierzu, dass es ausgeschlossen war, einfach den Mantel überzuziehen und einen Spaziergang zu machen. Die Personenschützer mussten informiert werden, wenn sie die Schutzperson bereits am Wohnsitz zurückgelassen hatten. Sie trafen dann meist nach einer halben Stunde ein. Zur Sicherung der Freizeitaktivitäten wurden feststehende, sogenannte Regeltermine mit dem Personenschutzkommando vereinbart, wie das morgendliche Ausführen des Hundes oder die Trainingsstunde auf dem Tennisplatz.[52] Einer hochrangigen Schutzperson waren solche Regelungen zu einengend, sodass sie darauf bestand, ständig ein gepanzertes Fahrzeug vor der Haustür zur Verfügung zu haben, um jederzeit – auch ohne Begleitung – wegfahren zu können.

Abb. 7: Bundeskanzler Helmut Schmidt kehrt mit seinen Personenschützern vom Einkaufen zurück, Mai 1983

(Foto: J.H. Darchinger, Friedrich-Ebert-Stiftung)

Für andere Schutzpersonen waren jedoch Ausflüge nur mit einer Vorausplanung möglich. Wenn in der Familie Baum am Wochenende die Idee eines Zoo-Besuches aufkam, musste Baum die Personenschützer anfordern, die nach eineinhalb Stunden erschienen. »Dann kamen sie also an, Sonntagmittag, [...] und inzwischen war das schöne Wetter vorbei und es regnete. Dann dachte ich, mein Gott nochmal, eigentlich könntest du zu Hause bleiben. Und dann habe ich gedacht, jetzt sind die alle gekommen, also musst du irgendwas machen. Also solche Zwänge gab es dann.« Seine gewöhnlichen Wochenendausflüge nach Holland wurden ebenfalls »schwieriger«. Wenn Bundespräsident Roman Herzog mal Lust hatte, in Heilbronn ins Kino zu gehen, bestand die Spontaneität darin, so seine ironische Erzählung, dass er »spontan« anrief und sagte: »Morgen Abend gehen wir ins Kino.«

Dieser Zwang zur Planung und Verlust an Spontanität wurde auf Urlaubsreisen noch gesteigert, weil dort die Pläne zusätzlich mit den örtlichen Polizeikräften abgesprochen werden mussten. Ob die Strecke zum Ziel befahrbar sei, ob man absperren musste und dürfe, ob sich an dem Ort zu viele

Leute aufhalten oder zu wenige – dies waren alles Fragen, die im Vorhinein geklärt werden mussten und damit jegliche Spontaneität im Keim erstickten. So weisen die zahlreichen Versuche, dem Personenschutz zu »entfliehen«, um spontanen Wünschen und Handlungen nachzugehen, darauf hin, wie eingeengt sich Schutzpersonen in ihrer persönlichen Freiheit fühlen konnten. Untereinander erzählte man sich dann, dass man es wieder geschafft hatte, dem Personenschutz zu entkommen. Eines Tages trat auch Bundesinnenminister Baum ohne Ankündigung und ohne das übliche Zeremoniell der Abholung aus seiner Kölner Stadtwohnung auf die Straße, stieg auf sein Fahrrad und fuhr, mit seinem Hund an der Seite, in Richtung Hahnwald davon. Die Kölner Objektschutzkräfte kamen aus dem Wachhaus heraus und konnten ihm nur noch nachschauen. Sogleich informierten sie die Bonner Personenschützer der SG und schickten dem davonradelnden Minister einen Streifenwagen hinterher. Für Baum, so erklärt er im Nachhinein, »war es so ein Trotz«, im Sinne von »das muss doch möglich sein«.

Von einer ähnlichen Episode berichtet Bundespräsident Walter Scheel. Täglich hätten er und seine Frau sich über den Aufwand und die Bedrohung geärgert. Es sei eine Beschneidung ihrer Lebensqualität gewesen. Daher entwickelten sie »ein System, um dem System zu entweichen«. Die schönste Geschichte, die in der Familie erzählt werde, sei die der »Flucht« aus der Villa Hammerschmidt ins Museum König:

> »Ich hatte meine drei kleinen Kinder überredet, an den Wachen vorbei vom Gelände zu kommen, und dann sind wir wie ganz normale Menschen in das Museum gegangen und haben uns mit großer Begeisterung die Tierwelt angesehen. Anschließend sind wir dann strahlend an den Schutzbeamten vorbei durch den Haupteingang zurückgekommen.«

Ähnliche Fluchtmanöver unternahm auch Kanzler Willy Brandt. Wenn er Sehnsucht nach Momenten ohne Personenschutz hatte, stieg er bei seinem Sohn Peter in den Volkswagen, versteckte sich auf der Rückbank und verließ unbemerkt seine Villa auf dem Venusberg.[53] Um die Verwandtschaft nicht mit dem »großen Bahnhof« zu verschrecken, ließ auch Bundesaußenminister Genscher ab und zu seine Personenschützer im Auswärtigen Amt zurück und fuhr mit seinem BKA-Cheffahrer ungeschützt und ohne Bekanntgabe seines Ziels in die Stadt.[54]

Innenminister Hirsch stellte dann im Innenausschuss des Bundestags fest, dass der Drang, dem Schutz zu entfliehen, nicht zu unterdrücken sei, und man daher auch keine Person zu ihrem eigenen Schutz zwingen könne – dies wohl auch aus seiner Erfahrung der geliebten Alleingänge über den nahe gelegenen Jahrmarkt in Köln. In Bezug auf die Schutzverweigerung Rohwedders erklärte er: »Wenn jemand, der unter Personenschutz steht, sagt, ich bleibe zu Hause, und dann eine Stunde später weggeht – jeder von uns hat das auch gemacht [...] – da möchte ich doch einmal wissen, wie man das gesetzgeberisch oder wie immer vermeiden will. Es geht einfach nicht.«[55] Sein Ministerkollege Herbert Schnoor zeigte ebenfalls Verständnis, dass eine Schutzperson sich nicht »einbunkern« lassen wolle. Man müsse ihr daher ihren »Freiraum« lassen.[56]

Sich ohne Schutz frei zu bewegen, hieß in manchen Situationen auch, anonym zu bleiben – soweit das die allgemeine Bekanntheit der Person überhaupt zuließ. Damit verbunden ist das existenzielle Bedürfnis eines Individuums, seinen persönlichen Raum zu schützen und seine Intimität zu wahren. Erving Goffman geht in seiner *Frame Analyses* von einem »persönlichen Raum« aus, der »unteilbar« sei.[57] Dringt ein Akteur in den »persönlichen Raum« eines anderen Akteurs ein, komme es zu Grenzverletzungen und Irritationen. So achte jeder Akteur auf Alarmzeichen in seiner Umwelt und darauf, dass möglichst wenige Grenzverletzungen stattfinden. Diese Situationskontrolle des Subjekts wird durch den Personenschützer aufgebrochen, wenn er diesen persönlichen Raum betritt und ihn gleichzeitig stellvertretend übernimmt, zumal er auf die Erkennung von Alarmzeichen spezialisiert ist.[58] Die Schutzperson verliert damit ihre Intimität und Handlungsautonomie.

Ein extremes Beispiel hierfür ist, wenn die gefährdete Person zu ihrem Schutz auch beim Gang zur Toilette begleitet wird. Auch wenn der Personenschützer selbstverständlich vor der Tür stehen bleibt und in den intimen Raum nicht konkret eingreift, so beeinflusst dieser Schutz doch den gefühlten intimen Bereich. Denn die Schutzperson weiß, dass jemand vor der Toilettentür auf sie wartet. In diesem Sinne betrifft der Schutz hier die Wahrnehmung einer Handlung, die per se intim ist und auch emotional dem persönlichsten Bereich zugeordnet wird. Die unmittelbaren Mitmenschen waren »sehr erstaunt«, wenn – wie Baum erklärt – er auf die Herrentoilette ging und sich dann »plötzlich noch energisch jemand mit mir da hinein drängte«. Über diesen Eingriff in den persönlichen Raum erzählt der Bundesinnenminister weiter: »Ich war dann über vier Jahre nicht mehr allein, also außerhalb meiner Wohnung nicht mehr allein. Und zwar in jeder Lebenssituation, vom Hotel bis zur Toilette, bei Spaziergängen, bei Einkäufen.«[59]

Für weibliche Schutzpersonen hatte der Eingriff in ihre Intimsphäre noch einmal eine andere Qualität, da es sich meist um männliche Personenschützer handelte. Es gab nur wenige weibliche Sicherheitsbeamtinnen. Für Bundesministerin Antje Huber spielte es keine Rolle, dass männliche Personenschützer in ihre Privatsphäre eindrangen. Rut Brandt dagegen lehnte die männlichen Sicherheitsbeamten ab und erhielt daraufhin Polizistinnen der Hamburger Schutzpolizei zugewiesen.[60]

Der eigentlich unteilbare persönliche Raum musste also mit dem Personenschützer geteilt werden. Im täglichen Leben der Schutzperson blieb nichts unbeobachtet, jeder soziale Kontakt und alles Gesprochene war dem persönlichen Personenschutzkommando bekannt. Erst wenn »die Herren von der Sicherheit, die aufpassen, dass man nicht gestohlen wird« dann im Urlaub mal nicht anwesend waren, könne man »abschalten«, erklärte Helmut Schmidt in einem Fernsehinterview.[61] Auch Bundesbankpräsident Tietmeyer schickte seine Personenschützer während des Urlaubs regelmäßig nach Hause, weil er wenigstens im Urlaub »frei sein« wollte.

Das Alleinsein ist daher in den Gesprächen mit den Schutzpersonen ein immer wieder kehrendes Thema und deutet auf ein Kernproblem des Personenschutzes hin. Für BfV-Präsident Meier ist der Umstand, nicht mehr alleine gewesen zu sein, die wichtigste Erinnerung. Auf die Impulsfrage am Beginn des Interviews, die oftmals die präsenteste Erinnerung folgen lässt, antwortet er genau mit diesem Mangel, nicht mehr allein sein zu dürfen, wo man viele Dinge »doch alleine machen« wollte: »Das konnte man da nicht mehr.«[62] Im Gegenteil, man war ständig umgeben von Menschen, wie es Baum beschreibt, die »ein Auge auf mich hatten«. Sie waren immer dabei, sei es im Auto oder im Zug, unter freiem Himmel oder im Schwimmbad. Damit erfuhren sie auch alle kommunikativen und emotionalen Konflikte innerhalb der Familie. Bei Familie Meier saßen die Personenschützer mit am Frühstückstisch und tranken Kaffee. Durch die Integration der Personenschützer in die Familie war es nicht möglich, sich mal eine Blöße zu geben oder »persönliche Schwäche« zu zeigen, wie Tochter Gabriela erzählt. Man konnte sich keine »Dummheiten« erlauben, schließlich stand man ständig unter Aufsicht, erinnert sich auch Innenminister Hirsch. Die Zacherts berichten, dass sie über Vertrauliches oder über eben noch zu Hause ausgefochtene Themen im Fahrzeug nicht mehr sprechen konnten, da die Personenschützer anwesend waren. Auf dem Weg zur Abendveranstaltung saß man dann schweigend im Fahrzeug.[63]

Dies weist auf eine weitere Veränderung der intimen Sphäre durch den Personenschutz hin, nämlich die der persönlichen Interaktion der Familienangehörigen und ihres emotionalen Austausches. Denn Grenzen zwischen privaten und öffentlichen Sphären werden auch durch Interaktion und Kommunikation gezogen. So kann das Sprechen über Vertrautes und Vertrauliches, über Kommunikables und Tabuisiertes den Grad der Privatheit einer Sphäre charakterisieren.[64] Auch durch die Interaktion mit anderen Personen kann das Subjekt über Formalität und Informalität der Situation entscheiden und festlegen, wo die Grenzen zwischen beiden Bereichen verlaufen. Diese Möglichkeit ist der Schutzperson jedoch genommen. Sie wird vom Personenschützer bis in die privaten Räume begleitet. Damit ist bereits die erweiterte private Sphäre für nicht-privat oder formell erklärt worden, sodass sich die Grenze zur informellen Sphäre nach innen, Richtung privat-intime Räume verschiebt.[65] Während also Nicht-Schutzpersonen zum Teil das eigene Stadtviertel oder den »Kiez« zur informellen Sphäre rechnen und erst mit Betreten von Behörden, Schulen oder Betrieben zur formellen Sphäre übergehen, war bei Schutzpersonen diese Grenze oftmals an die Tür zu privaten Räumen verlagert, in denen sie von Personenschützern nicht mehr begleitet wurden. Erst in diesen Räumen waren dann Interaktionen zwischen Partnern oder Kindern möglich, die sonst möglicherweise bereits in den »außerhalb« liegenden Räumen stattgefunden hätten. In diesem Zusammenhang erinnert sich Zachert an die Situation, wenn er von Dienstfahrten heimkehrte:

»Im Nahbereich hielt sich letztlich immer einer auf. Also nun bin ich nicht mehr in dem Alter, [...] dass ich nun plötzlich meine Frau umarmt und liebkost habe. Wenn man sich aber nach einer Reise lange nicht gesehen hat, ist es ja nicht verwerflich. Aber das hab ich nun nicht unbedingt unter den Augen meiner Bodyguards machen wollen, dann blieb das vielleicht bei einer förmlichen Umarmung. Man zieht sich doch ein bisschen zurück.«

Auch im Umgang mit den Söhnen glaubt Zachert, dass sie einiges »an Herzlichkeit oder an Annäherung« vermisst haben könnten. Er sei gegenüber seinen Söhnen etwas förmlich gewesen, wenn die Personenschützer dabei waren – auch aus Sorge, Letztere könnten ihn für einen »Softie« halten. »Unbewusst«, so Zachert, »unterlässt man möglicherweise gewisse familiäre Emotionen.« Liselotte Vogel beschreibt ebenfalls den Einfluss des ständigen Schutzes auf die Intimität und stellte im Nachhinein fest, dass man sich unter Personenschutz wahrscheinlich »unbewusst auch distanzierter« verhalte.

Abb. 8: Willy Brandt mit seinem Personenschützer und seinem Fahrer vom Bundeskriminalamt in einem Dorfrestaurant in den Sevennen/Südfrankreich während seines Weihnachtsurlaubes, Dezember 1985

(Foto: Brigitte Seebacher, privat)

»Unterm nächsten Baum in die Arme fallen, geht natürlich nicht mehr«, erzählt sie lachend.

Ina Beckurts erinnert sich an einen Moment, wo sie den Verlust von Intimität besonders spürte. Als sie sich mit ihrem Mann kurz vor seinem Abflug nach Japan – etwa drei Monate vor dem tödlichen Attentat – noch wenige Minuten austauschen wollte, bemerkte Ina Beckurts überrascht die ihr unbekannten Personenschützer. Sich gemeinsam noch mal »abzuknuddeln«, so kurz vor der Reise, erschien ihr nun völlig unpassend: »Ach Mensch«, habe sie sich damals gedacht, »die können uns doch hier hören, es ist totenstill, die sind so dicht hinter uns«. Daraufhin habe sich ihr Mann zu den Personenschützern umgedreht und sie gebeten, einen etwas größeren Abstand zu halten.

Bundesminister Schäuble entschied, sich die letzten privat-intimen Momente zu bewahren. Sein Haus in der Nähe von Offenbach besaß einen Innenhof mit Garten, in dem sich das Ehepaar Schäuble gern aufhielt. Zum Schutz waren auch Überwachungskameras installiert, die, bei Bewegung im Bild, einen Alarm in der nächsten Polizeidienststelle auslösten. Als eines Tages Schäubles Personenschützer aufgeregt meldeten, sie sähen nur noch ein Flimmern auf dem Bildschirm, stellte sich heraus, dass Schäuble den Bildschirm kurzerhand abgeschaltet hatte: Wenn er mit seiner Frau im Garten sitze, wenn seine Frau mal weine und er sie in die Arme nehmen wolle, dann wolle er nicht auf einem Monitor sein.[66]

Intimitäten nicht mehr austauschen zu können betraf natürlich auch eventuelle außereheliche Beziehungen. Das Leben als Politiker in Bonn, womöglich fernab von der heimischen Familie, führte manches Mal zum Aufbau von zwei getrennten Existenzen. So sei es nicht »unüblich« gewesen, dass ein Bonner Politiker auch eine Freundin hatte, berichtete bereits zur damaligen Zeit Gunter Hofmann.[67] Wenn nun ständige Begleiter Tag und Nacht vor der Tür, im Restaurant oder zu Hause anwesend waren, erschien es fast unmöglich, diese privaten Interessen so weiterzuverfolgen, als sei man ganz unter sich. Auch in dieser Hinsicht seien die Politiker durch die RAF-Attentate unter »Rundumkontrolle« geraten.

Diese »Rundumkontrolle« bedeutete eine wesentliche Veränderung der privaten Sphäre, die starke emotionale Folgen nach sich ziehen konnte, da der private Raum eine wichtige Funktion für das menschliche Wohlbefinden hat: Er bietet eine Rückzugsmöglichkeit, in der eine Selbstdarstellung nicht nötig ist.[68] Bereits Alan Westin betonte diesen Aspekt des privaten Raumes, wenn er sagt, dass die Anforderungen der Sozialität einen Bereich benötigen, wo das Subjekt von dieser Anstrengung befreit ist (*emotional release*) und in dem über persönliche und intime Aspekte des Lebens gesprochen werden kann.[69] Auch Erving Goffman beschäftigt sich in seinen Forschungen mit den Funktionen dieses privaten Bereichs. In seiner Analyse des »presentation of self in everyday life« unterscheidet Goffman zwischen *front-region*, eine Art Bühne, auf der das Individuum bestimmte Vorstellungen erfüllt und Verhaltensweisen einsetzt, und *backstage*, einer Art Hinterbühne.[70] Das Individuum könne sich dabei sicher sein, dass kein Mitglied des »Publikums« bis zur Hinterbühne vordringen wird.

Die Anwesenheit Fremder in diesem privaten Bereich zerstörte diese Sicherheit und nahm der Schutzperson die Möglichkeit des Rückzugs. Dabei ist auch zu bedenken, dass der Personenschützer nicht nur als fremd empfunden wurde, sondern das Verhältnis von Schutzperson und Personenschutz deutlich von einem sozialen Gefälle geprägt sein konnte. Die ständige Anwesenheit einer sozial und habituell anders geprägten Person in den privaten Sphären konnte daher die Irritation noch verstärken. Denn physische

Nähe bewirkt nicht automatisch – wie umgekehrt meist – soziale Nähe, sondern möglicherweise intensive Bemühungen sich abzugrenzen.[71]

Mit den Grenzüberschreitungen in den persönlichen Raum, der damit veränderten Privatsphäre und der Einschränkung der eigenen Handlungsautonomie gingen Schutzpersonen unterschiedlich um. Es kam zu stark emotional gefärbten Beschwerden der Schutzpersonen über ihre Personenschützer. Einen solchen Gefühlsausbruch erlebten Personenschützer bei einem Bundesanwalt, der die SG-Beamten als »Schweinbande« bezeichnete, nachdem sie die Fahrt der Viererkolonne nach Karlsruhe zum Tanken hatten unterbrechen müssen.[72] Auch Bundeskanzler Schmidt beschwerte sich trotz bereits eingeräumter Sonderregelung seines Hamburger Personenschutzes immer wieder über die SG-Beamten. So schrieb er an den Chef des Bundeskanzleramts: »Ich bin ein wenig ›sauer‹. Mir scheint, die SG treibt Ressort-Kämpfe. Ich will die SG nicht näher an mich heranlassen.«[73]

Andere Beschwerden bezogen sich auf die starke Fluktuation innerhalb des Kommandos. Da sich der Schutzkreis insbesondere in den siebziger Jahren ausweitete und der Personenschutzdienst zudem körperlich sehr anspruchsvoll war, mussten Sicherheitsbeamte nach einer bestimmten Zeit ausgetauscht werden. So kam es zum häufigen Wechsel der Sicherheitsbeamten innerhalb der einzelnen Kommandos. Die Beschwerden über diese Fluktuation deuten auf den Wunsch der Schutzperson hin, so wenigen Menschen wie möglich Einblick in die eigene Privatsphäre zu gewähren. Bundesjustizminister Vogel forderte das Bundesinnenministerium daher auf, für ein festes Stammpersonal bei den Kommandos zu sorgen.[74] Bundesinnenminister Maihofer beschrieb die Fluktuation in seinem Kommando als so stark, dass »Schützende und Schützlinge einander wiederholt noch nicht einmal vom Sehen her kennen konnten.«[75]

Wollten Schutzpersonen den Schutz nicht kategorisch ablehnen, blieb ihnen keine andere Wahl, als sich mit der ständigen Begleitung zu arrangieren. So entwickelte sich bei BKA-Präsident Zachert die Einstellung, dass man den Personenschutz habe »adaptieren« müssen, damit er nicht zu einem »ständigen Fremdkörper« wird. Auf Dienstreisen saß er mit seinen Personenschützern gemeinsam an einem Tisch. Obwohl BKA-Präsident Herold wiederholt über »Einschränkungen an Privatheit und persönlicher Freiheit« klagte, versuchten er und seine Frau, die Personenschützer in das Familienleben zu integrieren.[76] Andere wiederum hielten ihre Personenschützer auf Distanz, wie Richter Foth, der es zu einer »Vermengung« der Funktionen nicht kommen lassen wollte. Mit der Fluktuation der Beamten im persönlichen

Bereich war Helmut Schmidt weniger konfrontiert, da er seine Hamburger Polizisten mitgebracht hatte. Für Schmidt war damit das Problem gelöst: »Damit es nicht zu Irritationen kommt, habe *ich* die Leute ausgesucht. Leute, denen ich vertrauen konnte. Es ist nie zu Irritationen gekommen.«

Natürlich konnten auch positive Emotionen das Verhältnis zwischen Schutzpersonen und Personenschützern bestimmen. So schenkte Bundesinnenminister Maihofer seinen Begleitbeamten zwei Bierfässer für die Betriebsfeier oder »Oma Genscher«, die Mutter des Bundesaußenministers, verteilte selbstgebackene Plätzchen an die Personenschützer.[77] In den Interviews wurde ebenfalls von vielen vertrauten Beziehungen zwischen Schutzpersonen und Personenschützern berichtet, in denen Personenschützer ihre eigentliche Funktion verließen und in das Privatleben der Schutzperson integriert wurden. So erzählt eine hochrangige Schutzperson, dass sie mit dem Personenschützer die Gefährdung geteilt habe. Das sei ganz anders gewesen als beim Fahrer, bei dem diese gemeinsame Erfahrung gefehlt habe. Mit dem Personenschützer sei daher ein ganz spezielles Verhältnis entstanden. Insgesamt hatte das sehr zurückhaltende und respektvolle Auftreten der Personenschützer zu einem guten Verhältnis beigetragen, vor allem in persönlichen und emotionalen Ausnahmefällen wie einem Todesfall in der Familie.

Die Kondensierung zu einem neuen Sphärenmodell

Die aufgeführten Erzählungen und Erfahrungen der Schutzpersonen zeigen, dass sich die Schutzmaßnahmen auf die lokale wie auf die dezisionale Privatheit auswirkten. Indem der Personenschützer ganz konkret die Handlungen und Orte der Schutzperson sicherte und in jeder einzelnen Situation beeinflusste, konnte die Schutzperson nicht mehr selbst steuern, was Privatheit und Öffentlichkeit ist und für sie ausmacht. Die Veränderung der lokalen Privatheit bezieht sich dabei auf mehrere Sphären des privaten oder privatöffentlichen Raums. Durch den Personenschutz kam es zu einer Verschiebung der vier vorgestellten Sphären des Privaten. Vorher im Inneren gelegene Sphären, wie der persönliche Raum, gelangten in einen äußeren Bereich, der sich dem Öffentlichen näherte. Dadurch befand sich der Personenschutz stets in einer Graustufe zwischen Privatheit und Öffentlichkeit.

Ganz konkret konnte gezeigt werden, dass sich die äußere Sphäre, die des öffentlich-privaten Bewegens der Schutzperson in einem weiteren Umfeld veränderte, zum Beispiel bei Kolonnenfahrten. Die Schutzperson wurde der Anonymität entzogen, wenn sie sich in einem Kolonnenfahrzeug sitzend und mit einem Begleitschutzkommando durch die Stadt bewegte. Private Personen wurden damit zu öffentlichen Personen.

Auch die zweite, halb-außen liegende Sphäre des sozialen Umfelds veränderte sich. Der Kontakt zur direkten Nachbarschaft ging verloren, wenn die Schutzperson gleich in der eigenen Garage in das gepanzerte Fahrzeug einstieg und auf der Wohnstraße gar nicht mehr in Erscheinung trat. Nachbarschaftliche Beziehungen verloren an Normalität. Auch Freundschaften wurden schwieriger. Neben der bereits fehlenden Zeit, soziale Kontakte zu pflegen, zogen sich vor allem entferntere Bekannte oder Freunde aufgrund der Bedrohungssituation oder der Sicherheitsmaßnahmen zurück. So konnte es zur sozialen Isolation und zum Verlust an Sinnesreizen im privaten Umfeld kommen. Die private Sphäre des sozialen Umfelds ging verloren und verschob sich stärker nach außen hin zu mehr Öffentlichkeit.

Diese Bewegung zeigte sich auch bei den privaten Momenten in der halb-innen liegenden Sphäre, zum Beispiel im Urlaub. Die Schutzperson trat in einem stark beschützten Urlaub durch ihre offensichtliche Prominenz aus der privaten Sphäre heraus und wurde zu einer öffentlichen Person. Ohne es selbst bewusst entschieden oder darauf Einfluss genommen zu haben, wurde der vormals private Urlaub für die Schutzperson zu einem von der Öffentlichkeit beobachteten »Auftritt«. Ohne eine »Hinterbühne« ging der Schutzperson die Rückzugsmöglichkeit verloren, was für viele Schutzpersonen den eigentlichen Sinn des familiären Urlaubs darstellte.

Der persönliche Raum als Ort der stärksten privaten Intimität konnte im besonderen Maße durch den Personenschutz verändert werden. Der unmittelbar körperliche und damit individuelle Raum der Schutzperson war durch ständiges Begleiten und dichtes Folgen des Personenschützers bis hin zum Toilettengang betroffen. Selbst im eigenen Fahrzeug, wo das Individuum im Normalfall seine Privatsphäre geschützt weiß, wurde der persönliche Raum durch die ständige Anwesenheit von fremden Personen und die Beschaffenheit des Fahrzeugs gestört.

Dies gilt ebenso für alle zwischenmenschlichen Beziehungen, die nicht nur in der Privatsphäre, sondern auch im halb-privaten Raum durch Gesten oder Handlungen wie Händchen-Halten oder Küssen ihre intimen Ausprägungen finden können. Beziehungen zum Ehepartner und zu den Kindern wurden anders gelebt, intime Zuneigung wurde nur noch in den engsten privaten Räumen, zum Beispiel im Schlafzimmer, ausgetauscht. Ehepartner gaben ihre alltäglichen Liebkosungen angesichts der ständigen Beobachtung oftmals auf.[78] Beraubt des persönlichen Raums, wo sich Familienmitglieder austauschten, musste das Miteinander »möglichst konfliktlos« bleiben, wie es BKA-Präsident Zachert beschreibt: »Es ist ein Zusammenleben, das bestimmte Bereiche des Privaten verkümmern lässt. Es ist eben irgendwo öffentlich.«

Das Bewegen der Personenschützer im privaten Raum einer Schutzperson wurde zwar weniger irritierend, wenn Personenschützer auch nicht-professionelle Funktionen übernahmen, beispielsweise mit den Kindern Fußball spielten, und damit das neutrale Verhalten eines Fremden aufgaben. Dennoch blieb der Personenschutz für die Schutzpersonen größtenteils eine Belastung für das private Leben. Für Bundespräsident Heinemann war es ein »offener Strafvollzug unter ständiger Anwesenheit von Bewährungshelfern«.[79] Die Intimsphäre, so BKA-Präsident Herold im Gespräch, wurde durch den Personenschutz »völlig auf- und weggebrochen«: »Die permanente Gegenwart anderer, die nichts anderes zu tun haben, als um ihren Schützling herum zu sein, die ja auch ein Gedächtnis haben, die die Lebensgewohnheit bis ins kleinste erfassen und natürlich innerlich bewerten – auch im Gespräch mit anderen – bedeutet eine Einschränkung an Lebensqualität.«[80]

Diese Einschränkung wird umso größer, je umfangreicher der Schutz der gefährdeten Person gestaltet ist. Die Schutzpersonen mussten daher abwägen zwischen dem Maß an Sicherheit und Freiheit, mit dem man das private Leben individuell gestalten kann – zwei wesentliche und das Leben bestimmende Güter des Menschen. In seiner Ansprache aus Anlass des Staatsbegräbnisses für Generalbundesanwalt Buback und seine Begleiter beschrieb Bundeskanzler Schmidt diese Abwägung der Güter mit den Worten des Toten, der sich für die Freiheit entschieden hatte: »Ich kann mein Leben nicht so einrichten, daß ein Attentat auf meine Person von vornherein zur Unmöglichkeit wird. Dann ist es nicht mehr lebenswert.«[81]

Das Leben unter Personenschutz sei ein »ungeheuerlicher Verlust an Freiheit«, wie es BKA-Präsident Herold im Gespräch beschreibt. »Man ist ein gläserner Mensch.« Diese Veränderung im Leben einer Schutzperson betraf nicht nur sie selbst, sondern bezog alle Familienangehörigen mit ein. Wie Ehepartner und Kinder mit dieser Einschränkung des Privatlebens durch den Personenschutz umgingen, soll nun genauer betrachtet und damit die Erfahrungen der eigentlichen Schutzperson um eine wichtige Perspektive ergänzt werden.

Die eingeschränkte Privatheit der Lebenspartner und Kinder

Aus Perspektive der Sicherheitsexperten waren Angehörige von Schutzpersonen Teil des Gefährdungsszenarios. Ziel des Personenschutzes war es ja, die Funktionsfähigkeit des Staates aufrechtzuerhalten, also die Handlungsfähigkeit seiner Vertreter zu garantieren. Dazu war es notwendig, nicht nur ihre körperliche Unversehrtheit und Beweglichkeit zu gewährleisten, sondern auch die Stabilität ihres Umfeldes zu erhalten. Daher wurden Angehörige von Mitgliedern der Verfassungsorgane oftmals in das Schutzprogramm einbezogen, obwohl es hierfür keinen gesetzlichen Auftrag gab.[82]

Die Sicherungsmaßnahmen für Angehörige veränderten sich je nach Gefährdungslage. So wurden im November 1974 die Ehepartner und Kinder des Bundespräsidenten, Bundeskanzlers, Außenministers, Innenministers und Justizministers ständig geschützt, also von Sicherheitskräften begleitet, sobald sie das Haus verließen.[83] In ruhigeren Sicherheitslagen wurde der Schutz reduziert. Für die Gefährdungseinschätzung von Kindern und Ehepartnern wurden Analysen angefertigt, die unter anderem Drohbriefe oder das Pressegeschehen berücksichtigten. So erhielt die Tochter von Bundesinnenminister Maihofer mehrere Drohbriefe, die das BKA auswertete und daraufhin Observationen im Umfeld der Tochter durchführte.[84] In hoch angespannten Situationen wurde nicht nur Bundesaußenminister Genscher in der GSG 9-Unterkunft in Hangelar untergebracht, sondern seine gesamte Familie.

Der Personenschutz beeinflusste also das private Leben und das Sicherheitsgefühl der Schutzpersonen und zugleich das der Familie. So dankte der ehemalige SG-Hauptabteilungsleiter Scheicher in seiner Rede zum 60-jährigen Jubiläum des Staatsschutzes am Ende seinen Familienangehörigen, die »die vielen Jahre der Anstrengung, der Trennung und auch der Angst tapfer mitgetragen haben«.[85] Seine Worte deuten darauf hin, dass der Personenschutz die Familien nicht nur mit einer neuen Gefährdung und Unsicherheit konfrontierte, sondern auch in ihre Privatheit eingriff.

Innerfamiliäre Strukturen und Beziehungen

Wie Ehepartner und Kinder damit umgingen, ständig beschützt und in »Sippenhaft« genommen zu werden, war auch von der Familiensituation abhängig.[86] In den Interviews trifft die Autorin zumeist auf ehemals voll berufstätige männliche Politiker, Richter oder Wirtschaftsunternehmer, deren Ehefrauen oft nicht erwerbstätig waren und sich dafür um die Kinder und den Haushalt kümmerten. Der Familienvater arbeitete oft rund um die Uhr, verließ in den Morgenstunden das Haus und kehrte erst in den späten Abendstunden heim. An den Wochenenden zog er sich gelegentlich zum Aktenstudium zurück. Zeit für Ehefrau oder Kinder blieb da wenig.[87] »Unser eigener Vater spielte so gut wie nie mit uns, außer wenn es von Pressefotografen für eine Homestory gewünscht wurde«, so beschreibt es Walter Kohl, Sohn von Kanzler Helmut Kohl. Als Hans-Dietrich Genscher auf seine Jahre als Minister zurückblickt und sich fragt, ob er als Berufspolitiker seiner Tochter auch ein Vater gewesen war, antwortet er: »Ich versuche, bei meinen Enkeln das richtig zu machen, was ich bei meiner Tochter falsch gemacht habe.«[88]

Liselotte Vogel bezeichnet daher, wie oben erwähnt, die Familie als die »Hauptleidtragenden« des Personenschutzes. Während sich der Personenschutz auf den Terminkalender ihres Mannes kaum ausgewirkt hätte, wären die Folgen für die Familie bedeutender gewesen. Auch Bundesinnenminister Baum beschreibt, dass der Personenschutz vor allem das Familienleben beschnitten hätte, wenn zum Beispiel seine Familie nicht mehr mit ihm zusammen im Auto sitzen durfte. So versuchte Richter Breucker sich mit der Familie so »einzustellen«, dass die Situation nicht »als Belastung empfunden« wurde. BKA-Präsident Zachert hebt hervor, dass seine Familie diese Zeit »unglaublich duldsam und kooperativ mitgetragen« hätte. Als oberster Vorgesetzter der Sicherungsgruppe erlebte Zachert aber auch Familien, in denen sich Ehepartner über die Einschränkungen durch den Personenschutz beschwerten und es »Krach« gab.

Die wenigen Momente, die man gemeinsam als Familie verbrachte, erlebten Ehefrauen und Kinder zudem oftmals unter Beobachtung der Öffentlichkeit. Sie waren also zusätzlich von den Folgen der Bekanntheit der Familie und ihrem gesellschaftlichen Status betroffen. Daraus resultierten soziale Konflikte in der Schule und mit Freunden, Neid und Missgunst von Schulkameraden und ein schwieriger Aufbau von Beziehungen. In einer solchen komplexen Familiensituation unter Personenschutz kam der Ehefrau und Mutter meist eine ruhende und stabilisierende Rolle zu.[89] So erzählen die Kinder des BfV-Präsidenten Meier, dass ihre Mutter »eine unglaublich normale Haltung dazu hatte« und ihnen erklärte, dass das »halt jetzt so« ist. Das habe die Familie »zusammengehalten«. Währenddessen kam es mit dem Vater zu keinem Austausch über die Familiensituation unter Schutz.

Insgesamt war es »keine entspannte, normal-familiäre Situation«, erklärt Baum. Für die Kinder von Schutzpersonen gab es wenige Momente, in denen sie mit ihrem Vater außerhalb des Hauses alleine sein oder sich ungestört unterhalten konnten. Auch wenn sich einige der bereits erwachsenen Kinder gut mit den Personenschützern verstanden und man sich zum Teil untereinander duzte, war die persönliche Zeit mit dem Vater stark reduziert. So erzählt Christel Zachert im Gespräch, wie sie gemeinsam mit ihren Kindern tagelang auf den Beginn des bereits geplanten Urlaubs wartete. Auf gepackten Koffern sitzend, vertröstete sie ihre noch kleinen Kinder eine Woche lang immer wieder auf den nächsten Tag. Die Ankündigungen ihres Mannes – »Ich muss nur noch mal ganz kurz weg und dann komm ich und dann fahren wir« – wiederholten sich Tag für Tag, sodass Christel Zachert diese Woche als »furchtbare Situation« in Erinnerung hat: »Das ist Tortur.« Insgesamt hatte ihr Mann bei all dem Terminstress »wenig Zeit für die Söhne«, auch die »übrige Familie und die Freunde mussten zurückstecken«.[90]

Die Familienväter versuchten dann oft, das Beste aus dieser schwierigen Situation zu machen, wie Julia Baum, Tochter des Bundesinnenministers Baum, berichtet: »Er hat sich wirklich trotz dieser Sondersituation bemüht, uns das so normal zu gestalten, wie es nun mal unter den Bedingungen möglich war.« Mit besonderen Ausflügen und aufregenden Erlebnissen habe er versucht, die Einschränkungen des Familienlebens wieder »wett zu machen«. »Also die Zeit, die man dann miteinander verbracht hat«, so Julia, »war dann schon sehr speziell und wertvoll, aber es fehlte der normale Umgang.« Die Familie blieb eine Angelegenheit am Wochenende und wurde nicht Teil des gemeinsamen Alltags. Wenn dann der Vater eine enge Bezugsperson war, wie für die achtjährige Julia Baum, war die fehlende Zeit und Aufmerksamkeit für die Kinder noch schmerzlicher.

Diese vielschichtige Situation, die sich aus den Berufsbedingungen des Vaters, den Schutzmaßnahmen für die Familie und der öffentlichen Bekanntheit zusammensetzte, nahmen die Geschwister oftmals unterschiedlich wahr und lebten sich deshalb stärker auseinander. Die »Sondersituation«, so Julia Baum, habe möglicherweise dazu geführt, dass sich ihre Geschwister alle »stark auseinanderentwickelt« hätten und eher »Einzelkämpfer« wurden. Jeder sei von den Bedingungen ihrer Kindheit anders geprägt worden.

Die Situation der Lebenspartner

Als ein Fernsehteam des *Hessischen Rundfunks* 1994 einen Bericht über den Vorsitzenden des Zentralrates der Juden in Deutschland, Ignatz Bubis, drehte und ihn gerne in seiner privaten Wohnung porträtieren wollte, verweigerte das Ehepaar Bubis die Aufnahmen. Das sei ja auch nicht so schlimm, erklärte lachend Ehefrau Ida Bubis dem Filmteam, denn »Sie wollen doch meinen Mann sehen, wie er ist, wie er lebt. Und zu Hause ist er ganz selten.«[91]

Was Frau Bubis hier erzählte, ist eine bei Personen der Öffentlichkeit oft vorkommende Situation, die für einige Ehepartner sehr bedrückend sein konnte. Denn wie auch René Pfister herausstellt, hätte sich in den meisten Fällen »als Legende erwiesen, dass Frau und Kinder voller Glück im Türrahmen stehen, wenn der gestresste Vater nachts oder am Wochenende für ein paar Stunden nach Hause kommt«.[92] Dieses Warten und Zurückstellen der eigenen Person war im Gegenteil für manche Ehefrauen eine große Belastung. So erzählte auch Hannelore Kohl in einem Interview, dass man »nach vier, fünf Stunden echten Wartens« nur noch von einem Hund verlangen könne, sich zu freuen: »Ich habe von unserem Hund gelernt.«[93]

Besonders zu Beginn einer neuen Berufstätigkeit des Ehemanns war die Partnerschaft mit Herausforderungen konfrontiert. Als Karl-Heinz Beckurts seine Stelle als Vorstandsmitglied der Siemens AG übernahm, war dies die »erste Bewältigung«, die sie als Paar zu leisten hatten, erzählt Ina Beckurts. »Für das Privatleben blieb nicht viel Kopf und Zeit.« Frau Tietmeyer, Ehefrau des Bundesbankpräsidenten, beschreibt den Verlust an gemeinsamer Zeit so: »Wir haben ja auch am Wochenende nur die Mahlzeiten zusammen eingenommen, halbe Stunde spazieren und dann war Schluss, dann hat mein Mann gearbeitet.«

Zudem bedeutete für Ehefrauen, die bis dahin wenig in der Öffentlichkeit gestanden hatten, die neue hochgestellte Funktion des Mannes eine große Veränderung: das Leben in der Öffentlichkeit, das Auftreten bei Empfängen, die Beobachtung durch die Medien. Für die erste Ehefrau von Bundesinnenminister Baum war dies »keine einfache Umstellung«, so die Erinnerung ihrer Tochter Julia. Die Übernahme von zahlreichen Rollen sei eine »große Herausforderung« für ihre Mutter gewesen und hätte auch Nachteile für die elterliche Paarbeziehung gehabt, da für diese wenig Zeit geblieben wäre.

Bundespräsident Herzog und seine Frau Christiane schlossen ein »Gentlemen's Agreement«, um dieses Ungleichgewicht zwischen den Ehepartnern auszubalancieren. Während seiner Amtszeit, in der er kaum zu Hause war, zog sie die Kinder auf, wollte aber nach seiner aktiven Zeit ihre eigenen Wünsche und Ideen verwirklichen, was sie mit der Gründung der Christiane-Herzog-Stiftung dann auch tat.

Lebenspartner unter Schutz

Zu dieser belastenden Beziehungssituation kam für die Ehefrau ein ungewohnter Umstand hinzu, nämlich von Personenschützern begleitet zu werden. Die meisten Ehefrauen der in Gefährdungsstufe 1 eingeordneten Politiker erhielten in den siebziger und achtziger Jahren Schutzmaßnahmen der Gefährdungsstufe 2, wurden also anlassbezogen begleitet.[94] Einige Ehefrauen wie die Kanzlergattin Loki Schmidt wurden jedes Mal begleitet, wenn sie das Haus verließen, bei öffentlich angekündigten Veranstaltungen wurde der Schutz je nach Lagebeurteilung verstärkt.[95] Hannelore Kohl wurde selbst beim Schwimmen im österreichischen Wolfgangsee von einem Personenschützer begleitet.[96] Die geschiedene Ehefrau von Bundesaußenminister Genscher wurde auch nach ihrer Trennung beschützt, da sie seinen Namen weiter trug und durch die Verbindung zur gemeinsamen Tochter als gefährdet galt.[97]

Die Ehefrauen waren durch diese Schutzmaßnahmen in ihrer ganz persönlichen Freiheit eingeschränkt. Selbstverständlichkeiten wurden zum Problem, alle Wünsche und Termine mussten abgesprochen werden. So musste Loki Schmidt zu Wochenbeginn ihren Terminkalender mit den Personenschützern abstimmen, damit diese die Schichten der Beamten einteilen konnten.[98] Pläne für den nächsten Tag, wie Freunde treffen oder Verpflichtungen nachgehen, mussten Ehefrauen bereits am Vortag wissen und rechtzeitig anmelden. Auch das sondergeschützte Fahrzeug des Ehemanns wurde den Angehörigen zur Verfügung gestellt, beispielsweise nachdem 1978 ein zweiter gepanzerter Wagen für Bundespräsident Scheel angeschafft worden war.[99]

Wie stark sich die Überwachung auf das Alltagsleben von Ehepartnern auswirken konnte, zeigt eine Episode über einen scheinbar harmlosen Vorfall kurz nach dem Krisenjahr 1977. Die Polizeistreife sah eines Tages den Privat-Pkw von Frau Wischnewski, Ehefrau des Staatsministers im Bundeskanzleramt, mit offener Tür in der Auffahrt des Wohnhauses stehen. Ein einzelner Frauenschuh lag etwa zwei Meter entfernt vom Fahrzeug. Das Haus war leer. Sofort kam der Verdacht auf, Frau Wischnewski sei entführt worden. Die

Beamten lösten »Terroralarm« aus, die ersten Einsatzkräfte trafen ein. Da kam plötzlich Frau Wischnewski aus einem der Nachbarhäuser und erkundigte sich, was denn los sei. Sie sei nach Hause gekommen und dann spontan zu ihrer Nachbarin gegangen. Sie habe vorher Schuhe aus der Reparatur geholt und ihr sei anscheinend einer der Schuhe aus der Tasche gefallen.[100]

Diese Verkettung von Umständen, die gewöhnlich kaum großes Aufsehen erregt hätte, löste bei einer gefährdeten Person einen größeren Polizeieinsatz aus. Normalitäten konnten sich jederzeit zu Ausnahmesituationen entwickeln. Einige Ehefrauen wollten sich diesem einschneidenden Eingriff in ihre Privatsphäre nicht aussetzen, wie Margarete Hirsch, Ehefrau von Innenminister Hirsch. Sie lehnte den Schutz für sich selbst und die Kinder ab und verließ das Haus nur in höchst unauffälliger Art und Weise. Sie achtete darauf, dass keine Pressefotos entstanden oder sich andere Auffälligkeiten ereigneten. Ihre Anonymität sei der beste Schutz gewesen.

Wurde der Schutz jedoch durchgeführt, waren es vor allem die täglichen Gewohnheiten, die umgestellt werden mussten. Dies betraf nicht nur die eigenen Unternehmungen als Ehefrau, sondern auch das Zusammensein als Ehepaar. Es wurde nicht mehr gemeinsam im Auto gefahren, der Urlaub wurde mit anderen, nicht zur Familie gehörigen Personen geteilt. Das Ehepaar Tietmeyer schickte daher im Urlaub die Personenschützer bei Spaziergängen oftmals weg. Immer diese drei Leute hinter einem, »das war wirklich schlimm«, berichtet Frau Tietmeyer. »Für uns war es eine Belastung.«

Hinzu kam der Umstand, dass die Ehemänner insgesamt mehr Zeit mit den Personenschützern verbrachten als mit ihren Ehefrauen. Hieraus konnte sich eine große Vertrautheit entwickeln, die auch den Ehefrauen nicht verborgen blieb. So erzählt Christel Zachert, dass sie selbst »schlechte Karten« hatte, wenn sich ihr Mann und die Beamten gut verstanden. In ihrer Autobiographie beschreibt sie den Anfang des Personenschutzes für ihren Mann mit folgenden Worten: »Seine beiden Fahrer beäugten mich kritisch, ob ich auch etwas für ihn gekocht hätte und gut genug für ihn sorgen würde. Schließlich war Hans ja *ihr* Chef. Aber da auch ich offensichtlich versuchte, ›*meinem* Chef zu dienen‹, akzeptierten sie mich bald.«[101]

Natürlich konnte sich auch – um die Möglichkeit erwähnt zu haben – eine vertraute Beziehung zwischen den Personenschützern und der Ehefrau entwickeln. Unter ständiger Bewachung war eine anderweitige, außereheliche Beziehung des Ehepartners nicht nur organisatorisch unmöglich, sondern lief auch Gefahr, durch den Personenschutz schnell bekannt zu werden. So waren es vor allem die Sicherheitsbeamten, mit denen die Ehefrauen die

Abb. 9: Willy Brandt mit seinem BKA-Personenschützer und dem französischen Hausbetreuer bei der Gartenarbeit in seinem Haus in den Sevennen/Südfrankreich, Dezember 1985

(Foto: Brigitte Seebacher, privat)

Wahrnehmung von Terminen, die alltäglichen Besorgungen oder das Nachgehen von Hobbys teilten. Aus dieser Verbindung von Alltäglichem konnte eine emotionale und physische Nähe entstehen. Von so einem Fall ist jedoch in den Gesprächen nicht erzählt worden.

Belastungen für die Partnerschaft

Um die Belastungen des Personenschutzes und des Eingriffs in die private Paarbeziehung zu erdulden, bedurfte es eines starken Zusammenhalts innerhalb der Partnerschaft und eines bewussten gemeinsamen Umgangs mit der Herausforderung. Als Richter Breucker sich für die Beteiligung am Baader-Meinhof-Prozess entschied, erklärte seine Frau, dass sie das »gemeinsam« tragen würden, auch weil ihr nichts anderes übrig blieb, so Breuckers Erinnerung. Die Ehefrau seines Richterkollegen, Ingeborg Foth, empfand die erste Zeit unter Personenschutz als »Horror«.[102] Ihr Ehemann hat im Rückblick dagegen das Gefühl, dass seine Frau die ganze Situation letztlich »mit Fassung getragen« hatte.

Für Ehepaare blieb manchmal nur wenig gemeinsame Zeit, um sich über die Situation auszutauschen und über die eigenen Empfindungen zu sprechen. So wurde die tatsächliche Betroffenheit des Partners nur teilweise wahrgenommen. In den Gesprächen ist daher zu beobachten, dass sich die Erinnerungskonstrukte nicht zu einer gemeinsamen Erzählung geformt haben, sondern es zu unterschiedlichen Erinnerungen an die gleiche Situation kommt.

Der Rückblick in den Gesprächen öffnet schließlich eine andere Perspektive auf diese Zeit. Die Folgen für die Ehefrau und die Beziehung werden dann stärker reflektiert, wie es eine sehr emotional geprägte Erzählung von BKA-Chef Herold zeigt:

> »Aber ich sage es auch wegen meiner Frau: Was habe ich ihr genommen? Sie sagt es zwar nicht, dass ihr etwas gefehlt hat, aber man spürt das doch. Man sieht sich fast wochenlang nicht. Und wenn, dann ist man mit den Gedanken ganz woanders, dann ist alles unterbrochen durch ständige Telefonate. Das ist schrecklich, schrecklich.«

Auch die neue Wohnsituation seit Ausscheiden Herolds aus dem Amt 1981 sei für seine Frau »eigentlich doch bedrückend« gewesen. Die Einschränkung, das Überwachtsein, das hätte sie belastet, so Herold. »Meine Frau hat viel mitgemacht.«

Hinzu kamen die gemeinsamen Erfahrungen von Bedrohung und die Sorge um die Familie. So wurde im Mai 1977 bekannt, dass Martina Genscher, Tochter von Außenminister Genscher, hätte entführt werden sollen.[103] Den Umgang mit solch einer Bedrohung musste eine Beziehung ebenfalls erlernen. Altbundeskanzler Schmidt erzählt in diesem Zusammenhang von einem Ereignis, dass für ihn im gesamten Erfahrungsbereich mit dem Personenschutz »von Bedeutung« sei. Aufgrund der Gefährdung konnte seine Tochter nicht die Leitung einer heimischen Bankfiliale in Lüneburg übernehmen, da die notwendigen Sicherheitsmaßnahmen für sie das Publikum verschreckt hätten. Ihr Arbeitgeber riet ihr, nach London zu ziehen. Dass seine Tochter daraufhin nach Großbritannien ausreiste und nur noch zu Besuch kam, war für ihn »ein Verlust« und für seine Ehefrau »schmerzlich«. Für die Tochter sei es ein »lebensentscheidendes Ereignis« gewesen.[104]

»Räuber und Gendarm« oder der Verlust der Kindheit?

Oft war den Eltern bewusst, dass der Personenschutz auch für die Kinder eine prägende Erfahrung sein konnte. Bundesinnenminister Baum bezeichnet die Zeit unter Personenschutz als »Einschnitt« im Leben seiner Tochter und als »eine besondere Lebenssituation«, die »sie nicht vergessen hat und die für sie auch nicht so einfach war«. In einem Interview mit dem *Norddeutschen Rundfunk* im Jahr 1998 erklärte Bundeskanzler Schmidt, dass die Kinder mit dem Namen, der damit verbundenen Öffentlichkeit und mit den Sicherheitsmaßnahmen hätten zurechtkommen müssen. Der zu diesem Zeitpunkt amtierende Bundeskanzler Kohl, ebenfalls Teilnehmer der Gesprächsrunde, bestätigte diese Ansicht und war der Meinung, dass die Kinder damit leben müssten – mit der »Abnormalität ihrer Existenz«.[105]

Im Rückblick auf seine 30-jährige Berufstätigkeit meint auch ein Personenschützer im Gespräch, dass die Kinder von den Personenschutzmaßnahmen »besonders betroffen« gewesen seien und in Mitleidenschaft gezogen wurden. Nach den Sicherheitsvorschriften sollten Kinder »nicht ohne Aufsicht gelassen werden und nicht allein außerhalb des Wohnbereichs spielen«.[106] Diese enormen Einschränkungen und Einschnitte in die Privatsphäre, so der Personenschützer, hätten auch Einfluss auf die Entwicklung der Kinder gehabt. So erzählt eine weitere Interviewperson hierzu, dass die stark geschützten Kinder von Ministern oft ein anderes Sozialverhalten entwickelt hätten als die Kinder, die ohne diese besondere Belastung aufwuchsen.

Einige Eltern versuchten daher, den Schutz für ihre Kinder zu reduzieren, so auch Bundespräsident Scheel. Im Januar 1978 äußerte er mehrfach den Wunsch, seine Tochter Cornelia aus der permanenten Schutzbegleitung zu entlassen, denn diese »stelle eine starke seelische Belastung für das Mädchen dar, sie könne leicht zu bleibenden Schäden führen«.[107] Das damit verbundene erhöhte Sicherheitsrisiko wollte das Ehepaar Scheel tragen. Nicht nur die eigenen Schutzmaßnahmen konnten das Kind belasten, sondern auch das Miterleben der Gefährdung des Vaters. So erinnert sich Frau Hirsch, dass es für ihren sechsjährigen Sohn »nicht schön« gewesen sei, wenn er morgens sah, wie sein Vater von »vier Leuten mit Maschinengewehren« abgeholt wurde.

Doch wie haben die Kinder nun selbst ihre Lebenssituation erfahren und empfunden? Wie bereits erwähnt, konnte die Wahrnehmung der Umwelt durch Familienmitglieder ganz unterschiedlich ausfallen. Daher lassen sich die Eindrücke und Einschätzungen der interviewten Eltern nicht auf die Kinder übertragen. Kinder von gefährdeten Persönlichkeiten aus Politik, Wirtschaft und Justiz waren meist in die Gefährdungsstufe 2 oder 3 eingestuft und wurden oft von der Landespolizei geschützt. Die Schulkinder, die meist im Alter von 10 bis 12 Jahren waren, wurden auf dem täglichen Schulweg morgens von der Wohnung bis zur Schule oder bis zum Bus begleitet (»Schulwegs-Observation«). So erzählt Stephan, Sohn des BfV-Präsidenten Meier, dass die Polizei in kritischen Lagen die Kreuzungen absperrte, wenn er von den Personenschützern in die Schule gefahren wurde. Die Tochter von Außenminister Genscher wurde nicht nur auf ihrem Schulweg begleitet, sondern auch während des gesamten Schulaufenthalts und ihrer Reitstunden umfassend geschützt.[108] Der Beginn des Begleitschutzes war demnach für viele Kinder ein einschneidendes Ereignis in ihrer Kindheit.

Angesichts dieser Situation gingen die Kinder nach dem Schulabschluss oft ins Ausland, um der Öffentlichkeit und den Schutzmaßnahmen zu entfliehen. Stephan Meier erzählt von seiner Entscheidung, nach dem Abitur in der Schweiz zu studieren. Sein Bruder wanderte ebenfalls ins Ausland aus. Denn kein Vorstellungsgespräch sei normal, wenn BKA und GSG 9 »beim Jobeinladenden alles auseinander« nehmen würden. Als Walter Kohl erfuhr, dass er bei seinem Wehrdienst ständig von einem Personenschützer begleitet werden sollte, fühlte er sich wie ein »Aussätziger«: Lieber wolle er sterben, als in der Kaserne mit Personenschutz rumzulaufen.[109] Als Barbara Vogel volljährig war, äußerte sie den Wunsch, ihren Polizeischutz herunterzustufen.[110]

Der Personenschutz beeinflusste die Kinder auch in ihrem sozialen Umfeld. Freunde wurden teilweise observiert oder mindestens ihre Identität geprüft, erzählt Stephan Meier.[111] Nur die Nachbarsfreunde, die dem Begleitschutz bereits bekannt waren, mussten vor einem Besuch bei den Meiers nicht mehr auf ihre Sicherheit gecheckt werden. Auch die Reitstunden von Martina Genscher wurden genauestens beobachtet. Als im November 1972 verdächtige Personen auf dem Reitinstitut registriert wurden, die sich für den Diplomatenwagen des Vaters interessierten und Filmaufnahmen davon machten, wurde sofort das Fahrzeug ausgetauscht, der Schutz für die Wohnung der Familie Genscher verstärkt und Martina nicht mehr ohne Begleitung gelassen.[112] Vater Genscher, so die Erinnerung seines Ministerkollegen Baum, sei immer »unheimlich besorgt« um seine Tochter gewesen.

Wie beschwerlich so eine Begleitung gerade für pubertierende Mädchen sein konnte, zeigt eine Episode in Berchtesgaden. Martina Genscher und die ältere Tochter von Bundesinnenminister Baum wurden während des Silvester-Urlaubs bei ihrem Disko-Besuch von zwei Personenschützern begleitet. Wenn die beiden jungen Männer dann an der Theke standen und die beiden Mädchen ständig beobachteten, konnten die jungen Frauen kaum neue Bekanntschaften schließen, so die Erzählung von Vater Baum. »Wir brechen das ab, das hat gar keinen Sinn«, sollen die Mädchen gesagt haben. Sie kehrten wieder in die Urlaubsunterkunft zurück.[113]

Die beiden älteren Söhne von Kanzler Willy Brandt, Peter und Lars, lehnten den ständigen Begleitschutz strikt ab. Die Wahl seines Vaters zum Kanzler im Jahr 1969 verfolgte Peter Brandt, Student in Berlin, im Fernsehen. Als Kanzlersohn sollte er nun Personenschutz erhalten, erinnert er sich: »Nach der Wahl kam plötzlich jemand und sagte, er sei jetzt mein Personenschützer. Ich habe ihm höflich gesagt, das solle er mal schön bleiben lassen.«[114] Sein jüngerer Bruder Matthias konnte darüber nicht selbst entscheiden. Er war erst sechs Jahre alt, als er mit seiner Familie in die gut gesicherte Villa auf den Venusberg in Bonn zog.[115] Die Personenschützer, so beschreibt es Matthias, hätten zu seiner Existenz gehört. Da sie so oft wechselten, habe man jedoch kaum eine persönliche Bindung aufgebaut. Ihre Anwesenheit habe man auch mal vergessen können oder man nutzte sie als Spielkameraden, wenn gerade niemand da war, sie seien mal mehr, mal weniger präsent gewesen – aber »gegenwärtig waren sie immer«. Um der ständigen Beobachtung durch Personenschützer zu entkommen, entwickelten Kinder dann auch raffinierte Fluchtwege. Wenn die Brandt-Kinder einmal Lust auf ein Eis hatten, nahm Lars seinen kleinen Bruder auf die Rückbank seines Volkswagen. Kurz vorm Tor duckte sich Matthias und sein Bruder steuerte das Auto an den wachsamen Personenschützern vorbei aus dem Grundstück hinaus.

Der Begleitschutz für die Kinder von Schutzpersonen konnte aber auch lockerer gestaltet sein. So fuhr Julia Baum als Schulkind durchaus alleine mit dem Fahrrad durch den Park oder traf sich mit Freunden. Dennoch beschreibt Julia immer wieder die vielen Einschränkungen, die sie in ihrer Beziehung zum Vater hinnehmen musste. Die gemeinsame Zeit mit ihm war bereits als Politikerkind knapp bemessen. Wenn ihr Vater sie dann morgens

Abb. 10: Bundesinnenminister Gerhart Baum mit Tochter Julia im Kölner Stadtwald 1979

(Foto: J.H. Darchinger, Friedrich-Ebert-Stiftung)

durch den Stadtwald Köln einmal in die Schule bringen konnte, wurden sie von den Personenschützern, kreisförmig um Vater und Tochter formiert, begleitet.[116]

Wenn dann im Urlaub die Einschränkungen durch einen ständigen Polizeischutz hinzukamen, schien die Zeit der Vertrautheit mit ihrem Vater noch begrenzter, da man auch nie »unauffällig« sein konnte. Für Julia war das der »Preis«, den man dafür zahlen musste, dass man »abgesichert« war. Ihr Vater stellt rückblickend fest, dass seine Kinder in einer entscheidenden Phase ihres Lebens »keinen Vater« gehabt hätten, der sich »richtig« um sie kümmern konnte: »Und wenn ich da war, waren das Ausnahmesituationen.«

BKA-Präsident Zachert fehlten vor allem die »kurzen Spontaneitäten«, wie in die Stadt fahren und Eis essen. Auch kam es vor, dass die Söhne nicht zu einem familiären Treffen kommen wollten, weil ihnen die Anwesenheit der Personenschützer unangenehm war, erinnert sich Zachert. Gleichzeitig, so Christel Zachert, wäre der Personenschutz des Vaters für die Söhne auch beeindruckend gewesen und hätte den Vater in ein besonderes Licht gerückt.

Dieser Eindruck konnte sich auch einstellen, so Stephan Meier, wenn sein Vater ihn mit einem »Riesentheater« in der schweizerischen Schule besuchte. Bereits zwei Tage vorher hätte man die zahlreichen Polizisten in Zivil bemerken können, die die Schule beobachteten und die Sicherheitslage überprüften. An die ungewöhnliche Situation, als sein Vater dann mit Wagenkolonne und Motorradbegleitung vorfuhr, erinnert sich Stephan folgendermaßen: »Wenn man da eigentlich so Monate lang ganz ruhig vor sich hin studiert und sein Leben hat, und dann auf einmal kippt das alles. Als er dann ankam mit einem riesigen Tross von Polizei und Sicherheit, haben wir nur die Koffer gepackt, ins Auto geschmissen und sind gefahren.« Sein Vater selbst hätte das alles gar nicht registriert, er hätte im Auto Akten studiert oder telefoniert.

Kindheit unter Beobachtung der Öffentlichkeit

Zum eingeschränkten Umgang mit dem Vater kam der Umstand hinzu, dass der Vater eine öffentliche Person darstellte und somit kaum Anonymität genoss. In seinen Beobachtungen zur Familie Brandt beschreibt Andreas Körner die Kindheit von Matthias in der hochgesicherten Villa auf dem Venusberg. In den acht Jahren, in denen sein Vater Außenminister und dann Bundeskanzler gewesen sei, sei Matthias zum »Medienkind« geworden.[117] Ein »Prominentenkind« zu sein ist auch für Julia Baum eine der wesentlichsten Prägungen ihrer Kindheit. Ihr Status als Ministerkind erschwerte so manchen sozialen Kontakt. Vorbehalte, Unwissenheit und Vorurteile spürte sie bei ihren Freunden und Bekannten. Auf einer eher konservativen Schule sei sie als FDP-Kind schnell mit der Politik des Vaters gleichgesetzt worden und hätte auch einige Anfeindungen erleben müssen. Es war also vor allem das »Verhalten der anderen«, das Julia Baum belastete. Die Reaktionen aus dem Umfeld auf ihre Sonderposition, zum Beispiel morgens in die Schule begleitet zu werden, bestimmten die Freundschaften in der Schule und das Verhältnis zu Lehrern und Schülern. Ihr Vater sei eben in der Politik tätig und stand in der Öffentlichkeit, was aber ja nicht ihre Entscheidung gewesen sei. Dass andere sich darauf eine Meinung über ihre Person und ihr Leben bilden wollten, fand Julia ungerecht, schließlich hatte sie sich ihre Situation »nicht ausgesucht«.

Was für andere eine Möglichkeit war, Aufmerksamkeit in ihrem sozialen Umfeld zu erlangen, war für Julia Baum eher bedrückend:

> »Ich wollte integriert sein. Ich wollte eben nicht irgendwie eine Sonderposition haben, sondern ich wollte dazugehören. Und das wurde mir schwer gemacht. Warum, war mir am Anfang nicht so bewusst, ich hab es halt nur gespürt. Auch von Lehrern,

die aus welchen Gründen auch immer gedacht hatten, man müsste jetzt eine Sonderbehandlung bekommen oder bevorzugt oder auch nicht bevorzugt werden.«

In der 7. Klasse, also mit gerade mal zwölf Jahren, entschied Julia Baum dann aus eigenem Antrieb, die Schule zu wechseln. »Wo man nicht so bekannt ist, wo man neu untertaucht und einer von vielen ist.« Sie wurde dann nicht mehr zur Schule gebracht oder abgeholt, sondern durfte alleine mit dem Fahrrad oder mit dem Bus zur Schule fahren. Für Julia Baum war das eine »Befreiung«.[118]

War Julia Baum mit ihrem Vater am Wochenende unterwegs, konnte sie auch hier nicht auf eine normal-familiäre Situation hoffen. Mit drei »schwarzen dicken Mercedes« ins Bergische Land zu fahren, versprach kaum Anonymität. Man hätte daher, so ihre Erinnerung, immer wieder die Orte aufgesucht, an denen sie bereits bekannt waren und wo die Familie Baum ohne größeres Aufsehen wandern gehen und Waffeln essen konnte. Und noch heute wird ihr Vater in der Öffentlichkeit erkannt. Wenn dann geflüstert werde »Ist das nicht der Baum?«, möchte sie oft antworten: »Ja, er ist es. Aber er ist auch mein Papa!« Julia Baum empfindet hier eine Ambivalenz, »weil du versucht es zu ignorieren, aber du kannst ja nicht.«

So habe sie eine Zeit lang vermieden, überhaupt zu erwähnen, wer sie oder wer ihr Vater sei. Nach der Schule ging Julia Baum für sieben Jahre in die USA, wo keiner ihre Geschichte kannte, sie unbelastet war und sie ganz sie selbst sein konnte. Dort hätte sie sich auch individuell weiterentwickeln können. Erst nach dieser Erfahrung hätte sie sich wieder ihrem Vater mit großem Interesse an seiner Arbeit und seinem Wirken nähern können, ohne es als Belastung zu empfinden. Mit diesem Abstand habe sie dann besser verstehen können, dass es »eben gar nicht anders ging«. Als Kind jedoch hätten nur »Zeit, Liebe, Aufmerksamkeit« gezählt, »die ganz puren Dinge einfach«.

Als Julia Baum mit ihrem Vater das erste Mal über ihre Kindheit offen sprach, war er überrascht, wie diese »Sondersituation« seine Kinder geprägt hatte: »Er hat sich das nicht so bewusst gemacht, dass es für uns doch so ein starker Einfluss war und dass das nicht so spurlos an uns vorbeigeht«, erzählt sie. »Dass die Konsequenzen für uns noch größer sind als für ihn, das wusste er nicht.« Der Hintergrund des Schulwechsels, die Probleme mit dem sozialen Umfeld – es sei schwierig gewesen, »das mit sich auszumachen und sich irgendwie so seinen Weg zu bahnen«. »Kindheit, Eltern kannst du dir ja nicht aussuchen, und es hat uns zu denen gemacht, die wir heute sind. Und ich würde das auch nicht anders haben wollen und zurückdrängen, aber es macht was mit einem, was eben viele Menschen nicht haben.«

Auch die Eltern berichten von Problemen ihrer Kinder in der Schule aufgrund ihres Status als Politiker- oder Prominentenkind. So erinnert sich Frau Hirsch, dass einer ihrer Söhne »sehr darunter gelitten« habe, als Sohn eines bekannten Politikers die Schule zu besuchen. Immer wieder bestand für Außenstehende der Verdacht, er bekomme nur aufgrund seiner Herkunft so gute Noten. Deswegen wurden seine Arbeiten »drei-, viermal nachgeguckt«, damit ja keine falschen Eindrücke entstehen. »Das war nicht normal.«

Daneben gab es aber auch Kinder, wie des Ehepaars Foth, die mit der Begleitung zur Schule oder zum Fußballspielen, so ihr Vater, keine wesentlichen Einschränkungen verspürten.[119] Die Kinder des Ehepaars Vogel wurden auf so dezente Weise geschützt, dass sie kaum beeinträchtigt waren. Ein Sicherheitsbeamter bewachte die Tochter beispielsweise so unauffällig, dass diese den Schutz während des Grillens an der Isar mit ihren Freunden gar nicht bemerkte. »Aber geschimpft haben sie natürlich schon«, erinnert sich Liselotte Vogel, schließlich hätten die Sicherheitsbeamten bei besonderen Gefährdungslagen sogar vor der Klassentür der Tochter gesessen. »Und das war natürlich für die Kinder auch eine ungewöhnliche, nicht ganz einfache Situation«. Sie hätten es dann aber eingesehen.

Im Sicherheitskokon: Räume erleben und empfinden

Die Privatheit ist im konkret-physischen Sinne an Räume gebunden, bleibt dabei jedoch nicht nur ein räumlicher Bereich, sondern ist vielmehr »eine Lebensform«, die sich mit der Lokalität »verbindet« und »die sich der Existenz privater Räume konstitutiv verdankt«.[120] So können wir beispielsweise intime Beziehungen »als Lebensform« nur in Räumen wie Zimmern, Wohnungen und Häusern leben, so Beate Rössler.[121] Wie werden private Räume gestaltet und wahrgenommen, welche Funktionen übernehmen sie in der privaten »Lebensform« und was bedeuten Veränderungen der Räume für die Privatheit? Die Beachtung räumlicher Wahrnehmungskategorien bei der Untersuchung des privaten Lebens unter Personenschutz ermöglicht es, mit den Worten von Benno Werlen, zu ergründen, »welche Bedeutung räumliche Bezüge des Handelns für die Konstitution sozial-kultureller Wirklichkeiten aufweisen«.[122] Dabei wird von einem dynamischen Raumkonzept ausgegangen, das Raum als ein Produkt aus der Bewegung des Individuums und seiner Wahrnehmung des Raumes sowie aus seinem sozialen und symbolischen Handeln sieht.[123] Raum ist also nicht absolut gegeben, sondern veränderbar.

Bewegen in Sicherheitsräumen

Die Einstufung als gefährdete Person zog zwei wesentliche Folgen nach sich: Die Person wurde durch ein ständiges Schutzkommando begleitet und konnte sich damit zum Teil nur fremdgesteuert in öffentlichen und halb-öffentlichen Räumen bewegen. Zudem erhielt sie umfangreiche technische Sicherheitsmaßnahmen, die sich auf das Verhalten in der privaten Sphäre auswirken konnten. Das veränderte Bewegen in der Öffentlichkeit und im Bereich des Außens – um wieder auf das Sphärenmodell zurückzukommen – beeinflusste den Blick auf die öffentlichen Räume. Wurde ein eigentlich öffentliches Verkehrsmittel gewählt, so reiste der Kanzler im Sonderzug – ganz ohne Zwischenhalte und andere Passagiere. Ein sogenanntes Bad in der Menge konnte ohne jeden physischen Kontakt ablaufen, wenn ein Ring von Personenschützern die Räume zwischen Politikern und Bürgern trennte.

Bereits der Blick durch die Sicherheitsfenster des gepanzerten Wagens auf das alltägliche Stadtleben oder das Vorbeirauschen am gewöhnlichen Verkehrsgeschehen ließen den Raum außerhalb des Schutzpanzers anders wirken. Mehrere Zentimeter dickes Glas trennte die Schutzperson von dem Geschehen draußen. Die Fahrt zur Arbeit war kein bewusstes Beobachten und Aufnehmen von äußeren Einflüssen. Keine rote Ampel ließ innehalten und die Umgebung betrachten. Kein Blickkontakt mit anderen Verkehrsteilnehmern ermöglichte spontane soziale Interaktion mit der Umwelt. Vielmehr war es ein in sich geschlossener, abgekapselter Sicherheitsraum, in dem die Schutzperson auf einem isolierten Transportweg von einem Ort zum nächsten gebracht wurde. Das Bewegen in der Heimatstadt oder das Eintreffen im Wohnviertel konnte ohne sozialen Kontakt zur oder Interaktion mit der Außenwelt stattfinden. Natur und Landschaft konnten anders erlebt werden, wenn die Schutzperson während des Urlaubs nur in einer Gruppe von Personenschützern wandern ging.[124] Wie unter einer Glasglocke war die Sicht auf die Welt verzerrt.

In der halb-außen liegenden Sphäre – der unmittelbaren Nachbarschaft – konnte sich die Raumwahrnehmung auch durch soziale Faktoren verändern. So befanden sich im Viertel, wie auf dem Heiderhof in Köln, die Anwesen weiterer prominenter Schutzpersonen, da die Häuser aufgrund der be-

Abb. 11: Helmut Kohl allein mit seinem BKA-Personenschützer und einem österreichischen Sicherheitsbeamten beim Wandern in Schruns/Montafon, März 1987

(Foto: zweiter Sicherheitsbeamter aus Österreich, privat)

reits vorhandenen Sicherheitsmaßnahmen von nachfolgenden Amtsinhabern oder schutzbedürftigen Personen übernommen wurden. Die Nachbarschaft als Raum, der für die Orientierung und die Identität eines Individuums eine wichtige Rolle einnimmt, konnte in diesen Fällen kaum normal gestaltet werden.[125] Sie wurde vielmehr zu einem Teil der beruflichen Öffentlichkeit. Kabinetts- oder Parteikollegen, Vorgesetzte oder Mitarbeiter wohnten nebenan und begegneten sich bei der morgendlichen Abfahrt des Kommandos.[126] Neben der damit verbundenen sozialen Angleichung im nachbarschaftlichen Umfeld löste sich auch die Trennung von Beruflichem und Privatem, die üblicherweise im Wohnumfeld und der Nachbarschaft vorhanden ist, zunehmend auf. Dies führte nicht nur zu einer Einschränkung der halb-äußeren Privatsphäre, sondern veränderte auch die Wahrnehmung des Raumes Nachbarschaft.

In den weiter innen liegenden privaten Sphären nimmt das Zuhause für das Privatleben eine besondere Rolle ein. Ihm wird die Funktion zugeschrieben, in »fundamentaler Weise unser Leben, unsere Identität schützen und ermöglichen zu können«.[127] Seine Aufladung als Privatsphäre entstehe nicht nur durch die Kontrolle des Zutritts, sondern auch dadurch, dass das Indi-

Abb. 12: Verbarrikadiertes Anwesen von Bundeskanzler Helmut Kohl in Oggersheim mit Objektschutzkräften, November 1990

(Foto:picture alliance)

viduum sich hier selbst »inszenieren« könne: So seien es »bestimmte Gegenstände«, die sich im privaten Raum befänden, »eine bestimmte Anordnung« hätten und dadurch selbst eine private Bedeutung erhielten.[128] Durch diese Inszenierung des Interieurs, so Beate Rössler, wird eine private Bedeutung erzeugt.[129] Zudem gilt aus sozialwissenschaftlicher Perspektive das Wohnhaus als menschlicher »Ur-Ort«, mit dem das Individuum Geborgenheit und Wohlbefinden verbindet.[130] Diese existenzielle Sphäre des Hauses und des direkten Umfelds wie der Garten war durch technische Sicherheitsmaßnahmen verändert worden, was ihre optische und haptische Wahrnehmung durch die Schutzperson und ihre Angehörigen beeinflussen konnte.

Die Sicherheitsvorkehrungen am Grundstück und am Haus konnten sehr umfangreich ausfallen.[131] Vor den Wohnhäusern wurden zunächst Objektschutzkräfte postiert, die bei Schutzpersonen der Gefährdungsstufe 1 auch auf dem Grundstück patrouillierten. Die Sicherheitsbeamten beispielsweise von Bundesaußenminister Genscher hielten sich oft auf seiner Gartenterrasse auf. Diese liegt in der Mitte des u-förmig und mit Glaswänden gestalteten Wohnhauses, sodass von der Terrasse aus direkt in die privaten Räume eingesehen werden kann. Mit einer Überdachung versehen und mit Terrassenmöbeln ausgestattet, fanden die Sicherheitsbeamten Schutz vor Witterung und verbrachten hier ihre Schichtpausen. Genscher ließ ihnen dann auch hin und wieder warme oder kalte Getränke servieren.[132] Noch wenige Jahre zuvor hatten die Personenschützer der Innensicherung den ausgebauten Keller im Privathaus Genschers genutzt, und zwar Tag wie Nacht.[133] Hier war also selbst der Schutz der Privatsphäre in den eigenen privaten Räumen nicht gewahrt worden. Lebten die Schutzpersonen nicht in einem eigenen Haus, sondern in einer Etagenwohnung, sicherten die Sicherheitsbeamten die Flure des Wohnhauses, wie es Bundesjustizminister Vogel erzählt. Seine Besucher erschraken dann oftmals, wenn sie aus dem Fahrstuhl stiegen und Personenschützern mit angeschlagenen Waffen gegenüberstanden.

Die Fenster der Wohnräume waren zumeist mit Panzerglas ausgestattet, was zur damaligen Zeit teilweise noch grünlich schimmerte und das einfallende Sonnenlicht veränderte. Im Wohnungsinneren waren Alarmsysteme installiert, dessen zahlreiche Notknöpfe in den Räumen verteilt und zur Notrufanlage der Polizei verbunden waren. So mussten Schutzpersonen lernen, bewusster mit den Vorrichtungen in ihrem Haus umzugehen. In diesem Zusammenhang unterlief Richter Foth der Fehler, dass er, nachdem er seine Mutter vom Bahnhof abgeholt hatte, in einem unachtsamen Moment die Garage öffnete. Sofort wurde der Polizeialarm ausgelöst, und die örtliche Polizei rückte unter voller Bewaffnung an. Umringt von Polizeikräften erklärten Foth und seine Mutter, dass es sich um ein Versehen handelte.

Das Aussehen des Gartens konnte sich durch die Sicherheitsmaßnahmen ebenfalls wesentlich verändern. So stand eine besondere Sicherheitsvorkehrung mitten im Garten von Richter Breucker: In ein Kanonenrohr aus Stahl, aufgehängt an einem Gestell und nach oben und unten offen, sollte er die gegebenenfalls in seinem Haus oder Garten gefundenen Sprengkörper vorsichtig von oben hineingleiten lassen. Ein in der Mitte des Rohrs vorhandenes Netz fing den Sprengkörper auf. Wäre bis zum Eintreffen der Polizei der Sprengkörper explodiert, hätte die Wucht der Explosion nach oben oder unten entweichen können und ein größerer Schaden wäre verhindert worden. Breucker erschien diese Sprengvorrichtung wie ein Raketenwerfer mitten in seinem Garten.

Lichtanlagen mit Scheinwerfern umringten das Grundstück und leuchteten, ausgelöst durch den Bewegungsmelder, bei jeder kleinsten Bewegung den Garten und das Haus aus. »Wie ein Bühnenbild« hätte das ausgesehen, wenn man die Anlage nachts angeschaltete hätte, so Christel Zachert. Allein wenn ein »Kaninchen da hoppelte«, gingen im Grundstück von Bundesinnenminister Baum die Lichtanlagen an, »paff« und die Objektschützer kamen sofort aus ihrem Wachhaus und kontrollierten die Lage. Baum kommt zu dem Schluss, dass die Privatheit »doch sehr stark eingeschränkt« war. Die zahlreichen Kameras nahmen als komplexes Überwachungssystem alle Bewegungen in Garten und um das Haus herum auf und übertrugen sie auf Bildschirme in das Wachhäuschen der Objektschutzkräfte, wie Bundeskanzler Schmidt erzählt.

Als vor die Terrasse des Kanzlerbungalows eine freistehende Panzerglaswand aufgestellt wurde, war es Kanzler Schmidt dann auch wichtig, dass die Fläche zwischen Bungalow und Schutzwand wenigstens gärtnerisch gestaltet wurde, um den Garten und das Grundstück optisch nicht zu stark zu beeinträchtigen. Eine Art Innenhof sollte geschaffen werden, der die große Glaswand verdeckt hätte. Aus Haushaltsgründen wurde von der großzügigen Bepflanzung abgesehen, zu »großem Bedauern« des Kanzlers.[134]

Die verteilten Sicherheitsvorrichtungen oder die Anwesenheit von Personenschützern beeinflusste das Bewegen im Raum. In diesem Sinne gab es auf dem eigenen Grundstück außer den privaten Zimmern keinen Bereich, der alleine und gelenkt von eigenen Wünschen und Zielen sowie nach eigenen Bewegungsmustern durchlaufen werden konnte. Wenn Minister Baum nach Hause gebracht wurde, aus dem gepanzerten Wagen stieg und durch das Gartentor ging, kamen sofort die Objektschutzkräfte mit Maschinenpistolen aus dem Container-Wachhaus und begleiteten ihn vom Gartentor zur Haustür.

Die Sicherheitsexperten baten die Schutzpersonen zudem, ein bestimmtes Sicherheitsverhalten einzuüben. So ließ sich der Balkon des Hauses von BKA-Präsident Zachert in Wiesbaden von einer schräg gegenüberliegenden Anhöhe aus einsehen. Somit bestand für ihn die Gefahr, durch einen dort postierten Scharfschützen getötet zu werden. Auf die besorgte Nachfrage von Christel Zachert beim Landeskriminalamt, wie denn ihr Ehemann auf dem Balkon geschützt würde, wurde dann empfohlen, dass ihr Mann eben nicht mehr auf den Balkon gehen dürfe. »Da wäre ich beinahe geplatzt!«, erinnert sich Christel Zachert.[135] Schließlich wurde eine Sichtschutzwand aufgestellt und Herrn Zachert die Anweisung gegeben, nur noch an einem bestimmten Punkt hinter diesem Sichtschutz Platz zu nehmen. Nur noch hier konnte Zachert seinen »wunderschönen« Balkon genießen.

Spätestens nach dem Attentat auf Detlev Karsten Rohwedder in seinem Haus in Düsseldorf im Jahr 1991 wussten die Schutzpersonen auch, dass der Aufenthalt an nicht geschützten Fenstern gefährlich werden konnte. In einem Sicherheitsgespräch wurde dem BKA-Präsidenten Zachert nahegelegt, die Rollläden auch tagsüber als Sichtschutz zu verwenden.[136] Die Gestaltung des Innenraums, die nach Rössler ein identitätsstiftendes Merkmal von Privatheit darstellt, ist damit auch durch sicherheitsrelevante Überlegungen beeinflusst. Noch weitreichender konnte sich die Unterbringung in hoch gesicherten Gebäuden auswirken, wenn zum Beispiel Bundesaußenminister Genscher, wie oben erwähnt, aufgrund der hohen Bedrohungslage 1977 gemeinsam mit seiner Familie zeitweise in den Gebäuden der GSG 9 in Hangelar untergebracht wurde.[137]

Kindheit in der »Hochburg«

Die Lebenswelt von Kindern entfaltet sich vor allem in Räumen.[138] Werden diese durch Sicherheits- und Objektschutzmaßnahen verändert, kann das die kindliche Lebenswelt stark beeinflussen. Walter Kohl erzählt in seiner Autobiographie, dass nach dem Mittagessen und den Hausaufgaben sein Bruder und er »mehr oder weniger eingesperrt« waren:

> »Spielen konnten wir irgendwann praktisch nur noch im Haus, im Garten und auf dem Nachbargrundstück, wo der nächste Polizist nie weiter als 15 bis 20 Meter entfernt war. Abends gab es Fernsehen, und dann hieß es ›Ab ins Bett!‹ Jahrelang ging das so, in unserem ›Sicherheitscamp mit öffentlichem Schulanschluss‹, wie wir es in einer Mischung aus Galgenhumor und Depression nannten.«[139]

Diese soziale Abschottung nach außen lässt zunächst vermuten, dass der Aufenthalt im eigenen Garten oder im Haus noch am wenigsten eingeschränkt war und Kinder sich hier frei und sicher bewegen konnten. Die Anwesenheit eines Wachhäuschens vor der Haustür oder in der Hauseinfahrt war dann möglicherweise schnell vergessen. Die in diesem vermeintlich freien Raum nicht anwesenden Sicherheitsbeamten wurden dann aber ersetzt durch nicht-menschliche Überwachung: durch Sicherheitszäune, Lichtanlagen und Überwachungskameras. In diesem Sinne blieb auch in diesem letzten persönlich-privaten Raum nichts dem Zufall überlassen, sondern er war auf eine ähnliche Weise erfasst und kontrolliert wie die Bewegungsräume der Schutzpersonen außerhalb des privaten Grundstücks.

Von der Wirkung dieser Sicherheitsmaßnahmen auf die alltägliche Lebenssituation erzählt Matthias Brandt. Er sei nach der Schule oft zu seinem Freund Andreas Brenke nach Hause gegangen und erst abends in sein »wirkliches Zuhause« zurückgekehrt. Den ganzen Tag habe er dort verbracht: »Wir

Abb. 13: Die Kinder des Bundespräsidenten Walter Scheel spielen im Garten, im Vordergrund ein Polizist des Objektschutzes, 1972

(Foto: keystone)

waren lieber bei ihm als bei mir. Wegen der ganzen Sicherheitsgeschichten bei uns, das ging da damals schon los, es war entspannter bei denen.«[140] In der Familie Brenke habe er am »normalen Leben, am Alltag teilgenommen«, wie er es in seiner eigenen Familie nicht kannte.

Wie der Personenschutz und die Sicherheitsmaßnahmen auf die kindlichen Räume wirkten, kommt besonders in den Erzählungen von Julia Baum zum Ausdruck, die als Kind eines Bundesministers in einem Schutzsystem auf höchstem technischem Sicherheitsniveau lebte. Haus und Garten ihrer Kindheit waren mit neuesten technischen Sicherheitsmaßnahmen ausgestattet. Das Grundstück der Baums war umgeben von einem Maschendrahtzaun mit Stacheldrahtbändern, die das Übersteigen des Zaunes verhindern sollten (»kindersicher« montiert).[141] Das Stabgittertor zur Grundstückszufahrt war mit einer Sichtblende versehen, Rollläden sollten die Einsicht in Wohnräume erschweren. Eine Überfallmeldeanlage mit Handmeldern in Eingangsbereich, Küche, Garage, Schlafzimmer, Wachraum, Arbeitszimmer, Wohnbereich, Esszimmer (ebenfalls »kindersicher« angebracht) sowie eine

Gegensprechanlage waren installiert. Je nach Gefährdungssituation waren die Fenster mit unterschiedlich starkem Glas beschusshemmend ausgestattet. Wenn das Schwimmbad genutzt werden sollte, mussten die Jalousetten geschlossen werden, sonst wäre ein Sonderposten notwendig gewesen. In den Kaminen waren korrosionsbeständige Auffanggitter bzw. -netze angebracht worden, die das Einwerfen gefährlicher Gegenstände verhindern sollten. Die Eingangstür war mit einem Kastenschloss mit Sperrbügeln versehen. Im Zufahrtsbereich wurde ein beschusshemmend ausgestattetes Wachhäuschen aufgestellt, in dem die Sicherheitsbeamten per Bildübertragung das Grundstück beobachten konnten. Hierfür war eine Fernsehüberwachungsanlage mit etwa sechs bis acht Kameras zur peripheren Grundstücksüberwachung installiert worden – »unter Beachtung der Privatsphäre«.

Für Julia Baum ging mit diesen Überwachungsanlagen ihre Privatsphäre verloren. Anfangs hätten sich die Kinder noch einen Spaß daraus gemacht, abends durch den Garten zu laufen und die Bewegungsmelder auszulösen. Aber allmählich sei ihnen bewusst geworden, dass man nun immer auf dem Bildschirm war, die Sicherheitsbeamten in ihrem Wachhaus sie sehen konnten und all ihre Bewegungen verfolgten. »Also das war dann doch ein bisschen zu intim«, erinnert sich Julia Baum. Auch wenn man als Kind noch kein Gefühl für Scham hatte und so auch den Garten weiterhin nutzen wollte, so waren durch die beobachtenden Kameras selbst die normalsten Kinderstreiche kein Geheimnis mehr. Und abends unauffällig durch den Garten zu gehen, war gar nicht mehr möglich, weil die Bewegungsmelder sofort die flutlichtähnlichen Scheinwerfer ausgelöst hätten. Selbst ihre Katzen und Hunde waren beim Streunen durch den Garten gleich in helles Licht getaucht. Als ihr Vater aus dem Ministeramt ausschied und die Sicherheitsvorkehrungen abgebaut wurden, erinnert sich Julia Baum, war es »ganz angenehm zu wissen, dass man jetzt nicht mehr so Big-Brother-mäßig« beobachtet wurde.

Julia Baums Erleben des überwachten Hauses und Gartens kann durchaus ambivalent und von zwei verschiedenen Erfahrungsdimensionen geprägt sein.[142] Einerseits deutete das Überwachtwerden durch Kameras, dessen Bilder ein Sicherheitsbeamter im Wachhaus anschaute, auf ihre Einzigartigkeit als Individuum hin. Ihr Garten und ihr Raum wurden überwacht, weil sie und ihre Familie gefährdet waren. Andererseits verlor sie ihre Individualität, weil es nur um die Raumüberwachung ging und selbst kleine Kaninchen die Lichtanlage auslösten wie sie selbst. Es schien also völlig belanglos, wer durch den überwachten Raum lief.

Zudem wurde durch die Kameraüberwachung dem Individuum die Situationskontrolle entzogen. Denn wie die Forschungen zu Raum und Überwachung zeigen, geht das Individuum üblicherweise davon aus, dass es »seine Umwelt kontrollieren und genau bestimmen kann, wer in welcher Weise Zeuge seines Tuns ist«.[143] Durch die Überwachung ihrer Räume verlor Julia Baum jedoch die Kontrolle über ihr Gesehenwerden. Nicht nur das, ihr war als beobachtetes Objekt die Möglichkeit genommen, auf das – hier vom Sicherheitsbeamten – Gesehenwerden unmittelbar zu reagieren, eigene Handlungen und Bewegungen zu erklären, zu entschuldigen oder, wie Goffman meint, »korrektive Informationen« zu vermitteln.[144] Die Kameraüberwachung hatte Julia Baum von einem Kommunikationsobjekt in ein Informationsobjekt gewandelt.

Privat oder sicher: Neue Wahrnehmung von Räumen

Die Überwachung und Beobachtung durch Kameras ist ein wichtiger Einflussfaktor bei der Wahrnehmung von Räumen. Denn Räume wirken auf das Handeln und die Gefühle. Die Kameras vermittelten Julia Baum, dass es sich hier um einen nicht mehr gefährlichen Ort handelte, in dem sie sich nun sicher bewegen konnte.[145] Die Videoüberwachung teilte den Raum somit in sichere und unsichere Orte ein oder – von der anderen Seite her betrachtet – erzeugte mit ihrer Installation erst gefährliche Orte. So wird dem Überwachten oder hier Beschützten bewusst, dass die Räume außerhalb des sicheren Hauses und Gartens bedrohlich sein können. Gleichzeitig wurden überwachte Räume wie der Garten der Familie Baum plötzlich zur »Vorderbühne«, also auch zu einer öffentlichen Sphäre. Die nicht überwachten Innenräume des Hauses blieben damit die »Hinterbühne« und die letzten Möglichkeiten des Rückzugs. So war sich auch Julia Baum bewusst: »Die richtige Privatsphäre musst du jetzt aufgeben, für den notwendigen Schutz.«[146]

Darüber hinaus besagt die Forschung, dass Räume durch menschliches Handeln geschaffen werden. Schutzkinder hatten nicht nur die Straße als Ort zum Spielen verloren, sondern konnten sich auch im kameraüberwachten Garten nicht mehr so frei bewegen und mieden ihn als Raum zum Spielen. Damit verlor der Garten als Ort der Geborgenheit an Bedeutung. Überwachungskameras beeinflussten also das Verhalten im Raum und veränderten schließlich die Raumwahrnehmung. Räume, die üblicherweise der privaten Sphäre angehörten, wurden aus dem Privaten katapultiert und zu halb-öffentlichen Räumen. Die gesamte räumliche Lebenswelt von Kindern konnte so umgeformt werden.[147]

Wie bei den Kindern so veränderte sich auch bei den Schutzpersonen selbst die Empfindung von Räumen. Liselotte Vogel erzählt, dass sich nicht nur die Objektschutzkräfte, die mit Maschinenpistolen im Garten umherliefen, auf das eigene Wohlbefinden auswirkten, sondern auch die gesamte Umgestaltung der privaten Räume. Während die Autorin mit BKA-Präsident Herold in seinem isolierten Wohnhaus auf dem Bundespolizeigelände in Rosenheim spricht, wird dies noch einmal besonders deutlich. Herold zeigt auf die Fenster seines Wohnzimmers und erzählt, wie zu Hoch-Zeiten des Terrorismus eine sechs Meter hohe Sicherheitswand direkt vor den Fenstern stand und die Wohnräume komplett verdunkelte: »Wir hatten nie Tageslicht. Es war immer dunkel.«

Ähnlich erging es Julia Baum, die ihr Zuhause wie eine »Hochburg« empfand, in die »keiner rein«, aus der aber auch »keiner raus« konnte. Das Haus erschien manchen wie ein Gefängnis. Dieses Gefühl konnten auch die beruhigenden Worte von Personenschützern – »Bei Ihnen gibt's keine Gefangenen!« (Familie Meier) – nicht wesentlich verhindern. Wenn sogar die gesamte Wohnung nicht mehr betreten werden durfte, war die Geborgenheit von privaten Räumlichkeiten komplett infrage gestellt. So erzählt Liselotte Vogel von einem sehr einschneidenden Ereignis: Aufgrund eines akuten Gefahrenhinweises wurde den Eheleuten Vogel, die gerade von einer Reise zurückkehrten, vom BKA dringend nahegelegt, ihre Wohnung vorübergehend nicht zu benutzen. Ein Mitarbeiter aus dem Justizministerium gewährte ihnen schließlich Unterschlupf. »Da bin ich mir schon eigenartig vorgekommen«, erinnert sich Liselotte Vogel. Für sie hatte diese Evakuierung »etwas wie Ausgrenzung an sich«.

Der Blick auf die eigenen privaten Räume änderte sich. Sie wurden danach eingeordnet, ob sie auch sicher waren. Christel Zachert wusste genau, welche Räume vom gegenüberliegenden Weinberg einsehbar waren und damit scheinbar an Sicherheit verloren. So verschoben Schutzpersonen schon mal den Schreibtisch oder nahmen andere Sitzplätze im Wohnzimmer ein. In den letzten intimen Räumen – weit entfernt von den Kräften des Objektschutzes und den zahlreichen Sicherheitsmaßnahmen – wurde oftmals eine fast absolute Sicherheit gefühlt. Für Liselotte Vogel war dieser Raum ihr Schlafzimmer im Ferienhaus:

»[In der Ferienwohnung] in Niederbayern hatten wir eine Pistole, die ist aber nie aus dem Halfter rausgekommen. Die hab ich hinten in meinem Kleiderschrank, ganz hinten, hinter den Pullover hab ich die gelegt. [...] Ich war oft allein, auch in Niederbayern, und das war nachts nicht so arg gemütlich. Ich hatte eigentlich nie Angst, dass dort eingebrochen wurde oder irgendwas, aber wir hatten, wie gesagt, eine schusssichere Stahltür am Schlafzimmer oben. [...] Ja, da hatten wir auch einen Polizeiruf und ich hatte einen Knopf an meinem Bett. Da hätte ich mich schon melden können. Aber bis da jemand gekommen wäre, wäre lange Zeit vergangen. Aber ich hätte natürlich hinter meiner verschlossenen Tür da oben – schusssicher – eine Weile ausgehalten.«

So galten die privatesten Räume gleichzeitig als die sichersten. Erst hinter einer gepanzerten Tür zum Schlafzimmer, dem am stärksten mit Privatheit konnotierten Raum im häuslichen Leben, war das eigene Leben tatsächlich vor Angriffen geschützt. Garten und äußerer Hausbereich dagegen wurden zwar von Objektschutzkräften und installierten Kameras überwacht und schienen somit besonders sicher zu sein, aus dem gefühlten privaten Bereich fielen sie jedoch heraus, da sie nur noch unter Einschränkungen nutzbar waren.

Insgesamt wurde die geschützte private Sphäre als ein in sich geschlossener Bereich wahrgenommen, der ein stabiles Weiterleben, vor allem auch für Familienangehörige, ermöglichte. So beschreibt Stephan Meier, dass sie keine Panik oder Angst empfunden hätten: »Wir fühlten uns [wie] in einem Kokon«. In ihm waren alle Unsicherheiten beseitigt und ein Weiterfunktionieren in Alltag und Beruf gewährleistet. Jedoch konnte dieser Kokon nicht immer vor Gefahren von außen schützen, wie im Fall Ponto, bei dem eine der Familie bekannte Person, Susanne Albrecht, bis in den sichersten inneren Bereich der Familie Ponto vordrang und ein Attentat ermöglichte. In unerwarteten Situationen konnte dieser emotional stabile Kokon aufbrechen, alle Sicherheit plötzlich infrage stellen und zu hochemotionalen Reaktionen führen, wie in einem späteren Kapitel noch zu sehen sein wird.

Wie die hier aufgeführten Verflechtungen von Privatheit, Unsicherheit und Raum gezeigt haben, muss in die Betrachtung der Privatsphäre auch der Umgang mit der eigenen Gefährdung und Bedrohung einbezogen werden. Die Schutzmaßnahmen sollten dazu beitragen, den Schutzpersonen ein Gefühl der Sicherheit zu vermitteln. Dennoch verursachte die Bedrohungssituation belastende Gefühle wie Unsicherheit und Angst und stellte eine emotionale Herausforderung dar. Wie solche emotionalen Belastungen nach außen hin ausgedrückt wurden, wird im Folgenden genauer in den Blick genommen.

6. Kapitel Der subjektive Umgang mit Bedrohung

Erinnerungen an die erlebte Bedrohung

Im Leben der Schutzperson nahm die Bedrohung der eigenen Person und der Angehörigen viel Raum ein. Zu dieser Stimmungslage trug nicht nur das gesellschaftliche Klima der siebziger und achtziger Jahre wesentlich bei. Hinzu kam, dass sich die Bedrohung konkret gegen die eigene Person richtete und durch die Attentate immer wieder vor Augen geführt wurde. So konnten zahlreiche Faktoren, auf die hier kurz eingegangen wird, die persönliche Bedrohungslage weiter verschärfen. Wie diese Bedrohung wahrgenommen wurde und heute an sie erinnert wird, zeigen anschließend die Erzählungen ausgewählter Zeitzeugen.

»Wir werden Sie hinrichten«: Entstehen von Unsicherheit, Angst und Stress

Die existenzielle Bedrohung auf individueller Ebene löst vielfältige Emotionen aus.[1] Die Wahrnehmung von Bedrohung ist vor allem subjektiv geprägt und weicht oftmals von der objektiven Gefährdungssituation ab. Die Bedrohung sowie die Umstellungen im alltäglichen Leben oder die Eingriffe in die Privatsphäre können Stress, insbesondere chronischen Stress, auslösen.[2] Für den Umgang mit diesem Stress gibt es unterschiedliche Verarbeitungsmechanismen, auch *coping* genannt, auf die später eingegangen wird.

Ob eine Bedrohung zu einer traumatischen Erfahrung führt, hängt von verschiedenen Faktoren ab, etwa von der gefühlten Nähe zur Bedrohung, der fehlenden Kontrollmöglichkeit der Situation, dem Grad der Wahrscheinlichkeit sowie individuellen, kulturellen und sozialen Faktoren. Zu Letzteren zählen das Persönlichkeitsmerkmal Ängstlichkeit, das zum Beispiel durch traumatische Vorerfahrungen als Soldat im Zweiten Weltkrieg geformt wurde, oder auch geschlechtsspezifische Vorstellungen vom Umgang mit Bedrohung.[3] Aus emotionspsychologischer Perspektive ist hier der Übergang zu kognitiven Emotionen, also »erlernten Emotionen«[4], fließend – eine wichtige Grundlage für die folgende historische Betrachtung der Emotion als sozio-kulturelles Produkt.

Die Emotionen Angst oder Unsicherheit als mögliche Handlungsanreize werden in emotionsgeschichtlichen Studien oftmals als besonders »geschichtsmächtige« Emotionen angesehen, so Bettina Hitzer. Daher beschäftigen sich viele historische Abhandlungen ausführlich mit diesen Emotionen.[5] An dieser Stelle sollen jedoch nicht die »eigentlichen« oder »authentischen« Emotionen untersucht oder sogar der »wahre« Gehalt ihres Ausdrucks geprüft werden.[6] Vielmehr werden hier Emotionen als gestalterische Dimension begriffen, die im historischen Feld des Personenschutzes auf vielfältige Weise Befindlichkeiten, Handlungen und Beziehungen prägen konnten. Dieser emotionsgeschichtliche Ansatz geht davon aus, dass Gefühle kulturell und historisch in ihrem Ausdruck und ihrem Gehalt wandelbar sind. Sie sind also auch sozio-kulturelle Produkte des jeweiligen historischen Kontextes.[7] Doch wie lebten Schutzpersonen die durch die Bedrohung hervorgerufenen Emotionen? Welche Formen nahmen die Emotionen an? Wie beeinflussten sie Handlungen? Wie wurde über Emotionen gesprochen?

Der Umgang der staatlichen Elite mit Bedrohungssituationen muss dabei vor dem Hintergrund einer allgemein zunehmenden Verunsicherung in der westdeutschen Gesellschaft gesehen werden. Hierzu konstatiert Klaus Weinhauer, dass seit Mitte der sechziger Jahre die Sensibilität für Sicherheit in der bundesdeutschen Gesellschaft gestiegen sei, also über das für die fünfziger Jahre postulierte »Streben nach Sicherheit« hinaus.[8] Damit einher ging eine wachsende Kriminalitätsfurcht in den sechziger Jahren. Polizisten und Politiker stellten »ein erhöhtes Sicherheitsbedürfnis in der Bevölkerung« fest.[9]

Die Auseinandersetzung mit dem Linksterrorismus in den siebziger Jahren bis in die neunziger Jahre hinein fügte dieser gesamtgesellschaftlichen Entwicklung ein weiteres Element hinzu. Die Mediendiskurse über die RAF analysierend spricht Hanno Balz von einer »diskursiven Erzeugung von Unsicherheit« durch die Medien und die staatlichen Apparate: Die »Moral Panic« hätte nicht »aus der unmittelbaren, panischen Reaktion der Beteiligten« bestanden, sondern »aus einem sich steigernden Krisenempfinden, das sich in den öffentlichen Diskursen artikulierte«.[10] Diese Berichterstattung hätte die »potenzielle ›terroristische‹ Bedrohung mehr und mehr diskursiv entgrenzt«, sodass sich nicht »nur Entscheidungsträger aus Politik, Wirtschaft, Militär und deren Personenschützer bedroht« fühlten, »sondern jeder«.[11] Studien zu Unsicherheit, Risiko und Gefahrenabwehr, wie sie in der Soziologie und Politikwissenschaft zahlreich entstanden sind, stimmen darin überein, dass die Unsicherheit zunimmt, je mehr von Sicherheit geredet wird. Denn die subjektive Wahrnehmung von Sicherheit oder Unsicherheit wird durch Information beeinflusst.

Berichte zur aktuellen Bedrohungslage waren gerade in den siebziger Jahren überall präsent. Titelbilder etwa der Wochenzeitschrift *Der Spiegel*, auf denen Waffen und Polizisten in Uniform gezeigt wurden, führten das Bedrohungsszenario deutlich vor Augen. Schlagzeilen wie »Innere (Un-)Sicherheit« oder »Geschäft mit der Angst« verstärkten den visuellen Eindruck.[12] Als dann die Zeitungen noch erklärten, dass nun auch deutsche Unternehmer »um Leib und Leben« fürchteten und daher den Bundesnachrichtendienst großzügig mit Geld für die »Jagd auf Terroristen« ausstatteten, schien die Bedrohung auch in der Wirtschaft angekommen zu sein.[13]

Eine »hysterische Zeit«: Erzählungen über die öffentliche Atmosphäre

Wie sich in der Interviewstudie zeigt, empfanden auch die meisten der unter Personenschutz gestellten Politiker, Richter und Wirtschaftsunternehmer die öffentliche Stimmung als gereizt. Es habe eine gewisse »Spannung in der Republik« geherrscht, so Bundesinnenminister Baum. Kurt Breucker beschreibt die siebziger Jahre als »aufregende Zeit«, in der der Terrorismus ständig die Republik »erregte«, und die Bürger »Angst hatten«. Die Republik, so zitiert er einen Ausspruch des Journalisten Stefan Geiger, hätte durch den Terrorismus ihre »Unbefangenheit« verloren. Helmut Schmidt spricht von einer »angespannten« Situation, die aufgefahrenen Panzer im Regierungsviertel hätten auf das Publikum sicherlich »abschreckend« gewirkt.

BKA-Präsident Hans-Ludwig Zachert und seine Frau Christel bezeichnen die Stimmung in Westdeutschland als »hysterisch«.[14] Der Zeitgeist sei »verrückt« gewesen, in den Reaktionen der Menschen und beim Ergreifen von Sicherheitsvorkehrungen hätten sich »die Maßstäbe verschoben«. So erzählt Christel Zachert, dass sie einmal ihren Mann zum Geburtstag mit einem Stück Kuchen im Amt überraschen wollte, jedoch nicht in das BKA-Gebäude hineingelassen wurde, weil man im Kuchen eine Bombe vermutete. Auch ihr Mann schildert eine Episode aus den siebziger Jahren, die die »Hysterie« in dieser Zeit zeige. Während einer Abteilungsleiterrunde im

BKA habe der damalige BKA-Präsident Herold seine Mitarbeiter aufgefordert: »So, meine Herren, zeigen Sie mal, ob Sie Ihre Waffen bei sich haben.« Herold wollte überprüfen, so Zachert, ob die Abteilungsleiter als Vollzugsbeamte nach Dienstvorschrift auch alle bewaffnet unterwegs seien. »Keiner läuft ohne Waffe herum«, lautete Herolds Anweisung.[15]

Eine andere Episode zeigt, dass die Festlegung, was als sicher oder nicht galt, auch von einzelnen Individuen abhing. Hatte Christel Zachert mit dem vermeintlichen Bombenkuchen keinen Zugang zum BKA-Gebäude erhalten, wurde ihr dagegen gestattet, eine Weinflasche in eine abendliche Sitzung ihres Mannes zu bringen. Der Pförtner verlangte weder nach ihrem Ausweis, noch überprüfte er die in Zeitungspapier eingewickelte Weinflasche. Auf ihre Bitte, Herrn Zachert sprechen zu wollen, wurde ihr nur gesagt: »Ja, gehen Sie doch hoch. Siebte Etage.« Diese »laxen Sicherheitsmaßnahmen« hätten sie »total verunsichert«: »Ich dachte, ich muss mindestens meinen Personalausweis zeigen und mein Mann muss mich an der Stimme identifizieren, damit ich da hoch darf, oder ich werde abgeholt und nach oben gebracht.«

So war es gerade diese Unberechenbarkeit und Unbestimmtheit von Sicherheitsvorgaben, die Unsicherheit noch verstärken und Hysterie begünstigen konnte. Hans-Ludwig Zachert beschreibt die Stimmungslage in der zweiten Hälfte der siebziger Jahre als einen sich »verselbstständigenden Strudel«:

»Der eine steckte den anderen in der Hysterie an. […] Einer kolportierte dem anderen irgendwas Schreckliches, was sein könnte und dann passierte auch was. Und das wurde dann richtig hochgeputscht. […] Die heiße Luft ging nach oben und alles wurde mitgerissen.«

In der Forschung wird der Begriff »Hysterie« als gesellschaftliche Reaktion auf den Terrorismus aufgrund seiner fehlenden »Trennschärfe als gesamtgesellschaftliches Phänomen« und seine evozierenden »pathologischen Analogien« kritisch betrachtet.[16] Die Schutzpersonen selbst verwenden diesen Begriff in ihren Erzählungen dagegen häufig. Da es sich jedoch um eine subjektive, zunächst auf Einzelpersonen beschränkte Wahrnehmung handelt, kann insgesamt von einer »Panik« in der Bevölkerung nicht gesprochen werden. Gleichwohl müssen diese Hinweise auf Stimmungen und Atmosphären in Politik und Gesellschaft bedacht werden, wenn die emotionalen Reaktionen von Schutzpersonen auf die Bedrohung betrachtet werden sollen.

Individuelle Unsicherheitsfaktoren

Zur allgemeinen Stimmungslage kamen für die Schutzpersonen und ihre Familien die ganz konkreten, da sie selbst betreffenden Bedrohungen hinzu. Sie haben besonders Einfluss darauf, wie Unsicherheit wahrgenommen wird.[17] Hierzu gehörten Berichte über Listen mit potenziellen Entführungsopfern, vermeintliche Auskundschaftungen durch Terroristen mit Modellhubschraubern über dem eigenen Grundstück oder auch personifizierte Bedrohungen wie der auf eine Mauer gesprayte Spruch »Buback, Prinzing, Herold, Mörder«.[18] Als Generalbundesanwalt Rebmann über den Stand der Ermittlungen im Mordfall Ponto im Innenausschuss des Bundestags berichtete, erzählte er von einer Zeitschrift ohne Impressum, in der zu einem Mordanschlag auf ihn selbst aufgerufen wurde.[19] Auch Oberbundesanwalt Kurt Neis erhielt kurz nach dem Attentat auf Jürgen Ponto mehrere Anrufe mit der Drohung: »Oberbundesanwalt Neis: Wir werden Sie hinrichten.«[20] Kurz vor seiner Ermordung im Jahr 1986 hatte auch Siemens-Vorstandsmitglied Karl-Heinz Beckurts seinen Namen auf einer Liste ausgewählter Anschlagsopfer gelesen, die die Polizei in einer konspirativen Wohnung der Terroristen sichergestellt hatte, erinnert sich seine Frau Ina Beckurts im Gespräch. Insgesamt war die persönliche Namensnennung jedoch eher selten, sodass für die Repräsentanten des Staates die Bedrohung weiterhin diffus blieb. Innerhalb ihrer Gruppe konnte es jeden treffen.

Erschütterte ein Attentat die westdeutsche Gesellschaft, wurde den Schutzpersonen ihre eigene Bedrohung wieder verdeutlicht. Mit dem Attentat auf den Ministerialbeamten Gerold von Braunmühl im Jahr 1986 hatte der Terrorismus erstmals die Stadt Bonn erreicht, wo sich viele gefährdete Schutzpersonen aufhielten. Mitten auf der Straße in einem Wohngebiet der Bonner Politiker hatte sich das Attentat ereignet. Der gescheiterte Sprengstoffanschlag auf Staatssekretär Neusel fand direkt in der Nachbarschaft der Bonner Ministerien statt. Die Witwe Ina Beckurts berichtet, dass besonders nach dem Attentat auf Ernst Zimmermann im Jahr 1985 nahe ihres Wohnorts Straßlach bei München die Bedrohung »immer näher« gekommen sei. Dieser Mord war der erste, der einen Wirtschaftsunternehmer traf und in Bayern geschah. »Mein Gott«, so erinnert sich Ina Beckurts an ihre Betroffenheit damals, »das ist jetzt in München.«[21]

Nach den Anschlägen erhielten alle gefährdeten Personen vermehrt Empfehlungen zum Eigenschutz, wie auf besondere Vorkommnisse in der persönlichen Umgebung zu achten oder eine Schusswaffe zu tragen.[22] Übermäßige oder improvisierte Sicherheitsvorkehrungen, Feststellung von neuen

Gefährdungskriterien oder hastige Wiederaufnahme des Schutzes konnten ebenfalls zur Verunsicherung beitragen.[23] Die Sicherheitsvorkehrungen, so auch der Terrorismusexperte Peter Waldmann, hätten den »Belagerungszustand« dann nur verstärkt statt entschärft.[24] Hinzu kam, dass das Gefühl des Bedrohtseins auch vom Vertrauen der Schutzperson in die Fähigkeiten des Personenschützers abhing.

Symbolhaft für die überall sichtbare Gefährdung der staatlichen Repräsentanten steht eine Szene in Düsseldorf im Jahr 1991, die auf einem Pressefoto festgehalten wurde: Aus dem Haus von Detlev Karsten Rohwedder tragen Polizeibeamte die Leiche des ermordeten Treuhandchefs, begleitet von Bundesinnenminister Schäuble im Rollstuhl, an den er seit dem Attentat auf seine Person nur wenige Monate zuvor gebunden war, und Staatssekretär Neusel, der 1990 einen Mordanschlag der RAF überlebt hatte.[25]

Bei der Frage nach der Produktion von Unsicherheit ist auch die ständige Beschäftigung der Politiker und Sicherheitsexperten mit dem Terrorismus und der Bedrohung zu beachten. Denn allein die Diskussion von Gefahren erhöhe die »wahrgenommene Wahrscheinlichkeit dieser Gefahren«, so Helmut Jungermann.[26] Zwar geben viele der Schutzpersonen in den Interviews an, dass über den Personenschutz, den Umgang mit den Personenschützern oder Bedrohungsgefühle untereinander kaum gesprochen wurde. Der Personenschutz »war kein Thema« und »stand nicht auf der Tagesordnung« (Hans Tietmeyer). Fragen zur sachlichen Problemlage hätten immer im Vordergrund gestanden, beispielsweise unter den beteiligten Richtern (Kurt Breucker, Eberhard Foth) die laufenden Prozesse oder in den Krisenstäben mögliche Reaktionen des Staates auf die Anschläge. Gab es hier zwar Gespräche darüber, ob die Sicherheitsmaßnahmen für ein Attentatsopfer ausreichend gewesen seien – etwa nach dem Anschlag auf Generalbundesanwalt Buback –, so wurde die eigene Gefährdung jedoch höchstens »am Rande« erwähnt (Hans-Jochen Vogel).

Demgegenüber stehen jedoch Hinweise, dass sich Schutzpersonen aus der Regierung, aus dem BKA oder der Generalbundesanwaltschaft, die gerade in den krisenbehafteten Jahren wöchentlich bis täglich in sogenannten Sicherheitslagen zusammenkamen, durchaus über diese Thematik austauschten. So erzählt der damalige BfV-Präsident Richard Meier, dass unter Kollegen »dauernd« zum einen über »praktische Dinge« im Personenschutz, zum anderen aber auch über die »gefühlte Gefährdung« gesprochen wurde. Auch Hans-Jochen Vogel berichtet, dass über den Personenschutz »sicherlich einmal geredet wurde«, in dem Sinne, dass die Maßnahmen eben sein müssten. Dokumente zeigen dann auch, dass er mit seinem Ministerkollegen Baum lebhaft über die Anzahl der Begleitfahrzeuge innerhalb einer Kolonne diskutierte, da sie hierzu verschiedene Ansichten hatten.[27] Nur eine Woche bevor Wolfgang Schäuble selbst von einem Attentäter niedergeschossen wird, unterhielt er sich noch mit einem Journalisten über das wenige Monate zuvor stattgefundene Attentat auf seinen Staatssekretär Neusel: Das Risiko halte er für »beherrschbar«.[28] Von einem bewegenden Ereignis erzählt Hans Tietmeyer. Als er nach der Trauerfeier für den ermordeten Jürgen Ponto die Treppen der Frankfurter Paulskirche herabschritt, lief Hanns Martin Schleyer neben ihm. Man unterhielt sich über den traurigen Anlass des Treffens. Schleyer sagte daraufhin: »Also hoffentlich passiert uns so was nicht.« Wenige Monate später war Schleyer tot, und Tietmeyer wurde elf Jahre später selbst von Terroristen angegriffen. Diese Unterhaltung blieb Tietmeyer besonders in Erinnerung.

Wie konkret die Kommunikation über Gefährdung und Schutzmaßnahmen die subjektive Wahrnehmung von Sicherheit und Bedrohung beeinflusst hat, kann nicht endgültig geklärt werden. Vielmehr ist hier von Interesse, dass zum damaligen Zeitpunkt möglicherweise wenig über die eigene Unsicherheit und Bedrohungsgefühle gesprochen wurde oder, falls doch geschehen – wie einige Hinweise vermuten lassen –, dies in der Erinnerung und im Interview kaum oder nur vage offenbar wird. Mögliche Erklärungen hierfür sollen zu einem späteren Zeitpunkt dargelegt werden. In den Gesprächen mit den Schutzpersonen sind es dann vor allem die episodischen Erlebnisse und Erfahrungen, in denen sich Emotionen im Umgang mit der Bedrohungssituation vermitteln.[29]

Helmut Schmidt: Analogie zur Kriegserfahrung

Seit über vierzig Jahren steht Bundeskanzler Helmut Schmidt unter Personenschutz. Noch heute wird er als Schutzperson der Gefährdungsstufe 1 geführt und von einem Personenschutzkommando begleitet. Im Interview zeigt sich Helmut Schmidt davon größtenteils unberührt. Die Bedrohung durch den Linksterrorismus in den siebziger und achtziger Jahren, die ihm als Bundeskanzler im Besonderen galt, spielt in seiner Erzählung keine große Rolle. Er habe keine Angst gehabt und könne sich auch an keine »mulmigen« Situationen erinnern. Als das Schleyer-Attentat die Gefahr einer Entführung noch einmal verdeutlichte, sei dies ebenfalls kein Anlass gewesen, bei der Überlegung, dass er oder seine Frau bei einer Entführung sterben könnten, einen »Schreck« zu bekommen. Dass er unter ständiger Bewachung stand und umfangreichste Sicherheitsmaßnahmen vom Bundeskriminalamt durchgeführt wurden, habe er hingenommen, »da ist man ziemlich gleichmütig«.

Um die Einzelheiten des Personenschutzes habe man sich nicht gekümmert, das sei Sache des Bundeskriminalamts gewesen, »was ging uns das an«. Auf Sicherheitsgespräche habe er »keinen Wert gelegt«. So gab es laut Schmidt auch keinen Austausch mit Kabinettskollegen oder anderen Schutzpersonen über den Personenschutz und die Bedrohungslage für die eigene Person – auch nicht zu Zeiten der terroristischen Attentate im Jahr 1977 und während der angespannten Situation in den Krisenstäben. Dies hätte »keine Rolle gespielt«, denn theoretisch seien ja alle Anwesenden gefährdet gewesen, also auch Helmut Kohl, Franz Josef Strauß, Herbert Wehner oder Willy Brandt. »Das war für alle gleich, warum sollte man darüber miteinander reden?«, meint Helmut Schmidt dazu. Auch in der Familie oder mit seiner Ehefrau Loki Schmidt habe er nicht über die Bedrohungssituation für die Familie gesprochen, also Gedanken und Sorgen darüber ausgetauscht. In der Erinnerung hat ihn auch die »angespannte Situation« in der Öffentlichkeit und in den Medien während des Krisenstabes zur Entführung von Schleyer nicht tangiert, die Bilder von aufgefahrenen Panzerwagen im Regierungsviertel hätten »keine Rolle« gespielt: »Wir saßen da in dem Haus und nicht auf der Straße.«

Als einschneidendes Erlebnis ist Helmut Schmidt die Vereinbarung mit seiner Frau in Erinnerung geblieben, im Falle einer Entführung einen Austausch abzulehnen. Diese Übereinkunft erscheint als Haupterzählung im Interview. Am Tag der Besetzung der deutschen Botschaft in Stockholm durch Mitglieder der »Bewegung 2. Juni« habe Schmidt zunächst dem schwedischen Ministerpräsidenten Olof Palme mitgeteilt, die Geiseln nicht austauschen zu wollen. Noch am selben Abend habe er mit seiner Frau über die eigene Gefährdungssituation »beraten«. Während eines nächtlichen Spaziergangs allein im Park hätten sie gemeinsam entschieden, im Entführungsfall nicht ausgetauscht werden zu wollen. Gegen 23 Uhr riefen sie den Chef des Bundeskanzleramts Manfred Schüler herbei, der diese Entscheidung zu Protokoll nahm. Dass dieser Entschluss auch bedeutete, eventuell einen geliebten Menschen zu verlieren, war für ihn weniger bedeutend. »Möglicherweise wären wir beide gemeinsam entführt oder gemeinsam erschossen worden, je nachdem«, erinnert sich Schmidt an die damaligen Überlegungen. Dies sei keine »kühle« Entscheidung gewesen, wie es die Autorin vermutet, sondern eine »Entscheidung der Vernunft und der eigenen Moral«. Es sei ja dann »Gott sei Dank nie praktisch geworden: der Fall trat nicht ein«. Auch wenn die eigene Tochter entführt worden wäre, hätte er einem Austausch nicht zugestimmt.[30]

Diese Vereinbarung war nach den Erzählungen von Helmut Schmidt der einzige Moment, in dem er sich mit seiner Gefährdung und dem Schicksal seiner Frau bewusst auseinandergesetzt hätte. In anderen Interviews – auch gemeinsam mit seiner Frau Loki – erwähnt Helmut Schmidt jedoch, dass sie sich bedroht gefühlt hätten.[31] Im Gespräch mit der Autorin berichtet Helmut Schmidt dann als sogenannte Impulserzählung von einer Begebenheit Mitte der sechziger Jahre, als ein »Verrückter« mit offenem Messer von hinten auf ihn losging. Bevor dieser ihm das Messer »in den Rücken rammen« konnte, habe sein einziger Personenschützer, der ihn damals begleitete, dies verhindern können, indem er zusprang und den Mann zu Fall brachte. Dabei verletzte sich der Attentäter mit dem Messer selbst im Gesicht. Das sei das erste Mal gewesen, »dass jemand mit Gewalt was von mir wollte«, so erinnert sich Schmidt. Erschreckt habe ihn das nicht, er habe den ganzen Angriff sowieso nicht mitbekommen, sondern er wurde ihm erst nachträglich erzählt.

Für Helmut Schmidt scheint die Unterhaltung über den Umgang mit Gefährdung und der unmittelbaren Bedrohung seiner Person nicht wesentlich. Er sei ein »kühler Mensch, ein Norddeutscher«, er trage Gefühle nicht »nach außen«. Generell habe ihn »das alles nicht so furchtbar aufgeregt«. Er habe mit der Gefahr »gerechnet«.[32] Der Linksterrorismus scheint für ihn nur eine von vielen Herausforderungen seines Berufslebens und seines Lebens allgemein gewesen zu sein. Vor allem die Kriegserfahrung habe ihn geprägt und seinen Umgang mit dieser bedrohlichen Zeit bestimmt. Helmut Schmidt erzählt über die Erfahrungen als Soldat im Zweiten Weltkrieg insgesamt vier Mal im einstündigen Interview und gibt damit dieser individuellen Prägung eine besondere Bedeutung. Er beschreibt, wie er 1937 als Wehrpflichtsoldat eingezogen worden war und zwei Jahre später in den Krieg geschickt wurde. Er habe den Krieg im Westen und den Krieg in Russland erlebt. Insgesamt sei er acht Jahre lang Soldat gewesen. »Wenn man den Krieg hinter sich hat«, so Schmidt, »dann ist man abgehärtet.« Und das beträfe auch die existenzielle Bedrohung und die Gefahr für Leib und Leben durch den Linksterrorismus, die er mit den Erfahrungen im Krieg gleichsetzt:

»Im Krieg wissen Sie auch nicht, ob Sie morgen von einem Artillerieüberfall auf Ihre Stellung nicht alleine zu Tode kommen, sondern auch die Nebenleute links und die Nebenleute rechts. Gestern waren es noch 30 Mann, jetzt sind es nur noch 7.«

Für Helmut Schmidt ist damit die Bedrohung während des Linksterrorismus der siebziger und achtziger Jahre nur eine von vielen Gefahren, denen er in seinem Leben ausgesetzt war. Er hatte bereits vor dem RAF-Terror »dramatische Dinge« erlebt, wie eben den Krieg, in dem man gelernt hätte, auch »in der Gefahr nicht den Verstand zu verlieren«.[33] Zudem waren, wie er mehrfach im Gespräch betont, die meisten seiner Kabinettsmitglieder, Parteifreunde oder Politikerfreunde aus derselben Generation und damit ebenfalls kriegserfahren. Franz Josef Strauß, Friedrich Zimmermann, Hans-Jochen Vogel oder Wolfgang Mischnick – sie alle waren ehemalige Soldaten und hatten alle »persönliche Gefahren im höheren Ausmaße erlebt«, als es während der Bedrohung durch den Linksterrorismus der Fall war. »Das heißt, wir waren nicht aufgeregt«, erinnert sich Helmut Schmidt. In den angespannten Momenten, in denen der Staat auf den Linksterrorismus reagieren musste, verband diese gleiche Erfahrung von Bedrohung und Todesgefahr zu einer Gemeinschaft.[34]

Konfrontiert mit der Gefahr, entführt oder sogar getötet zu werden, reagierte Helmut Schmidt mit den Mechanismen der Verarbeitung, die er bereits als Soldat internalisiert hatte. Täglich mit Verlust und Tod von Kameraden oder auch Untergebenen konfrontiert, für die er verantwortlich war, musste er im Krieg lernen, dass die ausgelösten Emotionen sein Handeln nicht beeinflussten und er als Soldat weiter funktionieren konnte. Auf die ebenfalls allgegenwärtige Gefahr für die eigene Existenz während des Linksterrorismus übertrug Schmidt seine als Soldat erlernten Verhaltens- und Emotionsmuster. Diese Erfahrungsdimension als Soldat blieb damit auch in der Erinnerung dominierend, sodass das Bewusstsein und die Erinnerung an nachfolgende, ähnlich herausfordernde Situationen wie den Linksterrorismus abgeschwächt wurden.[35]

Gleichzeitig entstand im eng terminierten politischen Alltag Schmidts, der möglicherweise kaum Raum für Reflexion und Nachdenken über die persönliche Situation ließ, eine Routine von Handlungsabläufen, die zusammen mit der eigens beanspruchten und von außen erwarteten Professionalität der Krisenstäbe wie ein Sicherheitskorsett wirkte. Trotz der bedrohlichen Situation war es damit möglich, weiterhin rational zu agieren und politische Entscheidungen zu treffen.

Helmut Schmidts Umgang mit der Bedrohung für die eigene Person während des Linksterrorismus lässt sich also neben anderen Faktoren mit den hier aufgeführten Aspekten erklären, nämlich mit der Erfahrung als Mitglied der Kriegsgeneration, mit den von Kognition, Vernunft und Pflichtbewusstsein gesteuerten Wahrnehmungs- und Handlungsprinzipien und nicht zuletzt mit den charakterlichen Zügen eines nach außen hin eher kühlen Pragmatikers.

Christel Zachert: Aktive Auseinandersetzung mit der Bedrohung

Die Zeit unter Personenschutz ist Christel Zachert, Ehefrau des BKA-Präsidenten Hans-Ludwig Zachert, noch sehr lebendig in Erinnerung. Beim Schreiben ihrer Autobiographie im Jahr 2002 haben sich einige Stimmungen oder konkrete Ereignisse im Gedächtnis und in den Erzählungen verfestigt. Dadurch ist es im Interview möglich, über viele Details, Stimmungslagen und Eindrücke aus dieser Zeit zu sprechen.

Für Christel Zachert ist das Attentat auf Herrhausen 1989 ein prägendes Ereignis. Im folgenden Jahr wurde ihr Mann als Präsident des Bundeskriminalamts berufen. Angst zu haben oder Unsicherheit zu spüren sei sonst nicht ihr »Ding« gewesen, aber das Herrhausen-Attentat habe sie »berührt und bewegt«, ja auch »beunruhigt«. Gerade hatte sie noch gedacht, der Terrorismus löse sich auf, viele Täter seien gefasst worden und die »Welt war mit einem Mal wunderbar«: »Alles fügt sich wieder zusammen, wie es zusammengehört.« In diesem Moment der Ruhe zog ihr das Herrhausen-Attentat, das wie »aus heiterem Himmel« kam, »den Boden wieder total weg«. Ihr sei es schwergefallen, sich »wieder hineinzufinden«. Sie erzählt, wie sie den gesamten Weg, den ihr Mann mit seinem Begleitschutzkommando zum BKA fuhr, zu Fuß ablief und jeden Baum auf verdächtige Attentatsvorbereitungen inspizierte. »Man ist in dieser Situation dann doch zutiefst verunsichert gewesen«, erinnert sich Christel Zachert.

Wie angespannt die Stimmung in diesen Jahren war, zeigt sich für Christel Zachert auch bei einem anderen Ereignis. Nach den Vorkommnissen im Juni 1993 in Bad Kleinen, wo bei einem Festnahme-Versuch ein RAF-Mitglied und ein GSG 9-Beamter ums Leben gekommen waren, hatte sich die Gefährdung für ihren Mann aufs Äußerste verschärft. Als Christel Zachert von einer Kur nach Wiesbaden zurückkehrte und ihr eigenes Haus betreten wollte, wurde sie an der Tür von Polizisten mit Maschinenpistolen aufgehalten, die sie aufforderten, sich auszuweisen. Diesen Moment werde sie »nie vergessen«.

Christel Zachert eignete sich aufgrund der starken Bedrohung eigene sicherheitsorientierte Verhaltensweisen an, um die Gefährdung zu minimieren. So ließ sie sich zweimal in der Woche im Schießen mit einem Trommelrevolver – die Waffe, die ihr Mann besaß – ausbilden. Mit dem Schutzkommando ihres Mannes ging sie regelmäßig in den Schießkeller, damit sie es überhaupt schaffte, einen Revolver zu ziehen – was ihr »total fremd« gewesen sei. »Ich weiß noch, ehe ich den ersten Schuss abgab, habe ich fünf Minuten dagestanden und mich nur überwunden. Ich war hinterher pitschnass, zu mehr als einem Schuss war ich nicht in der Lage.« Doch sie zwang sich zu diesem Training, denn sie fürchtete, ihren Mann in einem ernsten Moment nicht verteidigen zu können, wie es bei Entführungen in den siebziger Jahren geschehen war. Nicht alles unternommen zu haben, um ihrem Mann zu helfen, wenn die Waffe im Nachttisch liegt, hätte sie sich nicht verziehen. »Das waren so diese Extremsituationen, unter denen man lebte«, erinnert sich Christel Zachert.

Die Sorge um ihren Mann zeigte sich auch in den morgendlichen Ritualen, wenn ihr Mann von seinem Schutzkommando abgeholt wurde. Anstatt ihrem Mann hinterherzuschauen, beobachtete Christel Zachert aufmerksam den gegenüberliegenden Weinberg – im Winter mit einem Nachtsichtgerät – um zu sehen, ob »jemand in den Weinbergen versteckt hockt« und einen Anschlag auf ihren Mann verüben wolle. Überhaupt entwickelte sie einen Blick für ungewöhnliche oder auffallende Dinge, ob sich zum Beispiel »komische Typen« in der Nähe aufhielten, ob »jemand im Auto sitzt« oder einer »motiviert guckt«.

Christel Zachert versuchte auch, auf ihre eigene Sicherheit zu achten. Mit einer Gaspistole ausgestattet verließ sie jeden Morgen das Haus, um joggen zu gehen, was für potenzielle Attentäter leicht auszuspähen gewesen wäre. »Und da habe ich also versucht, meine Laufstrecke jeden Morgen anders zu gestalten«, erinnert sie sich. »Mal die Promenade rechts rum, mal die Promenade links rum und mal hier abdrehen und mal da abdrehen, auch zeitversetzt zu laufen. Manchmal bin ich hoch in den Stadtwald gefahren, damit ich wechselnde Strecken habe.« Mit den Beamten des Bundeskriminalamts hatte sie Schlüsselwörter vereinbart, die sie nennen sollte, falls sie in ihrer Wohnung als Geisel festgehalten würde und es zu einer Kommunikation mit der Polizei käme. Wenn sie zum Beispiel sagte »Ich hab einen Mordsdurst, schicken Sie mir sechs Flaschen Champagner«, hieß das für die Polizei, dass sie in großer Gefahr war und es sich um insgesamt sechs Täter handelt.

In der Bedrohung, in der die Familie Zachert lebte, schien dieses Sicherheitsverhalten zu helfen, mit der Situation besser umzugehen. Christel Zachert bemühte sich, eine »positive Einstellung« zu den aktuellen Lebensbedingungen zu finden. Sie erzählt jedoch auch von einem Moment, in dem sie Emotionen spürte, die sie so nicht erwartet hatte:

»Ich kann mich an eine Situation erinnern, da hab ich richtig hysterisch reagiert. Da gab es damals die Faxapparate. Und ich hatte mir ein neues Fax vom Büro mitgenommen nach Wiesbaden und habe das auch eingesteckt. Ich kannte das noch nicht in der Funktionsweise. Dieses Faxgerät gab ja bei besonderen Gelegenheiten irgendwelche Töne ab, entweder wenn man mich anfaxte oder wenn es sich auflud. Jedenfalls gab es komische Töne von sich, und ich hielt diese Töne für ein Klingeln unten an der Tür. Wir hatten aber eine Panzertür, ich konnte also nicht durchgucken, ob jemand an der Tür stand. Ich war so verunsichert, ich dachte, da will mich jetzt jemand rauslocken, aus der Wohnung. Ich war davon so geblendet, dass ich überhaupt nicht an eine andere Möglichkeit gedacht habe. [...] Ich habe wirklich hysterisch – ich bin kein Mensch, der zur Hysterie neigt – mit meinen Fäusten gegen diese Panzertür von innen gekloppt und habe gesagt: Jetzt sagen Sie endlich, wer da draußen steht, was wollen Sie von mir, gehen Sie weg! [...] Daraufhin habe ich dann den Hofmeier angerufen. Irgendwann habe ich begriffen, du spinnst und habe realisiert, dass dieses Geräusch von dem Fax kam. Das tat mir dann natürlich furchtbar leid.«

Ihre »hysterische« Reaktion erscheint Christel Zachert im Nachhinein sehr ungewöhnlich, da sie Überreaktionen nur selten von sich kennt. Auch Hans-Ludwig Zachert beteuert, dass seine Frau »extrem sachlich« sei und sich nicht »so schnell ins Bockshorn jagen« lasse. Insofern sei diese Episode »außergewöhnlich«, so etwas habe er bei seiner Frau »noch nie erlebt«. »Aber aus der Zeit heraus kann ich es verstehen«, so seine Überlegung.

Die zahlreichen Schutzmaßnahmen, das eigene Sicherheitsverhalten, die ständige Begleitung durch sichernde Polizisten – dies alles garantierte den Zacherts ein Weiterleben, das frei von potenziellen Gefahren und damit frei von jeglichen Quellen der Bedrohung zu sein schien. Wie ein Kokon – um bildlich zu sprechen – konnte dieses geschlossene System der Sicherheit und der Kontrollierbarkeit wirken. Wenn dann die Gefahr, wie Christel Zachert in ihrer Episode schilderte, scheinbar direkt vor der Tür stand und sie sich aus ihrem gepanzerten Haus heraus zu verteidigen versuchte, deutet das darauf hin, dass das Haus als sicher galt und die Panzertüren die Gefährdungen ausschlossen.[36] Die klare Strukturiertheit dieses Sicherheitssystems und seine wiederkehrenden Muster ließen alle Situationen berechenbar erscheinen.

Das Leben war damit auch scheinbar emotional nicht belastet und Bedrohungsgefühle konnten verdrängt werden.

Die hoch emotionale Episode mit dem Faxgerät verdeutlicht, was passierte, wenn ein Geschehen von den verinnerlichten Strukturen abwich und das vermeintlich stabile System ins Wanken brachte. Das Piepsen des Faxgerätes, was Christel Zachert nicht vertraut war, störte das Gleichgewicht des bisher stabilen Systems und löste Gefühle und Verhaltensweisen aus, die von außen betrachtet, absurd erscheinen. Das hysterische und sinnlose Hämmern gegen die Panzertür zeigt, wie leicht die rationalisierten Strukturen durch Unbekanntes aufgebrochen werden konnten. Emotionen, die durch die Bedrohungssituation doch vorhanden waren, kamen dann eruptiv zum Vorschein – verstärkt durch die Belastungen eines sozial und kommunikativ isolierten Schutzlebens.

Wie stark ein solches, vermeintlich stabiles System aus Sicherheit und Vertrauen wirken konnte, zeigt ein weiteres Ereignis. Als Christel Zachert ihren Mann auf eine AG-Kripo-Sitzung im Jahr 1992 begleitete, war sie höchst überrascht, dass trotz massiven Schutzes ihre Handtasche gestohlen wurde.[37] Der Schutz sollte sie doch gegen alle Gefahren von außen abschirmen – »selbst nachts wachten sie vor unserer Hotelzimmertür« – und dennoch wurde ihr beim Frühstück die Handtasche entwendet, die sie achtlos und sich in Sicherheit wähnend über die Stuhllehne gehängt hatte. Die »Schuld der Unaufmerksamkeit« hätte eindeutig bei ihr gelegen, sie hätte sich »eben sicher – zu sicher – im Schutz der vielen Bodyguards« gefühlt. Der Schaden sei groß gewesen, aber, so Christel Zachert, »am größten meine Verunsicherung«.

Horst Herold: Bedrohung in der Lebensbilanz

Die Erinnerung von Horst Herold an den Personenschutz und den Umgang mit der Gefährdung scheint neben seinem Rückblick auf sein Leben zu verblassen.[38] Seine Lebensbilanz scheint der 86-jährige Mann bereits gezogen zu haben und äußert diese in hoch emotionaler Weise: »Ja, aber natürlich ist die Lebensbilanz nicht unbedingt positiv. Und im Alter denkt man darüber nach.« In seiner Haupterzählung kommt vor allem seine Enttäuschung über die fehlende Anerkennung für seine Leistungen als BKA-Präsident, für seine Reformversuche in der deutschen Polizei und für seine Erfolge bei der Bekämpfung des Linksterrorismus zum Ausdruck. Seine Erinnerungen sind dominiert von den beruflichen Herausforderungen, den Anfeindungen durch die Medien – da habe er »Platz eins« erreicht, erzählt er lachend – und der Niederlage in der Schleyer-Entführung.

Letztere nimmt in seiner (Lebens-)Erzählung eine besonders große Bedeutung ein. Bereits der Buback-Mord sei ein »Riesenschock« gewesen, aber vor allem das Entführungsopfer Hanns Martin Schleyer sitze ihm »jede Nacht auf der Brust«. Die an die Bundesregierung adressierte Videobotschaft Schleyers, in dem er Herold persönlich die Fehleinschätzung der Sicherheitsmaßnahmen für seine Person anlastete, war für ihn »der größte Schock seines Lebens«. Schleyer würde ihn »aus dem Grabe heraus« beschuldigen.[39] Die Anschuldigungen seien jedoch nicht gerechtfertigt gewesen, schließlich sei er nicht für den Schutz Schleyers zuständig gewesen. Diese »Metzelei« des Attentats habe »das Vorstellungsvermögen aller« überstiegen. Dennoch sei ihm, Herold, die Schleyer-Sache »ins Kreuz gepackt« worden.

Diese und andere sprachliche Konstruktionen von Herold zeigen, dass es eine große Last zu sein scheint, die er am Ende seines Lebens glaubt tragen zu müssen. Anstatt von dieser Last befreit zu werden und die eigenen Leistungen – als historische Person – anerkannt zu bekommen, werde er »nur geschmäht, nur geschmäht«.

Als er von Bundesinnenminister Baum im Jahr 1981 seines Amtes enthoben wurde, begann er, als Anwalt tätig zu werden – »zur Betäubung«, wie Herold sich erinnert. Die Enttäuschung über die fehlende Anerkennung seiner Leistungen ist schließlich in seiner Bilanzierung so stark, dass die Autorin kaum zu den Erinnerungen an die damalige Situation unter Personenschutz vordringen kann. Die Gefährdungssituation – Herold galt als die gefährdetste Person in der Bundesrepublik – ist im Erinnerungsprozess kaum aktivierbar. Es hätte sich damals überall »Gleichgültigkeit« eingeschlichen, schließlich sei es Schicksal gewesen, ob ihm etwas zugestoßen wäre oder nicht. »Man stumpft ab«, erinnert sich Herold an die tägliche Gefährdung. Dass er Soldat im Zweiten Weltkrieg war, ist für ihn dann auch die Erklärung für seine damalige Haltung:

> »Vielleicht kommt einem da doch die Zeit als vier Jahre Frontsoldat in Russland zugute. Vor was sollte man noch Angst haben? Wer das hinter sich gebracht hatte, den Krieg, den konnte ja eigentlich alles andere nicht mehr beeindrucken. (*nachdenklich*) Angst habe ich nicht gehabt.«

Und Siegfried Buback, ebenfalls in »einem hohen Maße gleichgültig« gegenüber seiner Gefährdung, sei eben auch ein »alter Soldat« gewesen. Hier ist ihm vor allem die Situation im Frankfurter Hof in Erinnerung, in der er Buback Fotos der Terroristen – »unserer Mörder« – zeigte und ihm damit nichtsahnend seine Ermordung ankündigte, die sich wenige Wochen später, im April 1977, ereignete.

Zu Überreaktionen sei es nicht gekommen, so Herold im Gespräch. Er sei bemüht gewesen, sich jeden Tag bewusst zu sagen, dass er die Entscheidungen nicht vom aktuellen Standpunkt her fällen dürfe, sondern von dem, was kommen wird, »denn das ist das Entscheidende, was hilft das Gegenwärtige?«. Jedoch finden sich Anzeichen dafür, dass der Umgang mit der starken Gefährdung und die souveräne Haltung gegenüber den Herausforderungen seiner beruflichen Position nicht immer so leicht waren, wie es sich in der Erinnerung Herolds abzeichnet. Von jedem Gefährdungshinweis wurde ihm damals eine Ablichtung überreicht, in der er die Androhungen gegen seine Person studieren konnte. Diese hat er in einer jahrelang geführten Sammlung zusammengefügt, die er im Gespräch erwähnt.

Seine Zeitgenossen sprechen zudem von einer teilweise beklemmenden Situation für den BKA-Präsidenten. So erinnerte sich der Berliner Rechtsprofessor Eggert Schwan, dass das Büro Herolds in der BKA-Dienstwohnung »etwas Surreales« hatte: »Draußen war heller Sonnenschein, doch die Vorhänge blieben zugezogen, weil man, wie er [Herold] beiläufig einflocht, aus dem Taunus eine Rakete auf ihn hätte abschießen können. Der Mann lebte in persönlicher, sehr physischer Angst.«[40] Innenminister Hirsch dagegen war in seinen Vermutungen vorsichtiger, wenn er dem Herold-Biografen Schenk erzählte, dass man nicht wissen könne, »ob Herold nach dem Mord [an Buback] Angst hatte, wie seine Nächte aussahen, ob er an die Aufgabe seines Jobs dachte oder ob Trotz und Verzweiflung sich die Waage hielten«.[41] Aber es dürfte sich, so Hirsch weiter, um »eine der schwersten Stunden in seinem Leben gehandelt haben«. Er erinnerte noch einmal an die Szene im Frankfurter Hof, in der Herold gemeinsam mit Buback kurz vor dem Attentat dessen »Hinrichtung analysierte«: »Ich kann heute viel mehr als damals nachvollziehen«, so Hirsch, »wie solche Erlebnisse in die Seele eines Kriminalisten eingehen.«

Daher nehmen genau diese Momente in der Erinnerung und in der Lebensbilanz Herolds einen gewissen Platz ein. Die Erzählung über Bedrohungsgefühle dagegen bricht Herold schnell ab, indem er einen plötzlichen Themenwechsel vollzieht und zu den beruflichen Anforderungen übergeht oder über den Marxismus und den Prozess der Dialektik spricht. Dass er mit seiner Frau, die möglicherweise täglich Angst um ihn haben musste, über diese schwierige Situation gesprochen habe, ist ihm nicht in Erinnerung. Auf die Frage, wie seine Frau das empfunden haben könnte, antwortet Herold in der *Wir*-Form:

»Wir haben das *(zögert)* akzeptiert. Ja, es ging nicht anders. Ich sage, uns war die Lebensform aufgezwungen. Und sie entsprach eigentlich auch in Teilen unseren selbstgewählten Lebensformen. Auch die Tatsache, dass wir hier [M.R.: im Wohnhaus auf dem gesicherten Gelände der Bundespolizei] sitzen, ist ja für meine Frau eigentlich doch bedrückend. […] Aber natürlich fragen wir uns schon manchmal, auch mit gewisser Bitternis, was hat uns das Leben eigentlich gebracht? Ist doch eigentlich ein bescheidenes Leben, nicht? *(nachdenklich)* Wie viel haben wir geopfert? An Zeit und Nerven und Einsatz.«

So wechseln sich die Passagen ab, in denen die Lebensweise unter Personenschutz einmal hinnehmbar war und ein andermal die Lebensbilanz seiner Person und der seiner Frau stark eingetrübt hatte. Die zahlreichen emotionalen Momente stellen dabei immer nur kurze Abschweifungen in der sonst wohlüberlegten und teilweise vortragsähnlichen Gesprächsweise Herolds dar. Spontane, sich verlierende und emotional aufgeladene Erzählungen – »Ich bin ein alter Mann. Warum erzähle ich das jetzt?« – werden von ihm schnell gestoppt und relativiert: »Ich will nicht jaulen. Nehmen Sie es nicht so ernst.«

Wie damals die Gefährdungssituation neben der eigentlichen beruflichen Herausforderung keinen Platz fand und aufgrund seiner Kriegserfahrung auch keinen Einfluss auf seine Gefühle hatte, so ist auch im Erinnerungsgespräch dieser Lebensumstand kein wichtiges Thema. Vielmehr vermischen sich Eindrücke, Rückblicke und Erinnerungen zu einer großen Lebenserzählung, in der er eine große Last an Verantwortung, Schuld und fehlender Anerkennung auf seinen Schultern zu tragen scheint.

Antje Huber: »Wegschieben, so lange man kann«

Antje Huber war von 1976 bis 1982 Ministerin für Jugend, Familie und Gesundheit und gehörte dem Kabinett Schmidt an. Sie erlebte die angespannte Zeit während des Linksterrorismus als Politikerin. Der Personenschutz, den sie erhielt, war Teil des Lebens. Trotz damaliger Bedrohungslage habe man sich jedoch, wie Huber erzählt, »keine unnötigen Sorgen« gemacht.[42] Das »Konzept« hätte nur sein können, sich nicht aufzuregen, bevor irgendetwas passierte. Der Personenschutz konnte keinen hundertprozentigen Schutz bieten, die Personenschützer seien den Gefahren selbst nicht gewachsen gewesen. Auch im Krisenjahr 1977 hätten ihre Kollegen und sie sich vorgenommen, nicht unsicher zu werden und gar nicht daran zu denken, welche Risiken und Gefahren für das eigene Leben bestehen könnten. Man habe gedacht, es passiere schon nichts, und wenn etwas passiere, dann sei es noch früh genug, darüber zu jammern. Die Bedrohungssituation habe man nicht verinnerlicht, sodass sie einen auch nicht belastet habe. Für solch eine Situation gebe es nur dieses eine »Muster«, nämlich »wegzuschieben, so lange man kann«.

Für Antje Huber ist es zudem bedeutend, dass sie als Kabinettsmitglied eine »wichtige Arbeit« zu absolvieren hatte, da hätte man sich nicht nervös machen lassen dürfen, »das geht doch gar nicht«. Eine »aufgeregte Stimmung« hätte man sich als Politiker nicht leisten können, denn »aus aufgeregter Stimmung entstehen keine vernünftigen Entschlüsse«. Zwar sei man »beunruhigt« gewesen, aber insgesamt »relativ ruhig«. So habe man im Kabinett untereinander auch nicht über die eigene Gefährdung oder die persönlichen Lebensbedingungen unter Personenschutz diskutiert. Die eigene Situation habe in den schwierigen politischen Entscheidungsprozessen nicht interessiert, jeder habe die Hoffnung, dass ihm nichts passiere, für sich behalten. Nach dem Schleyer-Attentat habe Schmidt im Kabinett klargemacht: »Wenn irgendeinem hier in dieser Runde was passiert, wir werden nichts für ihn tun.« Für Huber war damit die Situation klar. Mit kühlem Verstand, professionell und ohne Überreaktionen hätten die Politiker gearbeitet.

Diese allgemeine Haltung habe sie auch selbst eingenommen. Zudem sei sie auch kein ängstlicher Typ gewesen. Gleichzeitig erzählt Antje Huber aber auch von Ereignissen, die sie beunruhigt hätten. So wurde in ihrem Wohnort Essen ein Banküberfall verübt, bei dem Terroristen mit ihrer Beute entkommen konnten:

> »Meine Mannschaft erzählte mir das, dann fuhren sie aber ganz lustig in ihr Quartier, das ist eine Ecke weggewesen. Da war ich hier allein im Haus, mein Mann war auf Dienstreise und dann *(zögert)* hab ich mich allein gefühlt. Aber ich hab gedacht, die Nacht wirst du auch schon überstehen. Das fand ich ein bisschen unverantwortlich, dass die mich da so allein gelassen haben. […] Ich hab gesagt: ›Ich hab ein Gästezimmer, Sie können auch bei mir im Haus schlafen.‹ Haben sie aber nicht gemacht. Aber an dem Abend, da hab ich mich unsicher gefühlt. Aber ich hab mir trotzdem nichts draus gemacht.«

Mit ihrem Mann habe sie über diese Erfahrung nicht gesprochen, erinnert sich Huber. Von der Effizienz des Schutzes sei sie sowieso nicht überzeugt gewesen. So sei nach einem versehentlichen Auslösen des Alarms durch einen Notknopf in ihrem Haus das Personenschutzkommando zwar bei ihr vorbeigekommen und hätte die Lage geklärt, allerdings erst nach einer Dreiviertelstunde, sodass sie in dieser Zeit durch die Entführer theoretisch bereits verschleppt gewesen wäre. Und als sie mit ihrem Personenschützer einmal in einem Aufzug stand und er seine Maschinenpistole in einer »Holzkiste« mit sich trug, fragte Antje Huber ihn, ob er die Maschinenpistole bei Gefahr denn überhaupt so schnell aus der Kiste rausbekommen würde. Der Personenschützer habe ihr geantwortet: »Sehen Sie, Frau Minister, das ist das Problem«, erinnert sich Antje Huber lachend. Als sie schließlich noch verhindern musste, dass die Türklinke an ihrem Ferienhaus entfernt und ein Türknopf angebracht wurde, drohte ihr Vertrauen in die Schutzmaßnahmen vollends verloren zu gehen: Als einzige Person in der Ferienhaussiedlung mit einer Haustür ohne Türklinke hätte sie sofort jeder ausfindig gemacht.

Als der Personenschutz dann im Rahmen der allgemeinen Reduzierungsmaßnahmen unter Innenminister Baum ab 1979 gekürzt beziehungsweise später eingestellt wurde, sei sie sehr froh gewesen, erzählt Antje Huber. Denn der Personenschutz sei für sie auch nie ein Zeichen von Prestige gewesen, wie vielleicht für einige andere. Auch die Gender-Frage spielt bei Antje Huber keine Rolle. Dabei war sie zu einer Zeit, in der die Forderung nach Gleichberechtigung zwischen Mann und Frau durch die neue Frauenbewegung gesellschaftlich lauter wurde, für mehrere Jahre die einzige Frau im Kabinett Schmidt. Auf der unteren politischen Ebene sowie bei dem ein oder anderen Ministerkollegen im Kabinett sei der Unterschied zwischen Mann und Frau vielleicht ein Thema gewesen – dort zeigten sich zum Beispiel »altväterliche Einstellungen«, wie sie schmunzelnd erzählt – in den höheren Ebenen jedoch nicht mehr: »Sobald Sie in der Fraktion sind, sind Sie so gut wie ein Mann.« Zu einem späteren Zeitpunkt des Gesprächs berichtet Huber aber davon, wie schwierig es gewesen sei, als Frau im Kabinett bestehen zu können, das nicht frei von männlichen Eitelkeiten war.

Die Erzählung von Antje Huber erscheint insgesamt wie ein geschlossener Raum, der all das enthält, was sie in ihrer Erinnerung für wichtig erachtet. In diesem Raum war sie immer Teil einer größeren Gruppe, beispielsweise in der Fraktion oder im Kabinett. So spricht sie auch meistens nicht in der ersten Form Singular, sondern von *wir*. Innerhalb dieses Raumes war der Umgang mit der persönlichen Bedrohung oder Stressfaktoren wie dem Personenschutz kein Thema. Darüber wurde nicht gesprochen. Man machte sich keine Sorgen, handelte professionell und hat nicht überreagiert. Ein kühler Verstand bestimmte die wichtigen politischen Entscheidungen. Auch hier wird die bereits oben genannte Routine von Handlungsabläufen deutlich, die im politischen Geschäft Struktur schaffte und damit Sicherheit im alltäglichen Umgang mit der Bedrohung sowie in politischen Entscheidungen bot.

Denn angesichts der damaligen Herausforderungen konnte man es sich nicht leisten, nicht zu funktionieren. Gefährdungsgefühle oder Gedanken über die Bedrohung wurden ignoriert oder verdrängt. Daher finden die reale Bedrohung, die zahlreichen Gefährdungshinweise oder Sicherheitsgespräche in der Erzählung von Antje Huber kaum einen Raum. Sie erzählt zwar Episoden über bedrohliche Situationen, reduziert sie aber in ihrer Bedeutung gleich wieder. Auch hier galt es, »lässig« zu reagieren.

Ihr Privatleben, das man als Ministerin ihrer Meinung nach ohnehin kaum hatte, findet keinen Platz im Gespräch. So erzählt sie nur auf explizite Nachfrage von ihrem Ehemann, seinem Umgang mit der Situation oder vom gemeinsamen Zusammenleben. Der Personenschutz selbst scheint ebenfalls außerhalb der Erzählung zu liegen. Personenschützer, das Ende der Sicherheitsmaßnahmen oder die Frage des Prestiges spielen in ihrer Erinnerung keine Rolle.

Hans Tietmeyer: Bedeutungslosigkeit eines überlebten Attentats

Der ehemalige Staatssekretär im Bundesfinanzministerium, Hans Tietmeyer, überlebte ein Attentat der RAF. Am 20. September 1988 wurden der damals 57-jährige Tietmeyer und sein Fahrer kurz nach Abfahrt von seinem Wohnhaus in Bad Godesberg Heiderhof in einer scharfen Kurve beschossen. Da die Maschinenpistole jedoch klemmte, konnten sie den Schüssen entfliehen, die bereits sein ungepanzertes Fahrzeug durchdrungen hatten – eine glückliche Wendung für Tietmeyer. Was genau in diesem Moment unter Beschuss passierte, kann Tietmeyer im Gespräch nicht mehr im Einzelnen rekonstruieren und erinnert sich nur noch an folgende Eindrücke:

»Ich lese Akten vorher. Plötzlich knallt es, ich weiß nicht, was los ist. Ich sehe nur, dass irgendwo – ich glaube, ich hab dann noch ein Feuer, einen Abschuss gesehen und habe dann dem Fahrer gesagt: Fahren Sie, fahren Sie! Damit er wegfahren soll. Da habe ich gemerkt, da ist was los. Aber ich wusste nicht genau was. Ich hatte auch nicht genau mitbekommen, welche Geschichten dort im Einzelnen gelaufen sind, wie geschossen und nicht geschossen worden ist und so weiter.«

Sein Fahrer konnte den Wagen beschleunigen und ihn aus dem Gefahrenbereich heraussteuern. Sie fuhren bis zur nächsten Polizeistation. Tietmeyer erinnert sich an eine »ganz komische Situation« dort. Die Polizisten hätten nicht so schnell begriffen, worum es eigentlich ging, als sich Tietmeyer und sein Fahrer bei ihnen vorstellten. »Was wollen Sie?«, hätten ihn die Polizisten ungläubig gefragt und seien erst nach einiger Zeit »in Gang« gekommen, erzählt Tietmeyer lachend. Er erhielt schließlich einen Ersatzwagen – sein eigener war mit Schusslöchern versehen – und fuhr mit seinem Fahrer zum eigentlichen Zielort, zur Aufsichtsratssitzung der Deutschen Investitions- und Entwicklungsgesellschaft mbH (DEG) in Bad Breisich. Dort angekommen, entschuldige sich Tietmeyer für seine Verspätung. Auf dem Weg dorthin hatte er noch schnell seine Ehefrau kontaktiert und ihr kurz das Geschehen erklärt.[43] Während Tietmeyer sich bereits gedanklich auf die nächste Sitzung vorbereitete (Frau Tietmeyer: »mein Mann ist ein Phänomen«), waren im Hause Tietmeyers bereits die ersten unterstützenden Mitmenschen und ein Arzt eingetroffen, weil »man ist dann völlig durcheinander«, wie seine Ehefrau am Ende des Interviews kurz erzählt.

Dagegen habe der »Vorgang« Tietmeyer selbst »nicht sehr tief getroffen«. Es habe ihn wenig emotional belastet. Schon vorher habe er sich nicht besonders gefährdet gefühlt. Er habe zwar die Attentate in den achtziger Jahren mitbekommen, sei aber ja selbst nie persönlich involviert gewesen und habe sich daher auch nicht als ein besonders gefährdetes Zielobjekt gesehen. Die Argumentation der terroristischen Gruppen habe er für »irrational« gehalten und sei daher auch nicht »rumgelaufen und habe gedacht, da passiert was«. Da es zudem immer »solche Leute« geben würde, müsse man eben mit einem Attentat rechnen, das gehöre »zu den Risiken des Lebens«. Die Bedrohung sei auch nicht so offensichtlich gewesen, weil er ja lediglich einen Fahrer, aber keine umfangreiche Bewachung hatte. Dass dann täglich die Fahrstrecken geändert wurden, war für ihn kein Anzeichen einer Bedrohung, sondern nur Teil einer »rationalen Argumentation«, denn je weniger kalkulierbar man sich verhalten habe, desto weniger habe man die Gelegenheit für ein Attentat gegeben.

Vielleicht habe es ihn, so reflektiert Tietmeyer im Gespräch, auch nicht »im Tiefsten« bewegt, weil er die ganze Situation in diesem Moment noch nicht überschaut hatte. Aber die Argumente der Terroristen im Bekennerschreiben hätten ihn eben auch in gar keiner Weise überzeugt, sie hätten ihn in keiner Weise »tangiert«. Seine Frau sei dagegen viel stärker betroffen gewesen. Noch heute sei seine Frau, wenn das Wort »RAF« fällt, »immer sehr sensibel«. Damals hätten sie aber kaum darüber gesprochen, so auch nicht über die weitere Gefährdung oder erhöhte Sicherheitsmaßnahmen – das hätten ja dann die Behörden geregelt. Insgesamt habe ihn das mehr »kalt gelassen« als seine Familie, er sei dafür nicht »emotional« genug.[44]

Dennoch lief Tietmeyer nach Ende der Polizeirecherchen in das Waldstück, wo die Attentäter ihn an jenem Morgen aufgelauert hatten. Er wollte sich den Tatort noch einmal anschauen, ob er vielleicht doch Hinweise auf die Täter fand: »Ich hab dann auch nichts gefunden, konnte auch nichts, wollte auch nichts.« Er habe von den Behörden nie weitere Informationen zum Ermittlungsstand bekommen, auch heute nicht. Wenn man ein bisschen mehr wüsste, wäre das »ganz gut«, würde er manchmal denken. Auf der anderen Seite würde ihn das aber auch nicht belasten: »Was soll's, was soll's.«[45] Ihn hätten andere Ereignisse viel mehr beschäftigt, wie die Wiedervereinigung Deutschlands oder der europäische Integrationsprozess.

Tietmeyer denkt aber auch über andere mögliche Ausgänge des Attentats nach. Wenn er sofort »erschossen worden wäre«, dann »wäre es so gewesen, dann hätte es der liebe Gott entschieden«. Die Überlegung, dass die Terroristen vielleicht eine Entführung geplant hatten, habe ihn doch etwas »umgetrieben«. Auf eine mögliche Entführung habe einiges hingewiesen. So wurden die Reifen seines Fahrzeugs beschossen. Außerdem hätte der Fall große öffentliche Aufmerksamkeit anlässlich der internationalen IWF-Tagung eine Woche später in Berlin erlangt. Tietmeyer habe an die Schleyer-Entführung gedacht und daran, dass er über mehrere Wochen in Geiselhaft gekommen und womöglich nicht ausgetauscht worden wäre: »Da hab ich einen Moment gedacht, na also dann schon lieber umgebracht.« In Gedanken hatte Tietmeyer also das Szenario einer Entführung einmal durchdacht, wenn er im Gespräch sagt: »Und wenn ich in einer solchen Situation die Wahl hätte [M.R.: ausgetauscht werden zu wollen oder nicht], wüsste ich genau, welche Wahl ich dann vorziehen würde – (*zögert*) Ich kann es nicht sagen, ich weiß es nicht.« Er habe später auch Kontakt zur Familie Schleyer aufgenommen.

Nachdem er das Bekennerschreiben der RAF gelesen hatte und eine Woche später auf der IWF-Tagung mit »extremen« Sicherheitsmaßnahmen ausgestattet tätig war, fand er die Situation doch »ein bisschen komisch«. Der unmittelbare Zusammenhang zum vorherigen Attentat in Bonn hätte ihn dann doch das Bedürfnis nach Schutzmaßnahmen spüren lassen.

In seinem Ministerium sei er zwar immer mal wieder darauf angesprochen worden, der versuchte Anschlag auf ihn sei aber kein ständiges »Thema« gewesen, erinnert sich Tietmeyer. Minister Stoltenberg, dem der Anschlag eigentlich gegolten hatte, brachte ihm gegenüber seine »Freude und seine Zufriedenheit zum Ausdruck«, dass das Attentat so glimpflich ausgegangen war. Diese zurückhaltende Anteilnahme sei aber »nicht im Geringsten ein Problem« gewesen, Stoltenberg sei eben ein »kühler Norddeutscher«. Selbst mit seinem Kollegen Neusel, der nur zwei Jahre später ein Attentat überlebte, habe er sich nie austauscht, sondern »nur flott nebeneinander her geredet«.[46] Auf Nachfrage der Autorin erzählt er, dass er auch mit seinen Kindern nur selten über den Anschlag gesprochen habe. Es habe sie alle »nicht so sehr tangiert«. Sein Sohn, der noch zur Schule ging und zu Hause wohnte, und seine gerade verheiratete Tochter hätten mehr mit seiner Frau darüber geredet. Er selbst habe das persönlich für »unwichtig« gehalten.

So leicht wie ihrem Ehemann fiel Frau Tietmeyer der Umgang mit dieser Situation nicht. Sie kommt zum Ende des Gesprächs hinzu und erzählt ihre Eindrücke in einem kurzen Gedankenaustausch. Sie habe die Anschläge, unter anderem den auf Gerold von Braunmühl, der nur zwanzig Minuten von ihrem Wohnhaus entfernt stattgefunden hatte, miterlebt und »Angst gehabt«. Das habe sie auch den Polizisten mitgeteilt, die nach dem Anschlag auf von Braunmühl die Tietmeyers aufsuchten. Die Antwort war daraufhin, dass sie keine Angst zu haben bräuchte, weil sie ja »zweimal am Tag vorbei« kämen, so erzählt Frau Tietmeyer lachend in der Rückschau.

Sie selbst hatte die Schüsse auf ihren Mann zu Hause gehört und war in großer Sorge gewesen. Als dann kurz nach dem Anschlag ein Filmteam um Dreherlaubnis bat, habe sie diesem nur sagen können, dass sie zu Filmaufnahmen »nicht in der Lage« sei. Ihr Mann habe damals, so resümiert Frau Tietmeyer, wohl einen »Schutzengel gehabt«. Die Erinnerungen würden heute immer wieder mal hochkommen, wenn zum Beispiel Corinna Ponto und Julia Albrecht in einer öffentlichen Lesung zu den Ereignissen während des Linksterrorismus erzählen würden, aber am liebsten möchte sie die Erinnerung an dieses Attentat »vergessen und begraben«, das Thema »versenken«. Als die Zeit ihres Mannes in der Bundesbank vorüber war, war sie »heilfroh«, dass ihr Mann nicht mehr in der Öffentlichkeit stand. Letzen Endes könne sie dieses Ereignis und was damit zusammenhängt »keinem vermitteln« und hoffe, dass »keiner die Erfahrung machen muss, die wir gemacht haben«.[47]

Wenn man die Erzählungen Tietmeyers über den Angriff auf seine Person betrachtet, entsteht der Eindruck, er habe das Attentat schon fast aus seiner Erinnerung getilgt. Da er vorgeblich gar nicht das Ziel eines Attentats gewesen und insofern auch nicht persönlich betroffen war, schien er sich nicht damit auseinandersetzen zu müssen. Nur wenige Hinweise deuten auf Verarbeitungsprozesse hin, wie die Begehung des Tatorts im Wald, die Überlegungen zu einer möglichen Entführung oder das Anlegen von mehreren Aktenordnern mit Artikeln der damaligen Zeit und einem Aktenordner über die Schutzmaßnahmen als Staatssekretär und als Bundesbankpräsident. Die Aussagen seiner Ehefrau, die womöglich zeigen, dass bei ihr das Ereignis präsenter und emotionaler in der Erinnerung verankert ist, will er dann auch kaum zulassen. Es sind ganz persönliche Gedanken und Erinnerungen, Sorgen und Ängste seiner Frau und seiner eigenen Person, die im Bereich des Öffentlichen (und damit auch im Interview) keinen Platz einnehmen sollen.[48]

Richard Meier: Persönliche Einschränkungen im Sicherheitskokon

Der ehemalige Präsident des Bundesverfassungsschutzes Richard Meier war acht Jahre in seinem Amt und wurde in dieser Zeit von einem Personenschutzkommando begleitet. Zuvor war er im Bundesnachrichtendienst tätig gewesen. Als Verfassungsschützer war er, neben Horst Herold, eine weitere Zielfigur für linksterroristische Attentate und damit eine der hoch eingestuften Schutzpersonen. Im Gespräch erzählt er über die damalige Bedrohungssituation gemeinsam mit seinen erwachsenen Kindern Gabriela und Stephan. Die teilweise rudimentären Erinnerungen Meiers lassen ein vollständiges Bild der damaligen Situation aus seiner Perspektive nicht zu, dennoch können seine Erzählungen und die seiner Kinder dazu beitragen, die Zeit unter Bedrohung und Gefährdung besser nachzuzeichnen.

Die Tätigkeit Meiers als BfV-Präsident prägte das Leben der Familie auf besondere Weise, Meier selbst war durch seinen Beruf viel außer Haus. Über seine Tätigkeit wurde in der Familie nicht direkt gesprochen, und die Kinder durften nicht öffentlich vom Beruf des Vaters erzählen. Verschwiegenheit war in der Familie Meier an der Tagesordnung. Über die Bedrohungssituation haben die Kinder Gabriela und Stephan dann auch wenig mit ihrem Vater geredet. Es war vielmehr die Mutter, die hier als Bezugsperson fungierte. Meier selbst empfand die Gefährdung als »unangenehm« und »belastend«. Auf die Frage der Autorin, was er nach der Entführung Schleyers empfunden habe, antwortet er, dass er »viel Angst« gehabt hätte, »dass es passieren könnte«.[49] Auch bei der Frage, was ihm zu den Olympischen Spielen 1972 in München einfällt, antwortet Meier: »Angst.« Mit seinem Fahrer habe er »dauernd« über die Gefährdung gesprochen, ebenso mit seinem ältesten

Sohn Robert, der in dieser Zeit selbst unter Personenschutz stand. In den Krisenstäben habe er sich auch mit den Kollegen über die Gefährdung und die Lebensbedingungen unter Personenschutz ausgetauscht. Die Gegebenheiten insgesamt habe er jedoch hingenommen. Sie seien daher »kein Problem« gewesen.[50] Aber auf die Frage, ob er heute aufgrund seiner langjährigen Erfahrung als gefährdete Person vorsichtiger sei, zum Beispiel seine Umwelt stärker beobachten würde, antwortet Meier: »Ich schau *schon.*«

Seine Ehefrau war schließlich diejenige, die die Situation »entdramatisiert« hätte, so Sohn Stephan, und den Kindern geholfen hätte, mit den besonderen Umständen umzugehen. Aufgrund der Befürchtungen, von fremden Geheimdiensten überwacht zu werden, und der Tatsache, Personenschützer als außerfamiliäre Beobachter des alltäglichen Lebens um sich zu haben, war ihre Mutter der Meinung, erinnert sich Gabriela, dass man sich »keine Schwächen leisten« könne, »nicht einfach krank werden«, »keine Depressionen haben« oder sich »nicht ärgern« dürfe und »immer schön gefasst« sein müsste. Diesen »Kodex« hätte sich ihre Mutter zu Eigen gemacht.

Für Sohn Stephan wirkte dieses Familienleben wie ein sicherer »Kokon«, in dem er sich – mitten im Jugendalter – geschützt und gut aufgehoben fühlte. Diesem nach außen hin abgeschlossenen, aber gleichzeitig unter Beobachtung stehenden System aus Sicherheit, Verschwiegenheit und Geborgenheit, ist der Vater dann oftmals entflohen. So lehnte er für manche Kurzreisen, auch ins Ausland, den üblichen Personenschutz ab und bat darum, erst wieder nach Rückkehr in Köln unter Schutz gestellt zu werden.[51] Auf einer Fahrt mit seiner neuen Lebensgefährtin nach Reutte in Tirol im August 1982, ungeschützt und in einem einzelnen Pkw reisend, geschah dann ein schwerer Unfall. Als er mit erhöhter Geschwindigkeit fuhr und währenddessen das Radio bediente, verlor Meier die Kontrolle über das Fahrzeug und geriet ins Schleudern. Beim frontalen Zusammenstoß des Fahrzeugs mit einem entgegenkommenden Pkw kam seine Lebensgefährtin ums Leben, und Meier sowie die Insassen des anderen Fahrzeugs erlitten schwerste Verletzungen. Erst nach mehreren Jahren war er wieder gesundheitlich vollständig genesen. Aufgrund dieses Vorfalls verlor er jedoch seine berufliche Stellung und wurde in den vorzeitigen Ruhestand versetzt.[52] Dies und die Folgen des Unfalls veränderten die ganze Familiensituation.

Was für die Kinder Meiers ein Gefühl der Geborgenheit bedeutete, stellte für Meier möglicherweise ein einschränkendes Korsett dar, in dem er seine Emotionen und Affekte nicht ausleben konnte. Im alltäglichen Schutzkokon mit der täglichen Begleitung, den ständigen Terminen und Besprechungen, der überall anonymen und mit Schweigen belegten Geheimdiensttätigkeit und der ständigen existenziellen Angst vor einer Entführung oder einem Attentat war kaum Raum für persönliche, spontane und intime Gefühle. Der Schutzkokon bot zwar eine gefühlte Sicherheit und minimierte Angst und Bedrohung, dafür konnte er aber auch andere Emotionen ersticken.

Meier gehört der Nachkriegsgeneration an. Er hatte nicht wie Helmut Schmidt und andere dieser Kriegsgeneration existenzielle Gefährdung und Bedrohung erfahren und soldatische Härte und Durchhaltevermögen verinnerlicht. Meier fand dagegen andere Möglichkeiten – wie mehrtägige Fahrten ins Ausland ohne Schutz – aus diesem scheinbar in sich geschlossenen Sicherheitssystem zu entfliehen, um sich frei zu bewegen, seine Affekte auszuleben und das ständige Gefühl der Bedrohung hinter sich zu lassen. Just in dem Moment, wo der Schutzkokon wegfiel, geschah ein lebensverändernder Unfall. Er kann daher als ein Symbol gesehen werden für ein durch den Personenschutz geschaffenes geschlossenes Sicherheitssystem.

Die Kinder und ihr Erleben von Bedrohung

Das Erleben von Bedrohung oder Gefährdung ist für Kinder eine besonders schwierige Erfahrung.[53] Die Kinder von Schutzpersonen wurden in das Schutzprogramm oft in einem Alter eingebunden, in dem sie mit ihrer eigenen Entwicklung und ihren eigenen Problemen beschäftigt waren, wie sich Ina Beckurts erinnert. Auch der Sohn von Willy Brandt, Matthias Brandt, sei »jung und unbekümmert genug« gewesen, um sich an die Schatten zu gewöhnen.[54] Doch einige Erzählungen der Schutzpersonen weisen darauf hin, dass diese besondere Lebenssituation Eingang in die Erlebniswelt ihrer Kinder gefunden hatte.

Gegenüber den ebenso betroffenen Erwachsenen zeichnet sich das kindliche Erleben, je nach Alter und Entwicklungsstand, durch eine größere Ich-Zentriertheit aus. Oft sind sie noch nicht in der Lage zu abstrahieren und emotionale Zustände zu gewichten.[55] Es fällt auf, dass nach außen hin sichtbare Reaktionen der Kinder auf eine wahrgenommene Bedrohung häufig bei Anlässen auftraten, die Erwachsene mit anderen, meist kognitiven Strategien, bewältigten. So konnten Erwachsene nicht nur die tägliche Bedrohung, sondern meist auch Ereignisse, in denen sich die Bedrohung besonders zeigte, durch Abwehrstrategien meistern. Diese Fähigkeit bildet sich bei Kindern jedoch erst im Laufe ihrer weiteren Entwicklung heraus.

Innenminister Burkhard Hirsch erzählt von einem Erlebnis mit seiner Familie auf dem Weg in den Osterurlaub 1977. Sie befanden sich kurz vor der österreichischen Grenze, als sie aus dem Autoradio vom Attentat auf Generalbundesanwalt Buback erfuhren. Seine Kinder, unter anderem sein sechs Jahre alter Sohn, saßen hinten im Auto und hörten ebenfalls die schreckliche Nachricht vom Karlsruher Mord. Ihr Vater änderte daraufhin kurzerhand die Urlaubsplanung und beschloss, dass er so schnell wie möglich nach Stuttgart fahren werde. Hirsch erinnert sich folgendermaßen an das Ereignis:

»Ich hab dann gedacht, na gut, also fahren wir zu dem Hotel und ich muss dann nach Stuttgart fahren. Und als wir ankamen, stieg mein Sohn aus und übergab sich. Der hatte also durchaus mitgekriegt, was Sache ist. Wir haben aber nicht intensiv über Personenschutz gesprochen. Es war eben so.«

Sein Sohn hatte in diesem Moment das dramatische Ereignis selbst noch nicht abstrahieren, reflektieren oder auf die Bedrohung für seinen Vater oder für sich selbst übertragen können. Dennoch nahm er die Atmosphäre, die dann im Auto herrschte und die die Eltern damit in die kindliche Erlebniswelt transportiert hatten, durchaus wahr, zum Beispiel die Anspannung des Vaters oder die Diskussionen zur Reiseplanänderung. Abgesehen davon, dass einem Kind auch durch andere Gründe im Auto übel werden kann, ist die Reaktion des Sohnes aus seiner intensiven Wahrnehmung der stark emotionalen und beklemmenden Stimmung im Fahrzeug zu erklären. Für seine Reaktion war also nicht entscheidend, dass er direkt in eine Gefahrensituation oder in ein Gespräch über das Attentat einbezogen worden war. Im Übrigen wurde über die Situation unter Personenschutz oder über Ängste um den Vater in der Familie Hirsch auch sonst wenig gesprochen, so Hirsch im Interview.

Andere Kinder von Schutzpersonen wurden in die Sicherheitsmaßnahmen stärker eingebunden. So wurden Gabriela und Stephan Meier wiederholt gefragt, ob ihnen etwas in ihrer Umgebung aufgefallen sei, das auf eine Gefährdung hinweisen könnte. Gabriela erinnert sich daran, wie der Personenschutz ihres Vaters eingestellt und daher nicht mehr »gesichert« wurde, bevor man aus der Haustür trat, da habe dann schon was gefehlt: »Und die Angst läuft immer mit.«

Die Umwelt wird von den Kindern aufmerksam wahrgenommen. Julia Baum beschreibt, dass sie trotz sonstiger Gelassenheit aufgrund einer Kindesentführung in ihrer Kölner Nachbarschaft »nervöser« gewesen sei. Auch Christel Zachert berichtet, dass ihre Kinder allein durch die Begleitung ihres Vaters durch ein bewaffnetes Kommando und das auffallende Prozedere der

An- und Abfahrt ganz klar »angespannter« gewesen seien. Ihr Sohn hätte um seinen Vater »Angst« gehabt.

Noch stärker eingebunden wurde Walter Kohl, ältester Sohn von Bundeskanzler Helmut Kohl. In seiner Autobiographie beschreibt er die zahlreichen Konfrontationen mit der Gefahr in seiner Kindheit. Für ihn war der persönliche Personenschutz zunächst einmal eine Einschränkung in seiner täglichen Bewegung, zum Beispiel auf dem Schulweg oder beim Spielen. Ihn ängstigte daher zunächst nicht unbedingt die Gewalt der Terroristen, sondern das Ausgegrenztsein aus dem Kreise seiner Mitschüler. Erst als er testen wollte, ob er die Personenschützer auch abschütteln könne, und er daraufhin von seiner Mutter Hannelore Kohl zurechtgewiesen wurde, sei ihm die Gefährdung bewusst geworden. »Ich spürte ihre Betroffenheit, verstand auf einmal, dass sie sich tatsächlich schwere Sorgen um mich machte. Plötzlich bekam ich ein ganz neues Gefühl für die Gefahr. Wenn meine Mutter so voller Furcht war, dann musste es ja wirklich gefährlich für uns sein, so meine kindliche Analyse.«[56]

Als schließlich auch sein eigenes Kinderzimmer schusssicher ausgestattet wurde, fühlte sich Walter Kohl zutiefst verunsichert und verängstigt:

> »Wenn selbst im innersten Bezirk des Privaten Lebensgefahr herrscht, wenn auch der allerletzte Rückzugsraum nicht mehr als unverletzlich gelten kann, ist dies eine wirklich verstörende Erfahrung für ein Kind. So erlebte ich es. […] Ich fragte mich und stellte mir vor, dass der unweit gelegene Weiher, an dem ich doch immer so gern gespielt hatte, jetzt zum heimlichen Tummelplatz von Terroristen würde, die dort im Schutz der Dunkelheit umherschlichen, auf eine Lücke im Sicherheitssystem lauernd. Diese Vorstellung raubte mir den Schlaf. Morgens war ich dann entsprechend müde und unkonzentriert«.[57]

Wie es um die Gefährdung seiner Person stand, versuchte der elfjährige Walter aus Gesprächen der Personenschützer zu erfahren. Seine Eltern, so seine Erinnerung, hätten lange Zeit die »offene und ehrliche Aussprache über die tatsächliche Bedrohungslage« verweigert und niemand hätte »Klartext« mit ihm gesprochen. Darunter hätte er »unsäglich« gelitten.[58] Schließlich vertraute sich Walter Kohl einer Person an, die ihm zwar nicht nahestand, jedoch nach seiner Meinung das gleiche Schicksal teilte: Hanns Martin Schleyer.[59] Als er ihn im Sommer 1977 im Büro seines Vaters antraf, fragte er ihn, ob er selbst denn Angst hätte. Die Antwort Schleyers – »Es ist völlig normal, Angst zu haben. Mut zu beweisen heißt nicht, keine Angst zu haben, sondern sich von seiner Angst nicht unterkriegen zu lassen.« – war für Walter eine wichtige Hilfe, mit der täglichen Gefahr umzugehen. Indem Kohl diesen Austausch mit einer hoch gefährdeten, im kulturellen Gedächtnis verankerten und stark symbolträchtigen Person wie Hanns Martin Schleyer in seiner Autobiographie so intensiv beschreibt, verstärkt er narrativ die Erinnerung an sein eigenes Bedrohtsein.

In der Rückschau erzählt Walter Kohl, dass er sich alleingelassen fühlte mit den Fragen, ob er möglicherweise entführt werden würde oder ob die Entführer ihn dann erschießen würden. Wie er die Bedrohungslage als Kind empfunden hatte, beschreibt er so:

»Die Gefahr erschien mir wie ein tiefer Abgrund in einem undurchdringlichen Nebel. Da man seinen Rand nicht sehen konnte, wusste man nicht, welcher Schritt der Schritt ins Leere sein würde. Ich hatte die Angst irgendwo tief in meinem Innern eingesperrt, hinter einer dicken Mauer, an der alle Gedanken abprallten. Ich hatte die konkrete Gestalt der Gefahr, die für mich ganz persönlich gültige Form einer möglichen Katastrophe, konsequent verdrängt.«[60]

Konkret wurde die Gefahr für ihn dann in einem Sicherheitsgespräch, das die Personenschützer mit ihm und seiner Mutter führten. Sie erklärten ihm, dass er im Falle einer Entführung zwar freigekauft würde, aber nur bis zu einem Betrag von »maximal fünf Millionen Mark«: »Ein Preisschild auf meinem Leben!«, so empfand es der 13-jährige Walter.[61]

Kinder verarbeiteten solche Emotionen ganz unterschiedlich und individuell. So hinterlegte der 13-jährige Sohn von Richter Foth eine Schreckschusspistole auf dem Dachboden des Wohnhauses in Stuttgart, die dann der Schornsteinfeger entdeckte. Es habe sich herausgestellt, erzählt lachend der Vater, dass sein Sohn gehofft hatte, »im Ernstfall« damit jemanden erschrecken zu können. Als Vater habe er das nicht gewusst, aber man könne daran sehen, dass die Kinder eben an der damaligen Situation unter Schutz »schon beteiligt« waren. So gab es auch Verabredungen, wie bei Familie Hirsch, dass jedes Familienmitglied immer wusste, wo das andere sich gerade aufhält und zu erreichen ist. Die Kinder sollten immer direkt von der Schule nach Hause kommen.

Einige Eltern versuchten ihre Kinder möglichst von der eigentlichen Bedrohungssituation fernzuhalten. Obwohl seine Kinder bewacht wurden und Stimmproben für den Fall einer Entführung abgegeben hatten, versuchte Richter Breucker seine Kinder zu beruhigen, dass – so seine eigene Überzeugung – sie nicht entführt werden würden.[62] Falls dieser Fall doch eintreten sollte, so erklärte Breucker seinen Kindern, sollten sie sich nicht fürchten: »Die Leute sind dann bestimmt nett zu euch. Und passt halt gut auf, auf alle Umstände, damit ihr uns nachher helfen könnt, dass man die fängt.« Seine

Kinder seien dann ganz begeistert gewesen und hätten sich wie vor einem Abenteuer gefühlt.

Die Kinder von Richard Meier haben die Zeit unter Personenschutz ebenfalls nicht als besonders unsicher in Erinnerung. Vielmehr hätten die Eltern, insbesondere ihre Mutter, kaum »Anzeichen von Panik oder Angst« gezeigt und immer alles gut »relativiert«. Das, so Sohn Stephan, »spielt eine entscheidende Rolle« dafür, dass bei ihnen, den Kindern, keine Gefährdungsgefühle aufgekommen seien. Denn wäre ihre Mutter »durchgedreht« oder wäre darüber »depressiv« geworden oder hätte »nur von Angst gelebt«, dann wäre das nicht so »glimpflich« abgelaufen. Mit dem Vater hätten die Kinder nie über die Schutzsituation gesprochen. Es sei zwar »sein Schutz« gewesen, der eben in die Familie »strahlte«, aber er habe ihnen nie erklärt, »warum das jetzt so ist und wie das jetzt so ist«. Auch Hans Tietmeyer sah keinen Grund, mit seinen Kindern über den Anschlag auf ihn zu sprechen. Er ist vielmehr der Auffassung, dass das Attentat bei seinen Kindern nicht »sehr nachgewirkt« hätte. Es hätte so viele andere Themen innerhalb des familiären Kreises gegeben, sodass das Attentat auch heute kein Thema mehr wäre. Nach dem Attentat hätten die Kinder mit seiner Frau darüber gesprochen, er persönlich habe das damals für »unwichtig« gehalten.

Insgesamt ist zu beobachten, dass das kindliche Erleben von Bedrohungssituationen oder generell dem besonderen Leben unter Personenschutz zum einen vom kindlichen Entwicklungsstadium und den spezifischen Kognitions- und Verarbeitungsleistungen sowie von der Persönlichkeitsstruktur abhängig war. Zum anderen prägte die Familie, also wie mit der Gefährdung und der alltäglichen Ausnamesituation innerhalb der Familie umgegangen wurde, das kindliche Erleben. Dass Walter Kohl von seiner Mutter nichts Konkretes über die Gefährdungs- und Schutzsituation erfuhr, erklärte ihm Hannelore Kohl im Nachhinein damit, dass sie große Angst um ihren Sohn gehabt und sich angesichts der Bedrohung »total überfordert gefühlt« hätte, ja »fast verzweifelt wäre«.[63] Das familiäre Beziehungssystem, emotionale und feste Bindungen sowie Formen der innerfamiliären Kommunikation und Information waren bestimmend für das kindliche Empfinden der damaligen Lebenssituation.

Handeln unter Bedrohung

Auf welche Weise auch immer Bedrohungen oder Gefährdungsmomente verarbeitet wurden, nicht alle Schutzpersonen reagierten scheinbar so rational und gelassen, wie es zum Beispiel Hans Tietmeyer tat. Da Entscheidungen nicht von der objektiven Sicherheit, sondern von der subjektiven Wahrnehmung von Sicherheit beeinflusst werden, scheint eine emotionale Reaktion auch ganz normal.[64] Dass ein durch Rationalität und Vernunft gesteuertes Handeln nicht durchgängig aufrechtzuerhalten war, lässt sich mithilfe der Neurowissenschaften und der Psychologie erklären. Emotionen mischen sich in unsere Bewertungen, Überlegungen und Handlungen auch *dann* ein, wenn wir uns gezielt um rationale Reflexion bemühen und von Emotionen zu abstrahieren suchen. Hartmut Esser legt dar, dass Emotionen nahezu bei »allen Formen des Verhaltens und Handelns beteiligt« seien. Dabei seien sie »in unterschiedlicher Weise mit bewussten Empfindungen verbunden […] und durch kognitive Schemata modifiziert oder durch rationale Überlegungen kontrolliert und (fast) gänzlich überspielt«. Kognitionen und Emotionen würden also immer »gleichzeitig aktiviert«.[65] Zwar hätte nicht jede Emotion eine spezifische Handlungsbereitschaft bzw. Handlung zur Folge, so Ulrich Mees, aber werde eine Handlung durchgeführt, so sei »eine Emotion ihr direkter oder indirekter Grund«.[66]

Emotion und Handlung sind also eng miteinander verwoben. Der Einfluss von Emotionen auf Handlungen lässt sich minimieren, indem sie durch kognitive Vorgänge neu bewertet werden.[67] Sind also zum Beispiel emotionale Regungen, wie eigene Bedrohungsgefühle, in einer anstehenden wichtigen Entscheidung, etwa im Krisenstab, nicht erwünscht, können sie kognitiv verarbeitet werden (»hat mich nicht beeinflusst«). Eine ungewöhnlich emotionale Reaktion wie von Christel Zachert auf das Piepen des Faxgeräts, die sich ja sonst eher rational verhielt, deutet somit darauf hin, dass die kognitiven Verarbeitungsmechanismen nicht immer vollständig umgesetzt werden konnten und es doch mögliche emotionale »Schlupflöcher« gab.

Von diesen Abweichungen bzw. Ausbrüchen wird dann auch in unkontrollierten und stark emotionalen Interviewsituationen erzählt und damit das Bild des rational handelnden Politikers plötzlich aufgebrochen. So erinnern sich Interviewpersonen, dass die Entscheidungen angesichts des hohen politischen Drucks etwa in den Krisenstäben 1977 und der enormen Belastung durch die persönliche Gefährdung »unbeabsichtigt« vom eigenen Gefühlszustand beeinflusst wurden. Horst Herold berichtet von einer Situation, in der ein hochrangiger Politiker Entscheidungen »unter dem Eindruck der Dimensionen nicht mehr verhältnismäßig gesehen« hätte. Kollegen, mit denen man sich bis dahin über die Angemessenheit von politischen Entscheidungen stets einig war, verließen plötzlich die gemeinsame Linie und forderten ein äußerst fragwürdiges politisches Vorgehen. Andere Interviewpartner erzählen von Kollegen, die unter dem Druck der Entscheidung »gestresst und erhitzt« außergewöhnliche Handlungen vorschlugen und schließlich »ausgerastet« seien.

Ein in der Literatur bereits beschriebenes und zeitgenössisch sehr umstrittenes Vorgehen war der Vorschlag eines Teilnehmers im Schleyer-Krisenstab, die Todesstrafe für die terroristischen Geiselnehmer wieder einzuführen.[68] Für einen Beobachter war diese Anregung, so im Gespräch mit der Autorin, eines der Beispiele, »in denen Leute eben unmittelbar beeinflusst worden sind von dieser Doppelrolle, auch in ihrer Entscheidung«: »Wir können doch so nicht weiterleben, dass man von allen Seiten auf uns zielt, da müssen wir doch offensiv dreinhauen«, habe der Politiker im Krisenstab geäußert. Daraufhin habe dieser Ideen unterbreitet, die für viele Mitglieder des Krisenstabs nicht akzeptabel gewesen seien.

Dass die eigenen Emotionen das Handeln bestimmen konnten, ist für den BKA-Präsidenten Herold klar: »Aber sicher gibt es das. [...] Unbeabsichtigt beeinflusst es einen natürlich schon.« Für ihn selbst könne er sich an keinen Fall erinnern, in dem er überreagiert habe, und glaubt, von dieser Beeinflussung befreit gewesen zu sein. Viele Schutzpersonen hatten sich diese Frage bis zum Interview noch nicht gestellt, wie Richter Foth. Er findet die Frage jedoch sehr interessant, ob seine persönliche Situation unter Schutz auf seine Tätigkeit und Entscheidungen als Richter in einem Prozess eingewirkt habe, in dem genau jene angeklagt waren, die für seine persönliche Bedrohungssituation verantwortlich waren.

Emotionen konnten sich auch im alltäglichen Umfeld übertragen, wie Hans-Ludwig Zachert berichtet. Man sei ja auch »nicht frei«, sondern lasse sich beeinflussen, so beginnt seine Erzählung. Wenn er mit seinem Schutzkommando auf der Autobahn unterwegs war und die Personenschützer bei verdächtigen Personen in die mitgeführten Fahndungsbücher schauten, konnte auch er sich von der Nervosität der Personenschützer anstecken lassen – »das überträgt sich dann irgendwie«.

Die Frage, ob die persönliche Bedrohung eines Politikers sein politisches Verhalten und seine Entscheidungen beeinflussen, stellten sich auch zeitgenössische Beobachter. So beschrieb bereits der Journalist Gunter Hofmann, dass für Bundesinnenminister Werner Maihofer die gepanzerten Fenster, durch die er blickte, »zu Schießscharten« geworden waren, welche »die Welt ›draußen‹« nur noch partiell erkennen« ließen.[69] Welche psychischen Folgen das Leben unter Personenschutz hatte und wie es sich auswirkte am Kabinettstisch »lässt sich kaum überschätzen«, so Hofmann.[70]

Aus psychologischer Sicht gibt es drei mögliche Szenarien, wie sich Bedrohung und Stress auf politisches Handeln auswirken kann: politische Überzeugungen und Meinungen verstärken sich, politisches Vorgehen wird angesichts möglicher Konsequenzen für die persönliche Bedrohung defensiver und politische Äußerungen werden zurückhaltender oder die Tätigkeit wird sogar aufgrund der diffusen Bedrohung oder eines konkreten Angriffs beendet. Ob bei den hier befragten Politikern diese Szenarien zum Tragen kamen – vor allem in Hinblick auf die Antiterrorismuspolitik – bleibt unbeantwortet.[71] Viele Hinweise aus den Interviews sowie Erkenntnisse der Emotions- und Kognitionsforschung deuten jedoch darauf hin, dass Politiker durchaus von der sie umgebenden Situation sowie den eigenen Stimmungen indirekt beeinflusst waren. In dieser für jede Schutzperson persönlich und emotional herausfordernden Situation flossen subjektive Empfindungen in das persönliche Denken und die Wahrnehmung ein, aus denen heraus das politische Handeln erfolgte – auch wenn konkrete Kausalitäten nicht eindeutig hergestellt werden können.

Damit ist auch die Vorstellung, dass eine Dichotomie von Emotion und Vernunft und von Emotion und Politik existiert, nicht mehr haltbar. Das Paradigma vom durch Rationalität und Interessen geleiteten menschlichen Handeln, dem sogenannten *rational choice* wäre relativiert.[72] Zwischen Fühlen und Denken kann keine strikte Unterscheidung oder Hierarchisierung vorgenommen werden. In den Erzählungen wird die Frage, ob sich die Erfahrung des Bedrohtseins in irgendeiner Weise auf das eigene Handeln ausgewirkt hatte, jedoch fast ausschließlich verneint und eine Kausalität bestritten. Dies zeigt, wie stark das *master narrative* der rational handelnden, von Emotionen befreiten Entscheidungsträger in den Erzählungen der Politiker und Richter wirkte.

Entwurf eines emotionalen Habitus der damaligen staatlichen Elite

Die Erzählungen der Schutzpersonen zeigen zum einen das subjektive Erleben von Bedrohung und zum anderen den Umgang mit den dabei entstandenen Emotionen. Dabei wird deutlich, dass diese Emotionen weder in der damaligen Zeit noch im heutigen Erinnerungsprozess offen ausgedrückt werden. Erst im episodischen Erinnern kommt zum Teil emotionales Erleben zum Vorschein. Wie die Erzählungen bereits andeuteten, waren es individuell wirkende, psychologische Verarbeitungsmechanismen, die diese bestimmte emotionale Haltung ermöglichten. Sie werden im Folgenden näher beschrieben, um schließlich die Faktoren eines spezifischen emotionalen Habitus der Schutzpersonen aus Politik und Justiz herauszustellen.

Individuelle Verarbeitungsmechanismen

Mit dem Gefühl der Bedrohung und dem daraus resultierenden Stresszustand ist oftmals eine Ohnmacht verbunden, die Situation nicht kontrollieren zu können. Um nicht in diese ausweglose Situation zu geraten, stehen dem Individuum unterschiedliche Bewältigungsstrategien (*coping*) und Formen der psychischen Stabilisierung zur Verfügung, auf die auch die Schutzpersonen angesichts der täglichen existenziellen Bedrohung zurückgegriffen haben. Die unterschiedlichen Reaktionen der Politiker auf ihr Leben unter Personenschutz beschrieb bereits Gunter Hofmann im Jahre 1987: »Einige klagen darüber, andere zucken mit der Schulter, dritte genießen es und tragen die Zahl ihrer Bewacher wie Orden.«[73] Ein Personenschützer berichtet aus 30 Jahren Berufserfahrung von den unterschiedlichen Verhaltensweisen der Schutzpersonen: Da gab es den »Clown« und den »Hampelmann«, den »Schweiger, der sich nie äußert« oder den »Totalabschotter«. Die verschiedenen Reaktionen sind damit zu begründen, dass der Umgang mit dieser Stresssituation von physischen Gegebenheiten wie Alter und Geschlecht, von der Wahrnehmung und Interpretation der Bedrohung und den Bewältigungsmöglichkeiten, aber auch vom sozialen Umfeld und der Einstellung zum Personenschutz beeinflusst wurde.[74]

Verdrängung, Verleugnung und Humor

Werden Ereignisse oder Impulse als so beängstigend erlebt, dass sie unerträglich werden, so der Psychologe Thomas Hülshoff, können sie ins Unbewusste verdrängt oder schlicht verleugnet werden.[75] Die Abwehr von äußeren Gefahren ermöglicht, Stresssituationen zu managen und nicht von Emotionen überwältigt zu werden. Denn mit andauernder Angst kann nur schwer gelebt werden. Verdrängende oder verleugnende Personen können sich dann meist auch nicht an Details der Bedrohung erinnern, was erklären würde, warum den Interviewpersonen diese Situation und ihre Gefühle anfänglich immer nur vage präsent waren, und diese Emotionen erst nach intensiver Erinnerungsarbeit stärker hervortraten.

Bereits die zeitgenössischen Medien spekulierten darüber, wie gefährdete Personen mit der dauernden Gefährdung durch den Linksterrorismus umgingen. So erschienen nach dem Attentat auf den Chef der Deutschen Bank Alfred Herrhausen einige Artikel, die sich mit dem Umgang Herrhausens mit seiner Gefährdungssituation beschäftigten. Herrhausens Haltung zu dieser Frage – »Wenn sie mich erwischen wollen, dann kriegen sie mich auch.« – sei eine nicht seltene Reaktion, die zeige, dass der Mensch ein Risiko lieber verdränge, als mit der Gefahr zu planen, so der Münchner Psychologe Georg Sieber.[76]

In den Interviews werden Verhaltensweisen von den Schutzpersonen erinnert, die auf genau solche Verarbeitungsmechanismen hinweisen. Neben Hans Tietmeyer, der sich mit kaum jemanden über das auf ihn verübte Attentat austauschte und sowieso nicht durch das Ereignis »emotional belastet« war, erzählt auch Richter Foth, dass er sich abends manchmal eine Stirnlampe um den Kopf geschnallt hat und noch bei Nacht durch den Wald lief, obwohl er gerade von einem Schutzkommando nach Hause gebracht worden war. Angst habe er keine gehabt, er hätte ja davonlaufen können. Ähnlich unbekümmert besuchte Bundespräsident Richard von Weizsäcker eines Tages allein ein öffentliches Schwimmbad, nachdem er seine Begleitschutzbeamten nach Hause geschickt hatte. Die Aufregung in den Medien und der Öffentlichkeit über den unbewachten Bundespräsidenten war groß.[77] Herbert Wehner, von der SG als hochgefährdet eingestuft, lehnte Personenschutz generell ab. Er hatte dafür eine Pistole im Handschuhfach seines Wagens liegen, wie der Autorin im Gespräch erzählt wird. Auf den fehlenden Schutz angesprochen, soll er gesagt haben »Ich habe ja die« und zeigte auf seine Frau Greta.[78]

Ganz direkt formuliert es Familienministerin Huber, dass man die Gefährdung wegschieben, wegdrücken oder ignorieren musste. Auch aus der Erinnerung würde man die Angst verdrängen, so Liselotte Vogel. Schließlich sei es »unangenehm«, daran erinnert zu werden, und man wolle es nicht so gerne behalten. Gerhart Baum erzählt, dass er die Tatsache, dass er auf den sogenannten »Listen« der Terroristen unter den Ersten stand, »verdrängt« habe. Damit war auch der Gedanke, Opfer eines Anschlags zu werden, »Routine« geworden. Viele der Interviewpersonen nennen die »Gewöhnung« als zentralen Umstand, überhaupt mit der Gefährdungssituation zurechtzukommen.[79]

Andere wählten den Humor, der sich auch in Formen von Ironie oder Sarkasmus zeigt und dem Erzählenden eine Distanz zum Geschilderten ermöglicht.[80] Bundespräsident Herzog äußert beispielsweise, dass alles, was über das von der Natur zugemessene Alter von 40 Jahren hinausginge, sowieso als Geschenk betrachtet werden müsse und fügt dann lachend hinzu: »Und irgendwann ist das Geschenk zu Ende, wobei ich jetzt nicht unbedingt erschossen werden möchte. […] So weit geht die Vergnügungssucht dann auch nicht.« Die Familie von Siemens-Vorstandsmitglied Beckurts nahm die Bedrohung ebenfalls eher mit Humor, wie seine Frau Ina Beckurts erzählt. Als die Sicherheitsberater ihr Haus mit Objektschutzmaßnahmen ausstatteten und ihren Mann dann fragten, ob er sich nun sicher fühle, hätte ihr Mann ironisch geantwortet: »Nein, ich fühle mich vollkommen bedroht. Ich habe nämlich Angst, wenn Feuer ausbricht, kommen wir hier nirgends raus.« Auch untereinander wurde über die Bedrohung gescherzt. So habe Horst Herold nach der Ermordung von Generalbundesanwalt Buback anlässlich eines Besuchs seines Nachfolgers Rebmann gesagt: »Also, Herr Generalbundesanwalt, wir werden beide erschossen, aber Sie sind der Erste!«[81] Und selbst seiner Ehefrau, Frau Rebmann, habe Herold scherzhaft prophezeit, dass ihr Mann nicht mehr lange lebe. Daraufhin habe Frau Rebmann geantwortet: »Das ist aber nicht sehr freundlich, was Sie mir da sagen.«

Eigenes Sicherheitsverhalten als Verarbeitungshilfe

Bereits Rudolf Günther legte 1979 in seiner Studie über Sicherheit dar, dass sicherheitsorientierte Verhaltensweisen auf Formen der Angstbewältigung zurückgeführt werden können.[82] Im Gegensatz zur Verdrängung war das sicherheitsorientierte Handeln eine bewusste Auseinandersetzung mit der Gefährdung der eigenen oder einer nahestehenden Person. Emotionale Belastungen konnten so auf Sicherheitsaktivitäten umgeleitet und dort energetisch entladen werden.[83] Wie in den Gesprächen zu beobachten ist, setzten sich vor allem Angehörige mit der Gefährdung bewusst auseinander. Verdrängungs- oder Vermeidungsstrategien waren für diese Personengruppe weniger geeignet, die Sorge um den Ehepartner oder die Kinder auszuhalten.

Oftmals übten die Ehepartner – meist Ehefrauen – keinen Beruf aus, waren als Hausfrau tätig und zogen die gemeinsamen Kinder groß. Während der überwiegenden Abwesenheit des Ehemanns waren diese Frauen dann auf sich allein gestellt und konnten durch keine berufliche Ablenkung Gefährdungsgefühle verdrängen oder wegschieben. Zudem waren sie von Sicherheitskräften angehalten, nicht mit Dritten über die Sicherheitsmaßnahmen zu sprechen. Damit wurde ihnen eine wichtige Bewältigungsstrategie genommen, nämlich Sorgen und Ängste auszudrücken und dadurch abzubauen. Wenn ihr einzig verbleibender Gesprächspartner – wenn dies beim Ehemann denn zutraf – morgens das Haus verließ, blieb die Ehefrau mit ihrer Unsicherheit allein zurück.[84]

Einige der Frauen fanden sich mit dieser Passivität nicht ab und setzten sich mit der Bedrohung bewusst auseinander. Christel Zachert geht im Gespräch ganz explizit auf die Bedrohung ein und kann genau beschreiben, wie sie die Situation damals empfunden hat, dass sie zum Beispiel »Angst« gehabt und selbst Sicherheitsmaßnahmen ergriffen habe. Wenn sie wie erwähnt während der morgendlichen Abfahrt ihres Mannes die gegenüberliegenden Weinberge mit einem Nachtsichtgerät observierte, schien sie sich mit der Sicherheit zu identifizieren. Sie wollte die Bedrohung nicht verdrängen, sondern lebte sie.

Wie Ehefrauen die Sicherheit selbst in die Hand nahmen, zeigt auch eine Episode, die Ina Beckurts gleich am Anfang des Interviews erzählt. Bei der morgendlichen Anfahrt zum Anwesen des Ehepaars Beckurts fielen dem Fahrer ihres Mannes dunkle Fahrzeuge auf, die wegfuhren beziehungsweise plötzlich ihr Licht anschalteten, wenn er die Wohnstraße erreichte. Da der Sicherheitsdienst von Siemens auf diese Meldung des Fahrers nicht reagierte, ergriff Ina Beckurts einige Monate vor dem tödlichen Anschlag auf ihren Ehemann selbst die Initiative und verließ gegen vier Uhr in der Früh mit ihrem Wagen unauffällig das Anwesen:

»Es war ja noch ganz lange dunkel, und ich bin mit meinem Auto aus der Garage Richtung Wald gefahren, denn wenn da noch Leute stehen, dann sehen die ja, dass ich aus dem Hause komme und verhalten sich anders. Ich bin hinten an den Wald und durch so einen holprigen Waldweg zurück auf eine andere Straße, um wieder aus Richtung Stadt zu kommen mit meinem Auto. Und da stand das [Fahrzeug] genauso, wie er beschrieben hat, Licht war aus. Und da bin ich – nun kam ich ja von der anderen Seite – längsseits gefahren. Da war ein Mann drin. An dem Auto stand außen dran Arbeitersamariterdienst. […] Ich klopfte, er machte sein Fenster runter, war ein älterer Mann, und ich sagte: ›Hören Sie mal, ich komme hierher, ich wäre fast auf Sie draufgefahren, ich habe ja solche Angst‹ – ich habe ja nicht gesagt, wer ich bin – ›und wie können Sie denn hier einfach im Dunkeln stehen, aber sitzen drin.‹ ›Ja unser Chef verlangt, dass wir immer das Licht ausmachen, das dürfen wir nicht anlassen.‹ ›Na ja‹, sagte ich, ›und was machen Sie hier?‹ ›Ja, wir müssen hier um sieben Uhr Behinderte zur Arbeit bringen und weil wir dann schon woanders eher fertig sind, stehen wir immer schon so früh hier.‹«

Ina Beckurts benachrichtigte die Polizei, woraufhin aber nichts passierte und der Vorfall zu den Akten gelegt wurde. Selbst nach dem tödlichen Anschlag auf ihren Ehemann wurden zu diesem und anderen Vorfällen keine Verbindungen gezogen.

Auch Schutzpersonen selbst konnten ein bewusstes Sicherheitsverhalten übernehmen. Viele entschieden sich, eine Waffe bei sich zu tragen, wie Franz Josef Strauß oder Bundesrichter Horst Kuhn.[85] Die beiden Richter Foth und Breucker berichten, dass sie beim Heraustreten aus der Haustür zunächst kurz die Umgebung beobachteten, ob sich jemand Verdächtiges in der Nähe aufhielt. Andere Schutzpersonen dachten über abwechselnde Fahrstrecken nach, tauschten Autokennzeichen oder Identitäten aus, parkten das eigene Fahrzeug nicht mehr direkt vor der Haustür, führten familiäre Regeln über zuverlässige Verabredungen ein oder joggten immer zu unterschiedlichen Zeiten. Im Urlaub legte man sich nicht mehr für mehrere Wochen an den Strand, um Kalkulierbarkeit zu vermeiden, sondern unternahm lieber Fahrradtouren. »Ein bisschen mehr aufpassen«, »vorsichtig sein« oder »wachsam sein« waren die Devisen der Schutzpersonen, ihrer Ehefrauen und Kinder.[86]

Noch heute lassen sich Verhaltensweisen erkennen, die in dieser Zeit verinnerlicht wurden. So berichten die Schutzpersonen, dass sie sich weiterhin umschauen, verdächtige Fahrzeuge beobachten oder besonders wachsam umherlaufen würden. Richter Breucker erzählt, dass er sich immer noch in einem Lokal mit dem Rücken zur Wand setze, damit er die Bewegungen im Raum überblicken könne. Nach 13 Jahren Personenschutz, so sein Eindruck, hätten sich gewisse Dinge »eingeschliffen«. Auch Innenminister Hirsch kommt zu dem Schluss, dass sich der eigene Blick auf Dauer verändert habe.

Rationalisierung

Eine weitere Verarbeitungsform ist die Rationalisierung, bei der die Person – und dies ist wichtig in Hinsicht auf die Interviews – auch nachträglich eine Problemstellung »vor sich selbst und der Außenwelt durch rationale Erklärungen, die moralisch akzeptable Gründe anführen« verheimlicht oder scheinbegründet.[87] Mit unmittelbar drohenden Beeinträchtigungen oder noch nicht absehbaren Gefahren setzen sich die Betroffenen also kognitiv auseinander. Roman Herzog erzählt, dass er bei seiner Entscheidung, den Innenministerposten in Baden-Württemberg anzunehmen, gewusst habe, worauf er sich einlassen würde. Er habe überlegt, dass er als einer der elf Innenminister der Länder relativ stark gefährdet sei. Wenn er jedoch die übrigen Landesminister hinzurechnen würde, sei die Wahrscheinlichkeit, dass man »ausgewählt« werde, wieder relativ gering. Auch Liselotte Vogel hatte sich bewusst überlegt, dass selbst die beste Sicherheit ein Erschießen nicht verhindern könne. So hätte man es »weitgehend dem lieben Gott überlassen, ob man am Leben bleibt oder nicht«.

Oft ordnet der Erzählende die Gefährdungssituation in seine beruflichen Tätigkeiten oder seine professionellen Einstellungen ein. Als in einem Bekennerschreiben der Terroristen die Drohung stand »Wir werden so oft und so lange Sprengstoffanschläge gegen Richter und Staatsanwälte durchführen, bis sie aufgehört haben«, hätte sie dies nicht weiter bekümmert, erzählt Richter Breucker nüchtern. Sie hätten den Fall dann eben »verhandelt und abgeurteilt«. Julia Baum erinnert sich, dass im Büro ihres Vaters ein RAF-Plakat hing, auf dem er diejenigen Terroristen mit einem Edding-Stift durchstrich, die sie gefasst hatten.

Sehr reflektiert erzählt auch Wolfang Schäuble in einem Interview mit der Zeitschrift *Fokus*, dass ihn die Erlebnisse aus der Zeit des Linksterrorismus geprägt hätten.[88] Dass er die Rauchwolken von der Explosion der Bombe, die 1990 gegen seinen Staatssekretär Neusel gerichtet war, sogar aus seinem Fenster gesehen und ihn kurz danach blutüberströmt in den Armen gehalten habe, würde man im Leben nicht vergessen. Natürlich habe jeder Mensch – auch er – Angst, das gehöre zur menschlichen Natur. Was Anschläge auf seine eigene Person angeht, habe er jedoch ein »gewisses Maß an Gelassenheit«. Er habe erlebt, wie jemand auf ihn geschossen habe und er »lebe immer noch«. Dafür sei er dankbar. Man dürfe sich nicht bitter machen lassen oder ein »Übermaß an Besorgnis« entwickeln, denn dann könnte man »keine politische Verantwortung« mehr tragen.

Anhand der Beispiele ist zu sehen, dass die Gefährdungssituation von einigen Schutzpersonen genau reflektiert und auf rationaler Ebene eingeordnet wurde. Risiken wurden abgewogen und den Verpflichtungen als Politiker gegenübergestellt. Nüchtern analysiert und differenziert war die Bedrohung greifbar geworden und konnte im Alltag nicht mehr die emotionalen Auswirkungen entfalten, die sie in ihrem diffusen Zustand gehabt hätte.

Das Modell des emotionalen Habitus

Die Entwicklung von individuellen Verarbeitungsmechanismen bei der Auseinandersetzung mit der Bedrohung ermöglichte den Schutzpersonen, mit der Situation kontrolliert umzugehen und gleichzeitig eine Haltung zu bewahren, die bei allen Interviewpartnern ähnliche Züge aufweist. Nur wenige Erzählungen enthalten explizit destabilisierende Emotionen oder besonders bewegende Erlebnisse. Nicht nur die damalige Lebenssituation, sondern auch die aktuelle Erzählweise wirkt ruhig und gefasst. Lediglich einzelne Episoden zeigen, welche emotionalen Reaktionen eine solche lebensbedrohliche Situation doch auch hervorrufen konnten. Doch warum vermieden die Personen der hier untersuchten Gruppe den starken Ausdruck von Emotionen und pflegten einen scheinbar ähnlichen Umgang mit der Bedrohung?

Um diese Frage näher zu beleuchten, soll hier auf das Modell des *emotionalen Habitus* zurückgegriffen werden.[89] Durch dieses Modell können bei der Beschreibung von Emotionen analytische Dimensionen einbezogen werden, die für den Umgang mit Bedrohung von Bedeutung sind, wie zum einen die Dimension des Körpers. Wechselwirkungen zwischen Körper und äußeren Einflüssen, wie hier die Bedrohung, zeigen sich oftmals in körperlichen Ausdrucksweisen wie Verhalten, Mimik und Gestik. Gleichzeitig veranschaulicht die körperliche Dimension, dass Emotionen auch einem Wandel unterliegen.[90] Zum anderen verbindet das Modell des emotionalen Habitus die Emotionen mit der Dimension des Raumes, die für die Betrachtung des Lebens unter Personenschutz entscheidend ist. Denn wie bei den Veränderungen der privaten Räume durch die Personenschutzmaßnahmen zu beobachten war, wirkten sich diese auch auf die Emotionsaufladungen von Räumen aus – zum Beispiel in sichere oder unsichere Räume –, was wiederum den emotionalen Umgang mit der täglichen Bedrohung beeinflussten konnte.[91]

Zeigt eine soziale Gruppe einen ähnlichen emotionalen Habitus, deutet dies darauf hin, dass er sozial konstruiert und kulturell vermittelt ist, also durch spezifische Emotionsregeln bestimmt wird. Wie der Emotionspsychologe Ulrich Mees herausstellt, ist es die jeweilige Kultur mit »ihren ungeschriebenen Darbietungs- oder Ausdrucksregeln«, die bestimmt, wie, gegenüber wem und wann Emotionen ausgedrückt werden sollen oder dürfen.[92] *Erlebnisregeln*, so Mees weiter, würden festlegen, wann Emotion zu erleben sei, *Bewältigungsregeln*, wie stark eine erlebte intensive Emotion kontrolliert werden müsse, und *Korrespondenzregeln*, mit welcher Emotion auf die Manifestation einer bestimmten anderen Emotion reagiert werden solle.

Vor diesem Hintergrund soll im Folgenden danach gefragt werden, wie Emotionen der Unsicherheit und der existenziellen Bedrohung in der sozialen Gruppe der Entscheidungsträger aufgenommen wurden, wie sie ihren Ausdruck fanden und welche Handlungsspielräume durch sie geöffnet oder geschlossen wurden. Welche Emotionen sind überhaupt sagbar und welche finden im emotionalen Habitus dieser spezifischen Gruppe keinen Raum? Da die Interviews mit der genannten Gruppe ähnliche Erzählweisen und Erzählinhalte aufweisen, kann vermutet werden, dass die Mitglieder dieser Gruppe einem ähnlichen emotionalen Habitus folgten, der auch die Erzählung bestimmt. Aus welchen Aspekten setzt sich dieser emotionale Habitus zusammen, der den Rahmen für den Umgang mit Bedrohung vorgab? Welche Komponenten dieses Habitus lenkten die Denk-, Fühl- und Handlungsweisen der Mitglieder dieser Gruppe?

Der Einfluss von Kriegserfahrung auf das Sicherheitsempfinden

In seiner Biographie zu Helmut Kohl geht Hans-Peter Schwarz davon aus, dass »dramatische zeitgeschichtliche Krisen und die entsprechenden Psychodramen langfristige Verhaltenseinstellungen bewirken«.[93] In der geführten Interviewstudie zeigt sich besonders eine »zeitgeschichtliche Krise« als prägend für die Gruppe der Politiker: die generationelle Erfahrung des Krieges.[94] Das Selbstverständnis als »Soldat« gehört zu den Haupterzählungen einiger Interviewpartner und dient gleichzeitig als Erklärung für den eigenen Umgang mit der bedrohlichen Lebenssituation. Wer im Krieg gewesen sei, so auch Hans-Jochen Vogel, sei für Emotionen wie Angst oder Unsicherheit weniger »anfällig« gewesen. Seine Frau Liselotte Vogel bestätigt, dass sie die Situation besser ertragen konnten, weil sie den Krieg miterlebt hatten und daher »halbwegs erwachsen« gewesen seien. Dass dies eine generationelle Frage ist, zeigen auch die Ausführungen von Richter Foth über seine Mutter, die bei einem Fehlalarm und schließlich umringt von vier bewaffneten Polizisten die Situation mit Fassung getragen hätte. »Jetzt habe ich zwei Weltkriege überlebt, da werde ich das auch noch überstehen«, habe sie lachend geäußert.

Eberhard Foth, selbst kein Vertreter der Kriegsgeneration, erklärt sich den Umgang der Schutzpersonen mit dieser neuen Gefährdungssituation ebenfalls mit der generationellen Kriegserfahrung. Wenn ein Soldat im Krieg, so seine Überlegung, morgens bis abends daran denken würde, dass ihn am selben Tag ein Geschoss treffen könnte, würde er nicht mehr seines Lebens froh. Er schlussfolgert, das sich daher bei den meisten das Gefühl der Angst gar nicht erst verbreitet habe.

Schutzpersonen ohne diese Kriegserfahrung – so zeigen die Zeitzeugengespräche – haben die Bedrohungssituation und die dabei ausgelösten Emotionen durch andere Verarbeitungsmechanismen aufgefangen, wie Rationalisierung oder eigenes Sicherheitsverhalten.[95] Stephan Meier, Sohn des BfV-Präsidenten, fasst dann auch zusammen, dass sich zwischen seinem Vater und dem BKA-Chef Horst Herold keine enge Arbeitsverbindung ergab, weil Herold als ehemaliger Soldat gehandelt hätte und sein Vater dagegen in einer »anderen Sphäre« gewesen sei.

In den Gesprächen mit Vertretern der Kriegsgeneration kommt das »Soldatische« wiederholt zum Ausdruck, wie insbesondere die Ausführungen von Helmut Schmidt verdeutlichen.[96] Auch Hanns Martin Schleyer (Jahrgang 1915) zog in der Auseinandersetzung mit dem eigenen Tod eine Verbindung zu seiner Kriegserfahrung, wenn er am 8. September 1977 aus seinem »Volksgefängnis« schreibt: »Wenn Bonn ablehnt, dann sollen sie es bald tun, obwohl der Mensch – wie es auch im Krieg war – gerne überleben möchte.«[97] Die im Krieg gesammelten Erfahrungen mit Bedrohung und Gewalt, die nach Ende des Zweiten Weltkriegs kaum aufgearbeitet wurden, daher mit Bildern und Verknüpfungen erhalten blieben und nur individuell im Stillen gelöst wurden, prägten als teilweise traumatische Erfahrungen eine ganze Generation. Es handelt sich also um ein kollektives generationelles Phänomen. Oft wurden diese Kriegserfahrungen durch Verdrängung ins neue Leben integriert und so erträglich gemacht, manifestierten sich dann jedoch in bestimmten Denk-, Fühl- und Verhaltensweisen und damit in bestimmten Wahrnehmungen von Sicherheit. Emotional hoch belastende Momente – »Gestern waren es noch 30 Mann, jetzt sind es nur noch 7« (Helmut Schmidt) – schienen gewöhnlich zu sein.

Daher halten die Politiker, die der Kriegsgeneration angehören, wie Bundeskanzler Schmidt, Bundesminister Vogel und BKA-Präsident Herold, die Fragen zum Umgang mit Bedrohung und Angst nach Eindruck der Autorin für überflüssig. Durch abwehrende Gesten wird dieses Thema als harmlos und nicht relevant geradezu vom Tisch gewischt. Auf Nachfrage, warum Bedrohungsereignisse sie nicht berührt hätten, wird teilweise nur stichwortartig mit »Alter Soldat« geantwortet, als wäre damit alles erklärt. Die Kriegserfahrung und die daraus erwachsenen Prägungen für das eigene emotionale Wesen könnte, so die Meinung Schmidts, ein Nicht-Kriegserfahrener wie die Autorin eben nicht verstehen. Er scheint damit eine klare Grenze zwischen den beiden, im Gespräch vertretenen emotional-habituellen, hier auch generationellen Gruppen ziehen zu wollen.

Die Kriegserfahrung als kollektives Phänomen dieser Generation bestimmte schließlich den Umgang mit der neuen Bedrohung durch terroristische Attentate in den siebziger und achtziger Jahren. Als Bundesjustizminister Vogel am Tatort des Schleyer-Attentats eintraf und die gespenstische Szenerie der ineinanderverkeilten Fahrzeuge und die auf der Straße liegenden Leichen erblickte, sei die »Erinnerung an den Krieg, an Tote und Gefallene« erwacht.[98] Die neue existenzielle Gefährdung schien eine verinnerlichte Erfahrung mit Angst und Tod wiederaufleben zu lassen. So erklärt auch ein Personenschützer im Gespräch, dass die Entscheidungsträger im Krisenstab, die bereits als Frontoffiziere im Zweiten Weltkrieg »dem Tod ins Auge geblickt« hatten, sich nicht von der Gefährdung abschrecken ließen.

Die für die Konfrontation zwischen Staat und RAF in den Medien und in der Öffentlichkeit verwendeten Begriffe des »Kampfes« oder »Kriegs« stehen somit in Wechselwirkung mit der generationellen Prägung der Entscheidungsträger: Letztere bestärkten oder begründeten teils diese Bezeichnungen, da sie somit die neue persönliche Bedrohung durch die Gewalt des Linksterrorismus in ein bekanntes Erfahrungs- und Orientierungsmuster einordnen und ihre Bewältigung nach bereits erlernten und verinnerlichten Verhaltensmustern vornehmen konnten. Der emotionale Habitus, den die Politiker als junge, teilweise sehr junge Soldaten angenommen hatten oder auch annehmen mussten, wurde auf das aktuelle Politikerdasein übertragen. In dieser Gruppe hatten sich also – in der Begrifflichkeit von Mees – bestimmte Bewältigungsregeln gefestigt.[99]

Somit hatte die soziale Konstruktion einer eng durch ähnliche Erfahrungen verbundenen Kriegsgeneration, aus der sich die Regierungshandelnden zusammensetzten, durch die Auseinandersetzung mit dem Linksterrorismus einen Höhepunkt erreicht.[100] Der Linksterrorismus war ein weiterer Anlass, gemeinsame Bewusstseinsinhalte wie Kriegserfahrung, Pflichtbewusstsein oder Durchhalteparolen erneut miteinander zu empfinden und zu teilen und dadurch die Verbundenheit zwischen den Mitgliedern dieser Generation weiter zu festigen. In der gemeinsamen Bekämpfung des Linksterrorismus entwickelte sich der »Generationszusammenhang« zu einer »Generationseinheit«.[101]

Mit dem Soldatischen waren Handlungsweisen wie Durchsetzen, Befehlen und Anordnen verknüpft, die deutlich den postulierten Werten der neuen sozialen Bewegungen wie Mitbestimmung und demokratische Willensbildung durch öffentlichen Diskurs gegenüberstanden.[102] Diese Gegensätzlichkeit zeigt sich insbesondere im Sinnbild des starken, männlichen Kämpfers als weiterer Bestandteil des emotionalen Habitus, wie im Folgenden näher beschrieben werden soll.

Das Leitbild Männlichkeit im Umgang mit Bedrohung

Bezogen auf den Umgang mit Gefühlen wie Unsicherheit und ihre körperliche Ausdrucksweise sind in den Interviews Vorstellungen von Männlichkeit deutlich zu beobachten. Besonders in den Partnerinterviews ist erkennbar, dass die Frauen oft über ihre Sorgen und Ängste in dieser Zeit berichten, während die Männer – so deuten ihre Erzählungen, die dabei verwendete Sprache, Mimik und Körperhaltung an – von diesen Gefühlen scheinbar *nicht* betroffen waren. Roman Herzog betont dann auch, dass Bedrohungssituationen, wie eine eventuelle Entführung, »eher den Frauen – und zwar mit Recht – oft an die Nieren« gegangen seien. Auch Horst Herold, als gefährdetste Person in der Bundesrepublik nach seinen Angaben jedoch kaum von Unsicherheitsgefühlen belastet, erzählt, dass vor allem seine Mutter »ungeheuerlich ängstlich« gewesen sei und sich Sorgen gemacht hätte.

In den Interviewsituationen selbst zeigen sich ebenfalls wiederholt geschlechtsspezifische Unterschiede. Möglicherweise auch beeinflusst von der geschlechts- und altersspezifischen Interviewsituation antworten männliche Interviewpartner oft in aufrechter Körperhaltung und mit ruhiger wie betont überlegter Redeweise, während Ehefrauen oft spontan und emotional auf die Fragen der Autorin reagieren. Ohne Umschweife kommen die meisten interviewten Frauen gleich zum Kernpunkt des Themas, nämlich die emotionale Belastung in dieser Zeit. Einige von ihnen werden dann von ihren Ehepartner korrigiert oder sogar unterbrochen, worauf eine der Ehefrauen – so war es in der Gestik zu erkennen – resigniert innehält. Viele der männlichen Interviewpartner betonen, dass es die Ehefrau gewesen sei, die unter dem Personenschutz und der Bedrohung gelitten hätte.

Dass Emotionen und insbesondere Unsicherheit oder Angst »Frauensache« seien, prägt also die Denkweise vieler männlicher Interviewpartner. Bezeichnenderweise nimmt selbst die einzige Politikerin im Kabinett Schmidt, Antje Huber, im Interview eine scheinbar »typisch« männliche Haltung ein und zeigt sich beherrscht und völlig unberührt angesichts der ständigen Existenzbedrohung in der damaligen Zeit. Im Zentrum ihrer Erzählung stehen die Kollegen und sie, die die Politik bestimmt und stets rational gehandelt hätten. Dass sie dabei die einzige Frau im Kabinett und eine der wenigen Frauen im politischen Betrieb überhaupt war, erzeugte keine Konflikte und war für sie ohne Relevanz. Sie habe sich zwar nicht »wie ein Mann« gefühlt, aber »auch nicht anders«.

Inwieweit nun Frauen im Allgemeinen ängstlicher sind als Männer, kann und soll hier nicht überprüft werden. Es bleibt eher danach zu fragen, inwiefern auch soziale Geschlechterkonstruktionen den Umgang mit Unsicherheit und Angst beziehungsweise ihre Erzählung darüber beeinflussten. Denn Gefühle sind »an die Geschlechtszugehörigkeit einer Person« gebunden, wie Ute Frevert herausstellt.[103] Bezogen auf den Habitus nach Pierre Bourdieu bestimmt die soziale Konstruktion des Geschlechterverhältnisses eben auch »die Körpervorstellung und Körperleben, sinnliche Wahrnehmung und die Möglichkeiten, Freude und Leiden zu fühlen und auszudrücken«, also auch den Umgang mit Bedrohung.[104] Je nachdem wie Geschlechterrollen und die damit verbundenen habituellen Dispositionen gesellschaftlich zugeordnet wurden, konnten diese auch den Umgang mit Bedrohung oder das Unsicherheitsempfinden prägen.

Um die soziale Konstruktion von Geschlechterverhältnissen in den siebziger Jahren zu verstehen, muss sie im Kontext der damals aufkommenden Diskussionen um Gleichberechtigung, Geschlecht und Männlichkeit, insbesondere im linksalternativen Milieu, gesehen werden. In ihnen wurden »männliche Gefühlskälte, ein bloß dressierendes Verhältnis zum Körper, soldatische Härte gegenüber sich und anderen, heroisierendes Beschützerverhalten gegenüber Frauen und ein männlicher Allversorger-Gestus« hinterfragt, wie es in den Debatten um den »neuen Mann« zu beobachten war.[105] Die neu entdeckten Verhaltensmaximen wie Körperlichkeit oder körperliche Nähe – man denke an die zahlreichen Wohngemeinschaften – oder Lockerheit und Natürlichkeit sollten die bisherigen habituellen Dispositionen wie Strenge und Verkrampftheit ersetzen, also jene Muster, die sich bei der hier untersuchten Gruppe abzeichnen.[106]

Die Dichotomie von Männlichkeit und Ratio versus Weiblichkeit und Emotion ist also nicht unbedingt nur physiologisch begründet, sondern wird vor allem durch gesellschaftlich-kulturelle Vorstellungen von Männlichkeit und Weiblichkeit bestimmt. Diese Gegenüberstellung wurde in den siebziger Jahren zunehmend hinterfragt.[107] Zum Zeitpunkt des Agierens der hier untersuchten Gruppe war diese Auflösung jedoch erst ansatzweise vorangeschritten und zudem von einer neuen Generation angeschoben worden. Demgegenüber gehört die untersuchte Gruppe (männlicher Interviewpartner) einer vorherigen Generation an, die durch die Kriegs- beziehungsweise Nachkriegszeit geprägt wurde und nach spezifischen Erlebnisregeln und eigenen internalisierten Werten wie der soldatischen Pflicht und dem männlichen Habitus handelte. Wie sich bei Antje Huber zeigt, verlieren in dem Moment, wo weibliche Mitglieder der staatlichen Elite diesen (männlichen) emotionalen Habitus übernahmen oder übernehmen mussten – jedenfalls was das von außen Sichtbare betraf – die geschlechtsspezifischen Differenzierungen im Umgang mit Bedrohung an Bedeutung.

Insgesamt wird hier erneut deutlich, dass der Umgang mit Gefährdung und Bedrohung insbesondere eine generationelle Frage bleibt. Auch die Vorstellung von Männlichkeit der führenden Politiker, Richter und Wirtschaftsunternehmer dieser Zeit geht auf die gemeinsame Verinnerlichung von bestimmten Werten und Normen zurück. Mit diesem Attribut der Männlichkeit ist eng die Annahme verbunden, frei und unbelastet von Emotionen zu handeln und zu lenken. Die somit garantierte Rationalität und Souveränität von Entscheidungen stellt ein weiteres Charakteristikum des hier untersuchten emotionalen Habitus dar und soll anschließend beleuchtet werden.

Rationalität und Souveränität als Berufsethos und Handlungsgrundlage

Die Verdrängung von Emotionen, die das Handeln hätten beeinflussen können, ermöglichte, vermeintlich objektive Entscheidungen zu treffen sowie berufliche Aufgaben weiterhin souverän wahrzunehmen. Bei dem Verarbeitungsmechanismus der Rationalisierung, wie er oben eingeführt wurde, wird die Gefährdung kognitiv eingeordnet in ein von Pflichtbewusstsein und

Vernunft bestimmtes Verständnis von Professionalität und Berufsethos. Wie Kriminaldirektor Heinz Küttner bereits 1977 feststellte, sehen die Schutzpersonen die Gefährdung als Teil der beruflichen Pflichten und als eine Aufgabe unter anderen, die der Beruf mit sich bringt und die man zu tragen habe.[108]

Ehepartner insbesondere die Ehefrauen, denen eine solche kognitive oder rationale Einordnung in einen beruflichen Ethos nicht möglich war, griffen auf andere Verarbeitungsformen zurück. Während einige Frauen es als ihre Pflicht sahen, den Ehemann in seinem beruflichen Tun mit allen Mitteln zu unterstützen, also auch Gefährdungssituationen auszuhalten, versuchten andere Ehefrauen, sich mit der Gefährdung auseinanderzusetzen und sie aktiv zu leben. Eigenes Sicherheitsverhalten, wie es beispielsweise Christel Zachert einübte, war für die betroffenen Personen dann eine Möglichkeit, die Gefährdung auszuhalten und in ein eigenes Pflichtenheft einzuordnen und so mit der bedrückenden Situation kompetent umzugehen.

Diese individuellen Verarbeitungsmechanismen halfen dabei, sich trotz alltäglicher Bedrohung weiter in den kulturell normierten Grenzen von emotionalen Ausdrucksformen dieser Gruppe zu bewegen und damit ihrem spezifischen emotionalen Habitus zu folgen. Denn die Situation nicht mit Vernunft und Ratio zu lösen, sondern Ansätze von Panik oder Angst zu zeigen, war innerhalb des emotionalen Habitus kaum möglich. Ein Verhalten, das nicht dem eines pflichtbewussten, vernunftgesteuerten und rationalen Entscheidungsträgers entsprochen hätte, wäre nicht mit den Erwartungen an diese gesellschaftliche Gruppe konform gewesen.

Wie nichtkonformes Verhalten irritieren konnte, zeigt der Fall einer Schutzperson, von dem ein Personenschützer erzählt. Demnach kam ein Bundesminister mit der Gefährdungssituation nicht zurecht. Er hätte ein »übersteigertes Sicherheitsbedürfnis« gehabt, das sich oftmals »eruptiv äußerte«. So habe er sich zum Beispiel nach dem Überqueren der Straße plötzlich umgedreht und ihn heftig in aller Öffentlichkeit angeherrscht: was das solle, dass er ständig hinter ihm herlaufen würde, er wolle ja schließlich wiedergewählt werden. Der Personenschützer erzählt, dass er »völlig baff« war angesichts dieser »Schimpfkanonade aus heiterem Himmel«. Unmittelbar danach habe sich der Minister aber gefasst und sich bei ihm entschuldigt: »Es ist alles zu viel, die Arbeit, die Gefährdung«, es sei nicht so gemeint gewesen. Ein anderes Mal war versehentlich die Alarmanlage im Haus des Ministers ausgelöst worden. Nachdem das Kommando das leere Haus vorfand und sich auf die Suche nach dem Ehepaar machte, trafen sie es schließlich im Haus der Schwiegereltern an. Dort saßen beide völlig verängstigt und zitternd auf dem Sofa und waren nicht ansprechbar: »Das war die Angst.«

Einige Schutzpersonen, so der Personenschützer, konnten mit den Schutzmaßnahmen nicht souverän umgehen. Die Bedrohung durch die Terroristen habe sie »verrückt« gemacht, was teilweise zu »irrationalen« Handlungen geführt hätte. Der erwähnte Bundesminister wäre eher ein »Lebemann« gewesen. Im Gegensatz zu seinen Ministerkollegen oder dem Bundeskanzler gehörte er der Nachkriegsgeneration an. Krankheit und Tod seien ständig Thema im Haushalt des Ministers gewesen und es schien, er habe »jeden Tag Lebensangst« gespürt. Er schied als Minister dann frühzeitig aus. Nach Einschätzung des Personenschützers sei er von den Bedingungen »überfordert« gewesen, habe sich von der Gefährdung »beeinflussen lassen« und deshalb den Job nicht machen können.[109]

Dieses irrationale und nicht souveräne Verhalten widersprach dem üblichen emotionalen Habitus der Gruppe. Das Reden über Emotionen wie Angst oder Unsicherheit war nicht vorgesehen, da es als Zeichen von Schwäche oder Beeinflussbarkeit gedeutet werden konnte. Selbst wenn sich jemand geängstigt hätte, so Innenminister Hirsch, hätte er es nicht geäußert. So meint auch Tietmeyer, dass die fehlende Kommunikation unter Gleichgesinnten nicht auf Verdrängung zurückzuführen war, vielmehr hätte das Thema – das Überleben eines Attentats – »nicht auf der Tagesordnung« gestanden. Man habe nicht darüber sprechen wollen. Dass er gerade mit viel Glück ein Attentat überlebt hatte, teilte er bei seinem unmittelbar folgenden Termin auch gar nicht erst mit – es war sprichwörtlich nicht der Rede wert.

Wenn über Angst öffentlich gesprochen wurde, dann oft mit einem bestimmten Ziel. So äußerte Helmut Schmidt auf einer Wahlversammlung der SPD am 5. September 1975 in der Berliner Deutschlandhalle, dass er gehört habe, dass sich der CDU-Abgeordnete Peter Lorenz, der für eine verbesserte öffentliche Sicherheit warb, »sich offenbar nachts in seiner Wohnung ängstigt«.[110] Die Bemerkung deutet noch einmal darauf hin, dass Angst im politischen Betrieb als Schwäche ausgelegt wurde, da sie dem Selbstverständnis des Politikers widersprach und als Grund für fehlgeleitete Entscheidungen, wie hier zur öffentlichen Sicherheit, gesehen wurde. Als dann Wirtschaftsminister Helmut Haussmann unter Eindruck des Attentats auf Schäuble seinen Rücktritt auch mit »sicherheitspolitischen Überlegungen« begründete, schien er auf ganzer Linie gescheitert zu sein.[111]

Wie sich die Lebenssituation unter Personenschutz für den Einzelnen darstellte, war also in der Öffentlichkeit tabuisiert. Dies zeigt auch die Fernsehserie »Drei Tage im Leben des ...« über den Alltag von Persönlichkeiten aus Politik, Wirtschaft und Gesellschaft, die ab den sechziger Jahren in der *ARD* ausgestrahlt wurde. In einem Porträt über Hans-Dietrich Genscher aus dem Jahr 1976 durfte das Kamerateam den Bundesaußenminister auch in seinem Privathaus filmen. »Er hatte sich durchgerungen«, so Redakteur Matthias Walden.[112] In einem Kameraschwenk zeigt der Film den Vorgarten des Hauses, in dem ein »Genscher« aus Schnee stand, den die Sicherungsgruppe über Nacht gebaut hatte. Den »Jux« habe der Minister sogleich entfernen lassen, so der Kommentator. Er stellte Genscher daraufhin auch keine Fragen zu seinem Sicherheitsgefühl oder über das Leben als Schutzperson. Der Personenschutz war für die Serie kein Thema und fand in einem Politikerporträt erst gar keinen Platz. Als es »um ihn selbst« gegangen sei, so Walden, sei Genschers »roboterhafte Sicherheit« ins Gegenteil umgeschlagen, er sei plötzlich »scheu« geworden und hätte »Hemmungen« gezeigt.

Über das Privatleben und die Bedingungen, unter Personenschutz zu leben, erzählten die Schutzpersonen kaum. Die Bedrohungssituation wurde im Stillen verarbeitet und sollte keine Auswirkungen auf das berufliche Handeln offenbaren. Die generationellen Prägungen erleichterten, diesem Selbstbildnis und dem emotionalen Habitus der Gruppe zu entsprechen. Dieser emotionale Habitus bestimmt auch die heutige Erzählweise der Interviewpartner. Mit oft gerader Körperhaltung, ruhigem Blick und souveränem Redefluss berichten die Interviewpartner am Anfang des Interviews von ihren teils vorbereiteten Erinnerungen an den Umgang mit Bedrohung. Erzählen die Interviewpartner über damalige Ereignisse oder bewerten Personen, so bedienen sich insbesondere die Mitglieder der damaligen Bundesregierung eines scheinbar vorgefertigten Vokabulars. Übereinstimmungen bei Wörtern und Meinungen sowie in Sprachstil und Körperhaltung lassen daher vermuten, dass auch die Erzählweise zum emotionalen Habitus gehört.

Vor allem bei Politikern kommt es kaum zu einem Kontrollverlust in der Erzählung oder zu größeren emotionalen Ausschweifungen. Selbst Hans Tietmeyer, der sich bewusst auf ein Interview über die emotionalen Auswirkungen des Attentatsversuchs eingestellt hat und mehrfach zu diesem Thema ansetzt, erzählt schlussendlich kaum über eine emotionale Regung. Bestimmt und selbstsicher treten die Interviewpartner gegenüber der Autorin auf, sprechen überlegt oder drehen die Interviewsituation, um die Autorin zu ihrem Wissensstand zu befragen oder sie zu korrigieren. Lange Pausen, in denen nachgedacht wird, deuten zwar darauf hin, dass durch Fragen und Bilder viele Erinnerungen wachgerufen werden. Sie werden jedoch stets genau reflektiert, bevor sie geäußert werden. Nur beim episodischen Erzählen wird diese kontrollierte Erzählweise kurz aufgebrochen, dann aber meist schnell, beispielsweise durch einen Themenwechsel oder die Umkehrung der Interviewsituation, wieder geschlossen. Die bei einigen älteren Interviewpartnern auftretende Ermüdung während des Gesprächs fördert oftmals das Loslassen von anfänglichen Kontroll- und Haltungsbemühungen.

Der emotionale Habitus im Umgang mit Bedrohung und Privatheit

Dieses habituelle Verhalten in den Interviews spiegelt den damaligen Umgang mit der Bedrohungssituation wider. Dass Emotionen im Politikgeschehen nicht sagbar waren, verwundert zunächst angesichts der gesellschaftlich-kulturellen Entwicklung von einer »verschwiegenen oder gar pathologisierten Emotion« Ende der fünfziger Jahre zur »sagbaren Emotion« in den siebziger Jahren, wie es Frank Biess beschreibt.[113] In den siebziger Jahren bildete sich eine neue bundesdeutsche Kultur emotionaler Expressivität heraus, in der auch Angst »zu einem positiven, da angemessenen Gefühl umgedeutet wurde«.[114] Angst wurde zudem Teil der politischen Kommunikation und manifestierte sich zunehmend in der Gesellschaft, wie die zahlreichen Debatten um die »deutsche Angst« in den siebziger Jahren zeigen.[115] Gleichzeitig wurden – wie bereits oben zum Aspekt der Männlichkeit beschrieben – bis dahin feststehende Zuweisungen wie Männlichkeit und Rationalität versus Weiblichkeit und Emotion zunehmend aufgebrochen und infrage gestellt.

Für die Entwicklung hin zu einer »sagbaren Emotion« in den siebziger Jahren muss dahingehend differenziert werden, wann und in welchen gesellschaftlichen Kreisen Ängste tatsächlich öffentlich thematisierbar wurden. Die hier untersuchte Gruppe der staatlichen Elite wurde in ihrem Umgang mit Emotionen wie Angst oder Unsicherheit durch diese gesellschaftlich-kulturelle Entwicklung nur gering beeinflusst. Zum einen handelte es sich hier um eine abgeschlossene Gruppe, die laut Öffentlichkeit und Medien eine bestimmte Funktion zu erfüllen hatte und sich daher mit einer spezifischen Erwartungshaltung konfrontiert sah. Sie sollte den Staat und die Demokratie gegen Gefahren von außen verteidigen und dabei keine persönlichen Schwächen zeigen.

Zum anderen bestand diese Gruppe aus Mitgliedern einer Generation, die genau diese »verschwiegene Emotion« der fünfziger Jahre internalisiert hatten. Diese ergab sich nicht nur aus einer fehlenden kollektiven Aufarbeitung von Kriegserlebnissen und dem zukunftsorientierten Aufbau der politischen, ökonomischen und gesellschaftlichen Strukturen der Bundesrepublik nach 1945, sondern auch aus einer betonten »Sachlichkeit« als Reaktion auf die »Exzesse emotionaler Mobilisierung im Nationalsozialismus«.[116] Gegen diesen »Nüchternheitsgestus der Bonner Politik« revoltierte schließlich die neue Linke.

Für die ältere Generation war es selbstverständlich, dass persönliche oder individuelle Emotionen im Handeln oder in der Pflichterfüllung keine Rolle spielten. Das Pflichtbewusstsein, wie es im Gespräch mit Bundeskanzler Schmidt besonders stark zu vernehmen ist, konnte dann wie ein Korsett wirken, das auch bei schwierigsten emotionalen Einwirkungen ermöglichte, Haltung zu bewahren. Nach außen hin wurden weiterhin nur rational-logische Motive als alleinige Beweggründe für Handlungen angegeben. Emotionale Anteile an Entscheidungen wurden ignoriert oder verneint. Habituelle Dispositionen wurden also von einem spezifischen Selbstverständnis der Politiker, als Entscheidungsträger nur kognitiv-rational zu handeln, und den Erlebnisregeln der sozialen Gruppe geformt.[117]

Der Terrorismus dieser Zeit und der emotionale Habitus der staatlichen Elite stehen in einem dialektischen Verhältnis zueinander. So ist, wie eben gezeigt, der persönliche Umgang mit Bedrohung und Gefährdung vom emotionalen Habitus und Selbstverständnis dieser Gruppe geprägt. Zugleich verstärkte die durch den Terrorismus erzeugte Unsicherheit diesen soldatisch konnotierten, emotionalen Habitus. In Auseinandersetzung mit den neuen sozialen Bewegungen der nachfolgenden Generation diente er der staatlichen Elite dann als ein (Selbst-)Erklärungsmuster und ermöglichte ihr, sich im generationellen Gefüge der westdeutschen Gesellschaft zu verorten.[118]

Der emotionale Habitus beeinflusste nicht nur den Umgang mit Bedrohung und bestimmte, ob Unsicherheitsgefühle nach außen getragen werden durften, sondern betraf auch den emotionalen Umgang mit privaten Angelegenheiten. So deuten die Erzählungen und Selbstpräsentationen im Interview darauf hin, dass eine Verbindung besteht zwischen dem habituell geprägten Umgang mit Unsicherheitsgefühlen sowie mit Privatheit und Intimität. Die Verschiebung der privaten Sphären durch den Personenschutz, wie es oben dargestellt wurde, konnte die Schutzperson und ihre Familie stark emotional belasten. Daher stellte der Eingriff des Personenschutzes ins Privatleben stets einen wichtigen Referenzpunkt für den Interviewpartner dar, um diese Zeit in die eigene biographische Erzählung einzuordnen.

Dass der Personenschutz eine Belastung für das Privatleben bedeutete, wurde aber weder in der Öffentlichkeit verlautbart noch unter Schutzpersonen diskutiert. Mit dem Verlust von privatem Raum und der Verschiebung von Raumgefühlen wurde rational und stillschweigend umgegangen. Persönliche Irritationen der Schutzpersonen drangen nicht aus dem privat-intimen Bereich heraus. Bei der Analyse von Urlaubsbildern von Politikern zeigt sich, dass auf fast keinem Foto die Personenschützer zu sehen sind, obwohl eine »1er-Schutzperson« von mehreren Sicherheitskräften geschützt wurde. Hier überwog offensichtlich der Wunsch der Porträtierten, in der Inszenierung des Privaten auch eine tatsächlich intime Situation abzubilden, was jedoch nicht der Realität entsprach.[119]

Die ständige Anwesenheit von Personenschützern im Privatleben verringerte die tatsächlich privaten Momente. Das Private, das bei den Politikern drohte, »wegzubrechen« (Herold), wurde möglicherweise zu einem Sehnsuchtsort, der für die Medien dann zu einem Idealbild stilisiert wurde. Dabei griffen die Schutzpersonen auf die ihre Generation prägenden Rollen des klassischen Familienbildes zurück. Lösten sich mit den neuen sozialen Bewegungen der siebziger und achtziger Jahre und der damit verbundenen »Veröffentlichung des Privaten« diese klassischen Strukturen dagegen gerade auf, indem Privates nach außen getragen und Emotionen sagbar wurden, so blieb das Privatheitsbild in dieser gesellschaftlichen Gruppe den traditionellen Vorstellungen verhaftet. Indem der Personenschutz die Privatheit einschränkte, verstärkte er also gleichzeitig ihre Bedeutung für diese Gruppe und verfestigte die Vorstellung dessen, was Privatheit ausmacht. In diesem Sinne erschwerte der Personenschutz den Anschluss dieser gesellschaftlichen Gruppe an die neue »Veröffentlichung des Privaten« und die »modernen« Vorstellungen von Familie.

Beide nach außen ausgeblendeten Lebensbereiche – Emotionen und Privatheit – fallen somit analytisch zusammen. Sie waren im habituellen Muster der gesellschaftlichen Elite nicht vorgesehen und durften nur in einer bestimmten Form nach außen hin sichtbar werden. Dabei spielten auch die Erwartungen der Gesellschaft und der Öffentlichkeit eine Rolle. So war zum Beispiel die Erwartung an die Regierung, auf die terroristische Herausforderung souverän zu reagieren, erfüllt worden: 48 Prozent der Befragten der Allensbacher Umfrage vom September 1977 waren der Meinung, dass die Bundesregierung während der Schleyer-Entführung »entschlossen und überlegt« gehandelt hätte.[120] Indem der Politiker diesem Bild der Öffentlichkeit entsprechen wollte, bestätigte er wiederum diese kulturelle Zuweisung und bestärkte gleichzeitig den eigenen emotionalen Habitus, die Homogenität seiner Gruppe nach innen und die Abgrenzung derselben nach außen.

Emotionen beeinflussen nicht nur das Handeln von Akteuren, sondern werden auch selbst bestimmt durch den historischen Wandel des Diskurses über Gefühle sowie der kulturellen Konzepte, die Emotionen ermöglichen und mobilisieren.[121] So konnte die hier unternommene Herausarbeitung des emotionalen Habitus zeigen, wie sich spezifische Darbietungs- und Ausdrucksregeln des sozialen und kulturellen Kontextes der siebziger und achtziger Jahre auf die Sagbarkeit individueller Emotionen auswirkten.

Schlussbetrachtung

In der Auseinandersetzung mit dem Linksterrorismus der siebziger und achtziger Jahre in der Bundesrepublik Deutschland bildete sich der moderne Personenschutz zu einem wichtigen Teil der zunehmend differenzierten und institutionalisierten Inneren Sicherheit heraus. Seine Entwicklung erfolgte phasenhaft und war geprägt von Konjunkturen der Ausweitung und Reduzierung des Schutzkreises – begleitet vom medialen Auf und Ab der terroristischen Bedrohung. Nachdem in der Mitte der siebziger Jahre nach dem Attentat auf Günter von Drenkmann und der Entführung von Peter Lorenz noch staatlicher Attentismus vorherrschte, kam es im Krisenjahr 1977 zum Schock der Sicherheitsorgane. Die brutalen Morde an Siegfried Buback, Jürgen Ponto und Hanns Martin Schleyer hatten die Lücken im Schutz führender Persönlichkeiten der Bundesrepublik auf erschreckende Weise vor Augen geführt. Der Staat schien die wichtigsten Führungspersonen nicht mehr schützen zu können.

Obwohl die terroristischen Gruppen auch in ihren programmatischen Schriften deutlich geäußert hatten, dass ihre Angriffe vor allem auf die Repräsentanten des Staates zielen würden, erhielt der Personenschutz als wichtiger Bestandteil der Terrorismusbekämpfung in diesen Jahren noch keine große Aufmerksamkeit. Vielmehr kam es im Nachgang der erschütternden Attentate zu einem kurzfristigen und improvisierten Ausbau des Personenschutzes. Getrieben von dem Wunsch, schnellstmöglich umfassende Sicherheit für alle Repräsentanten herzustellen, und beeinflusst durch stark emotional geprägte Forderungen von sich bedroht fühlenden Personen nach Schutz weiteten die Sicherheitsexperten den Personenschutzkreis hastig aus. Eine Rationalität der Sicherheitsvorkehrungen konnten sie am krisenhaften Ende der siebziger Jahre nicht mehr gewährleisten.

Erste konzeptuelle und langfristige Überlegungen zum Personenschutz wurden Anfang der achtziger Jahre getroffen. Die Umsetzung zog sich jedoch lange hin und wurde erst nach erneuten Rückschlägen des Personenschutzes in den achtziger Jahren schrittweise realisiert. Dabei offenbarten die Anschläge auf Karl-Heinz Beckurts, Alfred Herrhausen und Detlev Karsten Rohwedder sowie auf Gerold von Braunmühl und die Staatssekretäre Hans Tietmeyer und Hans Neusel immer wieder Lücken im Sicherheitssystem, die durch falsche Konzeption und Umsetzung oder mangelndes Bewusstsein der Gefährdung entstanden waren. Erst nach diesen Attentaten, bei denen hochstehende Persönlichkeiten aus Politik und Wirtschaft ihr Leben ließen, und der darauf folgenden nachhaltigen Weiterentwicklung des Konzepts trat der Personenschutz zu Beginn der neunziger Jahre zunehmend in eine Phase der Professionalisierung und Institutionalisierung ein.

Diese zögerliche Entwicklung lässt sich auf die fehlende gesetzliche Grundlage des Personenschutzes, die mangelnde Bund-Länder-Zusammenarbeit, die fehlenden Befugnisse der Sicherheitsakteure und den teils regelungsfreien Raum im Personenschutz zurückführen. Die Möglichkeiten von Schutzpersonen, Zuständigkeiten zu umgehen oder die Zuteilung oder Ausübung der Sicherheitsmaßnahmen zu beeinflussen, untergruben das Personenschutzkonzept und führten zu einem unkontrollierten Ausbau der Maßnahmen.

Das aufgeheizte gesellschaftliche Klima während der linksterroristischen Bedrohung sowie die Allgegenwart der terroristischen Bedrohung verstärkten diese Entwicklung. Die in der Eigenart des Personenschutzes liegende Emotionalität war zudem Grund dafür, dass Sicherheitsakteure subjektive Wünsche nach mehr Sicherheit in ihre Beurteilung der Gefährdung einbezogenen und oftmals mehr Sicherheitsmaßnahmen zuwiesen, als es die vorgegebenen, objektiven Kriterien vorsahen. Fehlende Regelungen zur sogenannten Nachsorge von ehemaligen Bundeskanzlern und Bundespräsidenten führten dazu, dass ein mehr subjektiv-individuell zugeschnittener Personenschutz einer sachgemäßen und verantwortbaren Umsetzung im Wege stand.

*

Die Erfahrungen der Schutzpersonen mit dem Personenschutz und ihre Erinnerungen an diese Zeit standen im Mittelpunkt der Studie. Noch Jahre nach den Ereignissen warfen die Interviews ein erhellendes Licht auf die emotionalen Erfahrungen der Schutzpersonen mit der Bedrohungssituation sowie mit der Privatheits- und Raumeinschränkung. Erzählungen von Familienangehörigen vervollständigten die Erfahrungsgeschichte der Terrorismuszeit.

Alle betroffenen Politiker, Richter oder Wirtschaftsunternehmer berichteten einhellig darüber, dass der Personenschutz vor allem das Privatleben stark beeinflusste. Wie die Privatheitsforschung bereits herausgestellt hat, ist die Privatsphäre ein wichtiger, meist individueller und emotionaler Lebensbereich. Wird die Privatsphäre durch äußere, nicht lenkbare Faktoren beeinträchtigt oder verändert, kann dies starke emotionale Reaktionen auslösen. Denn Individuen haben oft genaue Vorstellungen, wie ihr privater Raum gestaltet werden soll und verbinden mit ihm spezifische Eigenschaften und Wertigkeiten. Wird diese Autonomie im privaten Raum gestört, kann es zu emotionalen Irritationen kommen.

Die Studie entwickelte anhand der Erfahrungen der Interviewpersonen ein neues Sphärenmodell zur Privatheit, die durch den Personenschutz stark beeinträchtigt war. Einzelne Personenschützer drangen nicht nur in das private Leben der Schutzperson ein. Ihr gesamtes Berufs-, Privat- und Familienleben wurde durch die Schutzmaßnahmen neu organisiert und strukturiert. Dies wirkte sich vor allem auf die dezisionale und lokale Privatheit aus. Denn auch in der familiär-privaten Sphäre im Haus und im Urlaub standen Schutzfamilien unter dauernder Beobachtung. Selbst im Urlaub konnte sich die Schutzperson nur in gepanzerten Fahrzeugen und mit Personenschützern bewegen, sodass die Schutzperson auch hier der Anonymität entzogen und zu einer öffentlichen Person wurde.

Als »gläserner Mensch« konnte die Schutzperson oft nicht mehr die alltäglichen und persönlichen Wünsche im Privatleben ausleben, wie es vor dem Schutz noch möglich gewesen war. Kontakte zu Nachbarn und Freunden gingen verloren. Die soziale Isolation und der Verlust an Sinnesreizen im privaten Umfeld drohten. Schutzpersonen konnten nicht mehr frei entscheiden, wann, mit welchem Ziel und auf welche Weise sie sich bewegten. Vertraute und intime Interaktionen zwischen Schutzpersonen und ihren Partnern und anderen Familienmitgliedern wurden daraufhin in die intimsten Räume verlagert.

Die Schutzsituation veränderte die einzelnen privaten Sphären, wie sie das hier entwickelte Modell vorstellte: Sie beeinflusste das Bewegen im öffentlichen Raum, im sozialen Umfeld, das Familienleben im Urlaub oder im eigenen Wohnhaus sowie den ganz persönlichen, physischen Raum. Immer stärker wurden die Sphären von öffentlichen Merkmalen durchdrungen und verloren damit an Privatheit und Intimität. Wirklich private Momente wurden damit seltener. Die Sphären des hier vorgestellten Modells verschoben sich zunehmend in Richtung Öffentlichkeit.

Nicht nur die Schutzperson, sondern vor allem die Familienangehörigen wie Ehefrauen und Kinder waren oftmals die Hauptleidtragenden dieser besonderen Einschränkung unter Personenschutz. Nicht nur private und intime Interaktionen waren betroffen, auch jede alltägliche Unternehmung wurde unter den Bedingungen des Personenschutzes zu einer Ausnahme, die nur angekündigt, geplant und unter Beobachtung ausgeführt werden konnte. Neben der meist vorhandenen Prominenz war der Personenschutz für Kinder ein weiterer Faktor, der eine Kindheit in familiärer Geborgenheit und in einem stabilen sozialen Umfeld erschwerte. Die in den achtziger Jahren einsetzende Flucht der betroffenen Familienangehörigen aus dem öffentlichen Schul- und Hochschulsystem unterstreicht die Auswirkungen des Schutzes.

Mit dem Eingriff des Personenschutzes in die identitätsstiftende lokale Privatheit und der damit verbundenen Verschiebung der privaten Sphären veränderte sich auch die Raumbewegung. Private Räume wie Haus und Garten konnten nur noch unter technischen Sicherheitsmaßnahmen wie Schutzmauern und Videokameras betreten werden. Bestimmte Orte oder Räume wie der Balkon waren vielfach überhaupt nicht mehr privat nutzbar. Durch Überwachungskameras wurden Räume, die üblicherweise der privaten Sphäre angehörten, zu halböffentlichen Räumen.

Die veränderten Bewegungsmuster der Personen im privaten und öffentlichen Raum hatten zur Folge, dass Räume von den Schutzpersonen anders wahrgenommen wurden. Privatheit wurde zu einem Sehnsuchtsort. Bei offiziellen Fototerminen inszenierten Politiker dann genau diese private Familiensituation, die sich ihnen unter Personenschutz kaum noch bot. In scheinbar familiärer Harmonie und privater Atmosphäre – und natürlich ohne begleitende Personenschützer – ließen sich die Politiker ablichten. Die Vorstellungen dieser gesellschaftlichen Gruppe von Privatheit und familiären Rollenbildern, meist in ihrer traditionellen Form, wurden durch den Personenschutz gefestigt.

Die enge Verbindung von Emotion und Raum erwies sich auch als bedeutend für die Veränderung von Sicherheitswahrnehmungen. Räume verloren infolge von Sicherheitsmaßnahmen wie die ständige Anwesenheit von Personenschützern oder Überwachungs-, Kamera- und Lichtanlagen an Wert. Das gilt besonders im eigenen Wohnhaus, das normalerweise für Geborgenheit und Wohlbefinden sorgt und als »Ur-Ort« des Menschen gilt.[1] Räume wurden demnach neu mit Emotionen belegt und mit Bedeutungen von Privatheit und Sicherheit versehen: Sie wurden neu in sichere und unsichere Räume eingeteilt. Subjektives Sicherheitsempfinden wurde also nicht nur durch mediale Information geschaffen, sondern vor allem durch Räume.

Diese Veränderungen der privaten Räume sind auch insofern bedeutsam, als sie indirekt politische Entscheidungen beeinflussten. Sie verdeutlichen, unter welchen privaten und emotionalen Bedingungen Vertreter aus Politik und Justiz Ereignisse aufnahmen, Situationen bewerteten und Entscheidungen trafen. Da auch kognitiv geleistete Arbeit durch Emotionen geprägt und gelenkt wird, ist die psychische Belastung im Privatleben ein wichtiger Aspekt beim Zustandekommen menschlicher Entscheidungen.

*

Die Ergebnisse dieser Arbeit erlauben es, die Handlungen des Staates und seiner Akteure in der Auseinandersetzung mit dem Linksterrorismus vor einem anderen Hintergrund zu betrachten. Durch die Beleuchtung ihres Lebens unter Personenschutz und ihrer privaten Situation können Handlungsmuster besser eingeordnet werden, etwa der gemeinsame emotionale Habitus der Mitglieder des Krisenstabs während der Schleyer-Entführung 1977. Bislang theoriegeleitete und auf schriftlichen Quellen beruhende Vermutungen[2] konnte die hier vorgelegte Zeitzeugenstudie empirisch untermauern. Sie erweiterte somit die ansonsten stark handlungs-, struktur- und medienorientierten Forschungen zur Terrorismusbekämpfung um eine individuelle menschliche Perspektive und die damit verbundenen Denk- und Werthorizonte.

Personen, die unter Schutz standen, waren für mehrere Jahre oder Jahrzehnte mit einer sehr persönlichen Bedrohung konfrontiert. Der Personenschutz schien zwar eine »gefühlte« Sicherheit herzustellen, konnte aber keine absolute Sicherheit garantieren. Bleibende Unsicherheiten konnten zudem durch vielfältige Faktoren wie Drohbriefe, die angespannte gesellschaftliche Atmosphäre oder eine plötzliche Erhöhung von Sicherheitsmaßnahmen verstärkt werden. Täglich nahmen Schutzpersonen die Bedrohungssituation wahr, sie mussten sich als Politiker oder Richter in Krisenstäben oder Terroristenprozessen mit erfolgten Attentaten auseinandersetzen oder wurden medial auf die verheerenden Folgen eines Attentats hingewiesen.

Die dabei entstehenden destabilisierenden Emotionen wie Stress oder Unsicherheit wurden meist durch psychologische und individuell angepasste Mechanismen wie Verdrängung, Verleugnung und Rationalisierung verarbeitet oder durch eigenes, gelegentlich idiosynkratrisches Sicherheitsverhalten kompensiert, was auch die Schützer vor Probleme stellte. Diese Mechanismen halfen den Schutzpersonen, mit der Situation souverän und scheinbar unberührt von der existenziellen Bedrohung umzugehen. Insgesamt ermöglichten der Personenschutz und die persönlichen Verarbeitungsmechanismen schließlich ein stabiles Weiterleben für die Schutzperson und seine Familienangehörigen. Der Schutz wurde demnach häufig als sicherer Kokon empfunden.

In den Interviews mit den Schutzpersonen konnte beobachtet werden, wie ein spezifischer emotionaler Habitus den damaligen Umgang der betroffenen Personen mit Gefährdung und Bedrohung und ihre heutige Erzählung darüber bestimmte. Dieser Habitus generierte sich zum einen aus den Kriegserfahrungen, die als kollektives Bewusstsein die Generation der Entscheidungsträger prägte und den Umgang mit der neuen Bedrohung durch terroristische Attentate beeinflusste. Die Auseinandersetzung mit dem Linksterrorismus – insbesondere in den Krisenstäben – führte dazu, dass Vertreter dieser Generation gemeinsame Bewusstseinsinhalte wie die Kriegserfahrung erneut miteinander teilten und sich zu einer erfahrungsbedingten Generationseinheit verbanden.

Zum anderen waren es zeit- und kulturspezifische Männlichkeitsvorstellungen, die einen Teil des Orientierungshorizonts der staatlichen Elite und somit ihres emotionalen Habitus bildeten. Obwohl in der Zeit vielfach Auflösungsprozesse einer bis dahin vorherrschenden Geschlechtervorstellung in der Gesellschaft thematisiert wurden, lässt sich in der untersuchten Gruppe politischer Entscheidungsträger beobachten, dass sie Werte wie die »soldatische Pflicht« und ein starkes wie unverletzliches Männlichkeitsideal verinnerlicht hatten. Zeigten sich Politiker sensibel und entsprachen nicht diesem Chiffre, waren sie, so die typische Bewertung durch andere, den Aufgaben einer hochstehenden Führungspersönlichkeit nicht gewachsen. Bezeichnenderweise war es Willy Brandt, der den Krieg nicht als Soldat erlebt hatte, der scheinbar einen völlig anderen emotionalen Habitus demonstrierte: Er wird oft als nachdenklich, sensibel und emotional beschrieben. Herbert Wehner war der Auffassung, dass Brandt ein »Schwächling sei, zu weich für das harte Geschäft«.[3] So wird noch heute immer wieder die Frage gestellt, ob ein »Sensibler« wie Willy Brandt – im Gegensatz zu den »Dickhäutern« Adenauer, Schmidt und Kiesinger – überhaupt ins Kanzleramt »passt«.[4]

Rationalität und Souveränität, Pflichtbewusstsein und Unbeirrbarkeit ergänzten die hier genannten Aspekte des emotionalen Habitus. Dass persönliche Emotionen im Handeln keine Rolle spielen durften, war für diese Generation von Entscheidungsträgern selbstverständlich. Wie ein Korsett schränkten diese Werte emotionale Grenzüberschreitungen ein (»Haltung bewahren«) und ließen sie von außen nicht sichtbar werden. Zur Entscheidungsfindung gaben die interviewten Personen nur rational-logische Motive als alleinige Beweggründe an und leugneten emotionale Anteile. Dieser emotionale Habitus des rationalen, emotionsbefreiten und stets souveränen und pflichtbewussten Politikers stimmte mit der öffentlich-gesellschaftlichen Erwartung überein, was das Gefühl der Politiker, diesem entsprechen zu müssen, noch verstärkte. Die Ergebnisse der Emotions- und Kognitionsforschung zeigen jedoch, dass Emotionen einen wichtigen Teil im Entscheidungsprozess bilden und selbst auch bei bewussten Steuerungsversuchen nicht ausgeblendet werden können. So muss davon ausgegangen werden, dass Empfindungen, wie sie durch die persönliche Bedrohung entstehen konnten, dennoch in die täglichen Handlungen und Entscheidungen einflossen.

Für den Umgang mit Unsicherheit und Bedrohung ist es wichtig, den in den siebziger Jahren beginnenden Umbruch in der westdeutschen Generationenentwicklung und den damit einhergehenden Wandel des soziokulturellen Orientierungshorizonts im Auge zu behalten. Die emotionalen und habituellen Prägungen der hier untersuchten Generation von Entscheidungsträgern wurden spätestens mit Beginn der siebziger Jahre langsam von neuen soziokulturellen Bewegungen bezüglich der Sagbarkeit von Gefühlen, der Aufteilung von Geschlechterrollen oder der Vorstellung von Individuum-Sicherheit-Freiheit abgelöst. Dies zeigte sich in der Untersuchung auch im Wechsel der Entscheidungsträger hin zu Gerhart Baum (ab 1978), Helmut Kohl (ab 1982) oder später Hans-Ludwig Zachert (ab 1990), die den Krieg nicht als Soldat erlebt hatten und ein anderes emotionales Schema offenbarten. Hier waren es nicht die soldatischen Emotionsregeln des Krieges und der Nachkriegszeit, die Emotionen unterdrückten und verstummen ließen, sondern vor allem ein bewusster und rationaler Umgang mit dieser neuen, noch nicht erlebten Bedrohungssituation. Schutzpersonen mit diesem Emotionsschema sprachen ihre persönliche Bedrohung aus, setzten sich bewusst mit ihr auseinander und begegneten ihr mit eigenem, aktivem Sicherheitsverhalten.

Die hier vorrangig befragten Entscheidungsträger der siebziger Jahre – die »alte« Generation – dienten mit ihren soziokulturellen Vorstellungen von Privatheit und Pflichtbewusstsein und mit ihrem damit verbundenen emotionalen Habitus als Gegenbild, von dem sich »neue« Generationen wie die neuen sozialen Bewegungen abgrenzten. Ihr Entstehen und ihre Entwicklung werden somit erst in der Gegenüberstellung mit den soziokulturellen Prägungen der hier untersuchten generationellen Gruppe deutlich. Diese Abgrenzungsprozesse erhielten durch die Auseinandersetzung mit dem Linksterrorismus in den siebziger und achtziger Jahren eine besondere Dynamik und stellen somit einen Teil des facettenreichen Strukturwandels dieser Zeit dar.[5]

*

Der Personenschutz stieß gleichzeitig Veränderungsprozesse innerhalb der sozialen Gruppe von Entscheidungsträgern und Elitenmitgliedern an. Vehemente Forderungen nach Personenschutz oder die Weigerung, den Schutz abzugeben, deuten darauf hin, dass der Personenschutz von manchen Schutzpersonen als Statussymbol gesehen wurde. Welche Gründe für solche Forderungen tatsächlich ausschlaggebend waren, kann aufgrund fehlender Ego-Dokumente letztlich nicht eindeutig geklärt werden. Der Personenschutz befand sich immer auf einer Gratwanderung zwischen tatsächlichen Gefährdungsgefühlen und persönlichen Wünschen nach mehr Status. Letztere waren dann besonders in den gesellschaftlichen Gruppen zu beobachten, in denen höhere Positionen und Stufen innerhalb der Hierarchie noch zugänglich gewesen wären. So gab es nach dem Krisenjahr 1977 vor allem aus dem großen Kreis der Bundestagsabgeordneten zahlreiche Anfragen bezüglich neuer Personenschutzmaßnahmen oder der Installation von neuen Objektschutzmaßnahmen in den Privathäusern.

Nicht nur die Auswahl der Opfer durch die terroristischen Aktivisten beeinflusste also die Wahrnehmung der Gesellschaft von bedeutenden oder weniger bedeutenden Personen in Politik, Justiz und Wirtschaft, sondern auch der Personenschutz selbst. Wie kein anderes Unterscheidungskriterium war die konkrete Einordnung in eine Gefährdungsstufe (»1er-Schutzperson«) sowie die Zahl von Personenschützern und Sicherheitsfahrzeugen ein Gradmesser für Positionierungen in der sozialen Hierarchie. Die vielen Presseartikel über das Auftreten der Politiker mit ihren Personenschützern belegen, wie aufmerksam diese politischen Symboliken beobachtet wurden.

Vor allem aber ermöglichte der Personenschutz den Politikern, untereinander über hierarchische Positionierungen zu kommunizieren. Das Vorfahren mit einer Fahrzeugkolonne oder das ständige Auftreten mit einem Sicherheitsgefolge im politischen Raum stellte symbolische Verbindungen her zu weiter oben positionierten Politikern mit ähnlichen Machtinsignien und öffnete somit den vormals geschlossenen Kreis der oberen Eliten. In diesem

Moment verknüpften sich Sicherheits- und Elitenbewusstsein. Der Personenschutz diente somit in einer bestimmten Phase der bundesrepublikanischen Elitenbildung auch als Instrument, die Zugehörigkeit zur staatlichen Elite neu zu verhandeln. Als innerelitäre Distinktionsmöglichkeit trug er zur weiteren Binnendifferenzierung der bereits bestehenden, aber sich stets wandelnden Elite in der westdeutschen Gesellschaft bei.

*

Die Entwicklung des Personenschutzes spiegelt wider, wie sich in den siebziger und achtziger Jahren Sicherheitspolitiken ändern und dynamisieren. Denn der Linksterrorismus war eine neue Erfahrung für die gesamte westdeutsche Gesellschaft. War die Sicherheit bis dahin größtenteils von außen durch den Kalten Krieg gefährdet gewesen und Sicherheitsexperten mehr auf den Erhalt der Äußeren Sicherheit konzentriert, so schien mit der Bedrohung durch den Terrorismus die Gefahr aus dem Inneren der Gesellschaft zu kommen. Angst erhielt damit eine ganz neue Dimension. Terroristische Gruppen entwickelten sich aus den eigenen gesellschaftlichen Reihen, die Gefahr schien aus dem »Körper« der Gesellschaft zu wachsen. Der immer umfangreichere Personenschutz demonstrierte dann zwar die Wehrhaftigkeit des Staates, zeigte durch die dennoch verübten Attentate aber gleichzeitig auch seine Verletzlichkeit.

Neben den neuen Umwelt- und Technikrisiken, wie sie in den gesellschaftlichen Kontroversen der siebziger Jahre um die Atomenergie zum Ausdruck kommen, steht die Bedrohung durch den Linksterrorismus am Beginn einer gesamtgesellschaftlichen Konjunktur von Sicherheitshysterien und Sicherheitsversprechen. Denn die Sicherheit besaß von Beginn an auch immer eine psychologische Seite und wird noch heute bestimmt von Gefährdungsgefühlen und Ängsten in der Gesellschaft. So beschreibt bereits Werner Conze in seinem Aufsatz von 1984, dass die »Spannung zwischen der Furcht vor dem Ende aller Sicherheit […] und den politischen Anstrengungen um die Verwirklichung kollektiver Sicherheit« die Gegenwart erfülle.[6] Der zunehmende Verlust an Sicherheit wurde in der Gesellschaft wahrgenommen und sogar als »sittlicher Tiefstand« bezeichnet.[7] Am Ende der siebziger Jahre hatte sich damit ein zunehmendes Krisenbewusstsein ausgebreitet.[8]

Die neuen Bedrohungsszenarien und Sicherheitskonjunkturen führten zu einer immer stärkeren Differenzierung und Institutionalisierung im Sicherheitsbereich. Die in der Sicherheitsforschung vieldiskutierte Dichotomie zwischen Bewachern und Überwachten hat hier ihre Wurzeln. Nicht nur die Politik entwickelte ein subtileres Handlungsrepertoire, sondern auch die Wirtschaft reagierte mit neuen Sicherheitsstrukturen auf das neue Sicherheitsbedürfnis ihrer Vorstände.[9] Dies rief wiederum neue Sicherheitsakteure auf den Plan wie die private Sicherheitsbranche, die heute als ein selbstverständlicher Teil unseres Sicherheitsnetzes wahrgenommenen wird. Ihr Beginn kann in die späten siebziger Jahre datiert werden. So beobachtete Fernando Wassner bereits 1977, dass Sicherheitsbedürfnisse teilweise nicht mehr vom Staat, sondern von privaten Einrichtungen befriedigt werden: Sicherheit entwickele sich zur Privatsache.[10] Die kollektive Sicherheit, bis dahin vom Staat hergestellt, wurde somit individuell verfügbar. Jeder konnte einen Personenschützer engagieren und für seine eigene Sicherheit sorgen. Die von Sicherheitsforschern vielfach kritisierte Entwicklung, dass der Staat sein Sicherheitsmonopol verliere, begann in den siebziger Jahren und war eine weitere Folge des fortschreitenden Sicherheitsbedürfnisses der deutschen Gesellschaft.

In diesem Zusammenhang begannen die räumlichen Grenzen von Privat und Öffentlich immer durchlässiger zu werden. Wie die zunehmende Kameraüberwachung zeigt, breiteten sich Sicherheitsfragen immer stärker in die öffentliche Sphäre aus. Vormals öffentliche Sicherheitsdienstleistungen wurden teilweise privatisiert. Diese Entwicklungen und die vermehrte Durchdringung von Räumen durch Sicherheitskategorien nahmen somit in den siebziger Jahren ihren Anfang. Ja mehr noch: Die Gruppe der Schutzpersonen erscheint als eine Art *test case* für die folgende soziale Praxis der Massenüberwachung. Wie viel Sicherheit hergestellt werden muss, um das Sicherheitsbedürfnis der Gesellschaft zu befriedigen, ist abhängig von subjektiven Wahrnehmungen von Sicherheit. Schließlich können zunehmende Sicherheitsmaßnahmen auch eine gleichzeitige Verunsicherung bedeuten. Auch das zeigen einige Beispiele der hier untersuchten Schutzpersonen.

Diese Verbindungen zwischen dem Bedürfnis nach Sicherheit, dem Erleben und dem Wahrnehmen von Sicherheit gilt es, weiter zu ergründen. Dafür ist zusätzliche interdisziplinäre Forschung notwendig, gerade auch mithilfe mündlicher Erzählungen und der Oral History. Diese Ansätze besitzen großes Potenzial. Denn wie die Ergebnisse dieser Arbeit zeigen, ist die Wahrnehmung von Sicherheit ein äußerst emotionales Untersuchungsfeld. Der Weg über die individuellen Erlebnisse, Erfahrungen und Erinnerungen ermöglicht, größere Zusammenhänge und Entwicklungslinien in der Wahrnehmungsgeschichte von Sicherheit zu erkennen.

Danksagung

An erster Stelle gilt mein Dank meinen Interviewpartnern, die bereit waren, mit mir gemeinsam in eine vergangene Zeit zurückzublicken. Ihre Gesprächsbereitschaft und ihr Engagement ermöglichten mir, die Geschichte auf diese Weise erzählen zu können. Durch ihre Erinnerungen gewann sie besonders an Individualität und Emotionalität. Die Offenheit, mit der meine Gesprächspartner aus ihrem Leben erzählten, und das Vertrauen, das sie mir dabei entgegenbrachten, haben mich sehr bewegt.

Meinem Doktorvater, Herrn Prof. Martin H. Geyer von der Ludwig-Maximilians-Universität München und meiner Zweitgutachterin, Frau Prof. Hélène Miard-Delacroix von der Université Paris-Sorbonne IV danke ich herzlich für ihren Zuspruch, dieses Thema zu erforschen und dafür einen neuen Weg der Zeitzeugengespräche zu gehen. Ihre zahlreichen Hilfestellungen, ihre wertvollen Anregungen und ihr stete Ansprechbarkeit waren für meine Forschungsarbeit von großer Bedeutung.

Bei meiner Recherche in den Archiven und Behörden halfen mir zahlreiche Archivare und Mitarbeiter wie Lars Amelung vom Bundesarchiv und Iris Fuchs und Claudia Jacoby von der Sicherungsgruppe des Bundeskriminalamts. Robin Cackett unterstützte mich mit seiner psychoanalytischen Expertise bei der Auswertung der Interviews und diskutierte mit mir die Ergebnisse. Die FAZIT-Stiftung ermöglichte mir, mich als freie Wissenschaftlerin ganz dem Forschungsprojekt widmen zu können. Als Autorin erhielt ich vom Campus Verlag, namentlich Frau Judith Wilke-Primavesi, eine sehr persönliche und unterstützende Betreuung. Ihnen allen und all jenen, die hier nicht namentlich genannt werden, danke ich herzlich für die vielen Diskussionen, Anregungen und Hilfestellungen.

Nicht zuletzt möchte ich meiner Familie danken, die mich in allen Phasen der Arbeit so liebevoll begleitet hat. Die Unterstützung meines Bruders Eike bei polizeirechtlichen Fragen und meines Bruders Gerd im Literaturmanagement waren für mich eine große Hilfe. Meiner Schwester Inga bin ich dankbar für die zahlreichen methodischen Diskussionen und vor allem für ihr geduldiges Zuhören und ihre vielen Ermutigungen. Schließlich gilt mein besonderer Dank meinen Eltern, die mich immer wieder darin bestärkten und mich motivierten, das Promotionsprojekt weiterzuentwickeln, schwierige Hürden zu nehmen und das Buch fertigzustellen.

Appendix – Die Grundlagen der Arbeit: Zum Umgang mit Oral History

Methodische Herausforderungen von Erinnerungsgesprächen

Wesentliche Grundlage dieser Forschungsarbeit ist eine Oral History Studie, es wurden also Interviews mit Zeitzeugen geführt. Wie in der Literatur an verschiedenen Stellen intensiv diskutiert, sind die zahlreichen Vorzüge der Oral History gleichzeitig ihre methodischen Herausforderungen.[1] So handelt es sich bei Zeugnissen der Oral History nicht einfach nur um mündliche Quellen, sondern immer auch um Erinnerungskonstrukte. Die Vergangenheit ist ebenso wie in schriftlichen Quellen nur vermittelt. Die Erzählungen müssen daher genau wie konventionelle Quellen einer Quellenkritik unterzogen werden.[2] Der Erinnerungsprozess basiert dabei vor allem auf dem kommunikativen Gedächtnis, also dem Gedächtnis als »persönliches Produkt und sozialer Prozeß«.[3] Das Gedächtnis unterliegt demnach ständigen Veränderungen. Das Interview sollte also dazu dienen, den Erinnernden »aus den Fängen des sozialen Gedächtnisses« zu befreien und »auf seine eigene Erinnerungsspur zu setzen«.[4]

Zudem sind bei der Interpretation der Gespräche die physische Nähe des Forschers zum Interviewten, die den Erinnerungsprozess möglicherweise beeinflussen kann, sowie die zeitliche Nähe des Forschers und des Interviewten zum Untersuchungszeitraum zu berücksichtigen.[5] Der Interviewpartner wird mit Erinnerungen an einen Lebensabschnitt konfrontiert, der teilweise in der unmittelbaren Vergangenheit liegt. So wurde hier über Themen bis weit in die neunziger Jahre hinein gesprochen, was zu psychischen Irritationen der Interviewpersonen oder auch zu stark emotional geführten Verhandlungen über die Erinnerungshoheit innerhalb der Familie führen konnte. Damit eng verbunden ist die Beobachtung, dass der Erinnerungsprozess oftmals durch die politische Haltung der Politiker geprägt wurde. Diese musste bei der Auswertung ebenso bedacht werden.

Bei der vorliegenden Studie kommt als besondere Anforderung hinzu, dass hier Emotionen untersucht wurden. Daher ergab sich die Frage, wie sich Emotionen im Interview darstellen lassen beziehungsweise überhaupt erkannt werden können.[6] Im Vordergrund steht aber nicht, was die Interviewpartner damals wirklich empfunden haben, vielmehr welche emotionalen Muster und Praktiken im Umgang mit einem thematischen Feld heute zu erkennen sind.[7] Dabei spielen auch die Räume, in denen sich die Interviewpartner bewegten, eine Rolle, da sie die Herausbildung emotionaler Muster eventuell beeinflusst haben.

Mithilfe der Oral History Emotionen zu erkunden wird in der Forschung immer wieder kritisch gesehen und als nicht durchführbares Unterfangen abgetan. Und in der Tat kommen durch die emotionale Aufladung mancher Gespräche besonders komplexe Erinnerungen zu Intimität, Privatheit, Angst, Scham oder Schuldgefühl zum Ausdruck, die ein narratives Interview behindern können.[8] Jedoch handelte es sich bei diesen Interviews nicht um Therapiesitzungen, in denen individuelle Probleme untersucht wurden, sondern um narrative Interviews, bei denen nach emotionalen Mustern und Strukturen gefragt wurde.[9] Wie Gefühle in Verhaltensweisen umgesetzt werden, sei analysierbar, so Alexander von Plato, der Begründer der Oral History. Man könne und dürfe als Forscher das »Unsagbare«, also auch unbewusste Emotionen, interpretieren.[10]

Für die Frage nach dem Umgang mit Bedrohungssituationen und Eingriffen in die Privatsphäre wurde die Form des narrativ-episodischen Interviews gewählt. Durch die narrative, also erzählgenerierende Struktur des Interviews und die episodische Erzählweise sollten Emotionen in den Erzählungen ermöglicht werden – auch wenn die Interviewsituation mit einer fremden und hierarchisch anders gestellten Person dafür zunächst ungeeignet erscheint.[11] Beim episodischen Erzählen wird neben dem episodischen Gedächtnis vor allem auch das semantische Gedächtnis angesprochen, das die Gefühle, Deutungen und Erfahrungen umfasst, die sich mit dem Ereignis verbunden haben. Durch diese Interviewform kann zudem besonders zu Alltagsroutinierungen und gruppenspezifischem Wissen vorgedrungen werden, wie es hier bei der Untersuchung des emotionalen Habitus einer spezifischen gesellschaftlichen Gruppe das Ziel war.

Das Gespräch wurde nicht im Sinne der Biographieforschung offen, sondern thematisch eingegrenzt gestaltet, unter anderem in Bezug auf Privatheit und Bedrohung. So konnte das Interview nicht in beliebige Themen abgleiten, blieb aber durch die narrative Struktur dennoch offen für die Erzählweisen des Interviewpartners. Wurde im Interview nach bestimmten Situationen gefragt, erfolgten oft sogenannte Stegreiferzählungen, in denen die für ein Interview üblichen Erzählzwänge noch stärker wirkten – ersichtlich in Zögern oder Schweigen der Interviewperson, in Lücken oder thematischen Brüchen in ihrer Erzählung oder im Wechseln der Textsorte. So überwindet die Stegreiferzählung »die biographischen und kollektivhistorischen Ausblendungstendenzen und die ihnen entsprechenden Selbstvergewisserungshürden« und macht vom Erzähler »bewusst Verschwiegenes und sogar Verdrängtes« erkennbar.[12] Dieser Kontrollverlust spielte vor allem bei den höher gestellten Politikern eine wichtige Rolle, die in öffentlichen Äußerungen, die sie ihr Leben lang durch journalistische Interviews trainiert und verinnerlicht hatten, bereits routiniert erschienen.

Auswahl der Interviewpartner und Durchführung der Interviews

Das Leben unter Personenschutz sollte so ganzheitlich wie möglich dargestellt werden. Daher wurden bei der Auswahl der Interviewpersonen (Sampling) möglichst viele beteiligte Gruppen berücksichtigt.[13] Da es bei der Kontaktaufnahme zu passenden Interviewpartnern oftmals organisatorisch-hierarchisch Strukturen zu überwinden galt, war die Zusammenstellung der Interviewgruppe auch auf die Vermittlung der Interviewpartner untereinander angewiesen.[14] So ergab sich eine gemischte Methode aus theoretical sampling und Schneeballsystem nach dem Prinzip des maximalen Kontrastes.[15] Nachdem relevante Personengruppen (Schutzpersonen, Angehörige, Personenschützer, Sicherheitsexperten) identifiziert wurden, konnte weiter nach verschiedenen Schutzkreisen (Politik, Justiz, Wirtschaft, Finanzwesen), nach Geschlecht, nach Gefährdungseinstufung, nach Dauer der Schutzzeit oder nach Erfahrung eines Attentats differenziert werden. Dabei ergaben sich Einschränkungen durch Krankheit oder Ableben der Personen oder durch fehlende Repräsentanz innerhalb einer Gruppe. So konnte aufgrund der mangelnden weiblichen Präsenz unter den damaligen gefährdeten Personen nur eine weibliche direkte Schutzperson, die ehemalige Bundesministerin für Jugend, Familie und Gesundheit Antje Huber, für die Interviewstudie gewonnen werden.

In die Interviews mit hochgestellten Politikern, Richtern und Sicherheitsexperten wurden oftmals die Ehefrauen eingebunden, sodass die weibliche Perspektive in der Erinnerung an die Schutzzeit stärker berücksichtigt werden konnte. Auch Angehörige der nachfolgenden Generation konnten zum Interview hinzugeholt oder mit ihnen ein separates Interview geführt werden. Vertreter der Wirtschaft wurden in die Oral History Studie nicht explizit einbezogen, da dieser strukturell andersartige Bereich nicht im Zentrum der Untersuchung stand. Dennoch erlaubten die Gespräche mit Staatssekretär a.D. Hans Tietmeyer, dem späteren Präsidenten der Deutschen Bundesbank, und mit Ina Beckurts einen ersten Einblick in das Schutzsystem der Wirtschaft. Um das Sampling weiter zu vervollständigen, wurden vor allem mit Unterstützung des Bundeskriminalamts Personenschützer und Sicherheitsexperten in die Studie aufgenommen. Dabei konnten sich die nach abstrakten Kategorien gebildeten Sampling-Gruppen auch überschneiden. Bezüglich des Alters ergab sich somit eine breit gefächerte Gruppe von Personen im fortgeschrittenen Alter (vor allem Schutzpersonen) und im mittleren oder jungen Alter (vor allem Personenschützer und Angehörige). Dieser Aspekt ist wichtig, da das Alter die Rekonstruktion von Erinnerungen stark beeinflusst.

Nach Einwilligung der Interviewperson wurde ein Gesprächstermin und -ort vereinbart. Fast alle Gesprächspartner boten dazu ihre privaten Räume an, was ein Gespräch über private und emotionale Themen unterstützte. Für die Vorbereitung der Interviews wurden Informationen aus Literatur und Presse über die zu interviewende Person gesammelt sowie der berufliche Werdegang und die Familiensituation recherchiert. Der für die Oral History Studie entwickelte Interviewleitfaden wurde dann jeweils individuell angepasst. Dadurch konnte das Interview offen, aber dennoch themengeleitet geführt werden. Die Interviews wurden mit einem digitalen Aufnahmegerät aufgezeichnet. Sie wurden mit einem lebensgeschichtlichen, aber thematisch eingrenzenden Erzählstimulus begonnen.[16] Anschließend wurde ein individueller Einstieg ins Feld gewählt sowie gegebenenfalls während und am Ende des Gesprächs nachgefragt. Die Interviewten nahmen sich oft ausreichend Zeit für das Gespräch, sodass diese bis zu fünf Stunden geführt werden konnten. Die Interviewsituationen waren im Allgemeinen von großer Konzentration und Engagement sowie von einer persönlichen und vertrauensvollen Atmosphäre geprägt. Wurde die Aufzeichnung des Gesprächs abgelehnt, wie es bei einer bedeutenden interviewten Person der Fall war, konnte das Interview für die Studie leider nicht ausgewertet werden.

Nach einem abschließenden Gespräch und der Klärung der Formalien verfasste die Autorin ein Postscript, um eigene emotionale und soziale Eindrücke zu reflektieren und alle weiteren Eigenschaften des Interviews, wie Austauschprozesse auf nonverbaler Ebene oder konkrete Ereignisse am Rande wie Störungen des Interviews, sofort festzuhalten.[17] Die Postscripts halfen oftmals, Dynamiken wie Übertragung und Gegenübertragung im

Interview zu erkennen und zu benennen. Gerade in emotional aufgeladenen Interviewsituationen konnte es zur Vermischung von eigenen mit fremden Vorstellungen über Vergangenheit oder Erlebtes kommen, da auch das Zuhören ein kreativer Akt ist.[18] So musste die gesamte Gesprächssituation ständig durch die Interviewführende reflektiert werden. Dadurch konnte beispielsweise erkannt werden, welche eigenen Referenzrahmen bezüglich Generation, Geschlecht, Wissen und Erfahrungen in das Interview eingebracht wurden und auf welche Referenzrahmen des Gegenübers diese dann trafen. Hinzu kam die Besonderheit der episodischen Erzählweise. Hierbei betonen die Erzählenden den Charakter und die Funktion des Erzählens als »dramatische Inszenierung«. Sie machen die Zuhörenden »quasi zu Zeug/innen und Kompliz/innen der Sichtweise auf das Geschehen«, sodass das Ereignis aus der Vergangenheit in die Gegenwart geholt und eine interaktive Wirkung in der Erzählsituation entfaltet wird.[19]

Umrisse einer narrativ-episodischen Auswertungsmethodik

Bei der Auswertung der Interviews sollte das »Unsagbare« herausgearbeitet werden. Dazu wurden die Interviews zunächst vollständig transkribiert, also verschriftlicht. Entsprechend der Form des narrativ-episodischen Interviews wurden dann zwei verschiedene Auswertungsmethoden kombiniert und der Forschungsfrage angepasst. Im ersten Teil der Interviewanalyse, der narrativen Analyse, wurde das Gesamtinterview genauer betrachtet. Hierbei wurden formale Einschnitte oder Segmente im Interview oder etwa ein »Motto« der Erzählung identifiziert.[20] Schließlich wurden die im Interview angesprochenen Themen codiert.[21] Dies betraf deduktive, also aus dem Interviewleitfaden abgeleitete Themen sowie durch Verknüpfung, Assoziierung, Verdichtung und Gewichtung gewonnene induktive Themen, also aus dem Interview heraus entwickelte Themenbereiche.

In einem zweiten Teil der Auswertung wurde nach episodischen Erzählungen gesucht, in denen gefühlsbesetzte bildhafte Erinnerungen deutlich wurden. Hierbei wurde davon ausgegangen, dass es für die Interviewpersonen schwierig war, über Emotionen wie Unsicherheit und Angst zu sprechen, und dass es sich um unbewusste (»unsagbare«) und noch nicht reflektierte Emotionen handeln konnte. Diese Annahme geht auf Alfred Lorenzer zurück, nach dem sich das Unbewusste vor allem in Bilderwelten äußert, da es nie kognitiv exakt strukturiert ist.[22] Deshalb zeigten sich auch in den

Interviews emotionale Bezüge vor allem in – oftmals spontanen – Beschreibungen von Erlebnissen, Bildern, Assoziationen oder Eindrücken.

Zunächst wurden die Episoden in die inhaltlich zu untersuchenden Themen wie Privatheit, Raum oder Bedrohung eingeordnet. Dann wurde eine inhaltliche Beschreibung vorgenommen, in der zum Beispiel nach dem Zeitpunkt, den beteiligten Personen, der inhaltlichen Erzählung und der Kontextualisierung der zu analysierenden Episode gefragt wurde. Dabei wurde auch das Verhalten der Interviewperson während der episodischen Erzählung einbezogen.

Schließlich wurde eine emotionsbezogene Analyse durchgeführt. Hierbei wurden die allgemeinen Fragen nach dem Verhalten in der Episode, nach dem emotionalen Ausdruck beim Erzählen (Mimik, Gestik), nach der Nutzung von Bildern oder Metaphern und nach der Raumvorstellung in der Episode geklärt: Welche Emotionen wurden auf diese Weise mitgeteilt? Welche Emotionen waren mit welchem Handeln verbunden oder beeinflussten sich gegenseitig? Hierfür wurden Worte, Sinneinheiten der Episoden oder sprachliche Phänomene analysiert. Besonders Auslassungen, Umwege, starke Hintergrunderzählungen, das »Zerbrechen der Sprache«, also Abbrüche in der Erzählung, Zögern oder Schweigen konnten auf wichtige emotionale Konnotationen hinweisen.

Die Ergebnisse der Interviewauswertungen wurden mit einem Psychoanalytiker diskutiert und so mit einer weiteren fachlichen Perspektive kontrastiert. Mithilfe der aus der Analyse und den interdisziplinären Gesprächen gewonnenen Erkenntnisse wurden visuelle *memory maps* für die ausgewählten Interviewpersonen erstellt, die ihren Umgang mit der Bedrohung, ihre Verarbeitungsmechanismen, ihr persönliches Umfeld und ihre heutige Erzählung darüber zu einem Gesamtbild zusammenfügten.[23] Auf dieser Grundlage konnten Interpretationen zum emotionalen Habitus der genannten Untersuchungsgruppe vorgenommen werden.

Triangulation mit Archiv- und Medienquellen

Mithilfe der Triangulation, also der parallelen Auswertung von Archiv- und Medienquellen, wurden die Erzählungen anhand schriftlicher Daten und Quellen überprüft, um Korrespondenzen, Lücken oder Widersprüche aufzudecken. Die Triangulation ist damit eine wichtige Voraussetzung, eine auf der historischen Quellenkritik beruhende Interpretation der mündlichen Erzählungen vorzunehmen.[24] Hierfür und für die institutionelle Untersuchung des Personenschutzes wurden veröffentlichte wie unveröffentlichte Quellen des Bundesarchivs, der Landesarchive Baden-Württemberg und Nordrhein-Westfalen und des Parlamentsarchivs des Deutschen Bundestags ausgewertet.

Ferner konnte die Autorin auf die umfangreichen, bislang ungesichteten Aktenbestände der Sicherungsgruppe, zuständig für den Personenschutz im Bundeskriminalamt, am Standort Berlin-Treptow zugreifen und in enger Zusammenarbeit und mit großem Unterstützungswillen seitens der Behörde in die wissenschaftliche Untersuchung des Personenschutzsystems einfließen lassen. Hierfür wurden die in den einzelnen Abteilungen geführten Akten der Behörde erfasst und in einem selbst aufgebauten Bezeichnungssystem erschlossen. In der Deutschen Hochschule der Polizei in Münster-Hiltrup boten schriftliche Dokumente wie Seminarunterlagen und Konferenzberichte einen besonderen Blick in die innerinstitutionelle Entwicklung der Sicherungsgruppe und ihrer Arbeit. Quellen des Politischen Archivs des Auswärtigen Amts ergänzten schließlich die ansonsten eher innenpolitisch ausgerichtete Quellenauswertung, zum Beispiel durch Schutzmaßnahmen für ausländische Botschaften. Auf diese Weise ergab sich ein gesamtstaatlicher Zusammenhang. Zusätzlich wurden Akten des Helmut-Schmidt-Archivs ausgewertet, um mehr Erkenntnisse zum Verhalten der Schutzpersonen gegenüber ihrem persönlichen Personenschutzkommando zu erlangen.

Schließlich wurden auch Quellen im Presse- und Informationsamt der Bundesregierung, insbesondere Zeitungen und Zeitschriften, eingesehen. In den Fernsehanstalten, wie dem Norddeutschen Rundfunk oder Hessischen Rundfunk, wurden zeitgeschichtliche Sendungen über die terroristischen Ereignisse, Interviews mit Politikern nach erfolgten Attentaten oder Erzählungen über ihr Privatleben bei Fernseh-Auftritten analysiert. Hierfür wurden die relevanten Sendungen im Deutschen Rundfunk-Archiv recherchiert.[25] Fotografien zum Privatleben von Politikern und ihren Familien konnten Aufschluss darüber geben, wie private Lebensbereiche und der Umgang mit dem persönlichen Personenschutzkommando dargestellt wurden. Um die Entwicklungslinien des Personenschutzes aufzuzeigen, wurden zahlreiche zeitgeschichtliche Artikel aus Fachzeitschriften, wie »Bürgerrechte & Polizei« (CILIP) oder »W&S« (Wirtschaftsschutz & Sicherheitstechnik), ausgewertet.

Anmerkungen

Einleitung

1 Die in dieser Arbeit aufgeführten Namensbezeichnungen umfassen immer die weibliche wie die männliche Form (z.B. Politikerinnen und Politiker), werden aber der besseren Lesbarkeit halber nur in männlicher Form aufgeführt.

2 Wenige Ausnahmen sind Siemens, RAF 2007 und Emcke, Gewalt 2008. Eine weitere Opfer-Darstellung ist die neuere Publikation des Hauses der Geschichte Baden-Württemberg: Birkenmaier, Opfer 2009 sowie vor kurzem die dortige Ausstellung »RAF. Terror im Südwesten«, http://www.raf-ausstellung.de mit neuen Beiträgen zu Opfern der RAF, Überlebenden und Angehörigen. Insgesamt weisen diese Ansätze zur Opferperspektive jedoch analytisch kaum über Einzelschicksale und -fälle hinaus (vgl. Colin, Täter 2008, S. 194). Beispiele für die zahlreichen Tätergeschichten sind Koenen, Vesper 2005; Stern, Andreas Baader 2007 oder Kraushaar, Rudi Dutschke 2007 sowie Biographien u.a. über Ulrike Meinhof. Besonders im filmischen Bereich bleibt die Terrorismusgeschichte eine täterorientierte Narration, wie der – teils umstrittene – deutsche Spielfilm »Der Baader-Meinhof-Komplex« von Uli Edel aus dem Jahr 2008 zeigt. Erste Annährungen zwischen Tätern und Opfern bei Albrecht, Patentöchter 2011 oder bereits im Streitgespräch zwischen Bundesinnenminister Gerhart Baum und Ex-Terrorist Horst Mahler, in: »Wir müssen raus aus den Schützengraben«, in: *Der Spiegel* vom 31.12.1979, H. 53. Der Begriff des »Terrorismus« wird in dieser Darstellung als Zeitbegriff und damit ohne Anführungszeichen verwendet, mit dem Bewusstsein, dass Terrorismus ein Quellenbegriff ist und entsprechend problematisiert werden muss (siehe hierzu die Definitionsvorschläge von Waldmann, Terrorismus 2005).

3 Siehe zum Linksterrorismus die ausführlichen Literaturangaben bei Baumann, Mythos 2012, S. 13–20, den Literaturbericht von Weinhauer, Linksterrorismus 2010 oder eine erste Auswahlbiographie unter http://www.zeitgeschichte-online.de/thema/neue-buecher-zum-thema-raf-im-spiegel-der-kritik. Bezüglich der Inneren Sicherheit der siebziger Jahre siehe u.a. bei Scheiper, Sicherheit 2010; Weinhauer, Staatsmacht 2007 und Lange, Polizei 2003 sowie die Darstellungen des Forschungsprojekts »Demokratischer Staat und terroristische Herausforderung« am Institut für Zeitgeschichte, vgl. zuletzt Oberloskamp, Terrorismusbekämpfung 2013. Nach der bereits 2004 gestellten Forderung Weinhauers nach einer verstärkt sozial- und kulturhistorischen Perspektive in der Terrorismusforschung (Weinhauer, Terrorismus 2004) erschienen in den letzten Jahren vermehrt Untersuchungen zu den Themen Öffentlichkeit und Medien (Balz, Ausnahmezustand 2010) und zur RAF in Film und Literatur oder allgemein zur kulturellen Performanz (z.B. Henschen,

RAF-Erzählung 2013; Baumann, Mythos 2012). Auch Gabriele Metzler stellt fest, dass der Terror in dieser Zeit »zu einer die westlichen Gesellschaften prägenden Erscheinung« wurde, »deren Effekte bis in das Alltagsleben hinein ausstrahlten und staatliches Handeln maßgeblich mitbestimmten« (Metzler, Konfrontation 2012, S. 450).

4 Eine der wenigen Darstellungen zum Personenschutz sind Scholzen, Personenschutz 2001; Stüllenberg, Personenschutz 1997 und Hilker, Personenschutz 2006 sowie aus mikrosoziologischer Sicht Heuser, Personenschutz 2008.

5 So z.B. die Erzählungen von Ali Hirsi über ihre veränderten Lebensbedingungen (Hirsi Ali, Infidel 2007) oder zahlreiche Artikel über die Präsidentenfamilie Obama und ihr Leben unter Personenschutz. Zur Fernsehproduktion »Protectors« siehe unter http://www.dr.dk/dr1/livvagterne.

6 Ist in der vorliegenden Arbeit vom Bereich »Justiz« die Rede, ist hierunter auch die Staatsanwaltschaft subsummiert, da besonders sie von der Bedrohung durch linksterroristische Attentate betroffen war (wie z.B. Generalbundesanwalt Buback).

7 Die Bezeichnung der Personenschützer als »Engel ohne Flügel« stammt aus einem Lehrfilm der Sicherungsgruppe des Bundeskriminalamts aus dem Jahr 1990 über die Arbeit der Personenschützer.

8 So der Polizeipräsident (PPr) Bonns Hans-Joachim Gebauer in einer Stellungnahme von 1979 (in: Gebauer, Personen- und Objektschutz 1979, S. 310).

9 So die Interpretation des Höcherl-Berichts im Beschluss des AK II und der AG Kripo vom 12./13.6.1978, in: BArch, B106/106695. Vgl. auch Höcherl-Bericht vom 2.6.1978, Punkt 2.8. in: Deutscher Bundestag (BT), 8. Wahlperiode, Drucksache 8/1881, 7.6.1978 (online).

10 Die Frage nach der Rationalität von politischem Handeln ist v.a. in Untersuchungen zu Präventionskonzepten immer wieder ein vieldiskutiertes Thema (vgl. z.B. Krasman, Präventionsstaat 2011, S. 55, zu Präventionsregimen z.B. bei Bröckling, Dispositive 2012). Bereits zur damaligen Zeit waren sich die Sicherheitsexperten über das Sicherheitsdilemma bewusst, wie u.a. der Leiter der Sicherungsgruppe, Günther Scheicher, auf einer Arbeitstagung in der Polizeiführungsakademie Münster-Hiltrup (heute Deutsche Hochschule der Polizei) im Jahr 1977, nur wenige Monate vor dem Schleyer-Attentat, herausstellte (Scheicher, Personenschutz 1977 (Archiv: DHPol), S. 9–10).

11 Vgl. die Beschreibung der Bundeshauptstadt Bonn im Jahr 1987, in: Hofmann, Bonn 1987, hier S. 1, 2 und 38. Ulrich Reitz beschreibt die Verunsicherung der deutschen Gesellschaft in seinem Artikel »Innere (Un-)Sicherheit«, in: *Die Welt* vom 4.4.1991. Auch in der Literatur wurden Themen wie Innere Sicherheit, Überwachung und Kontrollstaat verarbeitet, wie z.B. bei Böll, Belagerung 1982.

12 Aufgrund der enormen Weite des Forschungsfeldes kann hier nur exemplarisch auf einzelne Publikationen in diesem Bereich hingewiesen werden, wie u.a. die Beiträge in Münkler, Sicherheit 2010. Mit der Fülle an Forschungsfeldern zur Sicherheit geht auch eine breit gefächerte, teils noch nicht eindeutige Begrifflichkeit von Sicherheit einher. Als Ausgangspunkt und allgemeine Grundlage einer Verständigung über Sicherheit soll in der vorliegenden Arbeit zunächst die klassische Definition von Werner Conze gelten: »Das Wort [Sicherheit] kann sowohl einen psychologisch-subjektiven Sinn des sich Geborgenfühlens als auch einen objektiv bestimmbaren, rechtlich definierten Zustand des Geschütztseins ausdrücken. Dem menschlichen Wunsch, sich sicher fühlen zu können, entsprechen die Versuche, Schutz gegen Unsicherheit aufzubauen und zu gewährleisten. Sicherheit setzt Schutz oder Garantien voraus, die auf konkreten Rechtsgrundlagen beruhen und durch-

setzbar sein müssen. Die Abhängigkeit jeglicher Art von Sicherheit von einer Schutzgewalt weist auf den Staat hin, der beim Rechtsschutz des Individuums, bei den sozialen Sicherungen in der industriellen Arbeitswelt, bei der Verbrechensbekämpfung und schließlich bei der Verteidigung der Grenzen überall als Sicherheitsgarant erscheint.« (Conze, Sicherheit 1984, S. 831). Insgesamt soll hier von einer erweiterten Sicherheitsgeschichte ausgegangen werden, die neben der nationalstaatsbezogenen Begrifflichkeit Sicherheit auch Sicherheitsgefühle, Sicherheitsproduktion und Sicherheitsregime in den Blick nimmt (vgl. bei Zwierlein, Sicherheitsgeschichte 2012, S. 382).

13 Vgl. Daase, Einleitung 2012, S. 8. Ausgehend von diesem Verständnis von Sicherheit muss Sicherheit historisiert und als Prozessbegriff verstanden werden, so auch die Grundannahme der vorliegenden Arbeit. Weitergehende Konzepte von Sicherheit sind diesbezüglich die Begriffe »Versicherheitlichung« oder »Securitization« der Kopenhagener Schule der Internationalen Beziehungen, siehe u.a. bei Buzan, Evolution 2009, S. 212–218.

14 Conze, Suche 2009 od. bereits bei Conze, Sicherheit 2005. Siehe zur Sicherheit in den Geschichtswissenschaften das Heft »Sicherheit und Epochengrenzen« der Zeitschrift *Geschichte und Gesellschaft*, hier v.a. den Forschungsaufriss in Zwierlein, Sicherheitsgeschichte 2012 sowie Conze, Securitization 2012; Zwierlein, Security 2013 oder Tönsmeyer, Sicherheit 2010. In der Geschichtswissenschaft finden sich erste Ansätze bereits bei Lucien Febvre mit dem Begriff des »sentiment de securité« (Febvre, Histoire 1956) der jedoch zunächst wenig beachtet wurde. Zur Sicherheit in den Sozialwissenschaften z.B. im Sammelband bei Lange, Suche 2009; bei Singelnstein, Sicherheitsgesellschaft 2008 oder bereits bei Lippert, Sicherheit 1997. Die Politikwissenschaft konzentriert sich nach der Erforschung der *state security* vor allem auf die Analyse des gegenwärtigen Sicherheitsbegriffs im Sinne der *human*, *extended* oder *comprehensive security* und auf die politischen Debatten über fragile Staatlichkeit, *failed states* und Räumen begrenzter Staatlichkeit (vgl. Werz, Sicherheit 2009 od. den bereits genannten Sammelband Daase, Sicherheitskultur 2012).

15 Geppert, Einleitung 2008, S. 16.

16 Hierzu und Folgendes bei Daase, Einleitung 2012, S. 7–8.

17 Eine kritische Auseinandersetzung mit dem Begriff der Elite erfolgt im Kapitel *»Statussymbol oder Notwendigkeit«?* Bereits hier soll darauf hingewiesen werden, dass die Autorin sich einer möglichen negativen Konnotation des Begriffs bewusst ist (wie auch bei der heutigen Verwendung des Begriffs *elitär*), er jedoch in der vorliegenden Arbeit im streng wissenschaftlichen Sinne verstanden werden soll.

18 Zur Krisensemantik als Korrelat zur Sicherheit und zur damit verbundenen Zäsurenperspektive bei Geyer, Suche 2010, S. 668–669 oder die Beiträge in Mergel, Krisen 2012 und Gotto, Achtundsechzig 2013. Weitere Debatten um die siebziger und achtziger Jahre, ihre Bedeutung und ihre verschiedenen Zäsuren z.B. in den Sammelbänden Friedrich-Ebert-Stiftung, Wandel 2012; Jarausch, Ende 2008 und Raithel, Weg 2009 oder zum globalen Wandel um 1979 bei Bösch, Umbrüche 2012.

19 Zur starken Konjunktur von Emotionsforschungen seit dem Beginn des neuen Jahrtausends und der damit einhergehenden Proklamation eines *emotional turn* bei Plamper, Gefühle 2013; Hitzer, Emotionsgeschichte 2011 und Verheyen, Geschichte 2010. Zum Interesse der Historiker an den Emotionen und ihrem Einfluss auf Handlungen und Entwicklungen vgl. u.a. Frevert, Gefühle 2011, S. 10, aber auch schon 1938 bzw. 1941 bei Febvre, Sensibilität 1977. Beispiele für verschiedene Forschungsansätze mit jeweils kritischen Einführungen zur Emotion finden sich im Forschungsprojekt »Geschichte der Gefühle« am Max-Planck-Institut für Bildungsforschung unter Leitung von Ute Frevert

(http://www.mpib-berlin.mpg.de/de/forschung/geschichte-der-gefuehle), wie z.B. Frevert, Vergängliche Gefühle 2013 und Plamper, Geschichte 2012 bzw. weitere Forschungen wie Stalfort, Erfindung 2013, in transatlantischer Perspektive in Kürze der Sammelband Biess, Science 2014 oder in der Zeitschrift *Geschichte und Gesellschaft* 37 (2011), Heft 1. Bei der Emotion handelt es sich um eine menschliche Äußerung, die weniger deutlich sichtbar und daher als Kategorie manchmal nur schwer greifbar ist. So muss bei wissenschaftlichen Untersuchungen zu Emotionsregeln oder Emotionsregimen im Bewusstsein bleiben, dass Emotion als Handlungsprinzip immer subjektiv und individuell geprägt ist. Die »weichen« Faktoren wie Unsicherheit oder Angst dürfen daher auch in dieser Arbeit nur mit besonderer Vorsicht bestimmt und interpretiert werden. Mit den Fragen zu Unsicherheit und Angst beschäftigen sich viele Forschungsbereiche wie u.a. auch die Philosophie (z.B. grundlegend Kierkegaard, Begriff 1984). Die hier vorliegende Arbeit nimmt hinsichtlich dieser Fragegestellung jedoch insbesondere Bezug auf das individualpsychologische Phänomen.

20 In den letzten Jahren sind vermehrt Forschungsarbeiten zur Privatheit erschienen. In diesem zunehmend interdisziplinären Forschungsfeld löst sich aufgrund der postmodernen Entwicklungen wie die Intimisierung der Öffentlichkeit durch ehemals private Themen, durch die neueren Informationstechnologien oder neuerdings Tätigkeiten von Nachrichtendiensten die ursprünglich feststehende Dichotomie von Privatheit und Öffentlichkeit immer stetiger zugunsten neuerer Definitionen und Konzeptionen mit flexibleren und durchlässigeren Grenzen auf (siehe zur Forschungslandschaft u.a. bei Jurczyk, Privatheit 2008 oder im Sammelband Gräf, Privatheit 2011). Überblicksdarstellungen und Forschungsansätze zu Privatheit sind u.a. Habermas, Strukturwandel 1962; Westin, Privacy 1967; Geuss, Privatheit 2002; Giddens, Wandel 1993; Weintraub, Theory 1997; Bull, Selbstbestimmung 2009 sowie bereits Warren, Right 1890. Mit Privatheitsforschung beschäftigt sich u.a. auch das DFG-Graduiertenkolleg 1681 »Privatheit: Formen, Funktionen, Transformationen«, zuletzt der Sammelband Halft, Privatheit 2013 oder das Forschungsprojekt »Öffentlichkeit und Privatheit in gesellschaftlichen Innovationsprozessen« der Universität Heidelberg und der SRH Hochschule Heidelberg. Für die vorliegende Untersuchung von Bedeutung ist v.a. Rössler, Wert 2001.

21 Der Raum ist durch die neuen Forschungen des *spatial turn* (Edward W. Soja, Doris Bachmann-Medick) stärker ins Blickfeld der Wissenschaften gerückt. Spatial turn heißt nach Eric Piltz zunächst einmal »Geschichte in ihren räumlichen Bedingungen zu denken und den Veränderungen der Raumwahrnehmung selbst auf die Spur zu kommen« (Piltz, Trägheit 2009, S. 94). Die Veränderung des Raumbegriffs wirkt sich dabei wiederum auf die Geschichtsschreibung aus, oder, wie es Karl Schlögel formuliert, dass die »Spatialisierung geschichtlicher Wahrnehmung […] Folgen auch für das Narrativ« habe (Schlögel, Raume 2003, S. 51). Zur Entwicklung des Feldes seit den ersten richtungsweisenden Studien u.a. von Claude Lévi-Strauss, Michel Foucault, Siegfried Kracauer und Pierre Bourdieu sowie neueste Forschungsarbeiten siehe z.B. in den Sammelbänden Döring, Turn 2009 und Günzel, Raum 2010 sowie bei Rau, Räume 2013 und im Zeitschriftenband u.a. mit Dorsch, Space 2013 od. in Kürze im Sammelband Lehmann, Bild 2014. Zur Verbindung von Raum und Emotion versammelt Gertrud Lehnert in einem Sammelband zahlreiche Ansätze (Lehnert, Raum 2010 (Sammelband), v.a. ihr einführender Beitrag, S. 9–25); weiteres dazu u.a. bei Reddy, Styles 2008.

22 Lehnert, Raum 2010 (Beitrag), S. 10.

23 So Dina Hummelsheim in ihrem Vortrag »Die subjektive Wahrnehmung von Unsicherheit am Beispiel von Kriminalitätsfurcht: Individuelle und gesellschaftliche Determinanten« auf der Konferenz »Gefährliche Zeiten. Sicherheitskultur und sozialen Wandel« der Forschungsprojekts »Sicherheitskultur im Wandel« am 9./10.6.2011 in Frankfurt am Main (zur Konferenz siehe unter http://www.sicherheitskultur.org/de/veranstaltungen/gefaehrliche-zeiten/programm.html).

24 Zum Modell des emotionalen Habitus z.B. bei Gould, Politics 2009, S. 34–42; Illouz, Gefühle 2007, S. 97–103; Reed-Danahay, Bourdieu 2005, S. 99–128. Zur Einordnung des Konzepts in der Emotionsforschung siehe u.a. bei Hitzer, Emotionsgeschichte 2011 sowie weiteres im sechsten Kapitel.

25 Die Methodik der Oral History, also das Führen von Zeitzeugeninterviews, ist eine besondere Auseinandersetzung mit Geschichtsschreibung und eröffnet die Möglichkeit, individuell erlebte Geschichte unmittelbar zu erfahren und auf scheinbar ›authentische‹ Art und Weise zum Subjektiven vorzudringen. Dabei geht die Zeitzeugenforschung davon aus, dass die Aufforderung zur Erzählung einen Erinnerungsprozess auslöst, der Erinnerungen an die damalige Zeit unter Personenschutz bewusst werden lässt. Mit dieser Methodik sind auch einige Herausforderungen verbunden, die in der hier vorliegenden Studie umfassend reflektiert wurden. Zu den Grundlagen der Untersuchung wie die Methodik der Oral History, die Durchführung der Interviews, ihre Auswertung sowie die Triangulation der verschiedenen Quellen siehe im *Appendix* der Arbeit.

26 Siehe zu den teilgenommenen Interviewpartnern sowie zu Datum, Ort und Länge der Interviews die tabellarische Aufstellung in *Quellen und Literatur*. Die Erzählungen der zwei Personenschützer werden anonymisiert verwendet. Die Interviewerzählungen sind im Fließtext kenntlich gemacht, aber nicht mit einem gesonderten Nachweis versehen. Alle anderen Quellen wie Archiv- oder Medienquellen sind – wie üblich – mit dem Quellenfundort angegeben. Anmerkungen in eckigen Klammern sind von der Autorin hinzugefügt. Zudem werden im Folgenden die Interviewpersonen mit ihrer jeweiligen Funktionsbezeichnung zum Zeitpunkt ihrer Erwähnung genannt und der Lesbarkeit halber auf die ggf. aktuelle Zusatzbezeichnung »a.D.« verzichtet.

27 So die Begründung der Sicherheitsbehörden. Dabei wären zum Beispiel die Diensttagebücher der Personenschützer interessante Quellen zur Erforschung der Arbeits- und Zeitstrukturen einer bedeutenden gesellschaftlichen Gruppe dieser Zeit.

1. Kapitel – Der Aufbau des Personenschutzes 1951 bis 1975

1 Zur »strengen Weisung« Adenauers vom 16.9.1950 siehe bei Scholzen, Personenschutz 2001, S. 27. Zur Sicherheitslage in diesen Jahren v.a. bez. der Beobachtung des Attentats auf Harry S. Truman am 1.11.1950 siehe u.a. das Schreiben an Herrn Ministerialdirektor Egidi am 3.11.1950 (in: BKA, SG AS/Sicherungsgruppe) oder rückblickend der Artikel von Heinz Geese in *Deutsche Polizei*, Ausgabe 2/68 mit dem Titel »Schutz und Sicherung oberster Bundesorgane und ausländische Persönlichkeiten, dargestellt an den Aufgaben der Sicherungsgruppe, Hauptreferat S« (in: BKA, SG AS/6100 1). Zu den historischen Anfängen des Personenschutzes siehe die Überblicksdarstellung von Scholzen, Personenschutz 2001.

2 Siehe zum BKA das »Gesetz über die Errichtung eines Bundeskriminalpolizeiamtes (Bundeskriminalamtes)« in der damals geltenden Fassung der Bekanntmachung vom 8.3.1951,

BGBl. I, S. 165 (in: Bundesgesetzblatt (online)) sowie die Grundlagen zur Schaffung des BKA im Grundgesetz (GG), in den Art. 73 Nr. 10 und 87 Abs. 1 Satz 2.

3 »Dienstanweisung zur Durchführung des Schutz- und Begleitdienstes im Rahmen des §9 BKA-Gesetz« vom 7.5.1951, in: BKA, SG AS/6100 1. Zum Erlass des BM des Innern vom 30.8.1951, Az: 1161 C – 1975/51 mit den Aufgaben für die SG in: BKA, SG AS/Sicherungsgruppe. Zum ersten Fuhrpark der Sicherungsgruppe in Bonn zu Beginn der fünfziger Jahre, siehe *Abb. 1*, S. 24.

4 Siehe zur wissenschaftlichen Aufarbeitung der BKA-Geschichte bei Wagner, Schatten 2011.

5 Weitere Elemente des Schutzsystems sind der Innenschutz, der Objektschutz und der sich immer stärker entwickelnde sog. Erweiterte Personenschutz, auf den im 2. Kapitel näher eingegangen wird. Der Begriff »Leibwächter« wird v.a. im Presse- und Öffentlichkeitsbereich oftmals genutzt. In der vorliegenden historischen Untersuchung soll jedoch aus Gründen der Handhabbarkeit, aber gleichzeitig mit dem Bewusstsein über die notwendige Historisierung der Begriffe die Bezeichnungen des BKA verwendet werden (Personenschutz, Gefährdungsstufe etc.).

6 Vgl. Zachert, Historie 2011, S. 4. Vgl. die Strafprozessordnung in der damals geltenden Fassung der Bekanntmachung vom 17.9.1965, BGBl. I, S. 1373 (in: Bundesgesetzblatt (online)). Zu den rechtsstaatlichen Grundlagen und den Formen polizeilichen Handelns siehe bei Denninger, Handbuch 2012. Aufgrund der unklaren Rechtslage gab es in der Ausbildung der Personenschützer eine Unterrichtseinheit, die die Personenschützer in die rechtlichen Grundlagen für ihren Einsatz einführte, vgl. bei Boge, Rechtsausbildung 1978 (Archiv: DHPol). Weiteres zur damaligen Ausbildung der Personenschützer auch bei Gerdes, Ausbildung 1982 (Archiv: DHPol).

7 Siehe hierzu die Kabinettvorlage vom 31.1.1964 vom Bundesinnenminister an den Staatssekretär (StS) im BKA, in: BKA, SG AS/6100 1. Parallel zum Personenschutzauftrag wurden vor dem Hintergrund der steigenden Kriminalität und terroristischen Aktionen die ermittlungstechnischen Aufgaben der SG immer umfangreicher (vgl. Jaufmann, Sicherungsgruppe 1998, S. 558). Dies hatte zur Folge, dass die Sicherungsgruppe zum 1.6.1974 endgültig in zwei eigenständige Abteilungen aufgeteilt wurde: zum einen in die Abteilung (Abt.) »Sicherungsgruppe« (SG), zuständig für die Schutz- und Begleitdienste und Fokus der vorliegenden Untersuchung und zum anderen in die Abt. »Staatsschutz« (ST), verantwortlich für die Ermittlungen und Auswertung der Staatsschutz-Kriminalität, insbesondere in den aufkommenden Terroristenfällen (zu den weiteren Abteilungen der SG siehe bei Scholzen, Personenschutz 2001, S. 42 sowie allg. zum Staatsschutz vgl. Rigoll, Staatsschutz 2013).

8 Siehe hierzu und zum Folgenden im Kabinettsbeschluss vom 13.1.1965, in: BArch, B106/78684.

9 Der darauf folgende Durchführungserlass des BM des Innern vom 11.5.1965, Az: VI A 4 – 625 232/4, präzisierte schließlich die Schutzaufgaben der SG und grenzte sie stärker gegenüber den Polizeien der Länder ab (u.a. in: BKA, SG AS/Sicherungsgruppe).

10 Zur rechtlichen Problematik im Personenschutz siehe die BKA-internen Diskussionen und erste Lösungsschritte z.B. in: BKA, SG AS/6100 1.

11 Vgl. Weinhauer, Staat 2006, S. 936.

12 Der Schutz der Diplomaten wird durch das Wiener Übereinkommen über diplomatische Beziehungen (WÜD, 18.4.1961) und durch das Wiener Übereinkommen über konsula-

rische Beziehungen (WÜK, 24.4.1963) geregelt. Demzufolge lag der Schutz des Diplomaten Spreti im Verantwortungsbereich der Regierung Guatemalas.

13 Vereinbarung zwischen BMI, Auswärtigem Amt (AA) und BKA am 22.4.1970 über den Einsatz einer mobilen Sondereinsatzgruppe bei der SG im Protokoll von Referat (Ref.) ÖS 6 (Öffentliche Sicherheit, BMI), in: BArch, B106/78743. Zur Entführung des deutschen Botschafters in Rio de Janeiro, Ehrenfried von Holleben, am 12.6.1970 siehe z.B. im Drahtbericht aus dem Deutschen Generalkonsulat in Recife, Brasilien an das AA vom 15.6.1970 (in: PA AA, B33/620) oder der Artikel »Der ›Probefall‹ ist eingetreten. Holleben war auf Entführung gefasst« in der *National-Zeitung Basel* vom 14.6.1970 (in: PA AA, B33/620).

14 Verwaltungsvereinbarung zwischen AA und BMI vom 1.8.1974 über die »Abordnung von Polizeivollzugsbeamten des Bundesgrenzschutzes zur Durchführung von Sicherheitsaufgaben bei Auslandsvertretungen der Bundesrepublik Deutschland« (endgültige Fassung der Vereinbarung anhängend im Schreiben von Ref. 118 an Referate im Hause vom 22.5.1974, in: PA AA, ZA/112438).

15 Zur Terrorwelle im Jahr 1970 siehe bei Kraushaar, Kampf 2013. Zu ereignisgeschichtlichen Darstellungen u.a. die Aufsätze in Weinhauer, RAF 2006 oder Weinhauer, Terrorismus 2006 sowie Terrorismus-Chroniken wie u.a. Winkler, Geschichte 2008, der »Klassiker« Aust, Baader-Meinhof-Komplex 2008 oder Koenen, Jahrzehnt 2003 und Peters, Irrtum 2007. Eingebettet in eine internationale Perspektive bei Oberloskamp, Olympia-Attentat 2012 und mit einer differenzierten Begriffsgeschichte zum »Terrorismus« bei Dahlke, Staat 2011, S. 19–40.

16 Dahlke, Polizeiarbeit 2010, S. 32. Eva Oberloskamp sieht im Attentat von 1972 den Referenzpunkt für die weitere bundesdeutsche Terrorismusbekämpfung, für die Wahrnehmung des Terrorismus sowie für die internationale Zusammenarbeit in diesem Bereich (in: Oberloskamp, Olympia-Attentat 2012). Eine weitere Darstellung des Attentats auf die Münchener Spiele bei Schiller, Munich 2010.

17 Lagebesprechung im Innenministerium (IM) Nordrhein-Westfalens (NRW) am 12.10.1972, in: BArch, B106/78725.

18 Historischer Rückblick im Schreiben des SG-Leiters vom 10.4.1980 (VS-NfD), in: BKA, SG AS/Historie. Weiteres zur Verbindung der Münchner Ereignisse 1972 mit neuen Personen- und Objektschutzmaßnahmen bei Dahlke, Staat 2011, S. 99 sowie bez. der Einbeziehung der Angehörigen im Schreiben von Ref. ÖS 6 an den StS vom 20.11.1972 (in: BArch, B106/78725). Kraushaar weist auf die Merkwürdigkeit hin, dass nicht bereits die Terrorwelle 1970 Anlass gewesen war, die Sicherheitsvorkehrungen für israelische Staatsangehörige bzw. hier für die israelischen Sportler zu erhöhen (Kraushaar, Kampf 2013, S. 679).

19 Vermerk (VM) des 14. Polizeikommissariats NRW vom 21. 9.1972, in: LArchNW, NW 0296/133. Weitere Maßnahmen im Sicherheitsbereich Bonn in: BArch, B106/78725.

20 So die Empfehlung des Ref. ÖS 6 an Bundesinnenminister Genscher zur Zurücknahme der Sicherheitsmaßnahmen in einem Schreiben vom 12.12.1972 (in: BArch, B106/78725).

21 Schreiben von Ref. ÖS 6 (BMI) an den Chef des Bundeskanzleramts (BuKa) vom 26.1.1972, in: BKA, SG AS/6100 1. Die Aushilfe durch den BGS wird noch heute in der Sicherungsgruppe praktiziert, durchgeführt durch Beamte der Bundespolizei (Umstrukturierung des BGS und Umbenennung im Jahr 2005).

22 Vgl. Scheiper, Sicherheit 2010, S. 279 oder auch Dahlke, Staat 2011, S. 49ff.

23 Verabschiedet am 17.6.1972, in: Beilage zum GMBl. Nr. 31/1972; vgl. auch Busch, Polizei, S. 84.

24 Zur speziellen Bedeutung der IMK siehe bei Pütter, Föderalismus 2000.

25 §9 des »Gesetzes über die Einrichtung eines Bundeskriminalpolizeiamtes (Bundeskriminalamtes)« in der Neufassung der Bekanntmachung vom 29.6.1973, BGBl. I, S. 704 (vgl. Bundesgesetzblatt (online)). Dieser Gesetzesauftrag wurde dann mit der »Dienstanweisung zur Durchführung des Schutz- und Begleitdienstes nach §9 BKA-Gesetz« präzisiert (Bericht der SG an das BMI vom 5.8.1991, in: BKA, SG AS/6100 1).

26 Scheicher, Personenschutz 1977 (Archiv: DHPol), S. 10.

27 So Hans-Ludwig Zachert in seiner Rede auf der Konferenz »60 Jahre Staatsschutz im Spannungsfeld zwischen Freiheit und Sicherheit«, in: Zachert, Historie 2011, S. 9.

28 Aufgrund der Weisungsgebundenheit war die Zusammenarbeit des BMI mit dem BKA sehr eng. Die im BMI zuständigen Referate der Abt. Öffentliche Sicherheit oder das Referat P I 3 waren somit in ständigem Kontakt mit der ausführenden SG. Neben der entscheidenden Weisungsbefugnis des BMI, wer neben dem Personenkreis aus §9 BKAG aufgrund einer aktuellen Gefährdung noch geschützt werden sollte, war vor allem die Koordination von Informationen und Kenntnissen über sicherheitsrelevante Vorkommnisse Gegenstand des Austausches.

29 Bei der Formulierung des Gesetzesvorschlags hatten die Sicherheitsexperten von der Aufnahme eines Exekutivrechts bzw. beschränkter Polizei-Vollzugsrechte abgesehen, da sich dies erst durchsetzen ließe, wenn der Bund ein eigenes Polizeirecht habe (FS Nr. 744 vom 10.5.1972 von der SG an den BKA-Präsidenten, in: BKA, SG AS/6100 1). Initiativen hierzu z.B. der Musterentwurf eines einheitlichen Polizeigesetzes des Bundes und der Länder (MEPolG), siehe u.a. bei Schenke, Ordnungsrecht 2011, S. 401 od. bei Petri, Polizei 2012, Rdnr. 99 und 112.

30 Siehe zum Schutzauftrag der Bundesregierung nach WÜD und WÜK in Anm. 12.

31 In Baden-Württemberg (BW) wurde der Personenschutz von einer eigenen Dienststelle »Personen- und Objektschutz«, genannt POS, organisiert (vgl. zur Organisation des Personenschutzes in BW u.a. Hoeckh, Objektschutz 1982 (Archiv: DHPol); Leiter des POS zum Zeitpunkt des Schleyer-Attentats 1977 war Karl Weil, siehe hierzu auch seine Erzählungen im Interview mit der Autorin im Kapitel *II. Phase 1977–1985: Die Überlastung eines Systems und sein Umbau*, hier u.a. Anm. 12). Auch in Bayern wurde das Polizeipräsidium (PP) München im November 1975 angewiesen, ein Kommissariat nur für den Personenschutz zu gründen. Es erhielt die Bezeichnung »Kommissariat 145« (K145) und war die erste Dienststelle in Bayern, die für eine bestimmte Aufgabe in ganz Bayern zuständig war (zur genauen Aufgabenstellung und Tätigkeiten des K145, siehe bei: Noll, Personenschutz 1976 oder allg. zum Personenschutz in Bayern bei Bleibinger, Personenschutz 1977).

32 Scheicher, Personenschutz 1977 (Archiv: DHPol), S. 6.

33 Scheicher, Zusammenfassung 1977 (Archiv: DHPol), S. 269.

34 Zum Personenschutz in der DDR u.a. bei Giesecke, Mitarbeiter 2000 oder die Erzählung von Bernd Brückner, Personenschützer bei Honecker von 1976 bis zum Ende der DDR, im Artikel »Mielke war selbstherrlich, Honecker eher gleichgültig« in *Die Welt* vom 14.12.1999, http://www.welt.de/print-welt/article592754/Mielke-war-selbstherrlich-Honecker-eher-gleichgueltig.html. Über den Schutz der Mitglieder der Sozialistischen Einheitspartei Deutschlands (SED) berichten Bergner, Waldsiedlung 2005 od. Kirschey,

Wandlitz 1990. Zur Sicherheit in der DDR vgl. Conze, Sicherheit 1984, S. 860; Küttner, Personenschutz 1977 (Archiv: DHPol), S. 202–205 oder allg. bei Eik, Vorkommnisse 2006.

35 Der Bundesbeauftragte, Organisationsstruktur 1993, S. 88.

36 Einsatzbefehl anlässlich der Reise des Bundeskanzlers und der Minister Graf Lambsdorff und Franke in die DDR, in: BKA, SG AS/Aufgaben des BKA.

37 Vgl. die Zusammenarbeit mit den DDR-Personenschützern beim Arbeitsbesuch des Vorsitzenden des Ministerrats der DDR, Willy Stoph in der Bundesrepublik Deutschland am 21.5.1970 (Einsatzverfügung in: BKA, SG AS/Historie).

38 Zit. n. Albrecht, Patentöchter 2011, S. 179–180. Die Hauptabteilung XXII war zuständig für die »Aufdeckung, Verhinderung, Beratung und Bekämpfung von Terror- und anderen operativ bedeutsamen Gewaltakten« (Der Bundesbeauftragte, Organisationsstruktur 1993, S. 137). Bericht von Brückner über die Auswertung von Attentaten siehe in Anm. 34. Zu den deutsch-deutschen Verflechtungen siehe auch bei März, Machtprobe 2007, S. 143f oder in Bezug zur Lorenz-Entführung bei Dahlke, Polizeiarbeit 2010, S. 37.

39 Westberlin hatte nach 1945 durch Einspruch der Alliierten einen Sonderstatus erhalten und war daher kein offizielles Bundesland der Bundesrepublik. Mit Entscheidung des BVerfG 1966 jedoch fand das Grundgesetz auch in Westberlin Gültigkeit, sodass es trotz Vorbehalt der Alliierten als Land der Bundesrepublik galt. Auch in der Praxis, wie in der IMK, wurde Westberlin als Bundesland gehandhabt (siehe dazu auch bei Dahlke, Krisenbereitschaft 2007, S. 649–650).

40 Diese Überlegungen in FS Nr. 940 des IM Westberlins an die SG in Bonn am 19.12.1975, in: BArch, B106/115082.

41 Zur Rezeption internationaler Ereignisse durch die SG vgl. BKA, SG 22/Fallsammlung.

42 »SG informiert sich über den Secret Service« (ca. 1963) mit Auszug aus dem US-Government Organization Manual (Secret Service), in: BKA, SG AS/6100 1. Zur Geschichte des US-amerikanischen Secret Service siehe u.a. Harnischmacher, United States 1991, S. 170–171, zur Struktur des Secret Service bei Küttner, Personenschutz 1977 (Archiv: DHPol), S. 211–224 sowie in der englischsprachen Literatur u.a. bei Melanson, Secret Service 2005. Weitere Personenschutzaufgaben ausführende Stellen sind u.a. das State Department, das United States Capitol Police Department oder Spezialeinheiten (z.B. Special Weapons and Tactics, SWAT).

43 So der Bericht eines Personenschützers über seinen Lehrgang beim FBI im Gespräch mit der Autorin. Zur Personalsituation des Secret Service vgl. Küttner, Personenschutz 1977 (Archiv: DHPol), S. 216.

44 Siehe hierzu z.B. die offizielle Darstellung des französischen Innenministeriums unter http://www.interieur.gouv.fr/sections/a_l_interieur/la_police_nationale/organisation/sphp/sphp sowie in Durant, Protection. In der Schweiz und in Österreich waren nur wenige Persönlichkeiten überhaupt unmittelbar und dauerhaft geschützt.

45 Eine ausführliche Pressemappe in BKA, SG 22/Attentate 1946–1976.

46 Analyse des Attentats in: BKA, SG 22/Attentate 1977–1981; vgl. auch Hof, Fall 2007. Weiteres zur deutschen und italienischen Reaktion auf die beiden Attentate bei Hürter, Härte 2011.

47 Schreiben von SG 1 und SG 12 vom 2.5.1996 an den BKA-Präsidenten, in: BKA, SG AS/6100 27.

48 Vgl. Hof, Staat 2011, S. 271f.

49 So schlug ein deutscher Vertreter in der WEU gleich nach der tragischen Ermordung des Botschafters eine Arbeitsgruppe vor, die sich auf europäischer Ebene der Verbesserung des

Schutzes für Diplomaten widmen sollte (Stellungnahme des Bundesministers des Auswärtigen Walter Scheel in der 44. Sitzung des BT, in: PA AA, B33/557). Währenddessen tauschten sich auch die Entsandten untereinander in ihren Botschaften und Konsulaten über Sicherheitsmaßnahmen aus, heißt es hier.

50 So übergab z.B. im Juli 1974 ein Verbindungsoffizier des amerikanischen Generalkonsulats in Stuttgart dem LKA Baden-Württembergs eine Informationsschrift mit Sicherheitsratschlägen für US-amerikanische Unternehmen in der Bundesrepublik (Schreiben von Landeskriminalamt (LKA) BW an das Innenministerium BW vom 11. Juli 1974, in: LArchBW, EA 2/303 Bü 1939).

51 Näheres zur Gründung und Entwicklung von TREVI u.a. bei Knelangen, Politikfeld 2001 sowie zur internationalen Zusammenarbeit im Bereich Innere Sicherheit bei Oberloskamp, Olympia-Attentat 2012, hier v.a. S. 338–349 und Oberloskamp, Terrorismusbekämpfung 2013.

52 Zit. n. Hof, Staat 2011, S. 268.

53 Leider sind die Dokumente von TREVI bis heute nicht zugänglich (ebd., S. 269).

54 Bericht vom 22.4.1980 von Ref. P I 2 (BMI) an StS Fröhlich über die TREVI-I-Sitzung am 17./18.4.1980, in: BArch, B106/78730. Zum ersten internationalen Seminar der Arbeitsgruppe TREVI I siehe: Polizei-Führungsakademie, Schlussbericht Operative Techniken 1978 (Archiv: DHPol).

55 Hof, Staat 2011, S. 269.

56 Weiteres dazu bei ebd., S. 268.

57 »Gefahrenabwehrstrategie zur Vorbereitung, Durchführung und Entwicklung von Maßnahmen gem. §9 BKA-Gesetz« i.d.F.v. 29.6.1973 vom 5.3.1974, in: BArch, B106/78678.

58 Schreiben von SG-AL Krämer an den BKA-Präsidenten am 30.9.1994, in: BKA, SG AS/6100 25.

59 Scheicher, Zusammenfassung 1977 (Archiv: DHPol), S. 267.

60 Scheicher, Personenschutz 1977 (Archiv: DHPol), S. 9–10.

61 Hertlein, Grund 1985, S. 264. Eine ähnliche Einschätzung gibt auch Mario Petri, dass der Personenschutz die Angriffsfläche für terroristische Gruppen verkleinerte (Petri, Terrorismus 2007, S. 239).

62 Scheicher, Personenschutz 1977 (Archiv: DHPol), S. 22.

63 Diese Grundsätze gelten größtenteils auch bei der heutigen Umsetzung des Personenschutzes.

64 Das Gefährdungslagebild steht am Anfang aller folgenden Personenschutzmaßnahmen und erhält dadurch besondere Bedeutung im gesamten Personenschutzkonzept (vgl. u.a. Zimmermann, Bedeutung 1982 (Archiv: DHPol)).

65 Vgl. Jaufmann, Sicherungsgruppe 1998, S. 563–564.

66 »Richtlinien über Gefährdungsstufen und Schutzmaßnahmen für den Personen- und Objektschutz« aus dem Beschluss des AK II vom 6.2.1975 (enthalten in einem Auszug aus der Niederschrift über die Sitzung des AK II am 6.2.1975 in Mainz, in: BArch, B106/78678).

67 Siehe Anm. 66.

68 FS des BMI an den persönlichen Referenten des Bundeskanzlers vom 22.9.1972 über die Schutzmaßnahmen für Angehörige von Mitgliedern der Bundesregierung, in: BArch, B136/29585.

69 Vorlage von Ref. P I 3 an den Minister vom 11.1.1985, in: BArch, B106/115082 und im Schreiben des Ref. P I 3 vom 25.3.1982, in: BKA, SG AS/6100.

70 Siehe u.a. das BMI-interne Schreiben von Ref. ÖS 7 an Ref. ÖS 6 vom 24.9.1975, in: BArch, B106/78733.

71 Vgl. zur damaligen Diskussion über die Einführung von elektronischen Informationstechniken bei Leidiger, Datenverarbeitung 1982 (Archiv: DHPol) sowie zur Entwicklung der Informatisierung des BKA und der LKÄ u.a. bei Heinrich, Sicherheit 2007, S. 166–186. Zu einer ausführlicheren Darstellung der EDV-Entwicklung in der Fahndung siehe u.a. bei Hartung, Kommissar 2010.

72 Siehe Anm. 66.

73 »Kriterien für das Einordnen in Gefährdungsstufen und Zuordnen von Schutzmaßnahmen gemäß Beschluß des AK II vom 6. Februar 1975 für den nach §9 BKA-Gesetz zu schützenden Personenkreis« der SG 22 vom 9.1.1976, in: BArch, B106/78728.

74 Schnellbrief von NRW-Innenminister vom 11.10.1978 an die Polizeibehörden seines Landes bezüglich der Umsetzung von Schutzmaßnahmen der Polizei im Personen- und Objektschutz, in: LArchBW, EA 2/303 Bü 484.

75 Beschluss des AK II »Öffentliche Sicherheit und Ordnung« der Arbeitsgemeinschaft der Innenminister der Bundesländer am 17./18. Mai 1978, in: BArch, B106/78678.

76 BArch, B106/78730. Weitere Beispiele von Merkblättern in: BArch, B106/78725.

77 Aufstellung der Personenschutzkommandos vom Dezember 1977, in: BArch, B106/78678.

78 Siehe zum genauen Wortlaut der PDV 100 in: BArch, B106/78678.

79 Scheicher, Personenschutz 1977 (Archiv: DHPol), S. 21–30.

80 So z.B. eine Regelung des PPr Bonns vom Juli 1978, in: BArch, B106/78686.

81 Vgl. Carloff, Transport 1977.

82 FS Nr. 323 an das BMI vom 3.3.1975, in: BArch, B106/78726.

83 PDV 100 in: BArch, B106/78678.

84 Vgl. Scheicher, Personenschutz 1977 (Archiv: DHPol), S. 30.

85 Vgl. das Schreiben der SG vom 12.9.1972 mit genauer Beschreibung des Schutzes von Bundesinnenminister Genscher, in: BArch, B106/78724.

86 VM der SG vom 12.9.1972, in: BArch, B106/78724.

87 Vgl. Aufstellung der Maßnahmen beim Bundesminister für wirtschaftliche Zusammenarbeit Egon Bahr (Aufstellung in einem Schreiben der SG an MdB Egon Bahr vom 18.11.1977, in: BArch, B106/78732, siehe weiteres auch im Kapitel *Im Sicherheitskokon: Räume erleben und empfinden*).

88 Vgl. Lorz, Sicherheit 1979 oder auch das Plädoyer für den Einsatz der Panzerwagen bei O.A., Gepanzerte Fahrzeuge 1982. Über die Test-Sprengungen bei Mercedes-Benz siehe bei Heide, Überleben 1993.

89 Vgl. den Bericht von SG 1/SG 12 vom 2.5.1996 an den BKA-Präsidenten, in dem die Nutzung von Panzerwagen neben dem verbesserten Schutz auch als Möglichkeit zur Einsparung von Begleitpersonal und ungepanzerten Begleitfahrzeugen gesehen wurde (in: BKA, SG AS/6100 27). Zum Zeitpunkt des Berichts waren diese Maßnahmen bereits fest in das Schutzkonzept integriert.

90 Vgl. hier und zum Folgenden die Beschreibung der Schwachstellenanalyse bei Scheicher, Personenschutz 1977 (Archiv: DHPol), S. 16–17.

2. Kapitel – Attentate des Linksterrorismus: Krisen im Personenschutz

1 Vgl. Boge, Wirtschaftsbranchen 1986, S. 620.

2 Protokoll der AL-Besprechung im BMI am 9.6.1970, in: BArch, B106/40757.

3 Vorangegangene Vorfälle – ebf. ohne Folgen für den Personenschutz – waren der Brandanschlag auf die Wohnung von Oberstaatsanwalt Wilhelm Lossos am 23.7.1969 sowie ein Anschlagsversuch auf Amtsgerichtsrat Albert Weitl am 24.2.1970, beide in München (vgl. Kraushaar, Kampf 2013, u.a. S. 802–803).

4 Schreiben von Ref. ÖS 6 an das BKA Wiesbaden und die SG vom 19.4.1971, in: BKA, SG AS/6100 1.

5 Eine Beschreibung des Falls Drenkmann in den Unterlagen des BKA, in: BKA, SG 22/Attentate 1946–1976.

6 Zur Sondersitzung der IMK am 12.11.1974 in einem Bericht des BMI vom 19.11.1974, in: BArch, B106/78726.

7 So beschreibt Herold-Biograf Schenk, dass sich BKA-Präsident Herold und der Innenminister von Rheinland-Pfalz, Heinz Schwarz, überworfen hätten. Aufgrund von bereits bestehenden Feindseligkeiten seit der Fahndungsaktion »Winterreise«, die von Schwarz vorzeitig »verraten« worden sei, ließ Schwarz nun verlauten, dass wenn Herold ihn schuldig für die »Aktion Winterreise« spreche, so spreche er ihn schuldig am Tod von Günter von Drenkmann. Darauf entstand eine hitzige Debatte um Anschuldigungen und Beleidigungen, in der sich schließlich Bundesinnenminister Maihofer für den BKA-Präsidenten einsetzte. Der Streit zwischen Herold und Schwarz wurde schließlich gerichtlich zugunsten Herolds entschieden (Schenk, Chef 1998, S. 171).

8 Sofort-Fern-Schreiben Nr. 1124 von Ref. ÖS 6 an die IM BWs, Bayerns und NRWs am 11.11.1974, in: BArch, B106/78726.

9 Beschluss der Sitzung des AK II »Öffentliche Sicherheit und Ordnung« der Innenministerien der Bundesländer am 14./15.11.1974, Punkt 16 der Tagesordnung (in: BArch, B106/78726).

10 Weinhauer, Partisanenkampf 2006, S. 256. Dass die Bundesregierung »Flagge wider den Terror« zeigte, siehe im Artikel »Es werden Typen dabei kaputtgehen«, in: *Der Spiegel* vom 18.9.1974, H. 47.

11 »Nixons Leibwächter werden mit Raketen ausgerüstet« im *General-Anzeiger* vom 5.3.1974, in: BArch, B136/19654. Sicherheitsplanung des BuKa-Sommerfestes in: BArch, B136/19687.

12 Hierzu und zum Zitat in der Überschrift siehe den Artikel »Lorenz-Entführung: Nur die Generalprobe?« in: *Der Spiegel* vom 3.3.1975, H. 10. Zur Darstellung der Lorenz-Entführung u.a. bei Dahlke, Staat 2011, S. 129ff.

13 Ein Abdruck des Bekennerschreibens u.a. in: BArch, B136/25167. Vgl. zur Differenzierung zwischen der »Bewegung 2. Juni« und anderen terroristischen Gruppen wie RAF u.a. die Darstellung von Wunschik, Terrorismus 2009.

14 So im BuKa, im BMI und auch im AA (weiteres dazu auch bei Dahlke, Staat 2011, S. 133f).

15 Telefonvermerk von Ref. ÖS 6 mit der Berliner Innensenatsbehörde am 3.3.1975, in: BArch, B106/106997.

16 Siehe hierzu und zum Folgenden im Protokoll der Innenausschusssitzung vom 28.2.1975 in: PA-DBT 3114 A 7/4 – Prot. 65.

17 Debatte im BT zur Inneren Sicherheit u.a. in: BArch, B136/25167.

18 Vgl. FS vom 27.2.1975 der SG an das Bundespräsidialamt (BuPräs) in: BArch, B122/15599.

19 Vorlage Herolds vom 18.3.1975 an das BMI in: BArch, B106/78726.

20 Scheiper, Wandel 2006, S. 199.

21 Siehe zur Dahlkes Einordnung bez. der Terrorismusbekämpfung in: Dahlke, Staat 2011, S. 129–160.

22 Nachdem sich die Terroristen Zutritt zur Botschaft verschafft hatten, nahmen sie Botschaftsangehörige als Geiseln und forderten die Freilassung von inhaftierten Terroristen. Die Bundesregierung beschloss, den Forderungen diesmal nicht nachzugeben, woraufhin zwei Botschaftsangehörige von den Terroristen getötet wurden. Anschließend kam es zu einer Explosion in der Botschaft, bei der die übrigen Botschaftsangehörigen wieder in die Freiheit gelangten und die Terroristen festgenommen wurden. Eine ausführliche Darstellung des Anschlags auf die deutsche Botschaft u.a. bei März, Machtprobe 2007. Der Bericht zum Attentat in Stockholm wurde am 2.3.1976 fertiggestellt und enthält Details zum Tatvorgang, Schutzvorkehrungen der Botschaft (u.a. auch Grundrisse) und alle weiteren Informationen zum Überfall und zu den Tätern (in: BArch, B106/107061 oder BKA, SG 22/Attentate 1946–1976). Eine Dokumentation des Verlaufs aus der Sicht der beteiligten Botschaftsangehörigen vom 8.7.1975 findet sich in: PA AA, AV Neues Amt/12228.

23 So z.B. der Artikel »Gewissensnot« im *Kölner Stadtanzeiger* vom 25.4.1975, in: BArch, B106/107061.

24 *AP*-Meldung 118 vom 25.4.1975 in: BArch, B106/107061. Aussagen im Bericht des BKA vom 2.3.1976 (in: BArch, B106/107061) und im Bericht Nr. 443 des Botschafters an die Zentrale vom 22.4.1975 (in: PA AA, ZA/178658) widersprechen den Aussagen aus der Pressekonferenz.

25 Erklärung der Bundesregierung, in: Stenographischer Bericht der 168. Sitzung des BT am 25.4.1975, S. 11782 (online).

26 Schreiben von LR I Spiegel (AA Krisenstab) an alle Vertretungen im Ausland vom 25.4.1975, in: PA AA, ZA/178658. Zu den Überprüfungen der Sicherheitsvorkehrungen an den Botschaften siehe im Schreiben von Ref. 118 an den Leiter des Leitungsstabes MD Dr. Kinkel am 24.4.1975, in: PA AA, ZA/178658.

27 Ergebnisprotokoll über die Besprechung von PP Bonn und SG vom 30.6.1975 zum Thema Personen- und Objektschutz, in: BArch, B106/78708.

28 Die genannten Schutzmaßnahmen aus den Unterlagen zum neuen Objektschutzkonzept im BuKa, in: BArch, B136/19655. Interessant ist hier der Vergleich zur erheblich geringeren Absicherung des Sommerfestes im BuKA am 19.7.1974, nur zwei Jahre vorher (siehe Anm. 11).

29 Schreiben an das BMI vom 18.12.1975, in: BArch, B106/115124.

30 VM des Ref. Z II 1 mit Stand 20.12.1976 zum Vorlauf der AL-Besprechung am 29.3.1977, in: BArch, B106/63510.

31 Protokoll der Sitzung des Haushaltsausschusses am 15.1.1976, in: BArch, B106/78728.

32 Zur Darstellung des Grundschutzmodells siehe im bereits erwähnten Bericht von SG-Leiter Scheicher vom 10.4.1980, in: BKA, SG AS/Historie. Zu Herolds Forderung nach dem Grundschutzmodell im Oktober siehe in einer Ministervorlage von Ref. ÖS 6 vom 10.10.1975, in: BArch, B106/78728.

33 Bereits zum Bundestagswahlkampf im September/Oktober 1976 waren die Schutzmaßnahmen kurzzeitig auf den gleichen Umfang wie zu Zeiten der Lorenz-Entführung angehoben worden (siehe hierzu u.a. die Berechnung der Personal- und Sachaufgaben für den Bundestagswahlkampf 1976 durch die SG vom 2.1.1976, in: BArch, B106/78727).

34 Vgl. auch die Phasen von Michael März bez. der Terrorismusbekämpfung, in: März, Machtprobe 2007. Weitere Ereignisse im Terrorismusbereich oft mit außenpolitischem

Bezug, wie die Flugzugentführung von Entebbe 1976, bleiben in dieser Darstellung im Hintergrund, müssen aber immer mit bedacht werden (siehe die neueste Darstellung zu Entebbe bei Eikel, Atempause 2013 oder aus kulturgeschichtlicher Perspektive bei Vowinckel, Flugzeugentführungen 2011, S. 95ff).

35 Mehr zum Attentat auf Buback und seinen Fahrer Wolfgang Göbel und den Leiter der Fahrbereitschaft Georg Wurster bei Winkler, Geschichte 2008, S. 292–300. Ein Ablaufkalender des BMI am Tag des Buback-Anschlags in: BArch, B106/111240. Wer die tödlichen Schüsse vom Soziussitz abgab, ist bis heute ungeklärt. Michael Buback, der Sohn des Ermordeten, geht davon aus, dass die ehemalige RAF-Terroristin Verena Becker die Todesschützin war und trat im kürzlich abgeschlossenen Stuttgarter Prozess als Nebenkläger auf (siehe auch seine Forderung in Buback, Recht 2008). Im Urteil des Oberlandesgerichts (OLG) Stuttgart vom 6.7.2012 hieß es schließlich, dass eine Tatbeteiligung nicht festgestellt werden konnte (vgl. das Urteil unter http://www.olg-stuttgart.de/pb/,Lde/1178356/?LISTPAGE=1178280). Aufgrund des laufenden Prozesses war der Autorin die Einsicht in einige Aktenbestände zum Mord an Buback durch das BMI, das BfV und durch die Verfassungsschutzämter der Länder verweigert worden, sodass auf einige Angaben zum Personenschutz Bubacks nicht zurückgegriffen werden konnte.

36 Eine Aufstellung über die mehr als sieben Bombenanschläge, Schüsse und Brandanschläge u.a. auf den Bundesrichter Buddenberg im Mai 1972 und auf den Vorsitzenden der Anwaltskammer Frankfurt Klaus Schmalz am 24.3.1977 in: BArch, B106/111240.

37 Schenk, Chef 1998, S. 246.

38 Ebd., S. 232.

39 Ebd., S. 247.

40 Bericht über die Pressemitteilung am 7. April um 14.30 Uhr im FS Nr. 765 vom 7.4.1977, in: BArch, B106/111240.

41 Besprechung der Leiter der Abt. I und II der Landespolizeidirektionen mit Vertretern des LKA und der Bereitschaftspolizei am 18.4.1977, in: LArchBW, EA 2/303 Bü 474. Zur Anschaffung von gepanzerten Fahrzeugen siehe im rückblickenden Bericht von 1987 in: BKA, SG AS/Sicherungsgruppe.

42 Protokoll der 27. Sitzung des Landtags (LT) in BW am 22. April 1977, in: LArchBW, EA 2/303 Bü 491. Zur Sonderkommission siehe u.a. das Schreiben von Innenminister Schiess vom 3.5.77 an einen Bürger, der sich über die Ausübung des Schutzes bei Buback beklagt hatte (in: LArchBW, EA 2/303 Bü 491).

43 »Kriminalbeamte sollen wie Agenten arbeiten«, in: *Der Spiegel* vom 5.9.1977, H. 37.

44 So das Plädoyer des FDP-Abgeordneten Engelhart im BT-Innenausschuss am 14.4.1977, in: PA-DBT 3114 A 8/4 – Prot. 11.

45 Erklärung der Bundesregierung zur Terrorismusbekämpfung, in: Stenographischer Bericht der 22. Sitzung des BT am 20.4.1977, S. 1444–1449 (online). Ansprache zum Staatsbegräbnis im Bulletin Nr. 40/S. 261, Z 1988 B, Presse- und Informationsamt (u.a. in: AdsD, HSAA 6810).

46 Hierzu, zum Autor des »Mescalero«-Nachrufs und zur weiteren Rezeption in der Bundesrepublik bei Winkler, Geschichte 2008, S. 295f.

47 Hier heißt es: »[…] Seit der Ermordung meines Vaters bedrückt es uns in der Familie, daß der Eindruck erzeugt wurde, mein Vater trage ein Mitverschulden an seinem Tod. Diese Meinung konnte durch sehr mißverständliche, entstellende und auch unwahre Behauptungen des Stuttgarter Innenministers Schiess entstehen. Es ist außerordentlich bedenklich, wenn man ein furchtbares Ereignis, wie das vom Gründonnerstag bewältigt, indem

man unzutreffend und teils wahrheitswidrig noch ein Opfer des Anschlags belastet, und nicht kritisch nach Ursachen und möglichen Versäumnissen fragt, um wenigstens in der Folgezeit geeignete Sicherheitsmaßnahmen treffen zu können. So scheint mir die für den besonders gefährdeten Dienstweg meines Vaters vorgesehenen Maßnahmen: ein auf Abruf bereitstehender Beamter, der im nichtgepanzerten Dienstwagen meines Vaters mitfährt, der Gefährdungslage nicht angemessen, auf deren Verschärfung mein Vater nach Auffinden der Haag-Papiere noch ausdrücklich hinwies. Übrigens mußte er sich bei anderer Gelegenheit sogar Ansinnen vonseiten des Landes BW auf Verringerung des Schutzes für ihn und seine Behörde widersetzen. Ich verurteile überhaupt das Vorgehen, meinen Vater in die Diskussion um seine Sicherheit einzubeziehen, da er die erforderlichen Maßnahmen weder zu planen, noch anzuordnen und zu verantworten hatte. Es verstellt den Blick auf die wahren Zuständigkeiten. Man sollte in der jetzigen bedrohlichen Lage sich nicht darauf beschränken, neue Gesetze zu beschließen und Hintergründe auszuleuchten, beides ist sicherlich geboten, sondern bestehende Möglichkeiten voll ausschöpfen. Der Schutz gefährdeter Persönlichkeiten sollte dabei besonders sorgfältig und vor allem unter Führung kompetenter Beamten durchgeführt werden. Es ist bedrückend, wenn die den Personenschutz regelnden Polizeidienstvorschriften den zu Schützenden gar nicht oder nur vage bekannt sind, wie es in dem von mir überschauten Karlsruher Bereich noch im April/Mai 1977 der Fall war. [...]« (Brief von Michael Buback an Bundeskanzler Schmidt am 14.10.1977). Bundeskanzler Schmidt antwortet ihm daraufhin in einem Brief vom 12.1.1978, dass er den Bundesminister des Innern und der Justiz gebeten habe, den aufgeworfenen Fragen nachzugehen (beide Briefe in: AdsD, HSAA 6810).

48 Siehe zum detaillierten Tathergang in einem FS vom BKA u.a. an alle LKA vom 30.7.1977 (in: BArch, B106/111240) oder in Winkler, Geschichte 2008, S. 301–307.

49 So in einer Notiz zum Ponto-Mord in: BKA, SG 22/Attentate 1977–1981. Dies wird auch von Corinna Ponto in ihrem mit der Schwester der Täterin herausgegebenen Buch teilweise bestätigt (vgl. Albrecht, Patentöchter 2011, S. 81–82).

50 Ahrens, Jürgen Ponto 2013, S. 246.

51 FS Nr. 10 vom PP Hamburg vom 2.8.1977 in: BArch, B106/78733.

52 Sitzung des BT-Innenausschusses in: PA-DBT 3114 A 8/4 – Prot. 21.

53 Analyse des BKA Bonn im FS Nr. 1943 vom 6.9.1977 u.a. an alle LKA, in: BArch, B106/78729. Hier auch eine Übersicht über alle Personen aus dem Wirtschafts- und Bankenwesen, die zu diesem Zeitpunkt geschützt wurden.

54 Zum Verlauf des Attentats auf Hanns Martin Schleyer, Präsident des Bundesverbandes der deutschen Industrie und der Bundesvereinigung der deutschen Arbeitgeberverbände und Vorstandsmitglied der Daimler-Benz AG, vgl. Winkler, Geschichte 2008, S. 308ff oder Wunschik, Kinder 1997, S. 253f.

55 Das Bild des Kinderwagens, der die Kolonne vermeintlich zum Stehen brachte, ist in der Öffentlichkeit stark verwurzelt. Ein Gerichtsurteil des OLG Düsseldorf vom 4.12.1981 hatte jedoch festgehalten, dass die Polizeibeamten den Kinderwagen gar nicht gesehen hätten, da sie »ihre ganze Aufmerksamkeit auf das plötzlich vor ihnen nach rechts abbiegende Sperrfahrzeug gerichtet haben« (zit. n. Winkler, Geschichte 2008, S. 312, hier auch Genaueres zur Rezeptions- und Wahrnehmungsgeschichte des Kinderwagens).

56 Vgl. das Gutachten von Prof. Dr. G. Dotzauer vom 6.9.1977 in: LArchNW, BR 2208/217.

57 Der weitere Verlauf der Entführung mit der Weigerung der Bundesregierung zum Austausch der RAF-Häftlinge, der Entführung der Lufthansa-Maschine »Landshut« und dem Auffinden der Leiche des Arbeitgeberpräsidenten am 20.10.1977 ist bekannt (siehe hierzu

die zahlreichen Darstellungen des »Deutschen Herbst«, u.a. auch bei Winkler, Geschichte 2008, S. 314ff). Die Taktik der Verantwortlichen in den Krisenstäben, den tatsächlich nie geplanten Austausch der Häftlinge hinauszuzögern und damit Zeit zum Auffinden des Entführungsopfers zu gewinnen, ging u.a. aufgrund einer Fahndungspanne, bei der der entscheidende Hinweis auf das Versteck Schleyers in einer örtlichen Polizeidienststelle in der Flut der Hinweise untergegangen war, nicht auf. Nach der Befreiung der »Landshut« mithilfe der GSG 9 wurde schließlich die Leiche Schleyers im Kofferraum eines grünen Audi 100 in Mühlhouse gefunden.

58 FS Nr. 710 des LKA Stuttgart an das BKA vom 2.8.77, in: BArch, B106/78733.

59 Siehe das bereits erwähnte FS Nr. 10 des PP Hamburg vom 2.8.1977, in: BArch, B106/78733.

60 PA-DBT 3109 A 8/6 – Prot. 13. Bereits in der Innenausschusssitzung nach dem Buback-Mord diskutierten die Teilnehmer über die sogenannte Debus-Kartei, bei der es sich um eine Kartei mit 500 Adressen aus Wirtschaft, Staat und Gesellschaft handele, in der potenzielle Entführungsopfer vorgemerkt waren. Diese Personen seien alle polizeilich gewarnt, so der BKA-Präsident Herold (in: PA-DBT 3114 A 8/4 – Prot. 11). Am 1. September beschreibt Herold im Innenausschuss eine Person aus Eschborn, die ebenfalls für die Initialen »H.M.« zutreffen würde, nannte aber deren Namen nicht (in: PA-DBT 3114 A 8/4 – Prot. 21). Am 4. August titelte die *Bild*-Zeitung »Schleyer soll der nächste sein«.

61 Zit. n. Schenk, Chef 1998, S. 267–268.

62 So Hirsch im Gespräch mit der Autorin.

63 Für dieses Gespräch hatte sich Schmidt einen Überblick über die allgemeinen Schutz- und Sicherungsmaßnahmen sowie das Merkblatt zur Erhöhung des Eigenschutzes vorlegen lassen. Ob er Letzteres Schleyer beim Gespräch übergab oder nur zur eigenen Information erhalten hatte, ist ungewiss (Zusendung der Gesprächsunterlagen am 22.8.1977, in: AdsD, HSAA 8721). An dieses Treffen mit Schleyer kann sich der Altkanzler im Gespräch mit der Autorin leider nicht mehr erinnern. Der Biograf Soell führt hierzu auf, dass Schmidt Betroffenheit empfunden hatte, »als er in den Tagen nach dem 5. September erfuhr, wie nachlässig bis dahin der Schutz der Verfassungsorgane betrieben worden war« (Soell, Helmut Schmidt 2008, S. 669).

64 Kohl, Erinnerungen 2004, S. 460.

65 Siehe zum folgenden Ablauf die Aktenvermerke des Lagezentrums im IM BW vom 31.10. und 3.11.1977, in: LArchBW, EA 2/303 Bü 2141.

66 Die Vorgabe der Mindestbegleitung von drei Beamten pro Kommando steht im Widerspruch zu einer Aussage Hirschs im BT-Innenausschuss am 15.3.1978, in der er erläutert, dass »normalerweise zwei Beamte« Schleyer begleiteten. Am Tag des Attentats seien es zufälligerweise drei gewesen, da bereits ein dritter Personenschützer angereist war (siehe in: PA-DBT 3114 A 8/4 – Prot. 41).

67 Diese Information nach Schenk, Chef 1998, S. 269. Herold bestätigt im Gespräch mit der Autorin, dass sein Fahrer den Vorgang, dass Herold Schleyer eine Warnung hatte zukommen lassen, dem Biografen Schenk gegeben hätte und die mit den Angaben seines Büroleiters und seiner Sekretärin übereinstimmten. Dennoch würde Eberhard Schleyer, der Sohn des Opfers, bis heute bestreiten, dass sein Vater je solch eine Warnung erhalten hätte.

68 Eine weitere Maßnahme war die Vereinbarung zwischen dem Personenschutzkommando und dem PP Köln, dass, wenn Schleyer den Bundesverband der Deutschen Industrie e.V. (BDI) verließ, ein Anruf an die Kölner Funkleitstelle erfolgte und ein Funkstreifenwagen in Bewegung gesetzt wurde, um die Objektschutzmaßnahmen an seiner Kölner Wohnung

durchzuführen. Herold und Maihofer hatten zunächst im Innenausschuss vom 15.3.1978 behauptet, dass die Benachrichtigung der Funkleitstelle daraufhin zielte, dass ein Funkstreifenwagen die Wagenkolonne Schleyers großräumig begleiten sollte, was auch am Tattag der Fall gewesen sein soll. Nach einer späteren Anfrage von Georg Bönisch (*Kölner Rundschau)* wurde dann aber eingeräumt, dass genau an jedem Tag kein solches Begleitfahrzeug im Einsatz war. Bönisch wurde jedoch vom LKA BW gebeten, dieses Details aufgrund der Geheimhaltung des Sicherheitskonzepts nicht zu veröffentlichen (siehe zu diesem Vorgang in: LArchBW, EA 2/303 Bü 2142).

69 Pflieger, Aktion 1997, S. 35.

70 Wortlaut des Tonbands u.a. in: LArchBW, EA 2/303 Bü 2142 bzw. Pflieger, Aktion 1997, S. 56–57. Auch im Videoband vom 14.9.1977 klagte Schleyer an, dass die Vorkehrungen des BKA »mangelhaft« gewesen seien und dass viele »Umstände dazu kamen, die diesen Überfall den Entführern sehr leicht gemacht« hätten (ebf. in: LArchBW, EA 2/303 Bü 2142 bzw. Pflieger, Aktion 1997, S. 61–62.) Bei diesen Botschaften ist zu beachten, dass die Aussagen Schleyers vermutlich durch die Terroristen manipuliert waren.

71 Im Gespräch mit der Autorin.

72 Eine Verschriftlichung des Beitrags befindet sich in: BArch, B106/78733.

73 Redemanuskript für die LT-Debatte vom 10.11.1977, in: LArchBW, EA 2/303 Bü 2003.

74 Waren in der Presse anfangs noch Artikel wie »Polizisten bezahlten das falsche Sicherheitskonzept mit dem Leben« (in: *Neue Westfälische Zeitung* vom 8.9.1977) erschienen, fand die Frage des Personenschutzes schließlich in den großen öffentlichen Reden keinen Eingang mehr. Zur öffentlichen Wahrnehmung siehe z.B. im Artikel »Hanns Martin Schleyer ist tot«, in: *Frankfurter Allgemeine Zeitung* vom 20.10.1977 bzw. zu den öffentlichen Äußerungen die Rede von Walter Scheel am 25.10.1977 zum Staatsakt für Hanns Martin Schleyer oder die Reden von Kanzler Schmidt, Oppositionsführer Kohl, FDP-Politiker Mischnick in der 50. Sitzung des BT am 20.10.1977 (in: Presse- und Informationsamt, Gedenken 1978). Dass der Personenschutz in der bis heute dominierenden Wahrnehmung des Attentats kein wesentlicher Faktor bildet, zeigen die zahlreichen historischen wie populären Darstellungen, in denen der Personenschutz zwar als eine der historischen Bedingungen des Attentats beschrieben, seine eigentliche Funktion jedoch kaum genauer untersucht und hinterfragt wird.

75 Dieses allgemeine Phänomen, dass die getöteten Fahrer und Begleiter kaum als Opfer wahrgenommen wurden, prägte – bis auf vereinzelte Gegenversuche (*HR*, Die Opfer leben noch, 3.1.1985, in: *HR*-Archiv, 29073) – lange Zeit die öffentliche Erinnerung der linksterroristischen Taten in dieser Zeit. Erst in den neunziger Jahren wurden die Stimmen für diese Opfer wieder lauter, und die Akteure der deutschen Erinnerungspolitik nahmen sie in den Blick (siehe dazu z.B. Colin, Täter 2008 oder Birkenmaier, Opfer 2009). Einer, der die getöteten Polizisten beim Schleyer-Attentat persönlich besonders in Erinnerung hält, ist der Leiter der Dienstelle Personen- und Objektschutz in BW, Karl Weil. Er erzählt im Gespräch mit der Autorin, dass Reinhold Brändle, der das Begleitfahrzeug steuerte, sich nach dem Buback-Mord im April des Jahres freiwillig zum Personenschutz gemeldet hatte, für diesen Einsatz am 5. September aber nur für einen anderen Kollegen eingesprungen war. Brändle hatte den Außenposten für Schleyers Kommando in Köln aufgebaut und leitete das dortige Kommando. Der Polizeimeister Helmut Ulmer hatte gerade noch rechtzeitig seine Grippe auskurieren können, um für den Einsatz an diesem Tag gesund zu sein. Er hatte bereits in mehreren Anträgen um Versetzung aus dem Personenschutz gebeten und hatte Angst vor seinen Einsätzen. Sein Kollege und Polizeimeister

Roland Pieler war erst 20 Jahre alt und hatte sich, nach Auskunft seiner Mutter, nicht freiwillig zum Personenschutz gemeldet, sondern hatte wahrscheinlich nicht nein sagen können (vgl. auch Jürgen Dahlkamp: »In Erfüllung seiner Pflicht«, in: *Der Spiegel* vom 26.8.2002, H. 35).

76 Vgl. PA-DBT 3114 A 8/4 – Prot. 22; PA-DBT 3114 A 8/4 – Prot. 27; PA-DBT 3114 A 8/4 – Prot. 30; PA-DBT 3114 A 8/4 – Prot. 40.

77 Herold im Gespräch mit der Autorin. SG-Leiter Scheicher hatte noch im März 1977 gefordert, »neue Methoden, wie zum Beispiel der Einsatz des Begleitwagens nach modernen Gesichtspunkten [...] gemeinschaftlich zu entwickeln« (Scheicher, Zusammenfassung 1977 (Archiv: DHPol), S. 270). Es folgte ein Vortrag von Kriminalhauptkommissar Reinhard Lendmann zu den Abwehrfunktionen des Kraftfahrzeugs im Personenschutz und neuen Konzepten des Kolonnenfahrens mit ausführlicher Demonstration der Fahrtechniken (Lendmann, Abwehrfunktion 1977 (Archiv: DHPol)).

78 Antwort der BW-Regierung vom 7.11.1977, in: LArchBW, EA 2/303 Bü 479.

79 Zit. n. Schenk, Chef 1998, S. 271.

80 Hilker, Personenschutz 2006, S. 187.

81 Gespräch mit der Autorin. So stellt auch die AG »Personenschutz« auf ihrer 2. Sitzung am 8.2.1978 fest, dass die zuständigen Dienstzweige Personen- und Objektschutz bei den Landespolizeidirektionen Stuttgart I, Stuttgart II und beim Polizeipräsidium Karlsruhe über die Lage im Terrorismusbereich wie auch über aktuelle Entwicklungen im Einzelfall »überhaupt nicht oder nur lückenhaft unterrichtet« worden waren – und das, obwohl das LKA möglicherweise über entsprechende Informationen verfügt habe, sie aber »aus personellen Gründen« nicht hatte weitergeben können (Ergebnisniederschrift in: LArchBW, EA 2/303 Bü 481). Zur Aussage Weils muss drauf hingewiesen werden, dass für ihn der Verlust seiner Polizisten noch heute eine schmerzliche Erfahrung ist, was die Atmosphäre im Gespräch deutlich prägt. So sagt Weil im Gespräch: »Das Trauma ist mir immanent, da mache ich keinen Hehl draus.«

82 FS Nr. 2879 von SG an alle LKA und das BMI vom 7.9.1977, in: BArch, B106/78678.

83 Internes Papier des AL ÖS an den RL ÖS 6 vom 6.9.1977, in: BArch, B106/78678.

84 Protokoll des Ministerrats vom 6.9.1977, in: LArchBW, EA 2/303 Bü 2142. So gab es auch aus der freien Wirtschaft Angebote für Schutzwesten, u.a. von der Firma W. Kunath: »Wir möchten Sie vor evtl. Selbstvorwürfen befreien, Ihrem Begleitschutz nicht den optimalen Schutz gegeben zu haben, den sie für ihren Einsatz als Begleitschutz gefährdeter Personen benötigen. Die Bevölkerung sieht immer wieder in der Presse, daß der Begleitschutz in normaler Dienstuniform, oder sogar im Sommer-Oberhemd mit kurzen Ärmeln und MP unzweckmäßig geschützt, zum Schutz abkommandiert wird« (Angebot vom 31.7.1978, in: BArch, B106/78677).

85 Besprechung vom 17.11.1977 im LT über Maßnahmen zur Verbesserung der inneren Sicherheit, in: LArchBW, EA 2/303 Bü 2136.

86 Sicherheitsbesprechung am 14.9.1977 im BuPräs, in: BArch, B122/66208.

87 Schreiben von Ref. 112 an den BM der Finanzen vom 5.10.1977, in: PA AA, ZA/141504.

88 Schreiben des BKA an alle Länder vom 13.8.1979, in: LArchBW, EA 2/303 Bü 477.

89 So die Interpretation des Höcherl-Berichts durch den Beschluss des AK II und AG Kripo vom 12./13.6.1978, in: BArch, B106/106695. Vgl. auch den Höcherl-Bericht vom 2.6.1978, Punkt 2.8. in: BT, 8. Wahlperiode, Drucksache 8/1881, 7.6.1978 (online).

90 VM der SG vom 17.2.95, in: BKA, SG AS/6100 25. Folgende Ausführungen in den Aufstellungen der SG vom 22.4.1977, 13.9.1977 und bez. der Länder vom 7.10.1977 (in:

BArch, B106/78678) sowie in einem Schreiben des BKA-Präsidenten Zachert an den BM des Innern am 14.12.1987 (in: BArch, B106/115063).

91 VM von ÖS 6 vom 2.1.1976, in: BArch, B106/78729. Die Zahl der Beamten sowie die Bezeichnung SG sollen sich in den folgenden Darstellungen generell immer auf den Aufgabenbereich des Schutzes und der Sicherung beziehen.

92 So Herold im Rahmen seiner Forderung nach dem Grundschutzmodell im Oktober 1975, vgl. Anm. 32.

93 Bericht des SG-Leiters an den BKA-Vizepräsidenten vom 10.4.1980, in: BKA, SG AS/Historie sowie VM des Ref. ZV 22 (BMI) vom 6.3.1981, in: BArch, B106/78738. Zur Personalentwicklung der gesamten SG siehe in der Aufstellung »Von der Sicherungsgruppe Bonn zur Hauptabteilung Meckenheim – eine Dokumentation« von 1987, S. 32, in: BKA, SG AS/Sicherungsgruppe.

94 Zachert, Historie 2011, S. 8. Weiteres zum Personalzuwachs in den 70er Jahren und der Haushaltsentwicklung des BKA bei Klink, Bundeskriminalamt 2008, S. 543–549.

95 VM des Landespolizeipräsidiums vom 11.1.1979, in: LArchBW, EA 2/303 Bü 486.

96 Beschluss der Vertreter der Landespolizeidirektionen, des LKA und der Bereitschaftspolizeien in einer Besprechung im IM BW am 18.4.1977, in: LArchBW, EA 2/303 Bü 474.

97 FS Nr. 1318 des IM Schleswig-Holsteins an alle IM der Länder am 14.6.1978, in: BArch, B106/78729.

98 Schreiben des BMI an das AA vom 18.8.1964, in: BKA, SG AS/6100 1.

99 Zit. n. Schenk, Chef 1998, S. 342.

100 Auch auf Länderebene waren diese Versuche unternommen worden, z.B. ein vom IM NRW erlassenes ADV-Verfahren »Allgemeine Schutzmaßnahmen« zur Strukturierung und Organisation der Schutzmaßnahmen im Land vom 11.10.1978 (in: LArchBW, EA 2/303 Bü 484).

101 Siehe zu den Kriterien in Anm. 73.

102 So ein Sprecher des bayerischen IM nach dem Buback-Attentat in der *AP*-Meldung vom 7.4.1977, in: BArch, B106/111240.

103 Ministervorlage von Ref. ÖS 6 (BMI) vom 7.10.1975 und anschließender Vorgang in: BArch, B106/78727.

104 Zur Entscheidung des Bundesinnenministers Baum siehe seine Weisung vom 29.5.1990. Ein Jahr später, am 10.5.1991, wurde Seiters in die GS 1 eingestuft, ein weiteres Jahr später erhielt seine Tochter auf Wunsch von Seiters und seiner Ehefrau Schutzobservation für den Schulweg durch die nordrhein-westfälische Polizei, da das BKA für Angehörige nicht zuständig war (die Schutzhistorie Seiters in: BArch, B106/327342).

105 Zum gesamten Vorgang im Schreiben vom BKA an das BMI vom 7.11.1980, in: BArch, B106/115082. Vgl. auch die Aufstellung der Schutzpersonen vom 6.10.1983, in: BKA, SG AS/6100.

106 Der ehemalige BKA-Präsident Zachert berichtet im Gespräch mit der Autorin, dass Bundespräsident a.D. Scheel seine Weigerungshaltung bezüglich der Abgabe seines Schutzes erst aufgab, als Zachert ihm vorschlug, er solle die Ausstufung direkt mit dem Bundesinnenminister klären.

107 Zur Prüfung des Haushaltsjahrs 1982 siehe die Vorlage von Ref. P I 3 an den Minister vom 11.1.1985, in: BArch, B106/115082.

108 Schreiben des BKA an das BMI vom 23.10.1981, in: BArch, B106/115082.

109 Stellungnahme von SG-AL Krämer zum Berichtsentwurf »Aufgabenpriorisierung im BKA und Arbeitsteilung mit den Länderpolizeien« an den BKA-Präsidenten am 30.9.1994, in: BKA, SG AS/6100 25.

110 Schreiben von Fritsch (BMI) an Hirsch am 12.10.1977, in: BArch, B106/78681.

111 Die offizielle Mitteilung des BMI vom 1.10.1975 in: BArch, B136/19654.

112 Im Vortrag Scheicher, Personenschutz 1977 (Archiv: DHPol), S. 14.

113 Die Beschlüsse sind enthalten in BArch, B106/78711 sowie in BArch, B106/78708.

114 Erklärung der Bundesregierung zur inneren Sicherheit, in: Stenographischer Bericht der 155. Sitzung des BT am 13.5.1975, S. 10734 (online).

115 Scheicher, Zusammenfassung 1977 (Archiv: DHPol), S. 268. Zur Zusammenarbeit der einzelnen Sicherheitsbehörden siehe die Karikatur von Fritz Behrendt in *Abb. 2,* S. 68. Die Problematik des Informationsaustausches zwischen Bund und Ländern ist bis zum jetzigen Zeitpunkt nicht befriedigend gelöst und auch heute noch hoch aktuell, man denke an den von 2012 bis 2013 eingesetzten BT-Untersuchungsausschuss zur Aufklärung der Taten der Terrorgruppe »Nationalsozialistischer Untergrund« (NSU).

116 PA-DBT 3114 A 8/4 – Prot. 21.

117 Ebd.

118 Schreiben des Chef BuKa an den Kanzler am 28.7.1980, in: AdsD, HSAA 9037.

119 Schreiben des NRW-Innenministers an den Bundesinnenminister und die Innenminister /-senatoren der Länder vom 18.1.1978 mit der »Dienstanweisung für den Personenschutz im Bezirk des Polizeipräsidenten Bonn«, in: BArch, B106/78681. Protokoll zur IMK-Sitzung am 15.10.1977 und 25.11.1977 in: BArch, B136/29585.

120 Schreiben Hirschs an den Bundesinnenminister vom 15.8.1979, in: BArch, B106/78681. Das BKA hatte bereits im Entstehungsprozess der Personenschutzdienststelle mehrere Bedenken geäußert, z.B. dass das BKA die Leitstelle leiten müsse, und fühlte sich zu wenig beteiligt am Aufbauprozess (dies war auch der Grund, warum das BMI dem Vorschlag einer Leitstelle für die AK II-Sitzung am 10.11.1977 erst mal nicht zustimmen wollte, in: BArch, B106/78681).

121 Schreiben von Hirsch an das BMI vom 27.9.1979, in: LArchBW, EA 2/303 Bü 486.

122 Verwaltungsabkommen z.B. zwischen BW und Hessen am 3.5.1979 und der Länder BW und Freistaat Bayern am 18.6.1979, in: LArchBW, EA 2/303 Bü 1939.

123 *DDP*-Meldung vom 7.4.1977, in: BArch, B106/111240.

124 Schreiben des Innensenators Berlins an den Vorsitzenden der IMK Hirsch am 29.9.1977, in: BArch, B106/78681.

125 Beschlussniederschrift der IMK vom 24.11.1978, in: BArch, B106/78679.

126 »Alles wird rausgeschickt, was Beine hat«, in: *Der Spiegel* vom 3.10.1977, H. 41.

127 O.A., Personenschutz 1990.

128 Antrag der Fraktion der CDU/CSU im BT zur Verbesserung der Arbeit der Sicherheitsbehörden des Bundes, S. 1 und 4, in: BT, 8. Wahlperiode, Drucksache 8/1771, 27.4.1978 (online). Die Übertragung des Personenschutzes an den BGS wurde im Laufe der Jahrzehnte immer wieder gefordert, jedoch immer wieder abgelehnt.

129 Vorschläge der AG in der Ministervorlage vom 31.10.1978, in BArch, B106/78679. Die Entscheidung für die Neukonzeptionierung des Personenschutzes fiel mit Billigung der Vorlage von Ref. P I 4 durch Baum am 29.3.1979 (in: BArch, B106/78730; hieraus auch die nachfolgenden Ausführungen zum Schutzkonzept).

130 Rückblickender Bericht von BKA-Vizepräsident Boeden im BT-Innenausschuss, in: PA-DBT 3114 A 10/4 – Prot. 48.

131 In einem persönlichen Schreiben von Baum an seine Ministerkollegen vom 10.12.1979, in: BArch, B106/78679. Ein konkretes Umsetzungsmodell des neuen Konzepts legte Baum jedoch erst im Oktober 1980 – nach dem Bundestagswahlkampf – vor.

132 Ministervorlage von Ref. P I 4 vom 7.6.1979, in: BArch, B106/78730.

133 Vgl. die Aussprache in der Sitzung des Haushaltsausschusses am 28.11.1979, in: BArch, B106/78730.

134 VM der SG vom 17.2.1995, in: BKA, SG AS/6100 25.

135 Siehe z.B. das FS vom bayerischen IM an alle IM der Länder vom 2.4.1979 über die Neukonzeption des polizeilichen Personenschutzes in Bayern im Zuge der Neuorganisation des bayerischen LKA, in: LArchBW, EA 2/303 Bü 486.

136 Hürter, Anti-Terrorismus-Politik 2010, S. 15.

137 Der Eindruck der starken Polizeipräsenz findet sich – neben den zahlreichen Pressestimmen im Krisenjahr 1977 – bereits in früheren Jahren wieder, z.B. 1975 im Artikel »Anarchisten: ›Mit dem Terror leben‹«, in: *Der Spiegel* vom 10.3.1975, H. 11. Vgl. auch Petri, Terrorismus 2007, S. 242 od. Scholzen, Personenschutz 2001, S. 170f.

138 Aufstellung zahlreicher Zuschriften aus der Bevölkerung im Schreiben der SG an das Ref. ÖS 10 vom 13.3.1978, in: BArch, B106/78677.

139 Aus der historischen Zusammenstellung über die SG-Dienstsitze, in: BKA, SG AS/Sicherungsgruppe.

140 Hürter, Anti-Terrorismus-Politik 2009, S. 339.

141 Die Sicherheitsgespräche bei Schmidt im Kanzlerbungalow am 26.4.1977, 17.10.1977 und 8.11.1977 in: AdsD, HSAA 10015.

142 Küttner, Personenschutz 1977 (Archiv: DHPol), S. 224.

143 Erklärung von StS Fröhlich (BMI) im BT-Innenausschuss, in: PA-DBT 3114 A 9/4 – Prot. 17.

144 Vgl. die chronologische Aufstellung der Schutzmaßnahmen für NATO-General Kroesen, in: BArch, B106/78699 (hier auch alle Regelungen zum Schutz der NATO-Dienststellen).

145 StS Fröhlich (BMI) im BT-Innenausschuss, in: PA-DBT 3114 A 9/4 – Prot. 17.

146 Zur intensivierten Streckenaufklärung in: BKA, SG AS/6100.

147 Die Auswertung der Unterlagen ging u.a. in die Gefährdungseinschätzung der Schutzpersonen ein (siehe z.B. der VM von SG 22 (Schwachstellenanalyse) vom 12.4.1983, in: BKA, SG 22/Maihofer).

148 Zum genauen Tathergang siehe die Fallsammlung der SG, in: BKA, SG 22/Fallsammlung. Auch Witwe Maria Karry berichtete über den Tathergang und die darauf folgenden Fahndungspannen (*HR*, Zum 5. Todestag von Heinz Herbert Karry, 7.5.1986, in: *HR*-Archiv, 37916).

149 Schreiben von SG 6100 an das BMI (Datum unbekannt), in: BArch, B106/78679.

150 Schreiben des BMI an alle IM und Justizministerien der Länder vom 14.6.1983, zit. n. PA-DBT 3114 A 10/4 – Prot. 48.

151 Ob Vorfeldaufklärung bei Zimmermann durchgeführt worden war, ist nicht eindeutig zu klären (siehe hierzu die *Reuter*-Meldung vom 8.2.1985 od. der Artikel in den *Stuttgarter Nachrichten* am 4.2.1985: »Nach dem Mord an Ernst Zimmermann: Fragen nach einer möglichen Fehleinschätzung durch die Polizei: Der Personenschutz ist jetzt ins Zwielicht geraten«, in: BArch, B106/107001).

152 Schreiben von Ref. P I 2 an den BM des Innern vom 1.2.1985, in: BArch, B106/107001.

153 Falldarstellung im Bericht der SG 22 über den Beckurts-Anschlag vom 18.9.1986, in: BKA, SG 22/Fallsammlung.

154 1. Zwischenbericht des Ref. P I 2 (BMI) an den Minister vom 9.7.1986, in: BArch, B106/107001.

155 Zit. n. dem Artikel Terror: »Da waren Superprofis am Werk«, in: *Der Spiegel* vom 14.7.1986, H. 29.

156 Dass ein gepanzertes Fahrzeug den Tod der Insassen verhindert hätte, zeigte der Obduktionsbericht: die Opfer waren an den Folgen von Verletzungen verstorben, die durch Splitter hervorgerufen wurden (vgl. die Schwachstellenanalyse der SG vom 29.7.1986, in: LArchNW, NW 0917/196). Ein BMW-Sprecher wollte jedoch keine Aussage über die Überlebenschancen Beckurts bei einer Panzerung seines Wagens machen, so in einem *Spiegel*-Artikel über die Klage eines Industriellen beim Oberlandesgericht Stuttgart über die Mängel bei seinem gepanzerten Sicherheitsfahrzeug (in: »Knackpunkt geheim«, in: *Der Spiegel* vom 20.7.1987, H. 30).

157 Siehe Anm. 155.

158 Die Schwachstellen-Analyse der SG (Anm. 156), die an alle LKÄ versandt worden war, war unerklärlicherweise an die Presse gelangt, sodass *Der Spiegel* diese »Pannen-Analyse« an die Öffentlichkeit brachte (»Signifikante Schwachstellen«. Pannen-Analyse nach dem Mord an Siemens-Manager Beckurts, in: *Der Spiegel* vom 22.9.1986, H. 39). Der Polizei-Abteilungsleiter im Bonner Innenministerium Schreiber verlautbarte jedoch, dass »alles getan worden« sei, »was man tun kann, um Dr. Beckurts und seinen Fahrer zu schützen« (siehe Anm. 155).

159 Die damaligen Polizeiberichte über die Meldung dieser Vorfälle durch das Ehepaar Beckurts seien nicht mehr auffindbar, so die Nachricht der Polizeibehörden auf eine neuere Anfrage der Witwe.

160 Beschluss zum Konzept in der 106. Sitzung der AG Kripo am 20./21.8.1986, bestätigt auf der IMK-Sondersitzung am 21.10.1986. Ihm folgte der Erlaß – IV A 3 – 6634 vom Januar 1987 zur »Durchführung von Fahndungsmaßnahmen im Umfeld möglicher Zielpersonen der ›RAF‹ (›Konzept 106‹)«. Zur Darstellung des Konzepts 106 siehe u.a. in einem Scheiben des BKA-Präsidenten Boge an den Bundesinnenminister vom 16.9.1986, in: BArch, B106/126484. Dem BKA sollte auch bei diesem Konzept wieder die Zentralstellenfunktion, nämlich die »Steuerungs- und Koordinierungsfunktion« wie »Erfassung/Festlegung von Fahndungsräumen, ständige Absprachen von Bund und Ländern im Hinblick auf gezielte Personaleinsätze in den jeweiligen Fahndungsräumen, zentrale Analyse der Fahndungsansätze«, zukommen (Schreiben von Ref. P I 2 an StS Neusel am 10.10.1986, in: BArch, B106/115063). Erste Pilotversuche waren bereits vor Beckurts in den Ländern gestartet worden.

161 So Kriminaldirektor Klaus Köhn bereits im Mai 1984 (Köhn, Personenschutz 1984 (Archiv: DHPol)).

162 StS Neusel in seiner Vorstellung von K106 im Innenausschuss, in: PA-DBT 3114 A 10/4 – Prot. 125.

163 Dies und Folgendes siehe Anm. 155.

164 Vgl. Boge, Wirtschaftsbranchen 1986.

165 Das Bekennerschreiben im FS Nr. 3102 vom 9.7.1986 vom BKA u.a. an alle IM und LKÄ der Länder, in: BArch, B106/107001.

166 Zur Warnung des BKA an die Wirtschaftsunternehmen siehe z.B. ein von BKA-TE (Abt. Terrorismus) entworfenes Flugblatt »Anschläge und Ausspähung gefährdeter Betriebe / Unternehmen durch Terroristen«, welches im Januar 1985 an die Unternehmen verteilt worden war (in: BArch, B106/107001). Erste Maßnahmen waren seit dem Anschlag auf

Zimmermann angekündigt worden, siehe z.B. die Ankündigung der »Arbeitsgemeinschaft für Sicherheit in der Wirtschaft« (ASW) an den Hauptgeschäftsführer der Deutschen Industrie- und Handelstage, Franz Schoser, vom 14.5.1985 (in: BArch, B106/115126).

167 So z.B. die Sprengstoffanschläge auf das IBM-Forschungszentrum in Heidelberg am 16.11.1986, auf das Gebäude der *Deutschen Investitions- und Entwicklungsgesellschaft* in Köln-Müngersdorf am 19.12.1986, auf ein Gebäude des Kurt-Schumacher-Bildungszentrums am 21.12.1986 in Bad Münstereifel, auf das Rathaus Leverkusen und auf das Amt für Statistik und Wahlen in Oberhausen am 10.3.1987.

168 Siehe Anm. 155.

169 Bericht der Abt. TE 23 des BKA noch am Tattag, am 30.11.1989, in: BArch, B106/317906.

170 Bundesinnenminister Schäuble in der 71. Sitzung des BT-Innenausschusses am 7.12.1989, in: BArch, B106/317906.

171 Bericht der Bad Homburger Feuerwehr, zit. n. Kliem, Herrhausen-Attentat 2011, S. 22–23.

172 Ebd., S. 96.

173 An diese und folgende Aussagen von Zeugen erinnert sich Hans Robert Philippi, örtlicher Polizist in Bad Homburg (zit. n. ebd., S. 95).

174 Schreiben des BKA an das BMI vom 30.9.1988, in: BArch, B106/107002.

175 Schreiben der Abt. IV des IM NWR an den Minister vom 30.12.1988 (in: LArchNW, NW 0917/196) sowie eine vorläufige Bewertung des Anschlags von Ref. P I 2 / IS 3 (BMI) an den Minister vom 4.12.1989 (in: BArch, B106/317906).

176 »Wir können jeden erledigen«, in: *Der Spiegel* vom 4.12.1989, H. 49.

177 Bundesinnenminister Schäuble in der 71. Sitzung des BT-Innenausschusses am 7.12.1989, in: BArch, B106/317906.

178 Halbjahresbericht des LKA NRW an den Innenminister NRW vom 17.1.1990, in: LArchNW, NW 0917/93.

179 Bericht von BKA-Präsident Zachert an den Bundesinnenminister vom 27.12.1989, in: BArch, B106/317907.

180 Sitzung der Länderpolizeidienststellen zum Konzept 106 am 8.3.1989 beim LKA NRW, in: LArchNW, NW 0917/208.

181 Interview mit der *Augsburger Allgemeinen* am 2.12.1989 im Artikel »Grundregeln des Schutzes von Personen verletzt«, in: BArch, B106/317907.

182 *DPA*-Meldung vom 17.12.1989, in: BArch, B106/317907.

183 71. Sitzung des BT-Innenausschusses am 7.12.1989, in: BArch, B106/317906.

184 So berichtet Zachert im Gespräch mit der Autorin, dass das sondergeschützte Fahrzeug Herrhausens ein Modell mit Kurbelfenster war, das keinen optimalen Schutz bot: »Wir haben nachher Sprengversuche gemacht, da gibt es Filme drüber. Die haben wir uns angeguckt und beschossen, mit Scheiben aufgemacht und ohne [herunterkurbelbare] Scheiben. Und da war das immer, dass diese [herunterkurbelbare] Scheibe rausflog. Das sind Schweißfehler gewesen. Sie können Panzerstahl, wenn Sie weich verschweißen, das nicht so fest machen, dass dieser den Druck eines Hohlspitzgeschosses standhält. Sondern die Scheibe fliegt wie so ein Deckel mit.« Diese herausfliegende Scheibe hätte Herrhausen tödlich verletzt.

185 Zit. n. Kliem, Herrhausen-Attentat 2011, S. 93.

186 Siehe hierzu z.B. die Biographie von Platthaus, Alfred Herrhausen 2006 od. auch die filmische Aufbereitung von Veiel, Black Box 2003.

187 Siehe im Kabinettsprotokoll über die 149. Sitzung am 12.11.1986 (in: BArch, B106/126484), im VM des BMI vom 27.11.1986 (in: BArch, B106/327340) od. im Schreiben von StS Neusel an StS Obert (BMF) vom 13.10.1988 (in: BArch, B106/115070).

188 Schreiben des BfV an das Ref. P I 3 (BMI) vom 5.10.1986, in: BArch, B106/107002.

189 Schreiben des PP Bonn an StS Tietmeyer am 19.8.1986, in: Privatsammlung von Hans Tietmeyer.

190 Presseartikel titelten daher: »Leichtes Spiel für Attentäter im Wohnviertel Tietmeyers«, »Ratlosigkeit nach dem Attentat. Tietmeyer ohne Panzer«, »RAF-Opfer wieder unbeschützt«, »Experten hielten einen erhöhten Schutz nicht für notwendig«, »Weitere Unklarheit zum Tietmeyer Schutz« (Kommentarübersicht des Presse- und Informationsamtes der Bundesregierung vom 22.9.1988, in: Privatsammlung von Hans Tietmeyer).

191 PP Bonn beim Erfahrungsaustausch zum Konzept 106 am 19.9.1990 beim LKA NRW, in: LArchNW, NW 0917/208.

192 Aufstellung der SG vom 18.7.1995, in: BKA, SG AS/6100 25.

193 So gegenüber der *Dresdner Morgenpost* (zit. n. *AFP*-Meldung vom 29.7.1990, in: BArch, B106/126486).

194 So auch der FDP-Abgeordnete Hans-Joachim Otto im BT-Innenausschuss, in: PA-DBT 3114 A 12/4 – Prot. 6. Demgegenüber waren die RAF-Terroristen bei ihrer Attentatsplanung wohl davon ausgegangen oder hatten durch Quellen erfahren, dass Rohwedder – im Gegensatz zu den anderen hochgeschützten Persönlichkeiten – keine Panzerverglasung hatte.

195 Aufstellung über die Sicherheitsmaßnahmen von IM NRW vom 11.4.1991, in: BArch, B106/126487.

196 Vgl. Hilker, Personenschutz 2006, S. 186: »Schwachstelle bleibt der Mensch«.

197 Erzählung seines Nachbars Jochen Oertmann (Hoesch AG) im Interview mit der *ARD* (*ARD*, Reaktionen auf Rohwedder-Mord, 2.4.1991, in: *NDR*-Archiv, 3356, TC: 00:02:12).

198 Zur hitzigen Diskussion um die Schuld an Rohwedders Tod im BT-Innenausschuss am 11.4.1991 siehe in: PA-DBT 3114 A 12/4 – Prot. 6.

199 Aufstellung vom 11.4.1991 in: BArch, B106/126487.

200 Siehe Anm. 198

201 Dies und Folgendes siehe Anm. 198.

202 Zachert, Historie 2011, S. 15.

203 Ministervorlage im BMI vom 26.1.1993, in: BArch, B106/327337.

204 »Gesetz über das Bundeskriminalamt und die Zusammenarbeit des Bundes und der Länder in kriminalpolizeilichen Angelegenheiten« i.d.F. der Bekanntmachung vom 7.7.1997, BGBl. I, S. 1650, in: Bundesgesetzblatt (online).

205 Hierfür wurde im Gesetzestext das Wort »unmittelbar« gestrichen (siehe Anm. 25). Vgl. hierzu auch den Gesetzestext in der Fassung von 1973 im Kapitel *Der Aufbau des Personenschutzes von 1951 bis 1975*, S. 27.

206 Vgl. Jaufmann, Sicherungsgruppe 1998, S. 567 und James, Role 2007.

207 Vgl. den Artikel der *Stuttgarter Nachrichten* vom 17.10.1990 über den »Politiker unter der Glasglocke«, in: BArch, B106/126487.

208 Der BKA-Chef in einer *ADN*-Meldung vom 15.10.1990, in: BArch, B106/126487.

209 Eine ähnliche Phasenentwicklung für die Innen- und Sicherheitspolitik der Bundesrepublik bei Hürter, Anti-Terrorismus-Politik 2010, S. 19.

3. Kapitel – Personenschutz zwischen Emotion und Statussymbol

1 Auf den Begriff der Emotion wird im 6. Kapitel noch differenzierter eingegangen, siehe dort Anm. 1.
2 Darstellung des Ref. 114 (BuKa) an den Gruppenleiter 11 (im Hause) vom 23.3.1981, in: BArch, B136/38821.
3 Schenk, Chef 1998, S. 412.
4 Ebd., S. 205. Zur Verbindung von Sicherheitspolitik und »Ausnahmezustand« gibt es zahlreiche Untersuchungen, vgl. z.B. Agamben, Ausnahmezustand 2004.
5 Fernsehbericht über das Jahr 1977, in: *HR*, Reden an die Deutschen, 27.9.1989, in: *HR*-Archiv, 68060.
6 Zu den Objektschutzmaßnahmen im BuKa im Jahr 1977 vgl. BArch, B136/19655.
7 Hofmann, Bonn 1987, S. 38 und 34.
8 So Herolds »Strategische Überlegungen zur Sicherheitslage« in einem Vortrag an der Polizei-Führungsakademie (zit. n. Schenk, Chef 1998, S. 409).
9 »Hinweise für Nachbarn von gefährdeten Personen«, Stand April 1978, in: BArch, B106/104680, darin: Der Nachbar sollte die Schutzmaßnahmen und das eigene Verhalten in einer Krisensituation mit der Schutzperson absprechen (auch zu seiner eigenen Sicherheit), generell eine skeptische Haltung gegenüber Fremden einnehmen und merkwürdiges Verhalten von Fremden sofort melden. Geschenke und Post für die gefährdete Schutzperson sollten auf keinen Fall mehr angenommen werden.
10 Expertenkonferenz der Bundeszentrale für politische Bildung zum Thema »Auseinandersetzung mit dem Terrorismus« im Dezember 1977, in: BArch, B106/71025.
11 Hürter, Anti-Terrorismus-Politik 2010, S. 20.
12 So der Titel eines Artikels im *Stern* in der Ausgabe Nr. 40 aus dem Jahr 1977 (u.a. in: LArchBW, EA 2/303 Bü 2141).
13 Brandt gegenüber dem Leiter Kanzlerbüro Reinhard Wilke, zit. n. Schreiber, Kanzlersturz 2005, S. 166.
14 Zu diesem Wunsch vermerkten die Zuständigen beim RPr Köln, dass nur die Polizeibehörden »angemessenen Schutz sicherstellen« könnten und nicht »Frau Brandt selbst« (vgl. FS vom RP Köln an IM NRW vom 10.2.1971, in: LArchNW, NW 308/103).
15 Sicherheitsgespräch am 6.12.1988 mit der Schutzperson (VM von SG 13 vom 9.12.1988, in: BKA, SG 22 [anonym]).
16 Forderung des baden-württembergischen MP Hans Filbinger in einem VM des Lagenzentrums im IM BW vom 6.12.1978, in: LArchBW, EA 2/303 Bü 2136.
17 Beschwerde von Bundesminister Apel über seinen Personenschutz vom 15.1.1976, in: BArch, B106/78728.
18 Zu Beschwerden bez. des Verhaltens von Rebmanns Personenschutzkommando siehe z.B. im Schreiben des RP Stuttgart an das IM BW vom 16.3.1978, in: LArchBW, EA 2/303 Bü 483. Zu den §§35 und 38 StVO siehe in der Straßen-Verkehrsordnung (StVO) in der damals geltenden Fassung der Bekanntmachung vom 16.11.1970, BGBl. I, S. 1565 (in: Bundesgesetzblatt (online)).
19 Schreiben von Stümper an GBA Rebmann am 7.6.1978, in: LArchBW, EA 2/303 Bü 483.
20 Schreiben des Ref. P I 4 (BMI) an den Unterabteilungsleiter P I im Hause vom 6.9.1978, in: BArch, B106/78679.
21 Zum Korrespondenzverlauf siehe in: BArch, B106/78679.
22 FS Nr. 207 an das BMI vom 25.8.1978, in: BArch, B106/78679.

23 Dies und folgender Vorfall in Essen-Kupferdreh am 13.9.1981 in einem Schreiben der Ministerin an SG-Leiter Boeden vom 14.9.1981, in: BArch, B106/78679.

24 Brief Rengers an Bundeskanzler Schmidt vom 7.6.1982, in: AdsD, HSAA 7464.

25 Schreiben des BuKa-Chefs im Auftrag von Schmidt an Baum vom 25.6.1982, in: AdsD, HSAA 7464. Zu den Richtlinien der Gefährdungseinstufung siehe Anm. 66 in Kapitel 1.

26 Titel eines Artikels in der *Bonner Rundschau* vom 23.2.1989.

27 Siehe hierzu Pkt. 8 im Protokoll zur Sitzung am 13.11.1974, in: PA-DBT 3114 A 7/4 – Prot. 50.

28 Zur IMK-Sondersitzung am 12.11.1974 siehe im VM von ÖS 6 vom 3.12.1974, in: BArch, B106/78726. Zur Vermutung der Vortäuschung bei Schenk, Chef 1998, S. 165.

29 Aufstellung der SG vom 18.7.1995, in: BKA, SG AS/6100 25.

30 Die Äußerungen Schäfers in einem Schreiben von AL-ÖS an den Minister vom 14.1.1976 über die Sitzung des Innenausschusses vom gleichen Tag, in: BArch, B106/78728.

31 Handschriftlicher Vermerk Genschers auf dem Schreiben von ÖS 6 an den Minister vom 14.6.1972, in: BArch, B106/78731. Ähnliche Fälle im Schreiben aus Anm. 20.

32 Die »Richtlinien für Überfall- und Einbruchmeldeanlagen (ÜEA) mit Anschluss an die Polizei vom 1. Mai 1975« sowie der gesamte Vorgang zur Kostenerstattung, in: BKA, SG 24/MdB Grundsatz 1.

33 Zum Kabinettsbeschluss vom 12.11.1986 siehe in BArch, B106/115126.

34 Zachert in der 12. Sitzung des Ältestenrats am 29.9.1983, in: PA-DBT 3006 ÄR 10/Prot 12.

35 Kiesingers Wünsche im Schreiben von AL ÖS an Herrn St F vom 22.07.1977 sowie im FS Nr. 455 von SG-Leiter Scheicher an das BMI vom 10.2.1978, in: BArch, B106/78689.

36 Vgl. das Gefährdungsbild des BKA vom 8.11.1977, in: BArch, B106/78733.

37 So wurde erst durch den Unfall des baden-württembergischen Ministerpräsidenten a.D. Filbinger am 19.10.1982 in Niedersachsen öffentlich bekannt, dass Filbinger weiterhin Schutz gewährt worden war – entgegen der Mitteilung des Staatssekretär Ruder in der Sitzung des Landtagsinnenausschusses am 16.9.1981, dass er keinen Schutz mehr genieße. Zum Antrag der Abgeordneten Alfred Geisel (SPD), Hinrich Enderlein (FDP) und Ernst Pfister (FDP/DVP) musste dann Innenminister Roman Herzog vor dem Landtag Stellung nehmen (siehe dazu in der Sitzung im LT BW in: LArchBW, EA 2/308 Bü 141).

38 Zum Ergebnis der Kabinettssitzung in einem Schreiben von AL-P (BMI) an den Minister am 1.10.1982, in: BArch, B106/78730. Schmidt verfügt bis heute – so auch die Beobachtung der Autorin beim Gesprächstermin – über ein ständiges Personenschutzkommando.

39 Erlass des BMI an das BKA vom 8.1.1987, in: BKA, SG 22/Lage Schmidt.

40 Gespräch der SG 22 mit Schmidt und seinem Büroleiter Jens Fischer am 11.4.1988, in: BArch, B106/327356.

41 Schreiben Schmidts an Bundesinnenminister Schäuble vom 5.10.1989, in: BArch, B106/327356.

42 Ministervorlage vom 7.3.1989, in: BArch, B106/327356.

43 Zur folgenden Zusammenstellung der Schutzhistorie Herolds bis zum Ausscheiden aus dem Präsidentenamt siehe in: BArch, B106/78737.

44 So Herold im Gespräch mit der Autorin; vgl. auch bei Schenk, Chef 1998, S. 448.

45 Hausmitteilung: Betr. Herold, in: *Der Spiegel* vom 9.9.1985, H. 37.

46 Schreiben von BKA-Präsident Boge vom 23.8.1983, in: BArch, B106/115124.

47 Gespräch des AL Personal mit Herold am 23.3.1984: Herold verzichtete auf ein gepanzertes Fahrzeug auch aus Sorge um den BGS-Fahrer, der ohne einen weiteren Begleitbeamten

bei einem Attentat selbst über keinen ausreichenden Schutz verfügt hätte (in: BArch, B106/115124).

48 Siehe zur Klage in der Schutzhistorie Herolds im Band 7 in: BArch, B106/115124.

49 Dies und Folgendes im Schreiben Herolds vom 31.3.1989, in: BArch, B106/115124. Die Herabstufung durch das BKA in einer Vorlage von Ref. P I 3 an den Bundesinnenminister vom 3.2.1989, in: BArch, B106/115124. Darauf ist durch den Minister handschriftlich vermerkt, dass er auf die »Einstufung von Schutzpersonen nie persönlichen Einfluß genommen« hätte: »Daran halte ich fest.« Diese Bemerkung spielte darauf an, dass Herold aufgrund seines Status als Nicht-§9-Person immer wieder die Zuständigkeit des BKA angezweifelt hatte und für die Klärung seiner Gefährdungseinstufung die direkte Kommunikation mit dem Bundesinnenminister forderte.

50 Vorlage der SG 14 an den BKA-Präsidenten vom 3.8.1994, in: BArch, B106/115124.

51 Zum Werkschutz vgl. Hertlein, Grund 1985 sowie Näheres zum Aufbau von Sicherheitsstrukturen in Unternehmen bei Muehlen, Personenschutz 1982.

52 O.A., Manager-Ängste 1991, S. 205.

53 Bericht Ref. ÖS 10 an den Bundesinnenminister am 14.4.1978 aus Anlass eines Gefährdungshinweises für Herbert Quandt aus einer Lagemeldung vom 8.4.1978, in: BArch, B106/78729.

54 Vgl. den Schriftverkehr in: BArch, B106/78678. Zu den Sicherheitsmaßnahmen bei Ponto siehe Ahrens, Jürgen Ponto 2013, S. 246 sowie Albrecht, Patentöchter 2011, S. 82. Skizzen zum Grundstück in: BArch, B106/106689.

55 Hertlein, Grund 1985, S. 266.

56 Folgende Aufstellung der einzelnen Aspekte der Zusammenarbeit richtet sich nach Stümper, Terrorismus 1986. Neben der Zusammenarbeit im Bereich Personenschutz wurde u.a. auch in Fragen des Geheimschutzes, des Datenaustausches oder der Sicherung von Großveranstaltungen kooperiert.

57 Bericht von Maihofer über die Bankenkommission in der 21. Sitzung des BT-Innenausschusses am 1.9.1977, in: PA-DBT 3114 A 8/4 – Prot. 21.

58 Schreiben des Koordinierungsausschusses der AG Staatsschutz an alle LKÄ vom 9.12.1977, in: BArch, B106/78679.

59 Schreiben Herolds an den Bundesinnenminister vom 1.8.1977, in: BArch, B106/106639. Beispiele sind der »Leitfaden für Ausnahmesituationen in Unternehmen: Erpressung – Bombendrohung – Entführung« oder das Flugblatt »Anschläge und Ausspähung gefährdeter Betriebe/Unternehmen durch Terroristen« (in: BArch, B106/107001).

60 Zusammenstellung vom 9.8.1977, in: BArch, B106/106639.

61 Privatsammlung von Hans Tietmeyer.

62 Analyse Stümpers im Schreiben der ASW an den Hauptgeschäftsführer des Deutschen Industrie- und Handelstages Franz Schoser am 14.5.1985, in: BArch, B106/115126.

63 Vgl. hier und zum Folgenden in: Jogging mit dem Bodyguard, in: *Der Spiegel* vom 4.2.1985, H. 6.

64 Zum Schutz von Axel Springer u.a. bei: Kraushaar, Kleinkrieg 2006, S. 1107.

65 Die Zahlen zu Unternehmensgründungen und Beschäftigten sind in den siebziger und achtziger Jahren noch nicht belastbar und variieren stark. Zudem kann bei der Anzahl der Beschäftigten nicht eindeutig geklärt werden, ob z.B. auch die Beschäftigten des betriebseigenen Werkschutzes mitgerechnet wurden. Diese Angaben zu den Gründungen sind entnommen aus Seysen, Wahrnehmung 1992, S. 180 und zu den Beschäftigten aus Bernhardt, Sicherheit 1996 (Archiv: DHPol), S. 90.

66 Nähere Informationen zu den internationalen Messen u.a. bei Krumsiek, SAFETY 1974 oder bei O.A., Security 1982.

67 Weinhauer, Staatsmacht 2007, S. 218.

68 Lützenkirchen, Polizei 1998, S. 17.

69 Siehe zur Diskussion über die Zunahme von privaten Sicherheitsdiensten in den neunziger Jahren und ihr Verhältnis zum staatlichen Gewaltmonopol bei Hitzler, Vigilanten 1994; im Sammelband Gössner, Mythos 1995; im Themenheft O.A., Private Sicherheitsdienste 1992; bei Stacharowsky, Sicherheitsdienste 1985 sowie Stüllenberg, Sicherheitsdienste 1993 od. bereits 1977 bei Hoffmann-Riem, Übergang 1977.

70 Siehe zum Gewaltmonopol des Staates u.a. bei Isensee, Staat 2004, Rdnr. 83–97 oder im rechtshistorischen Teil bei Müller, Gewaltmonopol 2007.

71 Vgl. Seysen, Wahrnehmung 1992, S. 190. Zur heutigen Debatte u.a. bei Feltes, Akteure 2009; Schmidt, Sicherheitsgewerbe 2004 od. Fuchs, Sicherheit 2012.

72 Zur folgenden Aufführung vgl. Lützenkirchen, Polizei 1998, S. 20.

73 Bezüglich der Notwehr wird hier die größte rechtliche Schwierigkeit für Aufgaben wie den Streifendienst deutlich: Das Notrecht ist ausschließlich für den Fall vorgesehen, dass eine Einzelperson im akuten Notfall Angriffe sofort abwehren kann, wenn staatliche Hoheitsträger in diesem Moment den Schutz nicht gewährleisten können. Dieses Handeln, welches grundsätzlich strafbar bzw. unerlaubt und damit im Einzelfall tatbestandsmäßig ist, wird im Falle der Notwehr als gerechtfertigt und straf- bzw. sanktionslos gestellt. Das Notrecht war aber nicht für private Sicherheitsdienste geschaffen worden, die daraus Eingriffs- und Abwehrrechte von Angriffen gegen unterschiedlichste Rechtsgüter ableiten (siehe zu den damaligen Rechtsgrundlagen u.a. die Darstellung bei Hug, Rechtsgrundlagen 1988).

74 Verordnung über das Bewachungsgewerbe (Bewachungsverordnung) in der Fassung der Bekanntmachung vom 7.12.1995, BGBl. I, S. 1602ff (in: Bundesgesetzblatt (online)).

75 Vgl. Scholzen, Personenschutz 2001, S. 112ff.

76 Ebd., S. 115.

77 Zur Rechtssituation und den polizeilichen Befugnissen der privaten Branche u.a. bei Hilker, Personenschutz 2006, S. 190f.

78 Scheicher, Personenschutz 1977 (Archiv: DHPol), S. 9.

79 Vgl. auch Sofsky, Prinzip 2005, S. 121.

80 O.A., Merkblätter 1982. Zu den Ausarbeitungen von Personenschutzkonzepten und -modellen siehe auch bei Dammert, Sicherheitskonzept 1978.

81 Artikel von Eberhard Nitschke in *Die Welt* vom 10.4.1976.

82 Artikel »Immer mehr leisten sich Beschützer. Gutes Geschäft mit Leibwächtern« im *Kölner Stadtanzeiger* vom 13.6.1979, in: BArch, B106/78730.

83 So titelte ein Aufsatz in der Sicherheits-Fachzeitschrift *Protector* im Jahr 1993 (Eckhardt, Statussymbol 1993).

84 Siehe Anm. 82.

85 Hierzu und zu folgenden Ausführungen im Artikel »Statussymbol vor der Haustür« des *Rheinischen Merkurs* am 11.1.1980; ein weiterer Artikel z.B. »Leibwache als Statussymbol« in der *Stuttgarter Zeitung* am 30.9.1977.

86 »Falls mal jemand eine Handgranate auf das Dach wirft« von Cornelia Bock in der *Frankfurter Allgemeine Zeitung* vom 22.8.1989, in: BArch, B106/115070.

87 Interview in der *Bild*-Zeitung vom 5.4.1991, in: BArch, B106/126487.

88 So gegenüber dem Filmteam des *NDR*, in: NRD, Beitrag: Rühes Bodyguards, 28.1.1994, in: *NDR*-Archiv, 1826090020, TC: 19:13:06.
89 Scheicher, Zusammenfassung 1977 (Archiv: DHPol), S. 267.
90 Gebauer, Personenschutz 1977 (Archiv: DHPol), S. 110.
91 Schreiben des Vorstands der GdP Helmut Schirrmacher an den Vorsitzenden der IMK Hirsch am 24.7.1978, in: BArch, B106/106695.
92 SPD-Abgeordneter Penner in der 71. Sitzung am 7.12.1989, in: PA-DBT 3114 A 11/4 – Prot. 71.
93 Personenschützer, die für Schutzpersonen eingesetzt wurden oder heute eingesetzt werden, die körperlich gehandicapt sind und z.B. im Rollstuhl sitzen, erhalten daher auch einen Rollstuhl-Kurs, wie ein Personenschützer im Gespräch berichtet. Zudem waren Personenschützer auch bei anderen Tätigkeiten im privaten Leben hilfreich, siehe dazu *Abb. 3*, S. 111.
94 Schenk, Chef 1998, S. 449.
95 Scheicher, Personenschutz 1977 (Archiv: DHPol), S. 5.
96 VM des POS Stuttgart vom 27.9.1978, in: LArchBW, EA 2/303 Bü 484. Dass die Personenschützer bei der Formulierung »für sie und ihren Mann« mit einem Ausrufezeichen auf die Reihenfolge der Nennung hinwiesen, zeigt ihre Verwunderung über die Selbstverständlichkeit, mit der die Ehefrau diese Forderung erhob.
97 Den Anfragen zwischen 1978 bis 1984 wurde nie stattgegeben, sie füllen aber mindestens zwei Archivordner des BMI (vgl. z.B. FS Nr. 902 von Ref. P I 3 vom 6.9.1982 an alle IM der Länder, an die SG und das BKA Wiesbaden, in: BArch, B106/115122).
98 Die Begriffsgeschichte beginnt u.a. mit Gaetano Mosca (1950), der die Unterscheidung zwischen Elite und Nicht-Elite als wichtigste gesellschaftliche Trennungslinie betrachtet, sowie Vilfredo Pareto (1955), der die politische Elite als wertfreie Funktions- und Leistungselite sieht, die sich stetig neu zusammensetzt (siehe zur Beschreibung der Begriffsgeschichte bei Reitmayer, Eliten 2010). In den sechziger Jahren folgten die Elitestudien von Hans Peter Dreitzel, der das Konzept der Funktionselite entwickelte, bei dem die Elite-Mitglieder durch individuelle Leistung und Erfolg aufgenommen würden. Im Zuge des Konzepts der »Strategischen Eliten« im 20. Jahrhundert von Suzanne Keller spricht die Forschung zunehmend von Teileliten und bringt neue Kategorien wie Reputations- und Entscheidungsansätze hinein. Nach Pierre Bourdieu werden schließlich nicht nur das Profil einer Personengruppe, also der Elite, betrachtet, sondern auch die »Strukturen der Macht«, die bei Bourdieu mit verschiedenen Feldern, den Kapitalformen, beschrieben werden (Bourdieu, Entwurf 2009). Zur sozialen Schichtung Westdeutschlands in den achtziger Jahren führt Stefan Hradil eine Grafik auf, in der die »Machtelite« mit 1% der westdeutschen Bevölkerung beziffert wird (Hradil, Arbeit 2009, S. 75).
99 Zu erwähnen wäre hier der Begriff der Prominenz, er ist jedoch vom Begriff der Elite klar zu unterschieden und wird hier nicht verwendet, da er auf die hier untersuchte Gruppe nicht (vollständig) zutrifft (siehe hierzu u.a. Schneider, Januskopf 2004, S. 54f).
100 Dies und Folgendes bei Reitmayer, Elite 2009, S. 561–573 und 574. Die Bedeutung der Elite in der historischen Entwicklung der jungen Bundesrepublik liegt nach Reitmayer besonders in ihrer »politisch-ideellen Stabilität«. Zu den Elitendebatten der achtziger Jahre vgl. Reitmayer, Comeback 2012 oder allg. Bluhm, Elitedebatten 2006, S. 134f. Genaueres zu den Wirtschafts- und ehemaligen NS-Eliten in der Bundesrepublik und den damit verbundenen Spezifika in der westdeutschen Elitenentwicklung siehe auch bei Weinhauer, Eliten 2003, S. 35ff. Eine weitere Elitenentwicklung zeichnet Bude nach, indem er die

erste Elitegeneration Konrad Adenauer zuordnet, die zweite Elitegeneration Helmut Schmidt, die dritte Elitegeneration Helmut Kohl und schließlich die vierte Elitegeneration mit dem Übergang von der Bonner zur Berliner Republik verbindet (Bude, Elitewechsel 2004, S. 305).

101 Krais, Spitzen 2001, S. 20.

102 Zum symbolischen Nutzen des Personenschutzes vgl. auch Weinhauer, Partisanenkampf 2006, S. 258. Siehe hierzu auch *Abb. 4*, S. 115.

103 Zur Reputationstechnik und weiteren Techniken wie Entscheidungstechnik, Positionstechnik, Netzwerkanalytik oder Cleavage-Ansatz siehe bei Wasner, Eliten 2004, S. 119. Zur Einordnung des Personenschutzes als Symbol siehe auch die Darstellungen zu den klassischen Symbolen der Macht und ihrer Bedeutung u.a. bei Arnold, Inszenierung 1998 oder in der mediävistischen Forschung bei Althoff, Macht 2003. Denn auch im Mittelalter und der beginnenden Neuzeit sind Rituale zu erkennen, in denen bestimmte Personen bestimmte Gesten und Gebärden zu einem bestimmten Zeitpunkt an einem bestimmten Ort vollziehen und damit politische und soziale Macht sichtbar machen (vgl. Althoff, Spektakel 2008, S. 15).

104 Dass unter Sicherheitsexperten vor allem die Bezeichnung der »1er-Schutzperson« gebräuchlich war und noch heute ist, zeigt noch einmal, dass auf die Unterscheidung zwischen Schutzpersonen der Gefährdungsstufe 1 und 2 besonderer Wert gelegt wird. Besonders konkret definiert sind diese Zuordnungen in den Gefährdungslisten, in denen jeder Minister oder andere Personen mit einer konkreten Zahl beziffert und dementsprechend in eine hierarchische Reihenfolge eingeordnet werden.

105 Bude, Elitewechsel 2004, S. 301.

106 Weiter führt Daloz aus, dass »that the smaller the proximity between elites, the greater the tendency for competitive display (royal courts constituting extreme situations) – and vice versa.« (Daloz, Elite 2012, S. 211–213). Dies könnte neben anderen Faktoren auch die zahlreichen Schutzwünsche der Minister aus weniger im Rampenlicht stehenden Ressorts erklären, da innerhalb des Kabinetts die Nähe zwischen den einzelnen Elitemitgliedern besonders hoch ist.

107 Ebd., S. 214.

108 Wildemann, Eliten 1968, S. 24f.

4. Kapitel – Personenschutz und Terrorismus als Erinnerungsgeschichte

1 Zur Fotografie von Jupp Darchinger siehe *Abb. 10*. S. 183 sowie das Titelbild.

2 Zu diesen drei Faktoren siehe die detaillierte Darstellung bei Thießen, Feuersturm 2009.

3 Siehe weiteres hierzu u.a. bei Thießen, Generation 2009.

4 Zur Methodik des narrativ-episodischen Interviews sowie zum gesamten methodischen Vorgehen der Autorin in der Interviewstudie siehe die Ausführungen im *Appendix*.

5 Dieser Reflexionsvorgang findet sich auch im »Therapeutischen Zyklusmodell« von Erhard Mergenthaler wieder, das als theoretischer Hintergrund und als empirischer Zugang zu Veränderungsprozessen in psychotherapeutischen Sitzungen herangezogen wird (Mergenthaler, Minds 2008). Hier werden im Verlauf einer verbalen Interaktion zwischen interviewter Person und Interviewer Emotions- und Abstraktionsmuster sowie bedeutende

Ereignisse im Interview (wie das *Shift-Event*, das den Übergang von *Experiencing* über *Connecting* zum *Reflecting* bezeichnet) analysiert.

6 Zu den geschlechtsspezifischen Erinnerungsprozessen siehe u.a. bei Glaser, Sex differences sowie zu den Auswirkungen der gesellschaftlich-sozialen Rollenverteilung für den Erinnerungsprozess bei Bourdieu, Verstehen 1997, S. 781.

7 In allen sechs Interviews, in denen die Erinnerung einer weiblichen und einer männlichen Interviewperson an eine gemeinsame Zeit zusammentrafen, war diese unterschiedliche Sichtweise – bei den gemeinsamen Gesprächen meist nur zu Anfang – deutlich vorhanden. Dies z.B. auch geprägt von einem bestimmten Rollenverständnis der Ehepartner untereinander.

8 Vgl. Cierpka, Unterschiede 1999 oder allg. bei Sohni, Geschwisterbeziehungen 2004, S. 34f.

9 Hier ist noch einmal darauf hinzuweisen, dass Erzählen eine Grundform der kognitiven Verarbeitung ist. Erst durch die Erzählung von Wirklichkeit werden Ereignisse in einen Gesamtzusammenhang mit einem – vom Ende her betrachteten – sinnhaften Ausgang eingeordnet. Davon unberührt ist die Annahme, dass Erinnerungen und Traumata und ihre Wirkung auch dann an die nachfolgende Generation weitergegeben werden, wenn sie nicht verbalisiert werden.

10 Zur Medien- und Erinnerungsgeschichte des Linksterrorismus z.B. bei Henschen, RAF-Erzählung 2013 od. in den Sammelbänden Ächtler, Ikonographie 2010 und Colin, Herbst 2008.

11 Zur Bedeutung von Erinnerungsräumen vgl. den Sammelband Damir-Geilsdorf, Mental maps 2005.

12 Siehe zu den teilnehmenden Zeitzeugen und ihr Alter zum Zeitpunkt des Interviews sowie zu Datum, Ort und Dauer des Gesprächs in der Überblickstabelle im Verzeichnis *Quellen und Literatur*.

13 Vgl. die autobiographischen Erzählungen von Christel Zachert in: Zachert, Puppchen 2002, S. 365.

14 Dokumentarfilm »Wir wollten die Republik verändern. Der Liberale Gerhart Baum« von Bettina Ehrhardt aus dem Jahr 2012. Die Autorin führte die Interviews mit Gerhart Baum und seiner Tochter Julia getrennt durch.

15 Daher ist Julias Erinnerung an die Zeit unter Personenschutz eng verbunden mit den sozialen Bedingungen des damaligen Lebens als Ministerkind, die in ihrer Erinnerung im Vordergrund stehen. Wie sie selbst sagt, habe sie daher die direkten Folgen des Personenschutzes, wie z.B. auch Unsicherheitsgefühle oder Angst, irgendwann relativiert und dann verdrängt.

16 Siehe Anm. 1.

17 So Richterkollege Kurt Breucker im Gespräch mit der Autorin.

18 Im Gegensatz zu anderen Interviewpartnern, die meist das Gespräch durch die Autorin eröffnen ließen, wartet Hans-Jochen Vogel kaum ab, bis die Autorin ihre Unterlagen aus der Tasche geholt und die Gesprächssituation vorbereitet hat, sondern beginnt gleich mit seiner Erzählung über den Beginn des Schutzes. Was einerseits auf die Zeitknappheit zurückzuführen ist (das nächste Interview war bereits terminiert), kann aber auch als Versuch bewertet werden, die Interviewsituation und die Richtung des Gesprächs von Anfang an kontrollieren zu wollen. Darauf weist auch das immer wieder im Gespräch vorkommende Abfragen des Wissens der Autorin hin, also die Umkehrung und damit Lenkung der Interviewsituation durch den Interviewten.

19 Dabei kommt jedoch immer wieder ihre zögernde und manchmal skeptische Haltung gegenüber dieser für sie eher seltenen Interviewsituation zum Vorschein. Je bewusster Liselotte Vogel das tatsächlich vorhandene Interesse der Autorin an ihren eigenen Erinnerungen wahrnimmt, desto persönlicher wird die Gesprächsbeziehung und desto offener die Erzählungen.

20 Meiers Darstellung der damaligen Zeit ist im Gespräch nur bruchstückhaft, da er teils ähnliche und sich wiederholende Phrasen äußert und auf einige Fragen der Autorin keine inhaltlichen Antworten gibt. Im Interview ist nicht eindeutig zu differenzieren, ob es sich insgesamt um altersbedingte bzw. durch den Unfall und den dabei erlittenen Gedächtnisverlust verursachte Erinnerungslücken handelt, er auf die Fragen der Autorin nicht eingehen will oder ihm überhaupt nur noch eine Auswahl an Erinnerungen zur Verfügung steht, die bereits durch eine im Laufe der Zeit bewusste Selektion an Erinnerungen geformt worden ist (siehe zu den theoretischen Überlegungen bezüglich der Generierung von Erinnerung im *Appendix*).

21 Nach den schriftlichen Unterlagen begann der Schutz für Meier mit der Gefährdungsstufe 2 und Sicherheitsmaßnahmenstufe 2 (also Begleitung zu besonderen Anlässen). Mit der Entführung Schleyers wurde Meier, wie so viele, in Gefährdungsstufe 1 umgestuft und erhielt ab da an ständige Schutzbegleitung. Sein Wohnsitz wurde in den Nachtstunden von 20.00 bis 08.00 Uhr generell und am Tag bei Anwesenheit mit der Schutzmaßnahme 3, bei Abwesenheit tagsüber mit der Schutzmaßnahme 5 gesichert (Aufstellungen vom 22.4.1977 und 13.9.1977 in: BArch, B106/78678).

22 Siehe genaueres zu diesem Unfall im Kapitel *Erinnerungen an die erlebte Bedrohung*, S. 223.

23 Warum er den Personenschutz für die Fahrt mit seiner Begleiterin trotz Gefährdungseinstufung (GS1) abgelehnt hatte, kann sich Meier im Gespräch nicht mehr erinnern. Zur Ablehnung des Begleitschutzes und der privaten Situation Meiers siehe bereits damals in: »Nachfolger für Meier«, in: *Der Spiegel* vom 20.12.1982, H. 51 und »Staat vorgeführt«, in: *Der Spiegel* vom 9.5.1983, H. 19. Weitere Informationen zum Ausscheiden Meiers vgl. u.a. die Artikel »Blut gerochen«, in: *Der Spiegel* vom 6.12.1982, H. 49 und »Panorama: Noble Geste für Meier«, in: *Der Spiegel* vom 2.5.1983, H. 18.

24 Neben den zwei Hauptthemen Privatheit und Gefährdung war auch die Funktion des Personenschutzes als Statussymbol ein wichtiger Aspekt in den Gesprächen. Die hierzu gemachten Erzählungen wurden bereits im Kapitel *»Statussymbol oder Notwendigkeit«?* aufgeführt. In den folgenden Ausführungen zu Privatheit und Unsicherheit werden auch andere Schutzpersonen und Personen, die an der Oral History Studie teilgenommen haben, zu Wort kommen, deren biographische Erzählungen aufgrund von quantitativen Beschränkungen nicht ausführlich behandelt werden konnten.

5. Kapitel – Bewegen in privaten und öffentlichen Räumen

1 Vgl. Rössler, Wert 2001, S. 25.

2 Grundlegend hier Ariès, Geschichte 1989–1993. Zur Privatheitsforschung siehe in Anm. 20 in der Einleitung.

3 Diese Entwicklung ist von unterschiedlichen Aspekten geprägt, siehe z.B. zum »fordistischen« Lebenslauf von den fünfziger Jahren bis in die siebziger Jahre, der vom männlichen Alleinverdiener mit einer begleitenden Hausfrauenehe und Kleinfamilie geprägt war, bei Wirsching, Erwerbsbiographien 2009; zum Motto »Das Private ist politisch« bei Schnei-

der, Januskopf 2004, S. 163. Auch der Einfluss der Frauenbewegung auf die Entwicklungen von Privatheit in dieser Zeit ist hoch einzuschätzen, siehe hierzu u.a. bei Rössler, Wert 2001, S. 49ff. Zum »Umbau der privaten Welt« vgl. die Darstellung der US-amerikanischen Familie in den sechziger bis achtziger Jahren in May, Mythen 1993, S. 592–593.

4 Zur neuen Bedeutung des Individuums heißt es in der Forschung, dass sich in der zweiten Jahrhunderthälfte eine neue »Subjektivität« entwickelte, die sich auch in der Bundesrepublik der sechziger/siebziger Jahre als neue »Subjektkultur« bemerkbar machte (zur »Subjektivität« vgl. u.a. den Sammelband Eghigian, Self 2007). Insgesamt muss hierbei auch die Rolle der Massenmedien und der medientechnischen Veränderungen, die seit Mitte des 20. Jahrhunderts das Verhältnis der Sphären Privatheit und Öffentlichkeit verändern, bedacht werden sowie die Debatten um den »Datenschutz« in den siebziger Jahren (Stichworte sind George Orwells »1984« oder die Kontoverse um das Volkszählungsurteil von 1983 bzw. die heute andauernde Debatte um die Vorratsdatenspeicherung oder um nachrichtendienstliche Tätigkeiten; näheres dazu bei Schaar, Ende 2007, S. 21f od. Frohman, Sheep 2012).

5 Kammerer, Anfänge 2010, Abs. 3. Zur Entwicklung der Videoüberwachung vgl. auch Hempel, Bild 2005, S. 11f. Zur »new surveillance« in Abgrenzung zur Videoüberwachung bei Marx, Surveillance 2002, S. 16.

6 Vgl. Gössner, Big Brother 2000, S. 17.

7 Ulrich Schneider zählt die Politiker zur Gruppe der genuinen Elitemitglieder, die durchaus auch prominente Mitglieder hervorbringen kann. Dagegen gehören nicht alle Prominenten wiederum zur gesellschaftlichen Elite. Zur Differenzierung in genuine Elitemitglieder, prominente Elitemitglieder, genuine Prominente und prominente Stars siehe in: Schneider, Januskopf 2004, S. 81f.

8 Vgl. Imhof, Veröffentlichung 1998. In den neunziger Jahren entwickelte sich ein stärkeres Interesse der Medien für das private Leben von Politikern. Die Entwicklung hin zur Personalisierung und Privatisierung des Politischen, wo nicht mehr nur sachliche Themen im Vordergrund stehen, sondern die Person des Politikers und seine Selbstdarstellung, sowie zur heutigen Medieninszenierung von Politikern erfährt nach Schneider schließlich ihren Höhepunkt im ersten TV-Kanzlerduell im Jahr 2002 mit Bundeskanzler Gerhard Schröder (Schneider, Januskopf 2004, S. 167). Das Privatleben des Politikers wurde damit verstärkt zum Gegenstand öffentlichen Interesses – und zwar jenseits von medialen Skandalisierungen (siehe zur Form der Skandale in der Zeit von 1880 bis 1914 bei Bösch, Geheimnisse 2009).

9 Gefahrenabwehrstrategie von SG-Leiter Boeden vom 5.3.1974 zur Vorbereitung, Durchführung und Entwicklung von Maßnahmen gem. §9 BKAG, in: BArch, B106/78678.

10 VM des Gruppenleiters SG 1 vom 11.6.1974 über das Gespräch bei StS Fröhlich am 10.6.1974, in: BArch, B136/29585.

11 Hierzu und zum Folgenden siehe in Absatz 5 der PDV 100 (»Dienstanweisung zur Durchführung des Schutz- und Begleitdienstes im Rahmen des §9 BKA-Gesetz« i.d.F.v. 1.7.1975, in: BArch, B106/78678).

12 Siehe z.B. bei Michels, Guillaume 2013, S. 218ff od. Merseburger, Willy Brandt 2012, S. 731 und ausführlich bei Schreiber, Kanzlersturz 2005, S. 162ff.

13 Im Zusammenspiel von Schutzperson und Personenschützer lassen sich viele Mechanismen beobachten, die das Leben unter Personenschutz mitbestimmen, wie das Stockholm-Syndrom (mehr hierzu und zur Position des Personenschützers bei Nijdam, Effects 2008, S. 51–56 und 64–68). Nachdem bei der vorliegenden Untersuchung aufgrund der be-

grenzten Forschungsfrage nur zwei Gespräche mit Personenschützern geführt werden konnte, wäre es von großem Interesse, in einem weiterführenden Forschungsprojekt diese Perspektive noch stärker zu beleuchten.

14 Rössler, Wert 2001, S. 23 sowie die folgenden Definitionen und ihre Diskussion bei Rössler, Wert 2001, S. 25.

15 Zum Zwiebelmodell vgl. Rössler, Wert 2001, S. 18.

16 Die Erzählungen der Angehörigen, insbesondere der Kinder, fließen in die Herausarbeitung des neuen Privatheit-Modells nicht unmittelbar mit ein, da zum einen mehr die Schutzpersonen im Zentrum der Untersuchung stehen und zum anderen auch nur mit drei Kindern von Schutzpersonen Gespräche geführt wurden. Dennoch lassen sich in diesen Gesprächen Hinweise finden, die das vorgestellte Modell bestätigen. Dieser Zusammenhang und weitere Erkenntnisse zum Leben als Kind unter Schutz werden im Kapitel *Die eingeschränkte Privatheit der Lebenspartner und Kinder* vorgestellt.

17 Vgl. auch die Erzählung seiner Ehefrau in Zachert, Puppchen 2002, S. 366. Kapitel fünf und sechs basieren hauptsächlich auf den Interviews der Autorin mit den Schutzpersonen und Familienangehörigen, die hier nicht extra gekennzeichnet sind. Andere Quellen sind – wie üblich – mit Nachweisen versehen.

18 »Fünf gepanzerte Limousinen für den ›General‹« im *Weser-Kurier* vom 31.7.1980, in: BArch, B106/78675

19 Sicherheitsbesprechung im Bundespräsidialamt am 14.9.1977, in: BArch, B122/66208.

20 So nach einer Erzählung von Liselotte Vogel.

21 Schreiben von AL ÖS an den RL ÖS 6 vom 6.9.1977, in: BArch, B106/78678.

22 Auch für BKA-Präsident Herold war das erste Selbststeuern eines Fahrzeugs nach Ende des Schutzes eine Umstellung: »Das Fahren auf der Autobahn wurde zu einem Abenteuer.« (Schenk, Chef 1998, S. 136).

23 Zu den Sicherheitsmaßnahmen u.a. in BArch, B136/19655 und BArch, B136/29394.

24 Vgl. den Artikel: »Personen- und Objektschutz hat viele Tücken. Von Habicht-Nummern bis zu Tarnkennzeichen«, von Ulf G. Stuberger im *Weser-Kurier* vom 31.7.1980 (in: BArch, B106/78675).

25 Bericht von EKHK Jahnku über den Beginn der Ausbildung von Scharfschützen in Verbindung mit der Gefährdungsschwachstelle bei Bundeskanzler Kohl, in: BKA, SG AS/ Geschichte der Aufklärung.

26 Anfrage des Bundespräsidialamts in einem Schreiben des BKA an das BMI vom 28.9.1977, in: BArch, B106/78701.

27 *HR*, BKA zu Personenschutz, 16.10.1990, in: *HR*-Archiv, 75547.

28 Hofmann, Bonn 1987, S. 38.

29 Dies und folgendes Beispiel nach Meyrowitz, Held 1987, S. 184.

30 Antrag von Foth und Breucker vom 21.5.1979 an den Sicherheitsbeauftragen am OLG bzw. IM BW, woraufhin Schutzmaßnahmen durchgeführt wurden, in: LArchBW, EA 2/303 Bü 486.

31 Aus der sog. »Verhaltsberatung« bei Familie Otto Graf von Lambsdorff vom 25.4.2000, in: LArchNW, BR 2259/8.

32 Im Artikel »Personen- und Objektschutz hat viele Tücken«, siehe Anm. 24.

33 Über das Sicherheitsgespräch am 19.4.1989 in einem VM der SG vom 21.4.1989, in: BArch, B106/327342.

34 Dies und Folgendes bei Mache, Zeitzeugen 2009.

35 Ihr Ehemann Eberhard Foth erzählt der Autorin von diesem Ereignis. Er selbst hatte davon erst aus Anlass des bevorstehenden Interviews von seiner Frau erfahren.

36 Vgl. Schenk, Chef 1998, S. 264 und Waldmann, Terrorismus 2005, S. 205.

37 VM der Polizei BW über ein Gespräch mit GBA Rebmann vom 27.9.1982, in: LArchBW, EA 2/308 Bü 151. Die Auseinandersetzungen mit den Nachbarn von GBA Rebmann endeten schließlich in einer Klage des Nachbarn gegen das Land Baden-Württemberg.

38 VM des Sicherheitsbeauftragten des Landes BW vom 27.9.1978, in: BArch, B106/78734. Die dabei hohen geforderten Entschädigungszahlungen eines Nachbarn wurden dann aber nach langem Verfahrensweg mit Verweis auf das Recht jeder Person auf freie Wahl des Wohnsitzes abgelehnt (siehe zur Lösung des Konflikts im Schreiben des BMI an die Rechtsanwälte des Klägers am 18.4.1979, in: BArch, B106/78734).

39 Schreiben des Sicherheitsbeauftragten des BuKa an das Ref. 113 vom 1.10.1982, in: BArch, B136/38638.

40 Leserbrief vom 3.1.1982 und Antwort des BuKa am 18.2.1981 in *Die Welt*, in: AdsD, HSAA 6574.

41 Hierüber gibt es bereits zahlreiche Studien in der Psychologie, wie u.a. Weltall-Simulationen für Astronauten, isolierte Krankenhäuser zur Verhinderung von Infektionskrankheiten oder Einzelhaft in Gefängnissen. Im Verlauf solcher Isolationssituationen gibt es unterschiedliche Phasen der Reaktion, wie anfangs Angstgefühle, danach Niedergeschlagenheit und Anpassung an die Situation und schließlich emotionale Ausbrüche und Aggression, begleitet von verminderter Motivation und niedriger Moral. Auch wenn die Abgeschlossenheit dieser Situationen nicht mit denen des Personenschutzes vollständig vergleichbar ist, so zeigen sich doch ähnliche Aspekte wie u.a. eine reizarme Umwelt oder die Abhängigkeit von Dritten (vgl. Nijdam, Effects 2008, S. 47).

42 Zu weiteren Faktoren für die Veränderung von Privatheit siehe die Beiträge in Hahn, Soziologie 2011.

43 Vgl. VM des SG-Leiters vom 2.2.1977, in: BKA, SG 22/Maihofer.

44 FS Nr. 573 vom 26.7.1977 der Polizeidirektion Mannheim an das IM BW, in: LArchBW, EA 2/303 Bü 476.

45 Bericht über die Gründung des Referats »Aufklärung« (SG 23), in: BKA, SG AS/Geschichte der Aufklärung.

46 Auch im Kreta-Urlaub von Willy Brandt half der Personenschützer beim Steuern des Bootes aus, siehe *Abb. 6*, S. 158.

47 Vgl. hierzu das Schreiben von Herrn Bruns an BK Schmidt vom 28.9.1979, in: AdsD, HSAA 6573. So ist auch in einem Fernsehbeitrag des *NDR* das Ausmaß der Begleitung des Kanzlers Schmidt zu beobachten, als ein Kamerateam seinen Besuch der Akropolis in Athen, gemeinsam mit seiner Frau und zahlreichen Personenschützern, begleitet und das Aufsehen unter den Touristen dokumentiert (in: *ARD*, Ein Porträt des Bundeskanzlers, 11.2.1976, in: *NDR*-Archiv, 1031325, TC: 01:48:00). Bei Kanzler Schmidt selbst lässt sich keine Aufregung bezüglich dieses *öffentlichen* Besuches erkennen, sondern er läuft (betont) dynamisch und locker über die Reste des griechischen Bauwerks, während Loki Schmidt sich stark im Hintergrund hält.

48 *ARD*, Genschmann geht. Rückblick auf ein Phänomen, 27.4.1992, in: *NDR*-Archiv, 1884880000, TC: 00:13:17.

49 Schreiben an den Innenminister des Landes NRW Willy Weyer vom 16.5.1973, in: LArchNW, NW 308/102.

50 Die Kosten für den Schutz (rund 6000 DM) wurden dennoch in Rechnung gestellt (VM des IM BW vom 23.4.1982, in: LArchBW, EA 2/308 Bü 151).

51 Rössler, Wert 2001, S. 113. Zum gestiegenen Wert des Authentischen bei Saupe, Authentizität 2010.

52 Siehe zu Vereinbarungen von Regelterminen z.B. in: LArchNW, BR 2231/69. Spontane Einkäufe mussten dagegen angekündigt werden, siehe hierzu auch *Abb. 7*, S. 161.

53 Erzählung nach Körner, Familie 2013, S. 251. Auf die gleiche Weise wurde auch sein Sohn Matthias Brandt von seinem Bruder aus der Villa geschleust (siehe später im Kapitel *»Räuber und Gendarm« oder der Verlust der Kindheit?*).

54 Schenk, Chef 1998, S. 100.

55 6. Sitzung am 11.4.1991, in: PA-DBT 3114 A 12/4 – Prot. 6.

56 Schnoor in einer *ZDF*-Sendung vom 3.4.1991 (eine Verschriftlichung des Beitrags in: BArch, B106/126487).

57 Goffman, Frame 1974, S. 67. Auch Georg Simmel beschäftigte sich mit den räumlichen Beziehungen zwischen Individuen und entwickelte den Begriff der »Persönlichkeitssphäre«, die durch die Norm zur »Diskretion« gewahrt werden müsse (z.B. in seinem »Exkurs über die soziale Begrenzung« in Simmel, Raum 1992, S. 698–702 oder zur »Diskretion« in Simmel, Psychologie 1993).

58 Vgl. auch Heuser, Personenschutz 2008, S. 83.

59 Hier ist noch einmal darauf hinzuweisen, dass der persönliche Raum nicht unbedingt an die lokale Privatheit, also dem intimen Raum eines Wohn- oder Schlafzimmers gebunden ist. Der Gang zur Toilette fand auch außerhalb eigener privater Räume statt. Es handelt sich beim persönlichen Raum also nicht unbedingt um eine lokale, sondern um eine auf den Körper der Schutzperson bezogene Privatheit.

60 FS vom RP Köln an IM NRW vom 10.2.1971, in: LArchNW, NW 308/103.

61 NRD-1-regional, Helmut Schmidt, 23.3.1977, in: *NDR*-Archiv, 1033191, TC: 10:02:00.

62 Zur Funktion des Erzählstimulus bzw. der Impulsfrage siehe im methodischen Teil im *Appendix*, S. 268. Die Frage, ob es Momente gegeben hätte, in denen er lieber alleine gewesen wäre, bejaht Meier lachend. Um welche Momente es sich dabei handelte, teilte er jedoch nicht mit.

63 Hierbei muss auch beachtet werden, dass es sich nicht nur um eine eindimensionale Beziehung zwischen Schutzperson und Personenschützer handelte, in der nur Emotionen und Handlungen der Schutzpersonen eine Rolle spielten, sondern auch emotionale Stimmungen des Personenschützers das Zusammensein im Kommando beeinflussen konnte. Dies kam jedoch aufgrund des professionellen Ethos der Personenschützer und ihrer beruflichen Ausbildung hin zu Distanz und Neutralität eher selten vor, so die Auswertung der Interviewstudie. Wie nah sich Schutzpersonen und Personenschützer kommen konnten, zeigt auch *Abb. 8*, S. 166.

64 Wohlrab-Sahr, Schwellenanalyse 2011, S. 39.

65 In ihrer Soziologie der Grenzziehungen beschreibt Wohlrab-Sahr den Empfang eines Besuchs in den eigenen privaten Räumen: Der Eingangsbereich sei dabei die »Schwellensituation«, in der zwischen Gastgeber und Gast über den Grad der Informalität bzw. Privatheit entschieden würde, z.B. ob Besucher ihre Schuhe ausziehen müssen (dazu und weitere Beispiele bei Wohlrab-Sahr, Schwellenanalyse 2011, S. 44–45).

66 So die Erzählung eines Personenschützers im Interview.

67 Dies und die folgende Aufführung nach Hofmann, Bonn 1987, S. 36.

68 Rössler, Wert 2001, S. 262. Zu anderen Individualitätskonzepten siehe u.a. bei Ritter, Dynamik 2008, S. 78f.
69 Zit. n. Rössler, Wert 2001, S. 268.
70 Vgl. Goffman, Presentation 1971, S. 114f.
71 Vgl. Neckel, Felder 2009, S. 54. Eine sehr interessante filmische Aufarbeitung über menschliche Empfindungen in der Auseinandersetzung mit dem sozialen Gefälle im Personenschutz ist der argentinisch-deutsch-französische Spielfilm »El Custodio« von Rodrigo Moreno aus dem Jahr 2007. Die Existenz des Leibwächters Rubéns, der einen argentinischen Minister beschützt und aus dessen Perspektive auf die Geschehnisse geblickt wird, scheint bei seinem umfassenden Schutzauftrag fast zu verschwinden. Der Regisseur Rodrigo Moreno nimmt in seinem Film v.a. »die zunehmende Verzahnung dieser beiden völlig entgegengesetzten Welten« des Ministers und des Leibwächters in den Blick (siehe hierzu eine Rezension bei Bombarda, Schatten 2008). Der Film ist zudem eine Möglichkeit, einen intensiven Einblick in den Berufsalltags von Leibwächtern in Form eines Spielfilms zu erhalten.
72 VM des Landespolizeipräsidiums und Antwortschreiben des Bundesanwalts vom 19.7.1977, in: LArchBW, EA 2/303 Bü 476.
73 So eine Handnotiz des Kanzlers an den Chef des BuKa vom 17.11.1975, in: BArch, B136/29585.
74 Schreiben von StS Fröhlich an den Referenten P I 4 am 23.8.1978, in: BArch, B106/78678.
75 Schreiben des Persönlichen Referenten des Ministers an AL ÖS vom 5.5.1975, in: BArch, B106/78726.
76 Schenk, Chef 1998, S. 135. Herolds Klagen über die »Sonderopfer« im Privatleben im Schreiben an AL-Präsidenten Mertz, vom 4.4.1985, in: BArch, B106/115124.
77 Vgl. den Artikel »Große Tiere sind auch nur Menschen« in *POB, Zeitschrift der Gewerkschaft der Polizei Kreisgruppe Bonn*, Nr. 3/80 vom 30.3.1980, in: BKA, SG 22/Maihofer.
78 Um die Tragweite dieser Einschränkung verstehen zu können, muss sie vor dem Hintergrund einer zunehmenden Kultur der Intimität gesehen werden, die nämlich gerade Anfang der siebziger Jahren entstand (vgl. Sennett, Verfall 1983) und auch die heutige Kultur, in der die Autorin sozialisiert ist, weitgehend kennzeichnet.
79 Scholzen, Personenschutz 2001, S. 106.
80 Einschätzungen von Herold zit. n. Schenk, Chef 1998, S. 134. Die informationelle Freiheit ist ebenfalls ein Thema im Personenschutz: der Personenschützer hat Zutritt zu privaten und intimsten Informationen über das Privatleben. Dies ist aber eine Selbstverständlichkeit für die Schutzperson und wurde in den Interviews in Hinblick auf das übliche Vertrauensverhältnis, welches man mit dem Personenschützer pflegte, oftmals nicht weiter thematisiert; ein Thema wird die Einschränkung der informationellen Privatheit erst bei vermeintlichem Missbrauch der Informationen, wie es den Personenschützern von Bundeskanzler Brandt zum Vorwurf gemacht wurde.
81 Im Bulletin des Presse- und Informationsamts der Bundesregierung, Z 1988 B, Nr. 35, S. 321 vom 14.4.1977.
82 Zum Schutz für Angehörige siehe bei den Ausführungen im Kapitel *Der Personenschutz: Ziele, Einstufung und Umsetzung*, S. 38.
83 VM des BMI über den Personen- und Objektschutz vom 19.11.1974, in: BArch, B106/78726.
84 VM des BKA-Präsidenten vom 25.9.1977, in: BKA, SG 22/Maihofer.
85 Scheicher, Armee 2011, S. 17.

86 Zur »Sippenhaft« bei Schwarz, Helmut Kohl 2012, S. 899. Für die Verarbeitung einer Lebenssituation wie der Personenschutz bzw. die Erinnerung daran hängt erstens von der biographischen Situation zum Zeitpunkt der Ereignisse ab, zweitens wie sich nach dieser spezifischen Lebenssituation die Familiensituation weiterentwickelte und drittens wie die Erfahrungen familiär eingebettet wurden, sprich: welche Bezugspersonen für die Generierung von Erinnerung zur Verfügung standen (vgl. im *Appendix*). So beschreibt z.B. Bundesbankpräsident Tietmeyer im Gespräch mit der Autorin, dass das Attentat von 1988 auf seine Person in der heutigen Familienkommunikation keine Rolle spielen würde. Da gebe es so viele andere Themen.

87 Kohl, Leben 2011, S. 66.

88 Körner, Familie 2013, S. 224. Genaueres zur Biographie Genschers bei Heumann, Genscher 2012.

89 Hintergrund dieser Funktion von Mutter und Ehefrau ist u.a. die Erkenntnis der Psychologie, dass die weibliche Reaktion auf Stresssituationen vor allem auf den Schutz und das Überleben der Familie ausgerichtet ist (Seidel, Stresstyp 2013, S. 74).

90 Zachert, Puppchen 2002, S. 368.

91 *HR*, 48 Stunden im Leben des Ignatz Bubis, 29.6.1994, in: *HR*-Archiv, 125423, TC: 10:14:00.

92 René Pfister: »Das gefräßige Monster. Warum sich Politik und Familie nicht vereinbaren lassen«, in: *Der Spiegel* vom 23.4.2012, H. 17.

93 In einem *ZDF*-Interview mit Reporterin Barbara Friedrichs im Jahr 1992 über ihr Leben als Kanzlergattin, u.a. in: Klaus Brinkbäumer und Almut Hielscher: Ich verbrenne von innen, in: *Der Spiegel* vom 9.7.2001, H. 28.

94 Siehe hier exemplarisch die Einstufung von Frau Zimmermann (Ehefrau des Bundesinnenministers Zimmermann) in GS 2, SM 2 (FS Nr. 362 vom 22.10.1982, in: BArch, B106/327342) oder die Einstufung von Christiane Herzog in GS 2, SM 2 (Einstufung des Landespolizeipräsidiums Stuttgart vom 28.6.1983, in: LArchBW, EA 2/308 Bü 142).

95 VM des BuKa zu Schutzmaßnahmen für Loki Schmidt vom 6.5.1982, in: BArch, B136/38636.

96 Schwan, Frau 2011, S. 199.

97 Siehe hierzu die von Minister Genscher angeforderte Aufstellung des Ref. ÖS 6 über die erforderlichen Schutzmaßnahmen für seine Ehefrau, für seine Kinder und für seine geschiedene Frau vom 5.10.1972, in: BArch, B106/78724. Im November 1974, nach dem Mord an Kammergerichtspräsident von Drenkmann, forderte Minister Genscher mehrmals in kürzeren Abständen diese Einschätzungen an (vgl. die Schreiben in BArch, B106/78725).

98 Siehe Anm. 95.

99 VM von Ref. II/2 vom 29.5.1978, in: BArch, B122/66208.

100 Aufzeichnung von Herrn Jahnku bez. der Neugründung des Referats »Aufklärung«, in: BKA, SG AS/Geschichte der Aufklärung.

101 Zachert, Puppchen 2002, S. 335. Wenn die Schutzperson ihren Personenschützer mit in den Urlaub nahm, verbrachten sie viel private Zeit miteinander, woraus sich eine enge Bindung entwickeln konnte, wie z.B. bei Willy Brandt und seinem Personenschützer in den Sevennen (*Abb. 9*, S. 178).

102 Ohne explizite Aufforderung zur Erzählung ist dies die erste Bemerkung von Ingeborg Foth in einem kurzen Gespräch mit der Autorin.

103 Vgl. »Kopf und Kragen«, in: *Der Spiegel* vom 16.5.1977, H. 21.

104 Dass dieses Ereignis für Schmidt in der Erinnerung »von Bedeutung« sei, wie er es formuliert, muss im Vergleich mit dem ansonsten stark rationalen Interview hoch eingeschätzt werden. Auch in Mimik und Gestik des Altbundeskanzlers zeigt sich bei der Erzählung über diesen »Verlust« einer der intensivsten emotionalen Momente im Interview.

105 Die Gesprächsrunde fand statt in: *ARD*, Helmut, Hannelore und die Buben, 3.4.2005, in: *NDR*-Archiv, 5040500000, TC: 00:14:00.

106 Aus der sogenannten »Verhaltsberatung« bei der Familie Otto Graf von Lambsdorff vom 25.4.2000, in: LArchNW, BR 2259/8.

107 FS von BKA-Präsident Herold am 4.1.1978, in: BArch, B106/78678.

108 Siehe zur Schutzhistorie Martina Genscher in: BArch, B106/78725.

109 Kohl, Leben 2011, S. 102. Zu einem Gespräch mit der Autorin erklärte er sich leider nicht bereit.

110 FS Nr. 228 vom 9.6.1980 von IM Bayern an BMI Bonn und LKA München, in: BArch, B106/78679.

111 Zu bedenken ist hier auch noch die Tätigkeit ihres Vaters als oberster Verfassungsschützer, die die Situation im sozialen Umfeld wie auch in der Familie noch einmal besonders prägte.

112 Schreiben StS Rutschke an den AL ÖS vom 6.11.1972, in: BArch, B106/78725.

113 Dies zeigt, dass der Personenschutz auch in die Zeit der Pubertät fallen konnte, so dass Kinder auch mit Problemen der eigenen Entwicklung beschäftigt waren. So erzählt auch Stephan Meier, dass man mit 16 Jahren viel zu sehr »mit seiner eigenen Spätpubertät« und mit seinen Orientierungen zu tun gehabt habe, um sich von diesen Umständen einschränken zu lassen.

114 »Der andere Deutsche«, in: *Die Zeit*, Nr. 47 vom 14.11.2013, S. 15.

115 Die folgende Erzählung von Matthias Brandt in Körner, Familie 2013, S. 250–251.

116 Die Fotoaufnahme in *Abb. 10*, S. 183 sowie auf dem Titelbild zeigt diese scheinbar alltägliche Situation, in der Julia nicht nur durch die Bekanntheit ihres Vaters, sondern vor allem durch die ungewöhnliche Konstellation der umringenden und um sich schauenden Personenschützer der Anonymität entzogen war.

117 Körner, Familie 2013, S. 335.

118 Vgl. auch die neue »Freiheit«, die Walter Kohl bei seiner ersten Klassenfahrt ohne Polizeischutz erlebte, in: Kohl, Leben 2011, S. 93.

119 Dies ist die Beschreibung von Richter Foth vom Umgang seiner Kinder mit der Situation unter Personenschutz. Inwieweit die Kinder selbst diese Situation so empfunden haben, muss hier offen bleiben, da mit den Kindern keine Gespräche geführt wurden. Wie ein Sohn von Richter Foth mit dem Eindruck der Gefährdung seiner Familie und seines Vaters umging, wird im späteren Kapitel *Die Kinder und ihr Erleben von Bedrohung*, S. 227 aufgegriffen.

120 Rössler, Wert 2001, S. 255.

121 Ebd., S. 280.

122 Werlen, Körper 2009, S. 366. Zur Raumforschung siehe in der Einleitung Anm. 21.

123 Lehnert, Raum 2010 (Beitrag), S. 10. Näheres zum dynamischen Raumkonzept auch bei Lefebvre, Produktion 2006 und bei Löw, Raumsoziologie 2001. Weiter muss zwischen *Raum* und *Ort* unterschieden werden, siehe hierzu bei Lehnert, Raum 2010 (Beitrag), S. 11–12.

124 So wanderte auch Kanzler Helmut Kohl nicht privat mit seiner Familie durch die Berge in Schruns/Montafon, sondern gemeinsam mit seinen drei Personenschützern, z.B. in seinem Österreich-Urlaub 1987 (siehe *Abb. 11*, S. 188).

125 Wie bedeutend das direkte Wohnumfeld und die Nachbarschaft für die Orientierung und die Identität des Individuums sein können, zeigen die zahlreichen Studien der Raum- und Segregationsforschung. Nach diesen nehmen das unmittelbare Wohnumfeld und die Nachbarschaft als dessen Erweiterung eine bedeutende Rolle in der raumbezogenen Identität des Individuums ein (vgl. Weichhart, Identität 1990, S. 20–24). Sie ermöglichen Anknüpfungspunkte für soziale Kommunikation, was zu einem verstärkten sozialen Zusammenhalt oder zu einer sozialen Abgrenzung führen kann (vgl. ebd., S. 46–52).

126 Der Aspekt der sozialen Isolierung der in dieser Studie untersuchten Wohnsituation von Politikern weist auch Verbindungen zu den viel diskutierten *gated communities* auf, die ihren Ursprung in den USA des letzten Drittels des 20. Jahrhunderts haben. Während diese sich jedoch vor allem durch die Privatisierung des öffentlichen Raums auszeichnen (vgl. Glasze, Verräumlichung 2005), hat die hier vorgenommene Betrachtung der Wohnsituation mehr die Einschränkung der Privatsphäre durch die fehlende Trennung von Beruflichem und Privaten im Blick (weiteres zu gated communities bei Glasze, Communities 2012 sowie zur sozial-geographischen Raumforschung bei Glasze, Handbuch 2009).

127 Rössler, Wert 2001, S. 256.

128 Ebd., S. 260.

129 Ebd., S. 257.

130 Bachelard, Poetik 1994, S. 26ff.

131 Zur Einschätzung der Veränderungen hier eine Aufstellung möglicher technischer Sicherheitsmaßnahmen: Einbruchmeldezentrale mit aufgeschalteten Rollladen- und Fensterkontakten, Ultraschallbewegungsmelder, automatisches Telefonnotrufgerät, Außenbeleuchtung (z.B. 6 Scheinwerfer), Garagentorsteuerung, Fernsehüberwachung (Kamera, Objektschutz, z.B. 2 Monitore), Notrufanlage, Einbau von Metallrolladen, Ausstattung mit durchschusshemmender Verglasung, Aufbringung von Splitterschutzfolie, Erneuerung der Fensterrahmen, Sichtschutz an der Haustür, Verstärkung der Umzäunung, Sichtschutzzahn, Austausch der Fenster neben der Haustür gegen Makolon-Glas, Sicherheit Kellerroste, Knebelsicherung der Kellerfenster; Sicherung des Heizöltankfüllstutzens, Sicherung der Deckel für Kanalschächte am Haus, Anbringen von dichteren, die Einsicht hemmenden Gardinen, Aufstellung der Mülltonnen in größerer Entfernung zum Hause und Aufbewahrung möglichst in verschließbaren Behältnissen (Maßnahmen exemplarisch entnommen aus den Schreiben zur Schutzaufstellung für BfV-Präsident Meier und BKA-Präsident Herold von 1973, in: BArch, B106/115124 und BArch, B106/78736). Durch diesen umfangreichen Objektschutz, den v.a. Schutzpersonen der höchsten Gefährdungsstufe für ihre Privathäuser erhielten, war eine ständige Innensicherung durch Begleitbeamte, z.B. vor dem Betreten der Privaträume durch die Schutzperson, meist nicht mehr notwendig.

132 Vgl. das Schreiben des PPr Bonns an den RPr Köln am 6.2.1974, in: LArchNW, NW 0325/26.

133 VM der SG vom 12.9.1972, in: PA AA, ZA/178731.

134 VM über die Rücksprache des Chefs des BuKa am 13.10.1977 mit dem Bundeskanzler, in: BArch, B136/19655.

135 Dieser lakonische Ausspruch des Sicherheitsbeamten, von dem Christel Zachert in ihrer Autobiographie erzählt, hat sie offensichtlich so beeindruckt, dass sie sogar das gesamte Kapitel entsprechend betitelt (Zachert, Puppchen 2002, S. 343).

136 VM vom 25.6.1997, in: LArchNW, BR 2231/7.

137 Scholzen, Personenschutz 2001, S. 47.

138 Zur Aneignung der räumlichen Welt bei Kindern z.B. Deinet, Konzepte 2002 bzw. Deinet, Aneignung 2005.

139 Kohl, Leben 2011, S. 64. Siehe hierzu sein Wohnhaus in *Abb. 12*, S. 189 oder die spielenden Kinder von Bundespräsident Scheel in *Abb. 13*, S. 193.

140 Zit. n. Körner, Familie 2013, S. 252.

141 Folgende Aufstellung der Objektschutzmaßnahmen folgt einem Bericht von SG 223 vom 3.12.1979, in: BArch, B106/327357.

142 Vgl. hierzu und zur folgenden Ausführung bei Hempel, Bild 2005, S. 16–17.

143 Goffman, Individuum 1982, S. 375. Weitere Forschungen zu Überwachungs- und Kontrollgesellschaften siehe z.B. bei Kammerer, Bilder 2008 und Kammerer, Überwachungsbilder 2010.

144 Goffman, Individuum 1982, S. 153.

145 Vgl. Klauser, Raum 2005, S. 199f. Zu den Folgen der Videoüberwachung für das Individuum siehe auch bei Schroer, Sehen 2005, S. 336 sowie zur Verbindung von Raum, Gefühl und Handeln bei Lehnert, Raum 2010 (Beitrag), S. 10f.

146 Interessanterweise stehen Sicherheitswahrnehmung und Privatheits- bzw. Freiheitseinschränkung in direktem Zusammenhang. Denn ob man sich sicher fühlt oder nicht, so stellt es Porzsolt heraus, hängt auch davon ab, inwieweit man Freiheitseinschränkungen in Kauf nehmen oder sich ihnen widersetzen will, also von den Akzeptanzbedingungen der Sicherheit (siehe die Untersuchungen zur gefühlten Sicherheit bei Porzsolt, Entscheidungen 2012).

147 Die hier veränderte Lebenswelt von Kindern kann somit auch als eine Vorwegnahme der heute zunehmenden, freilich aus anderen Gründen entstehenden »Verhäuslichung« der Kindheit (Jürgen Zinnecker, Ursula Nissen) und »Verinselung« der Kindheit (Harmut Zeiher) gesehen werden.

6. Kapitel – Der subjektive Umgang mit Bedrohung

1 Emotion soll in der vorliegenden Arbeit als komplexes Phänomen verstanden werden. Sie umfasst erstens eine physiologische Dimension, also Emotion im Sinne von neurobiologisch-physiologisch beschreibbaren Verhaltensprogrammen, zweitens eine kognitive Dimension, also normative Bewertungen, was bei einem Ereignis gefühlt wird, und drittens eine soziokulturelle Dimension, da Emotionen in sozialen Praktiken ausgedrückt, geformt oder repräsentiert werden (Borutta, Vulkanier 2010, S. 17–18). Des Weiteren geht die vorliegende Untersuchung vom Verständnis des *modularen Emotionskonzeptes* aus, das mehrere Stufen von Emotionen, von basalen bis hin zu reflexiven Emotionen, beinhaltet und auf die Veränderbarkeit von Emotionen hinweist (vgl. Schützeichel, Emotionskonzepte 2008, S. 86–89; zu den verschiedenen Klassifizierungen von Emotionen siehe bei Griffiths, Emotions 1997). Damit verbunden ist die Vorstellung, dass Emotionen nicht nur automatisch-spontan, sondern auch kalkulierend erfolgen können und somit Emotionen auch durch Reflexivität oder kognitive Neuinterpretation, dem sogenannten *Re-*

Framing, verändert werden können, was für die im Folgenden aufgeführten Verarbeitungsmechanismen von Bedeutung sein wird. Insgesamt soll der Begriff der *Emotion* im Folgenden synonym mit dem Begriff *Gefühl* gebraucht und hier nicht historisiert werden (zur Historisierung vgl. Frevert, Gefühle 2011).

2 Stress wird nach Lazarus definiert als eine »Beziehung mit der Umwelt, die vom Individuum im Hinblick auf sein Wohlergehen als bedeutsam bewertet wird, aber zugleich Anforderungen an das Individuum stellt, die dessen Bewältigungsmöglichkeiten beanspruchen oder überfordern« (Lazarus, Theories 1986, S. 63 und auch bei Lazarus, Stress 1999). Weitere Darstellungen zu Stress, Angst, Traumata sind u.a. Schwarzer, Streß 2000; Durakovic-Belko, Doping 2003; Flöttmann, Angst 2011 sowie aus historischer Perspektive bei Bohleber, Traumata 1998. Zu Traumata einführend bei Seidler, Psychotraumatologie 2013 und weiteres bei Ozer, Predictors 2003 und Hunt, Predicting 2004. Neueste Forschungen der Psychologie zum Thema Angst und Emotion in der *Zeitschrift für Psychiatrie, Psychologie und Psychotherapie* 61 (2013), Heft 2. Interdisziplinäre Ansätze zu Angst bei Plamper, Fear 2012. Zur Unterscheidung zwischen kalkulierbaren Risiken und konkreten Bedrohungen einerseits und kontingenten Bedrohungen andererseits u.a. bei Münkler, Strategien 2010, S. 11f. Eine erste Studie über die psycho-sozialen Auswirkungen der Bedrohungssituation für *Schutzpersonen* bietet Nijdam, Effects 2008, hier v.a. S. 25–36 bzw. auch Nijdam, Politicians 2010. Die von dieser Studie vorgenommene Unterscheidung zwischen verschiedenen Phasen innerhalb des Schutzverlaufs sowie die Abgrenzung der Bedrohung vom Risiko sind auch Grundlage dieser Untersuchung.

3 Das Persönlichkeitsmerkmal *Ängstlichkeit* (trait) bezeichnet die »intraindividuell relativ stabile, aber interindividuell variierende Tendenz, Situationen als bedrohlich wahrzunehmen und hierauf mit einem erhöhten Angstzustand zu reagieren« (vgl. Krohne, Psychologie 2010, S. 17; zu Emotion und Persönlichkeit auch Krohne, Persönlichkeit 2013). Zur Beeinflussung der Wahrnehmung von Sicherheit durch traumatische Erlebnisse bei Nijdam, Effects 2008, S. 10f.

4 Schützeichel, Emotionskonzepte 2008, S. 89.

5 Hitzer, Emotionsgeschichte 2011, S. 16. Zur Forschungslandschaft der Emotionsgeschichte siehe in Anm. 19 in der Einleitung.

6 Vgl. Wierling, Historikerin 2006, S. 298–299.

7 Dass der Umgang mit Gefährdung und Bedrohung soziokulturell geprägt ist, lässt sich u.a. auch aus der Risikoforschung ableiten, die herausstellt, dass Wahrnehmung, Beurteilung von und Kommunikation über Risiko bestimmt sind durch den gesellschaftlichen Kontext: Risiko ist damit ein »soziales Konstrukt« (Jungermann, Psychologie 1993, S. 202).

8 Weinhauer, Staatsmacht 2007, S. 218. Zum »Streben nach Sicherheit« vgl. bereits Braun, Streben 1978.

9 Weinhauer, Staatsmacht 2007, S. 218. Näheres dazu auch bei Reuband, Veränderungen 1995.

10 Balz, Ausnahmezustand 2010, S. 78.

11 Ebd., S. 80. Zur Bedeutung der Gewalt bzw. Folter in der Auseinandersetzung mit dem Linksterrorismus siehe auch bei Kwaschik, Folter 2013.

12 »Innere (Un-)Sicherheit« von Ulrich Reitz in *Die Welt* vom 4.4.1991 (in Zusammenhang mit dem Attentat auf Alfred Herrhausen) und »Falls mal jemand eine Handgranate auf das Dach wirft. Automobil-Panzerung: Geschäft mit der Sicherheit, Geschäft mit der Angst« von Cornelia Bock in der *Frankfurter Allgemeinen Zeitung* vom 22.8.1989 (in Zusammenhang mit dem Attentat auf Gerold von Braunmühl und Hans Tietmeyer). Die diesbezüg-

lichen Leitartikel in der Zeitschrift *Der Spiegel* im Jahr 1977 lauteten: »Die Terroristinnen. Frauen und Gewalt« (Nr. 33), »Killer-Krieg gegen den Staat« (Nr. 38), »Der Staat geht in Stellung« (Nr. 39), »Terrorismus in Deutschland. Die Sympathisanten« (Nr. 41), »Sympathisanten II. Terroristen-Anwälte« (Nr. 42), »Terror. Schleyer, Flugzeug, Atom« (Nr. 43), »Die Kripo rüstet um. Neue Zielfahndung gegen Terroristen« (Nr. 46). Hinzu kamen zahlreiche Bilder, wie z.B. die Fahndungsplakate des BKA, die Bilder des Entführungsopfers Schleyer und Tatortbilder von Attentaten im Fernsehen usw.

13 »Sonst wurde das eleganter gemacht«, in: *Der Spiegel* vom 18.11.1985, H. 47.

14 Im Interview mit dem Ehepaar Zachert fällt das Wort »hysterisch« insgesamt 11 Mal, meist auf die Zeit während des Linksterrorismus bezogen, aber auch auf eigene Reaktionen oder das Verhalten anderer in dieser Zeit.

15 Vgl. Schenk, Chef 1998, S. 282.

16 Balz, Ausnahmezustand 2010, S. 78.

17 Vgl. u.a. Jungermann, Psychologie 1993, S. 190–191.

18 Zur gesprayten Drohgebärde siehe in der Gefährdungsanalyse zum BKA-Präsident Herold, in: BKA, SG 22/Herold Gefährdungserkenntnisse 1–50. Zu den angeblichen »Todeslisten« der Terroristen vgl. »Anarchisten: ›Mit dem Terror leben‹«, in: *Der Spiegel* vom 10.3.1975, H. 11.

19 PA-DBT 3109 A 8/6 – Prot. 13.

20 Schreiben von Neis an den PPr Berlin vom 20.10.1977, in: BArch, B106/78677.

21 Vgl. Hofmann, Bonn 1987, S. 32. Die Sicherheitsforschung stellt zudem heraus, dass sich das Urteil über Unsicherheit und Risiko auch »an der kognitiven Verfügbarkeit von Information« orientiert (zit. n. Jungermann, Psychologie 1993, S. 188). So habe sich in vielen empirischen Untersuchungen die Tendenz von Menschen gezeigt, »ein Ereignis für umso wahrscheinlicher zu halten, je leichter Beispiele für dieses Ereignis erinnert oder vorgestellt werden können.«

22 Informationsschreiben des BMI vom 4.12.1974 an alle MdBs nach dem Anschlag auf CDU-Bundestagsabgeordneten Walther Leisler Kiep, in: BArch, B106/78726.

23 Überlegungen der Sicherheitskräfte zur Erzeugung von Unsicherheit durch diese Maßnahmen z.B. in einem Schreiben der SG an das BMI vom 9.11.1971, in: BKA, SG AS/6100 1. Zur Feststellung von Gefährdungspunkten wurde z.B. StS Tietmeyer aufgefordert, einen Fragenkatalog zu seinem täglichen Verhalten, Fahrstrecken und Bezugspersonen auszufüllen (Schreiben PP Bonn an Tietmeyer vom 19.8.1986, in: Privatsammlung von Hans Tietmeyer).

24 Waldmann, Terrorismus 2005, S. 204.

25 *ARD*, Reaktionen auf Rohwedder-Mord, 2.4.1991, in: *NDR*-Archiv, 3356, TC: 00:02:12. An dieses Pressefoto vom 2.4.1991 erinnert sich auch der damals beteiligte StS Neusel in seinen – schriftlichen – Erinnerungen für die vorliegende Untersuchung. Weiter führt er in diesem Zusammenhang aus, dass ihn die gezielten Mordanschläge der RAF »tief berührt« haben. Zwar habe nicht Angst ihn in jener Zeit begleitet, »wohl aber der Zwang zu besonderer Aufmerksamkeit«.

26 Jungermann, Psychologie 1993, S. 189.

27 VM von Referat P I 4 vom 1.12.1978, in: BArch, B106/78679.

28 Schütz, Wolfgang Schäuble 2012, S. 19.

29 Siehe zu den methodischen Überlegungen im *Appendix*.

30 Dies soll Schmidt während der Suche nach dem Entführungsopfer Schleyer seinen Beratern offenbart haben (Noack, Helmut Schmidt 2010, S. 186).

31 Di Lorenzo, Schuld 2007, S. 3.

32 Schmidt, Zigarette 2009, S. 61. Dies zeigt auch noch einmal seine kognitive Herangehensweise an diesen Themenbereich.

33 Di Lorenzo, Schuld 2007, S. 5–8.

34 Vgl. auch ebd., S. 8.

35 Zu bedenken ist hier aber auch, dass Schmidt zum Zeitpunkt des Interviews 91 Jahre alt ist und zu vielen Ereignissen angibt, sich nicht erinnern zu können (seine Antworten »weiß ich nicht« oder »weiß ich nicht mehr« nennt er insgesamt 34 Mal im Interview). Auf manche Nachfragen zu Emotionen und Gefühlslagen nimmt die Autorin in der Formulierung der Antworten sowie Mimik und Gestik Anflüge von Nichtinteresse und Gleichmut wahr. Inwieweit sich Schmidt nicht erinnern kann oder nicht erinnern will bzw. seine Erinnerungsgenerierung bewusst steuert, muss hier unbeantwortet bleiben (diese Frage stellten sich auch andere Interviewer, u.a. in: Di Lorenzo, Schuld 2007, S. 9–10).

36 In dieser Episode sowie in der bildlichen Vorstellung des »Kokon« kommt auch noch einmal die enge Verbindung von Emotion und Raum zum Ausdruck. Die hier verkörperte Gefahr vor der Haustür deutet auf eine »Verräumlichung« von Gefühlen hin (Weiteres dazu bei Lehnert, Raum 2010 (Beitrag), S. 18).

37 Diese Episode in: Zachert, Puppchen 2002, S. 370.

38 Das Gespräch mit Herold fand in seinem Privathaus in Rosenheim statt, das räumlich-sozial isoliert und abgeschottet von z.B. gewöhnlichen nachbarschaftlichen Beziehungen auf dem Kasernengelände der Bundespolizei, vormals Bundesgrenzschutz liegt. Nach Ende seiner beruflichen Tätigkeit erbaute Herold hier ein Einfamilienhaus, um größtmögliche Sicherheit bei noch andauernder Gefährdung seiner Person zu erhalten. Nach seinem 90. Geburtstag im Oktober 2013 plant Herold nun den Umzug in eine neue Wohnung in Nürnberg. Aufgrund der teils melancholischen Rückblenden Herolds und seiner emotionalen Ausdrucksweise ist eine gewisse Empathie und Identifizierung der Autorin mit ihrem Interviewpartner zu beobachten. Die Autorin hat sich intensiv auf das Gespräch eingelassen. So sind im Interview einige Übertragungen und Gegenübertragungen zu beobachten, die bei der Analyse des Interviews berücksichtigt wurden (siehe im *Appendix*, S. 268).

39 Zur Videobotschaft Schleyers siehe im Kapitel *Schleyer: »Eindeutig versagt«?*, S. 56.

40 Schenk, Chef 1998, S. 428. Hier muss hinzugefügt werden, dass Herold und Schwan wegen einer Verleumdungsangelegenheit gegeneinander prozessiert haben, was die Aussage beeinflusst haben kann.

41 Dies und folgende Aussage Hirschs bei Schenk, Chef 1998, S. 248–249.

42 Antje Huber nutzt in ihrer Erzählung des Öfteren die Personalpronomen *man* oder *wir*, das zeigt, dass sie sich als Teil einer größeren Gruppe identifiziert oder ihr eigenes persönliches Handeln nicht in den Vordergrund stellen will (siehe hierzu auch die spätere Interpretationsmöglichkeit).

43 Hier gibt es eine interessante Parallele zum Verhalten von StS Neusel, der zwei Jahre später ebf. ein Attentat überleben sollte und seine Ehefrau auch nur auf sehr dürftige oder abgeklärte Weise über das Ereignis informierte: »Als ich am frühen Vormittag [nach dem Attentat] kurz nach Hause kam, um Hemd und Anzug zu wechseln, fragte mein Frau mich, was denn passiert sei? Da ich in Eile war, habe ich – schon wieder im Hinausgehen – gesagt ›Schalte das Radio oder den Fernseher ein, da wirst Du alles erfahren!‹« Diesen Ablauf habe ihm seine Frau eine Zeit lang übel genommen (so seine schriftlichen Erinnerungen).

44 Demgegenüber war die Stimmung nach dem versuchten Attentat in der medialen Öffentlichkeit sehr angespannt, wie die folgenden Artikel ansatzweise beschreiben können: »Ehefrau hörte Schüsse«, »Leichtes Spiel für Attentäter im Wohnviertel Tietmeyers«, »Angst und Schrecken bei Tietmeyers Nachbarn«, »Politiker fühlen sich nur in ihrer Bannmeile sicher«, »Bonn erleichtert, aber auch besorgt«, »Nervosität vor der Weltbanktagung in Berlin. Schärfste Sicherheitsvorkehrungen der Nachkriegszeit«, »Ratlosigkeit nach dem Attentat. Tietmeyer ohne Panzer?«, »RAF-Opfer wieder unbeschützt. Entsetzen am Tag danach«, »Experten hielten einen erhöhten Schutz nicht für notwendig«, »Weitere Unklarheit zum Tietmeyer Schutz«, »Verantwortung Schutz umstritten« (von Tietmeyer gesammelte Artikel in seiner Privatsammlung).

45 Dass ihn das Attentat und alles, was damit zusammenhängt, »nicht belaste« erklärt Tietmeyer ohne explizites Nachfragen der Autorin insgesamt sieben Mal im Interview.

46 Hans Neusel reagierte ähnlich unberührt auf den auf ihn verübten Anschlag. Nachdem er die durch Lichtschranke gezündete Bombe mit Splitterverletzungen (Schäuble: »blutüberströmt«) überlebt hatte, ging er sogleich ins Ministerium (nach Medienberichten mit dem Sakko über die Schulter geworfen) und hielt sofort eine Presskonferenz ab. Ein Bericht des *NDR* zeigt Neusel, wie er den Tatort besucht. Bombenkrater, weggeflogene Metallteile und das zerstörte Fahrzeug werden gezeigt sowie das Attentatsopfer – gelassen, aber teilweise unruhig umherblickend – interviewt (O-Ton Neusel): »Ich bin erst mal froh, dass die Sache so abgelaufen ist, wie sie abgelaufen ist. Dass die Täter auch diesmal wie beim Kollegen Tietmeyer zu seiner Zeit ihr Ziel nicht erreicht haben. Ich bedaure, dass es immer noch Menschen gibt, die glauben, auf eine solche Weise irgendwelche, wie auch immer geartete Ziele verfolgen zu können. Ich muss Ihnen sagen, egal, ob es mich erwischt hätte oder nicht heute Morgen, es wäre ein Nächster an meinen Platz gegangen. Damit ändert man nichts an unserer freiheitlich-demokratischen Grundordnung. Wir sind nun mal so aufgelegt, wie wir aufgelegt sind. Im Sicherheitsbereich weiß man, dass man da eine gewisse höhere Gefährdung trägt, das ist Berufsrisiko.« (*ARD*, Attentat auf Hans Neusel – Tatort Reportage, 27.7.1990, in: *NDR*-Archiv, 31766, TC: 03:13:11; zu Schäubles Erzählung siehe S. 237).

47 An dieser Stelle versucht Tietmeyer mehrmals, das Gespräch zu beenden (»Na ja, okay.« – »Ja, ja, jetzt lassen wir es.« – »Okay, wollen wir mal gucken. Ja, vielen herzlichen Dank.«).

48 Dass Tietmeyer selbst nicht gerne von den emotionalen Auswirkungen erzählt, zeigt sich auch dadurch, dass er trotz Klarheit über das Hauptanliegen des Interviews – nämlich über die emotionalen Auswirkungen des Attentats zu sprechen – immer wieder von dem eigentlichem Thema abkommt. Bis zu fünf Mal setzt Tietmeyer an, über seine damaligen Emotionen zu sprechen, kommt jedoch immer wieder davon ab und kehrt erst über Umwege wieder zur eigentlichen Frage zurück (»Das ist ja alles sozusagen objektiv und Organisationsfrage. Nein, zurück zu meiner emotionalen Geschichte.«).

49 Hier ist eine der vielen Ambivalenzen im Interview zu beobachten: Trotz teilweiser durch die Autorin empfundener Abwesenheit Meiers, seine nur vereinzelte Teilnahme am Gespräch und den immer wiederkehrenden Sätzen (»kein Problem«) kommen manche Antworten klar und deutlich ohne längeres Überlegen, scheinbar spontan und wenig konstruiert. Nur wenige Interviewpartner antworten auf die Frage nach Unsicherheit so klar und eindeutig wie BfV-Präsident Meier.

50 Trotz teils offen-spontaner Äußerung seiner damals emotionalen Gefühlslage, ist dann doch wieder ein Ausweichen dieser Fragestellung zu erkennen, wenn er nach dem hier aufgeführten Ausspruch mit der Frage anschließt, wie denn die Autorin überhaupt auf ihr

Untersuchungsthema gekommen sei. Er kehrt in diesem Moment die Interviewsituation um und gibt sich selbst die Rolle des Befragenden (als ehemaliger Geheimdiensttätiger auch eine eingeübte Haltung).

51 So z.B. für einen Auslandsaufenthalt vom 4.-8.10.1978, siehe im FS Nr. 97 vom 5.10.1987 von SG 22 an Bonn BMI, in: BArch, B106/115124.

52 Siehe zu diesem Vorfall die Berichte in den Medien, wie »Staat vorgeführt«, in: *Der Spiegel* vom 9.5.1983, H. 19.

53 Aus diesem Grund wäre für eine stärker fundierte Aussage zum Umgang von Kindern mit Bedrohungslagen eine größere Interviewzahl notwendig. Da das Augenmerk dieser Arbeit zunächst auf den *eigentlichen* Schutzpersonen liegt, sind nur wenige Kinder als direkte Interviewpartner in die Studie eingebunden worden, u.a. Julia Baum, Gabriela Daum und Stephan Meier. Dennoch soll hier mithilfe von anderen Quellen, wie der Autobiographie von Walter Kohl, der Umgang mit und Reaktionen auf Bedrohungssituationen ansatzweise beschrieben werden. Nur so kann das Bild einer familiären Situation unter Schutz vervollständigt und das zentrale Untersuchungsthema, der Schutz der staatlichen Elite, um ein wichtiges Feld ergänzt werden.

54 Körner, Familie 2013, S. 251.

55 Die Ich-Zentriertheit des Kindes, die Grund dafür ist, dass sich die alltäglich Bedrohungssituation nicht so intensiv wie bei Erwachsenen in der Wahrnehmung manifestiert, wurde u.a. von Jean Piaget, einem bedeutenden Entwicklungspsychologen, mit dem Begriff des »Egozentrismus«, also der Befangenheit im eigenen Standpunkt, beschrieben (Piaget, Aufbau 1974, S. 12). Im Gegensatz zum Egozentrismus eines Erwachsenen, ist die Egozentrik des Kindes ein Zeichen einer mangelnden Reflexion, die sich in einer unsicheren Grenzziehung zwischen subjektiv und objektiv zeigt. Die Abstraktion der Bedrohungssituation bzw. ihre kognitive Bewertung ist also bei Kindern in diesem Entwicklungsstadium noch nicht möglich. Weiteres zur Entwicklung von sozialem Wissen und Verstehen bei Kindern siehe einführend bei Oerter, Entwicklungspsychologie 2002, S. 590–618.

56 Kohl, Leben 2011, S. 35.

57 Ebd., S. 61

58 Ebd., S. 68.

59 Diese Episode nach ebd., S. 84–85.

60 Ebd., S. 71–72.

61 Ebd., S. 73.

62 Diese Überzeugung gaben viele Eltern in den Gesprächen wieder, u.a. Hans-Ludwig Zachert und Gerhart Baum. Dagegen bat Bundeswirtschaftsminister Hans Friderichs ausdrücklich um Personenschutz für seine Frau und – besonders während der regelmäßigen Schulgänge – für seine 14- und 11-jährigen Töchter. Aus personellen Gründen konnte die SG diesen zusätzlichen Schutz jedoch nicht übernehmen (FS Nr. 418 vom 3.3.1975 von BKA-AL Boeden an das BMI, in: BArch, B106/78726).

63 Kohl, Leben 2011, S. 37.

64 Siehe zur Diskrepanz zwischen »objektiver Lage« von Kriterien und der subjektiven Wahrnehmung den Aufsatz von Jungermann, Psychologie 1993.

65 Esser, Handeln 2006, S. 147 und 157. Weiteres zur Verbindung von Emotion und Rationalität im Aufsatz von Schnabel im gleichen Sammelband (Schnabel, Emotionen 2006).

66 Mees, Forschungsstand 2006, S. 112.

67 Siehe zum *modularen Emotionskonzept* und zum *Re-Framing* in Anm. 1.

68 Auf die Frage, ob die Bedrohungssituation Einfluss hatte auf das staatliche Handeln der Akteure, erzählen einige Interviewpartner von diesem Vorschlag im Schleyer-Krisenstab. Bereits damals berichteten die Medien über den Vorschlag des CSU-Vorsitzenden Franz Josef Strauß, die Terroristen als Geiseln zu nehmen und mit ihrer Erschießung zu drohen (siehe z.B. in: »Strauß. Exotische Lösungen«, in: *Der Spiegel* vom 11.2.1980, H. 7 oder bei Soell, Helmut Schmidt 2008, S. 667).

69 Hofmann, Bonn 1987, S. 38.

70 Ebd., S. 36.

71 Vgl. die Studie von Frank Bovenkerk über Bedrohungen in den Niederlanden von 2005, zit. n. Nijdam, Effects 2008, S. 45. Wie schwierig es überhaupt ist, die Rolle von Emotionen in den Handlungen der politischen Eliten nachzuweisen, geben auch Berger Waldenegg, Selbstmord 2010, S. 64 und Bormann, Furcht 2010, S. 87 zu bedenken. Aus heutiger politischer Sicht war für die Experten der Konferenz »Psychosocial effects of threat and protection« im Jahr 2008 klar, dass die Erfahrung von Bedrohung politische Prozesse und Entscheidungen beeinflusst, wie in traumatisierten Ländern z.B. auf dem Balkan oder bez. der Politik der USA nach 9/11 zu sehen sei (Nijdam, Addendum 2008, S. 23).

72 Vgl. auch Koller, Heulen 2010, S. 90f.

73 Hofmann, Bonn 1987, S. 36.

74 Hierzu und zur entstehenden sog. allostatischen Last durch Stresssituationen bei Nijdam, Effects 2008, S. 22. Zu geschlechtsspezifischen Stressreaktionen siehe z.B. bei Seidel, Stresstyp 2013. Im Folgenden kann nur in Ansätzen auf psychologische Verarbeitungsmechanismen eingegangen werden, da diese nicht im Zentrum der Fragestellung stehen.

75 Hülshoff, Emotionen 2006, S. 77. Verdrängung und Verleugnung dienen der psychischen Stabilität und gehören wie Rationalität zu den Abwehrmechanismen (vgl. auch *defensive coping* bei Nijdam, Effects 2008, S. 37). Zu den Definitionen von Abwehr, Verdrängung und Verleugnung sowie den Forschungen von Sigmund Freud u.a. bei Ehlers, Abwehrmechanismen 2008, S. 13 und 18 oder Mertens, Grundbegriffe 1998, S. 287–288.

76 »Wir können jeden erledigen«, in: *Der Spiegel* vom 4.12.1989, H. 49.

77 BKA-Präsident Zachert im Gespräch mit der Autorin.

78 Scholzen, Personenschutz 2001, S. 46. Diese Episode bestätigt ein Personenschützer, der hinzufügt, dass die SG diese letztere Aussage dann auch schriftlich von Wehner erhalten hätte.

79 Siehe z.B. Herold, S. 213. Zur Bedeutung der Gewöhnung v.a. in der mittleren Phase der Schutzzeit vgl. Nijdam, Effects 2008, S. 61.

80 Vgl. Niethammer, Angst 2006, S. 279. Der *Humor* ist nach Freud ein Mittel, das Aufkommen unangenehmer Gefühle zu vermeiden. Humoristische Tendenzen bezeichnete er als »psychische Korrelate« des Fluchtreflexes (Freud, Witz 1905, S. 190). Der Humor ermöglicht zudem dem Subjekt, »anderen gegenüber offen eigene ›schmerzliche Gefühle‹« anzudeuten, »ohne persönlich Angst zu empfinden oder unbewusst auszudrücken oder andere zu verletzen« (Ehlers, Abwehrmechanismen 2008, S. 19). Weitere Darstellungen zum Humor als Abwehrmechanismus u.a. bei Strotzka, Psychotherapie 1982, S. 309f.

81 Dies und Folgendes nach Schenk, Chef 1998, S. 369.

82 Günther, Sicherheit 1979, S. 220.

83 So die Funktionsweise der *Verschiebung*, die nach Freud als eine Art »Verdrängung mit Ersetzung durch etwas Benachbartes« zu verstehen ist (zit. n. Leuschner, Verschiebung 2008, S. 827).

84 Das sog. *emotional-focus coping* spielte in den hier erzählten Schutzsituationen daher kaum eine Rolle (vgl. Nijdam, Effects 2008, S. 37–38).

85 Die *Stuttgarter Zeitung* berichtete am 6.5.1970, dass Strauß sich nach Auskunft seiner Umgebung ernsthaft bedroht fühle und deshalb mit gültigem Waffenschein eine Pistole bei sich trage (in: BArch, B106/78731). Über Kuhns »drängende Angst vor einem Attentat« berichtet aus Anlass des Prozesses gegen Verena Becker die *Frankfurter Allgemeine Zeitung* (Nils Minkmar, »RAF. Schmutzige Geschichten«, in: *Frankfurter Allgemeine Zeitung* vom 28.6.2010). Zum Waffentragen durch Kuhn bei Schenk, Chef 1998, S. 176.

86 Insgesamt ist bei der Auswertung der Interviews der Eindruck entstanden, dass Bedrohungs- und Gefährdungssituationen auch Verfolgungsängste und teilweise paranoide Reaktionen auslösen konnten. Die nach sicherheitstechnischer Beurteilung teils irrationalen Sicherheitsmaßnahmen, die in Eigenregie ergriffen wurden, dienten dabei als Verarbeitungsstrategien. In der Auseinandersetzung mit der Bedrohung schien die Grenze zwischen realitätsangemessenem – um es in den Worten von Freud zu sagen – und nicht realitätsangemessenem Verhalten zu verschwimmen.

87 Ehlers, Abwehrmechanismen 2008, S. 18. Zur nachträglichen Scheinbegründung bei Mertens, Grundbegriffe 1998, S. 186–187. Die Verarbeitungsform der Rationalisierung kann auch mit dem Abwehrmechanismus der *Unterdrückung* verbunden sein, bei der das Subjekt die Fähigkeit besitzt, »alle Komponenten eines Konflikts bewusst zu reflektieren« und dennoch in der Lage ist, »die daraus resultierenden Impulse und Affekte durch Anstrengung und ablenkende Konzentration zu kontrollieren« (Ehlers, Abwehrmechanismen 2008, S. 19). Diese Fähigkeit ist auch eng mit der Belastbarkeit oder Widerstandsfähigkeit einer Person verbunden (vgl. zur *resilience* bei Nijdam, Effects 2008, S. 39–40).

88 Hierzu und Folgendes im *Focus*-Interview »Ich lebe immer noch« mit Bundesinnenminister Wolfgang Schäuble, http://www.wolfgang-schaeuble.de/index.php?id=37&textid=1233&page=15.

89 Dieser Ansatz des emotionalen Habitus z.B. bei Gould, Politics 2009, S. 34–42; Illouz, Gefühle 2007, S. 97–103; Reed-Danahay, Bourdieu 2005, S. 99–128 und Flach, Habitus 2014; zum Bourdieu'schen Habitusmodell, der dem emotionalen Habitus zugrunde liegt, bei Bourdieu, Entwurf 2009, S. 139–202, hier v.a. 164f. Zu anderen Emotionskonzepten wie *emotionology*, *emotional regime* oder *emotional communities* jeweils bei Stearns, Emotionology 1985; Reddy, Navigation 2001 und Rosenwein, Worrying 2002; eine theoretisch-methodische Diskussion über Konzepte zu Emotionen und zum Modell der *emotional practices* bei Scheer, Emotions 2012 sowie eine Überblicksdarstellung bei Gammerl, Gefühle 2010. Anwendungsmöglichkeiten des Habitusmodell für die Geschichtswissenschaft und Biographieforschung vgl. Reichardt, Bourdieu 1997 und Sieder, Sozialgeschichte 1994. Hier soll auf die Gefahr hingewiesen werden, durch Emotionskonzepte höchst unterschiedliche soziale Bereiche und Entwicklungslinien unter einer großen These wie Emotionalisierung oder Rationalisierung zu vereinheitlichen. Dieser Gefahr soll in der vorliegenden Arbeit dadurch begegnet werden, indem eine ganz spezifische emotionale Regung wie Angst und Privatheitsverlust bei einer spezifischen sozialen Gruppe der staatlichen Elite betrachtet wird. Wie bereits in der *Einleitung* zu bedenken gegeben wurde, handelt es sich auch hier weiterhin um einzelne Subjekte mit individuellen emotionalen Prägungen.

90 Vgl. Hitzer, Emotionsgeschichte 2011, S. 47–48. Bourdieu selbst weist auf die Bedeutung des Körpers hin, indem er den Zusammenhang von Habitus und Hexis, also der dauerhaft

erworbenen Körperhaltungen und -bewegungen, herausstellt (Bourdieu, Unterschiede 2007, S. 739ff).

91 Die Verbindung von emotionalem Habitus und Raum stand auch im Zentrum des Forschungsprojektes »Emotion and Motion« 2008–2010 (unter http://www.zfl-berlin.org/emotion-and-motion.html; siehe hierzu auch Flach, Introduction 2010 und Neckel, Felder 2009). Bereits Bourdieu hat in seiner Theorie die Verbindung zur Raumdimension gesucht und Habitus auch als Verinnerlichung von Raumstruktur verstanden, z.B. in Bourdieu, Unterschiede 2007, S. 137ff.

92 Mees, Forschungsstand 2006, S. 113–114. Schützeichel spricht hier auch von der kulturellen Rahmung von Emotionen (Schützeichel, Emotionskonzepte 2008, S. 93).

93 Schwarz, Helmut Kohl 2012, S. 126.

94 Der hier aufgeführte Aspekt der Kriegsgeneration muss vor dem Hintergrund der Generationenfrage betrachtet werden, die u.a. von Ulrich Herbert behandelt wurde. Trotz allgemeiner Skepsis gegenüber einem zu allgemein gefassten Generationenbegriff hält Herbert den Begriff für fruchtbar, wenn »besonders bedeutsame und langfristig folgenreiche Ereignisse und Entwicklungen die Erfahrungen einer zu dieser Zeit heranwachsenden Altersgruppe geprägt« haben und die sich von den Erfahrungen anderer Altersgruppen unterscheiden (Herbert, Best 1996, S. 42; weitere Studien z.B. Mannheim, Wissenssoziologie 1964). In der vorliegenden Untersuchung soll der Generationsbegriff als Analyseinstrument – oder »offen-pragmatischer Arbeitsbegriff« (Weinhauer, Eliten 2003, S. 40) – genutzt werden, um unter den Interviewpartnern die Altersgruppen voneinander zu trennen und schließlich nach kollektivbiographischen Gemeinsamkeiten oder Entwicklungslinien zu suchen. Die Differenzierung zwischen Kriegsgeneration und Nicht-Kriegsgeneration, die sich aus der Fragestellung ableitet, richtet sich v.a. an den generationshistorischen Aspekten der »Erfahrung« und »Prägung« aus. Dabei soll der Begriff der Generation nicht statisch definiert sein, damit genügend Raum für individuelle Verarbeitungen bleibt, was für die vorliegende Zeitzeugenstudie von besonderer Bedeutung ist. Weiter soll der Begriff der Generation präzise auf die staatliche Elite, also auf eine bestimmte gesellschaftliche Gruppe angewendet werden, da eine Ausdehnung der Untersuchungsgruppe auf andere, durch andersartige Bedingungen geprägte Gruppen oder Schichten die Ergebnisse verzerren oder verwischen würden.

95 Vgl. das Sicherheitsverhalten des Ehepaars Zachert (Jahrgang 1937 und 1940).

96 Hier ist zu bedenken, dass die von Schmidt immer wieder vorgebrachte Kriegserfahrung Gefahr läuft, vor dem Hintergrund des damaligen wie aktuellen Diskurses über den sogenannten »Kampf gegen den Terrorismus« (auch von ihm selbst) zunehmend stilisiert zu werden (zur politischen und medialen Aufladung des Konflikts mit kriegsähnlichen Metaphern vgl. auch Balz, Ausnahmezustand 2010 und Musolff, Bürgerkriegs-Szenario 2006, z.B. S. 1172). Der »War on Terror«, wie er im Nachgang der Anschläge auf das World Trade Center am 11.9.2001 von George Bush aufgegriffen wurde, war bereits 1985 von der Regierung Ronald Reagan als wichtiger Teil der US-Außenpolitik verkündet worden. Er brachte einen spezifisch kulturellen Sprachstil mit sich, bei dem die Eindämmung des Terrorismus zunehmend mit militärischen, teils metaphorischen Attributen wie *Bekämpfung*, *Kampf* und *Kriegserklärung* beschrieben wird (vgl. u.a. Kirchhoff, Krieg 2010). Der mögliche Einfluss dieser Politik- und Mediendiskurse muss bei der Deutung der Kriegserfahrungen als Teil des damaligen wie heutigen emotionalen Habitus dieser Gruppe bedacht werden.

97 Brief an Eberhard von Brauchitsch, zit. n. Pflieger, Aktion 1997, S. 5.

98 So Vogel in einem Gespräch mit Willy Winkler am 15.9.2004 (Winkler, Geschichte 2008, S. 313). Bei der folgenden Interpretation bleibt zu bedenken, dass es bei den Beobachtungen zu dieser generationell geprägten Gruppe immer nur um Tendenzen handeln kann, die nicht alle individuellen Fälle widerspiegeln können. Inwieweit z.B. Werner Maihofer († 2009) als Vertreter dieser Kriegsgeneration einen ähnlichen Umgang mit Bedrohung gezeigt hat, muss hier aufgrund der nicht mehr möglichen Einbindung in die Interviewstudie offen bleiben. Zu seiner Person siehe u.a. Hockerts, Ethos 2012.

99 Hier soll darauf hingewiesen werden, dass die Sozialisation von Emotionsregeln nicht nur an einem einzigen Erfahrungsort erlernt werden, sondern an vielen Orten und Institutionen wie die Familie, die Schule – z.B. die bürgerliche Jugendbewegung für die hier beobachtete Gruppe – oder der Arbeitsplatz mit jeweils unterschiedlichen emotionalen Codes (vgl. Frevert, Männlichkeiten 2010, S. 318).

100 Bisherige Darstellungen zur Bedeutung der Kriegserfahrung, wie u.a. Scheiper, Sicherheit 2010, S. 54ff und 117 und Metzler, Konfrontation 2012, S. 262f, können mit dem hier vorgestellten, auf einer wissenschaftlichen Interviewstudie beruhenden Teilergebnis der Kriegserfahrung als Einflussfaktor auf das generationelle Sicherheitsempfinden nun auch empirisch bestätigt werden.

101 So mit der Begrifflichkeit von Karl Mannheim (Mannheim, Wissenssoziologie 1964, S. 544f).

102 Vgl. Frevert, Männlichkeiten 2010, S. 327.

103 Ebd., S. 309.

104 Erläuterung der Bourdieu'schen Betrachtung bei Krais, Habitus 2002, S. 51.

105 Siehe z.B. in der Debatte um Theweleits »Männerphantasien« von 1977 (zit. n. Reichardt, Männerphantasien 2006, Abs. 5).

106 Zu diesen Entwicklungen u.a. bei Reimann, Machismo 2010; Eitler, Mann 2010 oder allg. Schmale, Geschichte 2003. Zur Erforschung von Männlichkeit siehe die Literaturangaben bei Borutta, Vulkanier 2010, S. 16. Bereits Lucien Febvre beschreibt im Jahr 1938 bzw. 1941, dass durch die Rationalisierung und Technisierung moderner Gesellschaften die Emotion zunehmend als eine »Störung des Handelns« angesehen werde: »der ›ganze Mann‹« mache »wenig Aufhebens«, bewahre stets »kaltes Blut« und verrate niemals »seine Gefühle« (Febvre, Sensibilität 1977, S. 318).

107 Hier muss darauf hingewiesen werden, dass es sich bei der vorliegenden Untersuchung dezidiert um die Betrachtung des Umgangs mit Bedrohung handelt (Weiteres zur Dichotomie zwischen Männlichkeit und Weiblichkeit bei Frevert, Männlichkeiten 2010, S. 314).

108 Küttner, Personenschutz 1977 (Archiv: DHPol), S. 210.

109 Medienberichte u.a. der Zeitschrift *Der Spiegel* zum Zeitpunkt des Ausscheidens des Ministers deuten auf einen ähnlichen Eindruck wie der des Personenschützers hin. Aufgrund der Anonymität soll hier jedoch auf diese Angaben verzichtet werden. In diesem Zusammenhang soll noch darauf hingewiesen werden, dass die hier aufgeführte Erzählung nur aus dem Gespräch mit einer einzigen Person gezogen wurde und nicht durch andere Stimmen verifiziert werden konnte. Bedauerlicherweise hat die betreffende Schutzperson auf die Interviewanfrage und erneutes Nachfragen der Autorin nicht reagiert.

110 Schmidts Rede über die innere Sicherheit in der Zitatensammlung zum Terrorismus, vorgelegt von der CDU-Geschäftsstelle im September 1977, in: BArch, B136/44269. Diese Episode weist auf die vorhandenen emotionalen *Korrespondenzregeln* in der politischen Öffentlichkeit hin, nämlich wie auf eine Emotion wie Ängstigung reagiert wurde.

111 Zu Haussmanns Rücktritt im Dezember 1990 in der *DPA*-Meldung vom 3.12.1990, in: BKA, SG 22/MdB Haussmann. Bereits während seiner Ministerzeit berichtete *Der Spiegel*, dass Haussmann »sichtlich Mühe« habe, den »Anforderungen seines Amtes« gerecht zu werden, sowie von der »Fehlbesetzung Haussmann« oder zitierte Kanzler Kohl, der von »Abnutzungsprozessen« gesprochen und dabei auch »Kabinettsluschen« wie Haussmann im Sinn gehabt hätte (»Jetzt geht es erst richtig los«, in: *Der Spiegel* vom 3.12.1990, H. 49). Weitere Titulierungen waren »Minister zum Anrempeln« (*Frankfurter Rundschau*), das »Leichtgewicht« mit der »schwachen Performance« und »ohne Profil« (*Capital*), von allen »verlacht und verlassen« (*Die Zeit*) (zit. n. »Immer nur weiße Salbe«, in: *Der Spiegel* vom 17.9.1990, H. 38). Bereits zu Haussmanns Vereidigung berichtete der *Stern* davon, dass Haussmann das »Übermaß an Pflicht« beklage, sich bedrückt fühle von der »Enge des Regierungsviertels« und sich nicht vom Amt »auffressen lassen« wolle. Um »dem Bonner Alltag nicht alleine ausgesetzt« zu sein, nehme er seine Ehefrau Margot zu möglichst vielen Terminen mit (»Bisher alles erreicht«, in: *Stern* Nr. 50 vom 8.12.1988).

112 Hierzu und zum Folgenden bei *ARD*, »Einige Tage im Leben des Hans-Dietrich Genschers«, 17.03.1976, in: *RBB*, 206021.

113 Biess, Jeder 2009, S. 92–93.

114 Hitzer, Emotionsgeschichte 2011, S. 25. Vgl. auch Biess, Sensibilisierung 2008.

115 Vgl. Greiner, Angst 2009; Biess, Feelings 2010 oder bereits bei Schildt, Angst 2004.

116 Hierzu und folgendes Zitat bei Frevert, Männlichkeiten 2010, S. 327. Weiteres Kennzeichen der Emotionswelt der Nachkriegszeit ist das der »Bürgerlichkeit«, vgl. Herbert, Liberalisierung 2002.

117 Das Selbstverständnis als treuer Diener des Staates zeigt auch Schmidts Selbstbezeichnung als »Leitenden Angestellten der Bundesrepublik« (Bude, Elitewechsel 2004, S. 301). Bei den *Erlebnisregeln* muss auch bedacht werden, dass die Möglichkeit besteht, dass die gesellschaftlich-kulturellen Codes, die bestimmten, welche Emotionen in welcher sozialen Gruppe geäußert werden durften, gleichzeitig Einfluss darauf nahmen, wie intensiv die ja weiterhin entstehenden Emotionen von den Mitgliedern dieser Gruppe empfunden werden (vgl. Frevert, Männlichkeiten 2010, S. 312).

118 Nicht von ungefähr forderte Bundeskanzler Willy Brandt in seiner Regierungserklärung von 1969, »außerordentliche Geduld im Zuhören und außerordentliche Anstrengung«, um »sich gegenseitig zu verstehen« und versuchte das Aufbrechen dieser Gegensätzlichkeit anzustoßen (zur Regierungserklärung bei Beyme, Regierungserklärungen 1979, S. 252).

119 Zahlreiche Urlaubsbilder finden sich bei Caspers, Politiker 2010.

120 27% fanden dies nicht, 25% waren unentschieden (Noelle, Jahrbuch 1983, S. 318).

121 Vgl. Koller, Heulen 2010, S. 92.

Schlussbetrachtung

1 Bachelard, Poetik 1994, S. 26ff.

2 Zum Beispiel bez. der Kriegserfahrung von Scheiper, Sicherheit 2010, S. 54ff und 117 oder Metzler, Konfrontation 2012, S. 262f.

3 Von Wehners Auffassung erzählt Egon Bahr im Artikel »Der andere Deutsche«, in: *Die Zeit*, Nr. 47 vom 14.11.2013, S. 14.

4 So zuletzt Susanne Beyer in einem Gespräch mit Kanzler-Sohn Lars Brandt in »Er war er, und ich war ich«, in: *Der Spiegel* vom 19.8.2013, H. 34.

5 Mithilfe einer quantitativ größer angelegten Interviewstudie könnte hier noch eine stärkere Binnendifferenzierung der siebziger und achtziger Jahre vorgenommen werden (siehe hierzu Forderungen von Raithel, Einleitung 2009, S. 14). Zum Struktur- und Wertewandel vgl. auch Jarausch, Strukturwandel 2008, u.a. S. 17. Nach Horst Möller beginnt der Wertewandel bereits am Ende der Ära Adenauer und verstärkt sich durch die zweite Hälfte der sechziger Jahre (Möller, Jahre 2013, S. 7). Die Bedeutungszuweisung der siebziger und achtziger Jahre als Umbruchzeit findet auch in anderen Forschungsbereichen Parallelen (z.B. bei Scheiper, Staatsidee 2010, S. 105).

6 Conze, Sicherheit 1984, S. 862. Mit dieser Entwicklung gehen die in soziologischen Studien herausgestellten Kontrolltechniken im Sinne der Foucaultschen Disziplinar- und Kontrollgesellschaft und seines Konzepts der Gouvernementalität einher, verbunden mit dem immer wieder auftauchenden Vorwurf des zunehmenden Kontrollstaats (vgl. den Sammelband Hempel, Sichtbarkeitsregime 2011).

7 »Diplomatenjagd« vom 13.6.1970 in *Der Tagesspiegel*, in: PA AA, B33/620.

8 Vgl. Möller, Jahre 2013, S. 5.

9 Interessant wären hier intensivere Forschungen im Wirtschaftsbereich, z.B. durch Einsicht in Dokumente aus unternehmenseigenen Archiven und durch Gespräche mit Sicherheitsbeauftragten. Dabei könnte gefragt werden, wie Gefährdung und das daraufhin entwickelte Schutzsystem in der Wirtschaft auch innerbetrieblich neue Hierarchien und Wertigkeiten schuf. Machte sich auch hier eine neue Sicherheitskultur bemerkbar? Wie veränderten sich innerbetriebliche Strukturen in der Auseinandersetzung mit Unsicherheit und Risiko? Die Ausdehnung des Untersuchungsbereichs mit diesen und weiteren Fragen könnte den Erkenntnisgewinn zur entstehenden deutschen Sicherheitskultur noch erweitern.

10 Fernando Wassner in einem Artikel vom 2.4.1977 in der *Frankfurter Allgemeinen Zeitung* (zit. n. Scheicher, Personenschutz 1977 (Archiv: DHPol), S. 7).

Appendix – Die Grundlagen der Arbeit: Zum Umgang mit Oral History

1 Beispiele für Studien der Oral History (OH) sind Wierling, Jahr 2002; Welzer, Opa 2002 oder zur Zeitzeugenforschung allg. die Aufsätze in Sabrow, Geburt 2012. Zur Entwicklungsgeschichte der OH siehe Thomson, Reise 2007; Leo, Unterdrückten 2013 und kritisch: Welzer, Interview 2000. Darstellungen aus dem englischsprachigen Raum sind u.a. die Sammelbände Charlton, Handbook 2006 und Kurkowska-Budzan, History 2009. Zur Methodik der OH, ihrer Zielsetzung und ihren Herausforderungen bei Wierling, Oral History 2003; Obertreis, Oral History 2012; Plato, Zeitzeugen 2000 und zur theoretischen Grundlage, z.B. zur ständigen Konstruktion von Identität, bei Jureit, Identitätsarbeit 2009 sowie alle weiteren Artikel der Zeitschrift für Biographieforschung BIOS. Die Biographieforschung ist methodisch eng mit der OH verbunden: Die Biographie, als »sprachliches Produkt in Gestalt der narrativen Zuwendung zur eigenen Lebensgeschichte« und als »ein soziales Konstrukt, in dem Individuum und Gesellschaft interagieren«, bildet einen »Schnittpunkt zwischen gesellschaftlich Vorgefundenem und handelnd konstituierten Prozessen« (Schulze, Fallrekonstruktion 2010, S. 571).

2 Zur doppelten Verformung und zur Anschlussfähigkeit von Erinnerungen vgl. Wierling, Historikerin 2006, S. 296. Dies spielt auch bei dem hier behandelten Thema des emotionalen Habitus der staatlichen Elite eine bedeutende Rolle, insofern, dass gefragt werden muss, ob sich der Erinnerungsprozess im Interview auch am emotionalen Habitus bzw. am

Selbstverständnis als Politiker und den an ihn gerichteten Erwartungen der Gesellschaft orientiert. So wurde bei der Auswertung der Gespräche auch gefragt, wie die Erzählungen in »Erzählgemeinschaften und deren Sinnwelt« eingebunden werden (Wierling, Historikerin 2006, S. 302).

3 Wierling, Oral History 2003, S. 100–101. Weiteres zur Unterscheidung von kulturellem, kollektivem und kommunikativem Gedächtnis bei Wierling, Zeitgeschichte 2008 od. zum kulturellen Gedächtnis bei Assmann, Erinnerungsräume 2010 sowie zur aktuellen Erinnerungskultur in Deutschland bei Assmann, Unbehagen 2013, v.a. S. 9–15. Über die Gedächtnisforschung schreiben u.a. Uhl, Generation 2011 und Welzer, Medialität 2008; zum Grad realitätsgerechter, wirklichkeitsentsprechender Wahrnehmung und Erinnerung bei Bohleber, Problem 2007.

4 Niethammer, Oral History 2007, S. 63. Dies spielt auch bei der hier durchgeführten OH-Studie eine bedeutende Rolle, da das eingeübte soziale Gedächtnis zusammen mit dem kulturellen Gedächtnis bezüglich der Erinnerung an den Terrorismus der siebziger und achtziger Jahre in der Bundesrepublik Deutschland bereits eine bestimmte »Erinnerungsspur« vorgibt, die in den Gesprächen immer wieder zum Ausdruck kam und daher bei der Auswertung der Gespräche bedacht werde musste. Hinzu kommt die Veränderung des Familiengedächtnisses, das erst »in der Kontinuität seiner Vergegenwärtigung« besteht. Somit unterliegen seine Inhalte einem »permanenten Prozess der erinnernden Verlebendigung« (Welzer, Opa 2002, S. 210).

5 Bekanntlich bezeichnete Hans Rothfels die Zeitgeschichte als »Epoche der Mitlebenden und ihre wissenschaftliche Behandlung«, aus der sich einige methodische Herausforderungen ergeben würden (Rothfels, Zeitgeschichte 1953, S. 2). Eine neuere Studie dazu bei Thießen, Zeitgeschichte 2011. Dass die Erinnerung an ein so nahes zeitgeschichtliches Thema Emotionen auslösen kann, zeigen auch die Debatten in Medien und Öffentlichkeit, in denen die Auseinandersetzung mit dem Linksterrorismus noch immer nicht ausreichend historisiert wurde (vgl. auch Weinhauer, Linksterrorismus 2010, S. 117).

6 Zur allgemeinen Problematik bei der Betrachtung von Emotion, z.B. das fehlende Bewusstsein über und die Verbalisierung von Gefühlen, siehe bei Aschmann, Nutzen 2005, S. 31; zu Gedächtnislücken, Verzerrungen, Fälschungsabsichten bei Weber, Affektenlehre 2008 und Saxer, Gefühl 2007 sowie zur Verarbeitung von Emotion in der Erinnerung bei Platt, Gedächtnis 1998.

7 Hierzu und Folgendes bei Gammerl, Liebe 2009, S. 317 und 342.

8 Küsters, Interviews 2009, S. 29ff.

9 Vgl. zur Abgrenzung zwischen beiden Formen in Hornung, Rede 2010.

10 So von Plato auf der Hamburger Konferenz »Zeitzeugen des Hamburger Feuersturms und ihre Familien« vom 11.–12.11.2011 (siehe Nikou, Tagungsbericht 2012; weiteres zum Projekt bei Lamparter, Zeitzeugen 2013).

11 Zur Erhebung von »episodisch-narrativem« Wissen in Form von Erzählungen über Episoden oder Situationen siehe bei Flick, Sozialforschung 2007, S. 238–239 od. zusammengefasst bei Lamnek, Sozialforschung 2010, S. 331–332. Zur narrativen Interviewform siehe u.a. Rosenthal, Lebensgeschichte 1995 und Sieder, Erzählungen 2008 od. auch grundlegend Schütze, Technik 1977.

12 Vgl. Küsters, Interviews 2009, S. 24. Zum genauen Ablauf eines Interviews sowie zu den Erzählzwängen und den dadurch entstehenden Dynamiken und Kontrollverlusten bei Wierling, Oral History 2003, S. 119f.

13 Das Sampling einer Interviewstudie kann sich enorm auf die Auswertung und Einschätzung der Ergebnisse auswirken. Daher gilt es, die Interviewstudie unter Berücksichtigung zahlreicher Einflussfaktoren vorzubereiten. Näheres zu den einzelnen Forschungsschritten u.a. bei Fuchs-Heinritz, Forschung 2009, S. 214ff und Helfferich, Qualität 2005.

14 Die Schwierigkeit einer Annäherung an potenzielle Interviewpartner war nicht nur in der hochgestellten Position mancher Politiker begründet, sondern auch im Thema der Untersuchung. Oft wurde Skepsis vorgetragen angesichts der sicherheitsrelevanten Informationen, die der Interviewpartner in einem Gespräch preisgeben würde. Aber auch allgemeine Unsicherheit und Unbehagen gegenüber einem Gespräch über Emotionen und private Erlebnisse waren erkennbar. Zum Beispiel wurde ein für diese OH-Studie bedeutendes Interview im Rahmen eines emotional sehr bewegten Telefongesprächs in letzter Minute abgesagt. Dies zeigt, dass die Bereitschaft, eine wissenschaftliche Untersuchung zu unterstützen, zwar vorhanden war, aber die Auseinandersetzung mit dem Erleben von Bedrohung, der Schutzsituation und privaten Eingriffen oder Einschränkungen für manche Zeitzeugen noch immer ein emotional aufwühlendes bis destabilisierendes Erlebnis sein konnte. Weitere angefragte Interviewpersonen wollten sich nur schriftlich zu den Fragen der Untersuchung äußern, andere wiederum reagierten überhaupt nicht auf die Anfrage.

15 Zu den verschiedenen Ansätzen siehe bei Friebertshäuser, Interviewformen 2010, S. 450.

16 Siehe Näheres zum Stimulus oder zur Impulsfrage bei Küsters, Interviews 2009, S. 44f.

17 Zur Bedeutung des Postscripts od. auch Interviewprotokolls siehe bei Friebertshäuser, Interviewformen 2010, S. 451. Unter Formalien sind hier v.a. der Datenschutz, Verwendung der Quellen, Anonymisierung und Vertraulichkeit zu verstehen.

18 Wierling, Historikerin 2006, S. 299. Zum psychoanalytischen Phänomen der Übertragung von oftmals verdrängten Gefühlen, Wünschen und Erwartungen des Interviewten auf die neue soziale Beziehung zum Interviewer sowie die damit einhergehende Gegenübertragung siehe u.a. die Darstellung bei Jureit, Flucht 1998, S. 230f.

19 Lucius-Hoene, Analysen 2010, S. 589.

20 Die hier angewendeten Kriterien der narrativen Analyse richten sich nach Wierling, Oral History 2003, S. 130ff sowie nach Küsters, Interviews 2009, S. 72ff.

21 Hierfür wurde das computerbasierte Analyseprogramm MAXQDA herangezogen (siehe hierzu u.a. bei Kuckartz, Analyse 2010). So konnten z.B. Emotionsladungen farblich gekennzeichnet, Wortanalysen strukturiert und Verlaufsanalysen der Interviews vorgenommen werden.

22 Vgl. zum Unbewussten, seine Ausdrucks- und Erinnerungsformen sowie seine Ergründung durch das szenische Verstehen bei Lorenzer, Sprache 2006, hier v.a. S. 16ff sowie bei Lorenzer, Sprache 2002, S. 76f. Welche fruchtbaren Verbindungen sich zwischen der Oral History und der Psychoanalyse ergeben können, beschreiben auch Plato, Geschichte 1998; Straub, Psychoanalyse 1998 und Neumann, Berührungspunkte 1998, S. 221–223.

23 Die Visualisierung der Ergebnisse aus den Interviewanalysen in Form von *memory maps* ermöglichte, die Erinnerungskonstruktion der Interviewperson, das Erzählen und Verhalten der Person im Interview sowie partnerschaftliche und familiäre Beziehungen innerhalb dieser Erinnerungskonstruktion zeichnerisch miteinander in Beziehung zu setzen und Verflechtungen, Widersprüche oder Abhängigkeiten deutlich zu machen. Diese Erinnerungsbilder ermöglichten, die Komplexität des im Interview erfolgten Erinnerungsprozesses zu erfassen und das Motto der Erzählung zu erkennen.

24 Vgl. Gammerl, Liebe 2009, S. 320. Zur Definition von Triangulation siehe bei Flick, Triangulation 2010, S. 281.

25 Insgesamt handelt es sich bei den Quellen der Landesarchive sowie bei den Medienquellen nur um eine Auswahl, da die Sichtung aus weiteren Archiven oder Medienanstalten den Rahmen der vorliegenden Arbeit gesprengt hätte. Bei der Analyse der Presse- und Medienquellen, insb. der Fernsehsendungen, wurden auf in der Medienwissenschaft verwendete Analyseinstrumente zurückgegriffen, um z.B. das Verhalten der Politiker in Interviews, in denen sie über ihr Privatleben sprachen, zu untersuchen (so v.a. Hilfestellungen von Hickethier, Fernsehanalyse 2007 und Faulstich, Grundkurs 2008).

Abkürzungen

AA	Auswärtiges Amt
Abb.	Abbildung
Abs.	Absatz
AFP	Agence des feuilles politiques, correspondance générale
AG	Arbeitsgruppe
AK-II	Arbeitskreis II »Öffentliche Sicherheit und Ordnung« der Arbeitsgemeinschaft der Innenminister der Bundesländer
AL	Abteilungsleiter
anl.	anlässlich
APIS	Zentrale Gefährdungsdatei (Arbeitsdatei PIOS Innere Sicherheit)
Art.	Artikel
AS	Abteilungsstab (hier: der Sicherungsgruppe)
ASW	Arbeitsgemeinschaft für Sicherheit der Wirtschaft e.V.
BArch	Bundesarchiv
BDI	Bundesverband der Deutschen Industrie e.V.
BDK	Bund Deutscher Kriminalbeamter
BDLI	Bundesverband der deutschen Luft-, Raumfahrt- und Ausrüstungsindustrie
BEFA	Beobachtende Fahndung
BfV	Bundesamt für Verfassungsschutz
BGBl.	Bundesgesetzblatt
BGH	Bundesgerichtshof
BGS	Bundesgrenzschutz
BK	Bundeskanzler
BKA	Bundeskriminalamt

BKAG	Gesetz über die Errichtung eines Bundeskriminalpolizeiamtes (Bundeskriminalamtes) bzw. Gesetz über das Bundeskriminalamt und die Zusammenarbeit des Bundes und der Länder in kriminalpolizeilichen Angelegenheiten ab 1997
BM	Bundesminister
BMI	Bundesministerium des Innern
BMJ	Bundesministerium der Justiz
BR	Deutscher Bundesrat
BT	Deutscher Bundestag
BuKa	Bundeskanzleramt
BuPräs	Bundespräsidialamt
BVerfG	Bundesverfassungsgericht
BW	Baden-Württemberg
bez.	bezüglich
DHPol	Deutsche Hochschule der Polizei
EG	Europäische Gemeinschaften
EPZ	Europäische Politische Zusammenarbeit
EU	Europäische Union
Fn	Fußnote
FS	Fernschreiben
GBA	Generalbundesanwalt
GLB	Gemeinsame Leitstelle Begleitschutz
GdP	Gewerkschaft der Polizei
GG	Grundgesetz
GMBl	Gemeinsames Ministerialblatt
GS	Gefährdungsstufe
GSG 9	Grenzschutzgruppe 9, heute GSG9 der Bundespolizei
i.d.F.v.	in der Fassung vom
insb.	insbesondere
IM	Innenministerium
IMK	Ständige Konferenz der Innenminister und -senatoren der Länder
INPOL	Informationssystem der Polizei
IWF	Internationaler Währungsfond
JVA	Justizvollzugsanstalt

K106	Fahndungskonzept 106
LArchBW	Landesarchiv Baden-Württemberg
LArchNW	Landesarchiv Nordrhein-Westfalen
LKA/LKÄ	Landeskriminalamt/Landeskriminalämter
LPD	Landespolizeidienststelle
LT	Landtag
MdB	Mitglied des Deutschen Bundestags
MEK	Mobiles Einsatzkommando
MEPolG	Musterentwurf eines einheitlichen Polizeigesetzes des Bundes und der Länder
MfS	Ministerium für Staatssicherheit
M.R.	Maren Richter
MTU	Motoren- und Turbinen-Union
NRW	Nordrhein-Westfalen
OLG	Oberlandesgericht
ÖS	Öffentliche Sicherheit (Abteilung im Bundesministerium des Innern)
PA AA	Politisches Archiv des Auswärtigen Amts
Para.	Paragraph
PDV	Polizeiliche Dienstvorschrift
PIOS	Personen, Institutionen, Organisationen, Sachen (Arbeitsdatei Innere Sicherheit)
PP	Polizeipräsidium
PPr	Polizeipräsident
PVB	Polizeivollzugsbeamte
RAF	»Rote Armee Fraktion«
Rdnr.	Randnummer
Ref.	Referat
RL	Referatsleiter
RP	Regierungspräsidium
RPr	Regierungspräsident
SED	Sozialistische Einheitspartei Deutschlands
SEK	Sondereinsatzkommando
SG	Sicherungsgruppe

SM	Schutzmaßnahme
ST	Staatsschutz
StS	Staatssekretär
TC	Timecode
TE	Terrorismus (Abteilung des BKA)
TREVI	Terrorisme, Radicalisme, Extrémisme et Violence Internationale
UZWG	Gesetz über den unmittelbaren Zwang bei Ausübung öffentlicher Gewalt durch Vollzugsbeamte des Bundes
VM	Vermerk
VS-NfD	Verschlusssache – Nur für den Dienstgebrauch
VS-Vertr.	Verschlusssache – Vertraulich

Quellen und Literatur

1. Aufstellung über die Teilnehmer der Oral History Studie

	Name und Alter zum Zeitpunkt des Interviews	*Funktion/Bezug*	*Datum*	*Ort*	*Dauer*
1.	Baum, Gerhart (79)	Bundesminister a.D.	29.01.11	Berlin	1h 2min
2.	Baum, Julia (40)	Tochter von Gerhart Baum	08.04.11	Köln	2h 15min
3.	Beckurts, Ina (78)	Witwe von Karl-Heinz Beckurts	01.04.11	München	2h 27min
4.	Breucker, Kurt (75)	Präsident a.D. des Oberlandesgerichts Stuttgart	25.05.10	Stuttgart	2h 47min
5.	Foth, Eberhard (80)	Bundesrichter a.D. am Bundesgerichtshof	05.07.10	Karlsruhe	2h 34min
6.	Genscher, Hans-Dietrich (83)	Bundesminister a.D.	28.01.11	Bonn-Bad Godesberg	1h 30min
7.	Herold, Horst (86)	Präsident a.D. des Bundeskriminalamts	30.08.10	Rosenheim	2h 24min
8.	Herzog, Roman (76)	Bundespräsident a.D.	17.02.11	Götzenburg/ Jagsthausen	1h 12min

	Name und Alter zum Zeitpunkt des Interviews	*Funktion/Bezug*	*Datum*	*Ort*	*Dauer*
9.	Hirsch, Burkhard (80) Hirsch, Margarete	Minister a.D. (NRW)	19.11.10	Düssel-dorf	3h 14min
10.	Huber, Antje (86)	Bundesministerin a.D.	28.02.11	Essen	1h 17min
11.	Meier, Richard (83) Meier, Stephan Daum, Gabriela	Präsident a.D. des Bundesamtes für Verfassungsschutz (Gruppeninterview)	30.03.11	Kaufbeuren	2h 30min
12.	Neusel, Hans (83)	Staatssekretär a.D. im Bundesinnenministerium	08.08.11	(schriftlich)	
13.	Scheel, Walter (91)	Bundespräsident a.D.	25.10.10	(schriftlich)	
14.	Scheicher, Günther (82)	Abteilungspräsident a.D. des Bundeskriminalamts	11.02.11	Bonn-Bad Godesberg	2h 51min
15.	Schmidt, Helmut (91)	Bundeskanzler a.D.	21.09.10	Hamburg	1h 2min
16.	Tietmeyer, Hans (80)	Staatssekretär a.D. im Bundesfinanzministerium und Präsident a.D. der Deutschen Bundesbank	17.11.11	Falkenstein/ Königsberg	2h 13min
17.	Vogel, Hans-Jochen (84)	Bundesminister a.D.	09.07.10	München	55min
18.	Vogel, Liselotte (83)	Ehefrau von Hans-Jochen Vogel	09.07.10	München	53min

	Name und Alter zum Zeitpunkt des Interviews	*Funktion/Bezug*	*Datum*	*Ort*	*Dauer*
19.	Weil, Karl (81)	Dienststellenleiter a.D. des Personenschutzes Baden-Württemberg	14.02.11	Gerlingen (bei Stuttgart)	2h 59min
20.	Zachert, Hans-Ludwig (73)	Präsident a.D. des Bundeskriminalamts (teilw. Gruppeninterview gemeinsam mit Christel Zachert)	04.04.11	Bonn-Bad Godesberg	4h 34min
21.	Zachert, Christel (71)	Ehefrau von Hans-Ludwig Zachert	04.04.11	Bonn-Bad Godesberg	(siehe 20.)
22.	Anonym	Personenschützer	06.06.10	Berlin	4h 18min
23.	Anonym	Personenschützer	03.11.10	Berlin	3h 13min

2. Ungedruckte Quellen

BArch – Bundesarchiv Koblenz (einschl. Zwischenarchive St. Augustin-Hangelar und Dahlwitz-Hoppegarten)

B 106: Bundesministerium des Innern
B 122: Bundespräsidialamt
B 131: Bundeskriminalamt
B 136: Bundeskanzleramt
B 206: Bundesnachrichtendienst
B 443: Bundesamt für Verfassungsschutz

AdsD – Archiv der sozialen Demokratie, Friedrich-Ebert-Stiftung Bonn

HSAA: Depositum Helmut Schmidt

PAAA – Politisches Archiv des Auswärtigen Amts, Berlin (einschl. Zwischenarchiv)

B 1: Ministerbüro
B 2: Büro Staatssekretäre
B 4: Parlamentsreferat
B 8: Protokollabteilung
B 33: Mittel- und Südamerika
B 36: Naher Osten und Nordafrika
B 83: Strafrechtsreferat
B 110: Organisation
B 111: Organisation
B 119: Sicherheit
B 130: offene VS
B 150: Ausgaben der Editionen, zusätzliches, nichtherausgegebenes Material
AV Neues Amt (hier Botschaft Stockholm)

PA-DBT – Parlamentsarchiv des Deutschen Bundestags

3114: Innere Angelegenheiten
3109: Rechtswesen
3006: Ältestenrat

LArchBW – Landesarchiv Baden-Württemberg, Hauptstaatsarchiv Stuttgart

EA2/303: Innenministerium/Abteilung III Landespolizeipräsidium
EA2/308: Innenministerium/u.a. Personen- und Objektschutz

LArchNW – Landesarchiv Nordrhein-Westfalen, Abteilung Rheinland

NW 0296 und 0325: Innenministerium Polizeieinsatz
NW 308 und 0688: Innenministerium
NW 0408: Innenministerium/Terrorismus
NW 0521: Innenministerium/Polizeiorganisation, öffentliche Sicherheit
NW 0877: Innenministerium/Verfassungsschutz
NW 0917 Innenministerium/Organisation und Aufgaben der Polizei
NW 1230: Innenministerium/Linksterrorismus, RAF
NW 1227: Innenministerium/Innenministerkonferenzen
BR 2208: Polizeipräsidium Köln
BR 2219, 2231, 2241 und 2259: Polizeipräsidium Bonn
BR 2214: Kreispolizeibehörde Bergheim

Archive öffentlich-rechtlicher Fernsehanstalten

Deutsches Rundfunk-Archiv (DRA)
Hessischer Rundfunk (HR, Produktions-Nummer)
Norddeutscher Rundfunk (NDR, Produktions-Nummer)
Rundfunk Berlin-Brandenburg (RBB, Produktions-Nummer)

BKA, SG – Bundeskriminalamt, Abteilung Sicherungsgruppe

BKA, SG AS: 6100 (rote Einzelmappe), Standort: SG, Berlin-Treptow (Gebäude B2).
BKA, SG AS: 6100 25 (1994–07/1995), Standort: SG, Berlin-Treptow (Gebäude B2).
BKA, SG AS: 6100 27 (10/1995–07/1996), Standort: SG, Berlin-Treptow (Gebäude B2).
BKA, SG AS: Aufgaben des BKA gemäß BKA-Gesetz, Aktenzeichen 1105.01, Chronik der Abteilung SG, Standort: SG, Berlin-Treptow (Gebäude B2).
BKA, SG AS: Geschichte der Aufklärung, Standort: SG, Berlin-Treptow (Gebäude B2).
BKA, SG AS: Historie SG, Standort: SG, Berlin-Treptow (Gebäude B2).
BKA, SG AS: Von der Sicherungsgruppe Bonn zur Hauptabteilung Meckenheim – eine Dokumentation (Stand Oktober 1987), Standort: SG, Berlin-Treptow (Gebäude B2).
BKA, SG AS: 6100 1 ab 1951. Standort: SG, Berlin-Treptow (Gebäude B2).
BKA, SG-22: Fallsammlung Anschläge auf Personen mit politischen Hintergrund, Standort: SG, Berlin-Treptow (Gebäude B2).

BKA, SG-22: Lage – Bundeskanzler a.D. – Helmut Schmidt, 6161.04, Standort: SG, Berlin-Treptow (Gebäude B2).
BKA, SG-22: MdB Haussmann 1986–1995, Standort: SG, Berlin-Treptow (Gebäude B1, Dachboden).
BKA, SG-22: Attentate, Anschläge 1946–1976, Standort: SG, Berlin-Treptow (Gebäude B2).
BKA, SG-22: Dr. Herold – Gefährdungserkenntnisse 1–50 1974–1980, Standort: SG, Berlin-Treptow (Gebäude B1, Dachboden).
BKA, SG-22: Attentate, Anschläge 1977–1981, Standort: SG, Berlin-Treptow (Gebäude B2).
BKA, SG-22: Maihofer – ehem. BM u. MdB – Andrea Maihofer 1977–1985, Standort: SG, Berlin-Treptow (Gebäude B1, Dachboden).
BKA, SG-24: MdB Grundsatz Allgemeines Band 1, Standort: SG, Berlin-Treptow (Gebäude B1, Keller).
BKA, SG-22: [anonym], Standort: SG, Berlin-Treptow (Gebäude B1, Dachboden).

Privatsammlungen

Hans Tietmeyer, Laufzeit 1984–1994

3. Gedruckte Quellen und Internetquellen

DHPol – Deutsche Hochschule der Polizei in Münster-Hiltrup, Bibliothek

Bernhardt, Heinrich: Private Sicherheit und polizeiliche Aufgabenwahrnehmung aus der Sicht der Polizei, in: Polizei-Führungsakademie (Hg.): Schlussbericht über das Seminar *Privates Sicherheitsgewerbe* 1996, S. 87–101.
Boge, Heinrich: Die Rechtsausbildung der Polizei: Anforderungen aus der beruflichen Praxis, in: Polizei-Führungsakademie (Hg.): Schlussbericht über das Seminar *Ziele, Inhalte und Methoden der Rechtsausbildung der Polizei* 1978, S. 27–36.
Gebauer, Hans Joachim: Personenschutz aus der Sicht der Schutzpolizei, in: Polizei-Führungsakademie (Hg.): Schlussbericht über die Arbeitstagung für Polizeivollzugsbeamte des gehobenen und höheren Dienstes mit Führungsaufgaben im Personenschutz. Leitthema: *Moderner Personenschutz* 1977, S. 107–126.
Gerdes, Hermann Gerhard: Die Ausbildung für den Schutz- und Begleitdienst, in: Polizei-Führungsakademie (Hg.): Schlussbericht über das Seminar *Personenschutz* für Polizeivollzugsbeamte höherer und gehobener Dienst mit Führungs-

aufgaben im Personenschutz, Leiter des Sicherheits- und Ordnungsdienstes der Ministerialebene 1982, S. 285–308.

Hoeckh, Heinz: Personen- und Objektschutz. Dargestellt am Beispiel des Landes Baden-Württemberg, in: Polizei-Führungsakademie (Hg.): Schlussbericht über das Seminar *Personenschutz* für Polizeivollzugsbeamte höherer und gehobener Dienst mit Führungsaufgaben im Personenschutz, Leiter des Sicherheits- und Ordnungsdienstes der Ministerialebene 1982, S. 195–213.

Köhn, Klaus: Erweiterter Personenschutz unter besonderer Berücksichtigung der Aufklärung, in: Polizei-Führungsakademie (Hg.): Schlussbericht über das Seminar *Fortentwicklung von Einsatzmethoden und Verbesserung der Ausstattung der Spezialeinheiten (SEK/ MEK/GSG9)* 1984, S. 249–329.

Küttner, Heinz: Der Personenschutz im Ausland. Organisation, Methoden, Ausbildung des US-Secret Service und anderer ausländischer Dienststellen für Personenschutz, in: Polizei-Führungsakademie (Hg.): Schlussbericht über die Arbeitstagung für Polizeivollzugsbeamte des gehobenen und höheren Dienstes mit Führungsaufgaben im Personenschutz. Leitthema: *Moderner Personenschutz* 1977, S. 201–224.

Leidiger, Bernhard: Datenverarbeitung als Einsatz- und Führungsmittel im Personenschutz, in: Polizei-Führungsakademie (Hg.): Schlussbericht über das Seminar *Personenschutz* für Polizeivollzugsbeamte höherer und gehobener Dienst mit Führungsaufgaben im Personenschutz, Leiter des Sicherheits- und Ordnungsdienstes der Ministerialebene 1982, S. 371–378.

Lendmann, Reinhard: Die Abwehrfunktion des Kraftfahrzeuges im Personenschutz, in: Polizei-Führungsakademie (Hg.): Schlussbericht über die Arbeitstagung für Polizeivollzugsbeamte des gehobenen und höheren Dienstes mit Führungsaufgaben im Personenschutz. Leitthema: *Moderner Personenschutz* 1977, S. 181–200.

Polizei-Führungsakademie (Hg.): Schlussbericht über das Internationale Seminar der Arbeitsgruppe TREVI I *»Operative Techniken zum Schutz gefährdeter Persönlichkeiten sowie Auswahl, Struktur, Ausbildung und Hilfsmittel des Schutzpersonals«* 1978.

Polizei-Führungsakademie (Hg.): Schlussbericht über die Arbeitstagung für Polizeivollzugsbeamte des gehobenen und höheren Dienstes mit Führungsaufgaben im Personenschutz. Leitthema: *Moderner Personenschutz* 1977.

Scheicher, Günther: Personenschutz im Präventionskonzept: Methoden, Maßnahmen, Eindrücke, in: Polizei-Führungsakademie (Hg.): Schlussbericht über die Arbeitstagung für Polizeivollzugsbeamte des gehobenen und höheren Dienstes mit Führungsaufgaben im Personenschutz. Leitthema: *Moderner Personenschutz* 1977, S. 5–34.

Scheicher, Günther: Zusammenfassung der Diskussionsergebnisse, in: Polizei-Führungsakademie (Hg.): Schlussbericht über die Arbeitstagung für Polizeivollzugsbeamte des gehobenen und höheren Dienstes mit Führungsaufgaben im Personenschutz. Leitthema: *Moderner Personenschutz* 1977, S. 261–271.

Zimmermann, Hans Martin: Bedeutung der Lagefeststellung und Lagebeurteilung für die Durchführung von Personenschutzmaßnahmen, in: Polizei-Führungsakademie (Hg.): Schlussbericht über das Seminar *Personenschutz* für Polizeivollzugsbeamte höherer und gehobener Dienst mit Führungsaufgaben im Personenschutz, Leiter des Sicherheits- und Ordnungsdienstes der Ministerialebene 1982, S. 175–193.

Deutscher Bundestag – Drucksachen und Plenarprotokolle 1949 bis 2005

hg. vom Deutschen Bundestag (u.a. Stenographische Berichte der Bundestagssitzungen, Erklärungen der Bundesregierung, Berichte der Bundestagsausschüsse, Anträge von Fraktionen)
Online unter: http://pdok.bundestag.de/

BGBl – Bundesgesetzblatt

hg. vom Bundesministerium der Justiz
Online unter: http://www.bgbl.de/Xaver/start.xav?startbk=Bundesanzeiger_BGBl

GMBl – Gemeinsames Ministerialblatt

hg. vom Bundesministerium des Inneren
Online unter: http://www.gmbl-online.de/

Bulletin des Presse- und Informationsamtes der Bundesregierung

hg. vom Presse- und Informationsamt der Bundesregierung

Internet-Quellen

Abruf aller Internetseiten am 21.11.2013.

4. Zeitungen und Zeitschriften

Zeitungen und Nachrichtenagenturen

Auswertung im Presse- und Informationsamt der Bundesregierung BPA – Historische Zeitungsdokumentationsstelle (wenn nicht anders angegeben) und aus Archiven:

ADN, AFP, AP, Augsburger Allgemeine, Bild, Bonner Rundschau, DDP, Der Tagesspiegel, Die Welt, Die Zeit, DPA, Focus, Frankfurter Allgemeine Zeitung, Frankfurter Allgemeine Sonntagszeitung, General-Anzeiger, Kölner Stadtanzeiger, National-Zeitung Basel, Neue Westfälische Zeitung, Reuter, Rheinischer Merkur, Stern, Stuttgarter Nachrichten, Stuttgarter Zeitung, Washington Post, Weser-Kurier

Zeitschriften

Auswertung von Zeitschriften aus dem Fachbereich Polizei/Sicherheit/Wirtschaft in der Deutschen Hochschule der Polizei (wenn nicht anders angegeben) und aus Archiven:

Bürgerrechte & Polizei (CILIP), Criminal Digest (CD), Der Kriminalist, Deutsche Polizei, Die Polizei, Kriminalistik, Kriminologisches Journal, Polizei in Bayern, Polizeispiegel, Polizei Technik Verkehr (PTV), Protector, Sicherheits-Berater, Wirtschaftsschutz & Sicherheitstechnik (W&S), Zeitschrift für die Sicherheit in der Wirtschaft (WIK)

Der Spiegel: Auswertung online unter: http://www.spiegel.de/archiv/

5. Literatur

Ächtler, Norman und Carsten Gansel (Hg.): Ikonographie des Terrors? Formen ästhetischer Erinnerung an den Terrorismus in der Bundesrepublik 1978–2008, Heidelberg 2010.

Agamben, Giorgio: Ausnahmezustand, Frankfurt/M. 2004.

Ahrens, Ralf und Johannes Bähr: Jürgen Ponto. Bankier und Bürger. Eine Biografie, München 2013.

Albrecht, Julia und Corinna Ponto: Patentöchter. Im Schatten der RAF – ein Dialog, 2. Aufl., Köln 2011.

Althoff, Gerd: Die Macht der Rituale. Symbolik und Herrschaft im Mittelalter, Darmstadt 2003.

– und Barbara Stollberg-Rilinger: Spektakel der Macht. Einleitung, in: Barbara Stollberg-Rilinger (Hg.): Spektakel der Macht. Rituale im Alten Europa 800–1800, Darmstadt 2008, S. 15–19.

Ariès, Philippe und Georges Duby (Hg.): Geschichte des privaten Lebens, Frankfurt/M. 1989–1993.

Arnold, Sabine R. (Hg.): Politische Inszenierung im 20. Jahrhundert. Zur Sinnlichkeit der Macht, Wien u.a. 1998.

Aschmann, Barbara: Vom Nutzen und Nachteil der Emotionen in der Geschichte. Eine Einführung, in: Barbara Aschmann (Hg.): Gefühl und Kalkül. Der Einfluss von Emotionen auf die Politik des 19. und 20. Jahrhunderts, Stuttgart 2005, S. 9–32.

Assmann, Aleida: Erinnerungsräume. Formen und Wandlungen des kulturellen Gedächtnisses, 5. Aufl., München 2010.

– Das neue Unbehagen an der Erinnerungskultur. Eine Intervention, München 2013.

Aust, Stefan: Der Baader-Meinhof-Komplex, Hamburg 2008 (Erstveröffentlichung 1985).

Bachelard, Gaston: Poetik des Raumes, Frankfurt/M. 1994.

Balz, Hanno: Zwischen Ausnahmezustand und Moral Panic. Medienkurse über die RAF in den 1970er Jahren, in: Johannes Hürter (Hg.): Die bleiernen Jahre. Staat und Terrorismus in der Bundesrepublik Deutschland und Italien 1969–1982, München 2010, S. 73–81.

Baumann, Cordia: Mythos RAF. Literarische und filmische Mythentradierung von Bölls »Katharina Blum« bis zum »Baader Meinhof Komplex«, Paderborn u.a. 2012.

Berger Waldenegg, Georg Christoph: Selbstmord aus Angst vor dem Tod: Überlegungen zur Beurteilung von Emotionen durch Historiker, in: Patrick Bormann, Thomas Freiberger und Judith Michel (Hg.): Angst in den internationalen Beziehungen, Göttingen 2010, S. 47–70.

Bergner, Paul: Die Waldsiedlung. Ein Sachbuch über Wandlitz, 5. Aufl., Basdorf 2005.

Beyme, Klaus von und Konrad Adenauer (Hg.): Die großen Regierungserklärungen der deutschen Bundeskanzler von Adenauer bis Schmidt, München 1979.

Biess, Frank: Die Sensibilisierung des Subjekts: Angst und »Neue Subjektivität« in den 1970er Jahren, in: Werkstatt Geschichte 49 (2008), S. 51–71.

– »Jeder hat eine Chance«. Die Zivilschutzkampagnen der 1960er Jahre und die Angstgeschichte der Bundesrepublik, in: Bernd Greiner, Christian Th. Müller und Dierk Walter (Hg.): Angst im Kalten Krieg, Hamburg 2009, S. 61–93.

– Feelings in the Aftermath: Toward a History of Postwar Emotions, in: Frank Biess und Robert G. Moeller (Hg.): Histories of the Aftermath. The Legacies of the Second World War in Europe, New York 2010, S. 30–48.

– und Daniel M. Gross (Hg.): Science and emotions after 1945. A transatlantic perspective 2014.

Birkenmaier, Werner (Hg.): Die Opfer der RAF, Karlsruhe 2009.
Bleibinger, Gregor: Polizeilicher Personenschutz in Bayern, in: Polizei in Bayern (1977), S. 31–35.
Bluhm, Harald und Grit Straßenberger: Elitedebatten in der Bundesrepublik, in: Herfried Münkler (Hg.): Deutschlands Eliten im Wandel, Frankfurt/M. u.a. 2006, S. 125–145.
Boge, Heinrich: Wirtschaftsbranchen im Fadenkreuz der Terroristen, in: Kriminalistik 40 (1986) 12, S. 620–626.
Bohleber, Werner: Traumata und deren Bearbeitung in der Psychologie, in: BIOS 11 (1998) 2, S. 201–212.
– Zum Problem der Veridikalität von Erinnerungen, in: BIOS 20 (2007) Sonderheft, S. 89–96.
Böll, Heinrich: Fürsorgliche Belagerung. Roman, München 1982.
Bombarda, Olivier: Der Schatten – eine Kritik, 2008, http://www.arte.tv/de/1099646,CmC=1116774.html.
Bormann, Patrick: Furcht und Angst als Faktoren deutscher Weltpolitik 1897–1914, in: Patrick Bormann, Thomas Freiberger und Judith Michel (Hg.): Angst in den internationalen Beziehungen, Göttingen 2010, S. 71–92.
Borutta, Manuel und Nina Verheyen: Vulkanier und Choleriker? Männlichkeit und Emotion in der deutschen Geschichte 1800–2000, in: Manuel Borutta und Nina Verheyen (Hg.): Die Präsenz der Gefühle. Männlichkeit und Emotion in der Moderne, Bielefeld 2010, S. 11–39.
Bösch, Frank: Öffentliche Geheimnisse. Skandale, Politik und Medien in Deutschland und Großbritannien 1880–1914, München 2009.
– Umbrüche in die Gegenwart. Globale Ereignisse und Krisenreaktionen um 1979, in: Zeithistorische Forschungen/Studies in Contemporary History 9 (2012) 1, http://www.zeithistorische-forschungen.de/16126041-Boesch-1-2012.
Bourdieu, Pierre: Verstehen, in: Pierre Bourdieu und Alain Accardo (Hg.): Das Elend der Welt. Zeugnisse und Diagnosen alltäglichen Leidens an der Gesellschaft, Konstanz 1997, S. 779–802.
– Die feinen Unterschiede. Kritik der gesellschaftlichen Urteilskraft, Frankfurt/M. 2007 (frz. Erstveröffentlichung 1979).
– Entwurf einer Theorie der Praxis auf der ethnologischen Grundlage der kabylischen Gesellschaft, 2. Aufl., Frankfurt/M. 2009.
Braun, Hans: Das Streben nach «Sicherheit« in den 50er Jahren. Soziale und politische Ursachen und Erscheinungswesen, in: Archiv für Sozialgeschichte 18 (1978), S. 279–306.
Bröckling, Ulrich: Dispositive der Vorbeugung: Gefahrenabwehr, Resilienz, Precaution, in: Christopher Daase (Hg.): Sicherheitskultur. Soziale und politische Praktiken der Gefahrenabwehr, Frankfurt/M. 2012, S. 93–108.
Buback, Michael: Recht auf Klärung. Reflexionen eines Betroffenen, in: Nicole Colin, Beatrice de Graaf, Jacco Pekelder und Joachim Umlauf (Hg.): Der »Deutsche

Herbst« und die RAF in Politik, Medien und Kunst. Nationale und internationale Perspektiven, Bielefeld 2008, S. 195–207.

Bude, Heinz: Elitewechsel: Deutsche Führungsgruppen zwischen »Bonner« und »Berliner Republik«, in: Ronald Hitzler (Hg.): Elitenmacht, Wiesbaden 2004, S. 295–313.

Bull, Hans Peter: Informationelle Selbstbestimmung – Vision oder Illusion? Datenschutz im Spannungsverhältnis von Freiheit und Sicherheit, Tübingen 2009.

Busch, Heiner/Albrecht Funk, Udo Kauß, Wolf-Dieter Narr und Falco Werkentin: Die Polizei in der Bundesrepublik, Frankfurt/M. u.a. 1985.

Buzan, Barry und Lene Hansen: The Evolution of International Security Studies, New York 2009.

Carloff, Gunter: Transport von sicherheitsgefährdeten Personen im Hubschrauber, in: Polizei Technik Verkehr (1977) 11, S. 428–430.

Caspers, Markus: Bin baden! Deutsche Politiker im Urlaub, Köln 2010.

Charlton, Thomas L./Lois E. Myers und Rebecca Sharpless (Hg.): Handbook of Oral History, Oxford 2006.

Cierpka, Manfred: Unterschiede und Gemeinsamkeiten bei Geschwistern, in: Hans Sohni (Hg.): Geschwisterlichkeit. Horizontale Beziehungen in Psychotherapie und Gesellschaft, Göttingen 1999, S. 10–31.

Colin, Nicole: Täter- versus Opferdiskurs: Eine andere Geschichte des deutschen Terrorismus? in: Nicole Colin, Beatrice de Graaf, Jacco Pekelder und Joachim Umlauf (Hg.): Der »Deutsche Herbst« und die RAF in Politik, Medien und Kunst. Nationale und internationale Perspektiven, Bielefeld 2008, S. 187–194.

– /Beatrice de Graaf, Jacco Pekelder und Joachim Umlauf (Hg.): Der »Deutsche Herbst« und die RAF in Politik, Medien und Kunst. Nationale und internationale Perspektiven, Bielefeld 2008.

Conze, Eckart: Sicherheit als Kultur. Überlegungen zu einer »modernen Politikgeschichte« der Bundesrepublik Deutschland, in: Vierteljahreshefte für Zeitgeschichte 53 (2005), S. 357–380.

– Die Suche nach Sicherheit. Eine Geschichte der Bundesrepublik Deutschland von 1949 bis in die Gegenwart, München 2009.

– Securitization, Gegenwartsdiagnose oder historischer Analyseansatz? in: Geschichte und Gesellschaft 38 (2012) 3, S. 453–467.

Conze, Werner: Sicherheit – Schutz, in: Otto Brunner (Hg.): Geschichtliche Grundbegriffe. Historisches Lexikon, Stuttgart 1984, S. 831–862.

Daase, Christopher (Hg.): Sicherheitskultur. Soziale und politische Praktiken der Gefahrenabwehr, Frankfurt/M. 2012.

– /Philipp Offermann und Valentin Rauer: Einleitung, in: Christopher Daase (Hg.): Sicherheitskultur. Soziale und politische Praktiken der Gefahrenabwehr, Frankfurt/M. 2012, S. 7–19.

Dahlke, Matthias: »Nur eingeschränkte Krisenbereitschaft«. Die staatliche Reaktion auf die Entführung des CDU-Politikers Peter Lorenz 1975, in: Vierteljahreshefte für Zeitgeschichte 55 (2007) 4, S. 641–678.

– Polizeiarbeit und Krisenstäbe – Kooperation oder Konkurrenz? Von Olympia '72 zur Lorenz-Entführung 1975, in: Johannes Hürter (Hg.): Die bleiernen Jahre. Staat und Terrorismus in der Bundesrepublik Deutschland und Italien 1969–1982, München 2010, S. 31–41.
– Demokratischer Staat und transnationaler Terrorismus. Drei Wege zur Unnachgiebigkeit in Westeuropa. 1972–1975, München 2011.
Daloz, Jean-Pascal: Elite (Un)Conspicuousness: Theoretical Reflections on Ostentation vs. Understatement, in: Historical Social Research / Historische Sozialforschung 37 (2012), S. 209–222.
Damir-Geilsdorf, Sabine (Hg.): Mental maps, Raum, Erinnerung. Kulturwissenschaftliche Zugänge zum Verhältnis von Raum und Erinnerung, Münster 2005.
Dammert, Bruno: Sicherheitskonzept für den Personenschutz, in: Wirtschaftsschutz & Sicherheitstechnik (1978) 140, S. 152–155.
Deinet, Ulrich: »Aneignung« und «Raum«. Zentrale Begriffe des sozialräumlichen Konzepts, in: Ulrich Deinet (Hg.): Sozialräumliche Jugendarbeit. Grundlagen, Methoden und Praxiskonzepte. 2. völlig überarb. Aufl., Wiesbaden 2005, S. 27–57.
– und Richard Kirsch: Konzepte und Methoden zum Verständnis der Lebensräume von Kindern und Jugendlichen, in: Marlo Riege und Herbert Schubert (Hg.): Sozialraumanalyse. Grundlagen, Methoden, Praxis, Opladen 2002, S. 133–145.
Denninger, Erhard und Nils Bergemann (Hg.): Handbuch des Polizeirechts. Gefahrenabwehr, Strafverfolgung, Rechtsschutz, 5. Aufl., München 2012.
Der Bundesbeauftragte für die Unterlagen des Staatssicherheitsdienstes der Ehemaligen Deutschen Demokratischen Republik: Die Organisationsstruktur des Ministeriums für Staatssicherheit 1989. Vorläufiger Aufriß nach dem Erkenntnisstand von Juni 1993, 2. Aufl., Berlin 1993.
Di Lorenzo, Giovanni: »Ich bin in Schuld verstrickt«. Interview mit Helmut Schmidt, 2007, http://www.zeit.de/2007/36/Interview-Helmut-Schmidt.
Döring, Jörg und Tristan Thielmann (Hg.): Spatial Turn. Das Raumparadigma in den Kultur- und Sozialwissenschaften, 2. Aufl., Bielefeld 2009.
Dorsch, Sebastian: Space/Time Practices and the Production of Space and Time. An Introduction, in: Historical Social Research / Historische Sozialforschung 38 (2013) 3, S. 7–21.
Durakovic-Belko, E.: Doping with Traumtic Stress – The Role of some Personality Caracteristics, Sociodemographic Characteristics, Environmental Factos and Cognitive Assessments, in: S. Powell und E. Durakovic-Belko (Hg.): The Psychosocial Consequences of War. Results of Empirical Research From the Territory of Former Yugoslavia, Sarajevo 2003, S. 161–164.
Durant, Philippe: Haute Protection. La Protection des Hautes Personnalités de De Gaulle à Sarkozy, Paris 2010.
Eckhardt, Ralf: Statussymbol oder Notwendigkeit? Personenschutz, in: Protector (1993) 2, S. 59–63.

Edel, Uli: Der Baader-Meinhof-Komplex, Spielfilm, Deutschland 2008.

Eghigian, Greg (Hg.): The Self as Project. Politics and the Human Sciences, Washington D.C 2007.

Ehlers, Wolfgang: Abwehrmechanismen, in: Wolfgang Mertens und Bruno Waldvogel (Hg.): Handbuch psychoanalytischer Grundbegriffe. 3. Aufl., Stuttgart 2008, S. 13–25.

Ehrhardt, Bettina: Wir wollten die Republik verändern. Der Liberale Gerhart Baum, Dokumentarfilm, Deutschland 2012.

Eikel, Markus: Keine ›Atempause‹. Das Krisenmanagement der Bundesregierung und die Flugzeugentführung von Entebbe 1976, in: Vierteljahreshefte für Zeitgeschichte 61 (2013) 2, S. 239–261.

Eik, Jan und Klaus Behling: Besondere Vorkommnisse. Politische Affären und Attentate in der DDR, 2., überarb. und erw. Aufl., Berlin 2006.

Eitler, Pascal: Der »neue Mann« des »New Age«, in: Manuel Borutta und Nina Verheyen (Hg.): Die Präsenz der Gefühle. Männlichkeit und Emotion in der Moderne, Bielefeld 2010, S. 279–304.

Emcke, Carolin: Stumme Gewalt. Nachdenken über die RAF, Frankfurt/M. 2008.

Esser, Hartmut: Affektuelles Handeln: Emotionen und das Modell der Frame-Selektion, in: Rainer Schützeichel (Hg.): Emotionen und Sozialtheorie. Disziplinäre Ansätze, Frankfurt/M. u.a. 2006, S. 144–174.

Faulstich, Werner: Grundkurs Fernsehanalyse, Paderborn 2008.

Febvre, Lucien: Pour l›histoire d‹un sentiment: le besoin de sécurité, in: Annales (1956) 11, S. 244–247.

– Sensibilität und Geschichte. Zugänge zum Gefühlsleben früherer Epochen, in: Marc Bloch, Fernand Braudel und Lucien Febvre (Hg.): Schrift und Materie der Geschichte. Vorschläge zur systematischen Aneignung historischer Prozesse, hg. v. Claudia Honegger, Frankfurt/M. 1977 (frz. Original 1941), S. 313–333.

Feltes, Thomas: Akteure der Inneren Sicherheit: Vom Öffentlichen zum Privaten, in: Hans-Jürgen Lange, H. Peter Ohly und Jo Reichertz (Hg.): Auf der Suche nach neuer Sicherheit. Fakten, Theorien und Folgen. 2. Aufl., Wiesbaden 2009, S. 105–114.

Flach, Sabine und Jan Söffner: Emotionaler Habitus. Gefühle und Sinne zwischen Subjektivität und Umweltrelation, Paderborn 2014.

– /Jan Söffner und Daniel Margulies: Introduction, in: Sabine Flach, Jan Söffner und Daniel Margulies (Hg.): Habitus in Habitat I. Emotion and motion, Bern 2010, S. 7–22.

Flick, Uwe: Qualitative Sozialforschung. Eine Einführung, vollst. überarb. und erw. Neuausg., Reinbek bei Hamburg 2007.

– Triangulation, in: Günter Mey (Hg.): Handbuch Qualitative Forschung in der Psychologie, Wiesbaden 2010, S. 278–289.

Flöttmann, Holger Bertrand: Angst. Ursprung und Überwindung, Stuttgart 2011.

Freud, Sigmund: Der Witz und seine Beziehung zum Unbewussten, Leipzig 1905.

Frevert, Ute: Gefühlvolle Männlichkeiten. Eine historische Skizze, in: Manuel Borutta und Nina Verheyen (Hg.): Die Präsenz der Gefühle. Männlichkeit und Emotion in der Moderne, Bielefeld 2010, S. 305–330.
– Gefühle definieren: Begriff und Debatten aus drei Jahrhunderten, in: Ute Frevert (Hg.): Gefühlswissen. Eine lexikalische Spurensuche in der Moderne, Frankfurt/M. u.a. 2011, S. 9–39.
– Vergängliche Gefühle, Göttingen 2013.
Friebertshäuser, Barbara und Antje Langer: Interviewformen und Interviewpraxis, in: Heike Boller, Barbara Friebertshäuser, Antje Langer, Annedore Prengel und Sophia Richter (Hg.): Handbuch qualitative Forschungsmethoden in der Erziehungswissenschaft. 3., vollst. überarb. Aufl., Weinheim 2010, S. 437–455.
Friedrich-Ebert-Stiftung (Hg.): Wandel des Politischen: Die Bundesrepublik Deutschland während der 1980er Jahre, 2012 (= Archiv für Sozialgeschichte H. 52).
Frohman, Larry: »Only Sheep Let Themselves Be Counted«. Privacy, Political Culture, and the 1983/87 West German Census Boycotts, in: Archiv für Sozialgeschichte 52 (2012), S. 335–378.
Fuchs-Heinritz, Werner: Biographische Forschung. Eine Einführung in Praxis und Methoden, 4. Aufl., Wiesbaden 2009.
Fuchs, Walter: Sicherheit als »faszinierendes Geschäftsvehikel«? Zur Effektivität kommerzieller und staatlicher Sicherheitsarbeit, in: SIAK-Journal – Zeitschrift für Polizeiwissenschaft und polizeiliche Praxis 1 (2012), S. 62–75, http://dx.doi.org/10.7396/2012_1_F.
Gammerl, Benno: Erinnerte Liebe. Was kann eine Oral History zur Geschichte der Gefühle und der Homosexualitäten beitragen? in: Geschichte und Gesellschaft 35 (2009) 2, S. 314–345.
– Schwule Gefühle? Homosexualität und emotionale Männlichkeiten zwischen 1960 und 1990 in Westdeutschland, in: Manuel Borutta und Nina Verheyen (Hg.): Die Präsenz der Gefühle. Männlichkeit und Emotion in der Moderne, Bielefeld 2010, S. 255–278.
Gebauer, Hans Joachim: Personen- und Objektschutz als Prävention gegen Terroranschläge, in: Wirtschaftsschutz & Sicherheitstechnik (1979) 12, S. 310–314.
Geppert, Dominik und Jens Hacke: Einleitung, in: Dominik Geppert und Jens Hacke (Hg.): Streit um den Staat. Intellektuelle Debatten in der Bundesrepublik 1960–1980, Göttingen 2008, S. 10–22.
Geuss, Raymond: Privatheit. Eine Genealogie, Frankfurt/M. 2002.
Geyer, Martin H.: Auf der Suche nach der Gegenwart. Neue Ansätze der Geschichte der 1970er und 1980er Jahre, in: Archiv für Sozialgeschichte 50 (2010), S. 643–670.
Giddens, Anthony: Wandel der Intimität. Sexualität, Liebe und Erotik in modernen Gesellschaften, Frankfurt/M. 1993.
Giesecke, Jens: Die hauptamtlichen Mitarbeiter der Staatssicherheit. Personalstruktur und Lebenswelt 1950–1989/90, Berlin 2000.

Glaser, Emma/Adrianna Mendrek, Martine Germain, Nadia Lakis und Marc E. Lavoie: Sex Differences in Memory of Emotional Images: A Behavioral and Electrophysiological Investigation, in: International Journal of Psychophysiology 85 (2012) 1, S. 17–26.

Glasze, Georg: Die Verräumlichung von (Un-)sicherheit, Kriminalität und Sicherheitspolitiken – Herausforderungen einer Kritischen Kriminalgeographie, in: Georg Glasze (Hg.): Diskurs, Stadt, Kriminalität. Städtische (Un-)Sicherheiten aus der Perspektive von Stadtforschung und kritischer Kriminalgeographie, Bielefeld 2005, S. 13–58.

– Gated Communities, in: Nadine Marquardt und Verena Schreiber (Hg.): Ortsregister. Ein Glossar zu Räumen der Gegenwart, Bielefeld 2012, S. 126–132.

– (Hg.): Handbuch Diskurs und Raum. Theorien und Methoden für die Humangeographie sowie die sozial- und kulturwissenschaftliche Raumforschung, Bielefeld 2009.

Goffman, Erving: The Presentation of Self in Everyday Life, Harmondsworth 1971.

– Frame Analyses. An Essay on the Organization of Experience, New York 1974.

– und Renate Wiggershaus: Das Individuum im öffentlichen Austausch. Mikrostudien zur öffentlichen Ordnung, Frankfurt/M. 1982.

Gössner: »Big Brother« & Co. Der moderne Überwachungsstaat in der Informationsgesellschaft, Hamburg 2000.

– (Hg.): Mythos Sicherheit. Der hilflose Schrei nach dem starken Staat, Baden-Baden 1995.

Gotto, Bernhard/Horst Möller, Jean Mondot und Nicole Pelletier (Hg.): Nach »Achtundsechzig«. Krisen und Krisenbewusstsein in Deutschland und Frankreich in den 1970er Jahren, München 2013.

Gould, Deborah B.: Moving Politics. Emotion and Act Up's fight against AIDS, Chicago 2009.

Gräf, Dennis (Hg.): Privatheit. Formen und Funktionen, Passau 2011.

Greiner, Bernd: Angst im Kalten Krieg. Bilanz und Ausblick, in: Bernd Greiner, Christian Th. Müller und Dierk Walter (Hg.): Angst im Kalten Krieg, Hamburg 2009, S. 7–31.

Griffiths, Paul E.: What emotions really are. The Problem of Psychological Categories, Chicago u.a. 1997.

Günther, Rudolf und Berthold Meyer: »Sicherheit« als Wert und individuelles Bedürfnis, in: H. Klages und P. Kmieciak (Hg.): Wertwandel und gesellschaftlicher Wandel, Frankfurt/M. 1979, S. 219–230.

Günzel, Stephan und Franziska Kümmerling (Hg.): Raum. Ein interdisziplinäres Handbuch, Stuttgart 2010.

Habermas, Jürgen: Strukturwandel der Öffentlichkeit. Untersuchungen zu einer Kategorie der bürgerlichen Gesellschaft, Neuwied 1962.

Hahn, Kornelia (Hg.): Soziologie des Privaten, Wiesbaden 2011.

Halft, Stefan (Hg.): Privatheit. Strategien und Transformationen, Passau 2013.

Harnischmacher, Robert und Josef Müther: Der United States Secret Service. Ein historischer und aktueller Überblick über den Geheimdienst der Vereinigten Staaten, in: Kriminalistik (1991) 3, S. 170–172.

Hartung, Lea: Kommissar Computer. Horst Herold und die Virtualisierung des polizeilichen Wissens, 2010, http://edocs.fu-berlin.de/docs/receive/FUDOCS_document_000000005003.

Heide, Marcus: Überleben im Inferno, in: Criminal Digest (1993) 6, S. 119–123.

Heinrich, Stephan: Innere Sicherheit und neue Informations- und Kommunikationstechnologien. Veränderungen des Politikfeldes zwischen institutionellen Faktoren, Akteursorientierungen und technologischen Entwicklungen, Münster u.a. 2007.

Helfferich, Cornelia: Die Qualität qualitativer Daten. Manual für die Durchführung qualitativer Interviews, 2. Aufl., Wiesbaden 2005.

Hempel, Leon: Bild – Raum – Kontrolle: Videoüberwachung als Zeichen gesellschaftlichen Wandels, in: Leon Hempel und Jörg Metelmann (Hg.): Bild – Raum – Kontrolle. Videoüberwachung als Zeichen gesellschaftlichen Wandels, Frankfurt/M. 2005, S. 9–21.

– /Susanne Krasman und Ulrich Bröckling (Hg.): Sichtbarkeitsregime. Überwachung, Sicherheit und Privatheit im 21. Jahrhundert, Wiesbaden 2011.

Henschen, Jan: Die RAF-Erzählung. Eine mediale Historiographie des Terrorismus, Bielefeld 2013.

Herbert, Ulrich: Best. Biographische Studien über Radikalismus, Weltanschauung und Vernunft 1903–1989, Bonn 1996.

– Liberalisierung als Lernprozeß. Die Bundesrepublik in der deutschen Geschichte – eine Skizze, in: Ulrich Herbert (Hg.): Wandlungsprozesse in Westdeutschland. Belastung, Integration, Liberalisierung. 1945–1980, Göttingen 2002, S. 7–49.

Hertlein, Heinz: Kein Grund zur Terrorhysterie. Terroristische Anschläge auf Firmen in Baden-Württemberg. Möglichkeiten und Grenzen der Abwehr, in: Wirtschaftsschutz & Sicherheitstechnik (1985) 7, S. 261–268.

Heumann, Hans-Dieter: Hans-Dietrich Genscher. Die Biographie, Paderborn u.a. 2012.

Heuser, Katja: Personenschutz als Beruf. Eine mikrosoziologische Analyse, Saarbrücken 2008.

Hickethier, Knut: Film- und Fernsehanalyse, 4. Aufl., Stuttgart u.a. 2007.

Hilker, Thomas: Personenschutz, Stalking, Attentate, Münster 2006.

Hirsi Ali, Ayaan: Infidel. My Life, London 2007.

Hitzer, Bettina: Emotionsgeschichte – ein Anfang mit Folgen, 2011, http://hsozkult.geschichte.hu-berlin.de/forum/2011-11-001.pdf.

Hitzler, Ronald: Die neuen Vigilanten. Über Formen der Bewältigung alltäglicher Verunsicherung, in: Bürgerrechte & Polizei (CILIP) 48 (1994) 2, S. 67–71.

Hockerts, Hans Günter: Vom Ethos und Pathos der Freiheit – Werner Maihofer (1918–2009), in: Bastian Hein (Hg.): Gesichter der Demokratie. Porträts zur deutschen Zeitgeschichte, München 2012, S. 245–268.

Hoffmann-Riem, Wolfgang: Übergang der Polizeigewalt auf Private? Überlegungen zur Entwicklung gewerblicher Sicherheitskräfte, in: Zeitschrift für Rechtspolitik 9 (1977) 11, S. 277–284.

Hofmann, Gunter: Bonn, 1987, in: Kurt Sontheimer (Hg.): Einschüsse. Besichtigung eines Frontverlaufs – Zehn Jahre nach dem deutschen Herbst, Berlin 1987, S. 32–57.

Hof, Tobias: Der Fall Aldo Moro und der Terrorismus in Italien, in: Quellen und Forschungen aus italienischen Archiven und Bibliotheken 87 (2007), S. 437–446.

– Staat und Terrorismus in Italien 1969–1982, München 2011.

Hornung, Ela: Die Rede des Anderen. Narrative Interviews versus psychoanalytische Interviews. Überlegungen zum Setting, in: BIOS 23 (2010) 1, S. 127–137.

Hradil, Stefan: Arbeit, Freizeit, Konsum: Von der Klassengesellschaft zu neuen Milieus? in: Thomas Raithel, Andreas Rödder und Andreas Wirsching (Hg.): Auf dem Weg in eine neue Moderne? Die Bundesrepublik Deutschland in den siebziger und achtziger Jahren, München 2009, S. 69–82.

Hug, Thomas: Rechtsgrundlagen im Personenschutz, in: Protector (1988) 2, S. 19–31.

Hülshoff, Thomas: Emotionen. Eine Einführung für beratende, therapeutische, pädagogische und soziale Berufe, 3. Aufl., München 2006.

Hunt, Nigel und Dee Evans: Predicting Traumatic Stress Using Emotional Intelligence, in: Behavior Research and Therapy 42 (2004) 7, S. 791–798.

Hürter, Johannes: Anti-Terrorismus-Politik. Ein deutsch-italienischer Vergleich 1969–1982, in: Vierteljahreshefte für Zeitgeschichte 57 (2009) 3, S. 329–348.

– Anti-Terrorismus-Politik der sozialliberalen Bundesregierung 1969–1982, in: Johannes Hürter (Hg.): Die bleiernen Jahre. Staat und Terrorismus in der Bundesrepublik Deutschland und Italien 1969–1982, München 2010, S. 9–20.

– Von deutscher »Härte« und italienischer »fermezza«. Die staatlichen Reaktionen auf die Entführungsfälle Schleyer und Moro 1977/78, in: Michael Gehlen und Magdalena Guiotto (Hg.): Italien, Österreich und die Bundesrepublik Deutschland in Europa 2011, S. 383–404.

Illouz, Eva: Gefühle in Zeiten des Kapitalismus. Adorno-Vorlesungen 2004, Institut für Sozialforschung an der Johann-Wolfgang-Goethe-Universität, Frankfurt am Main, Frankfurt/M. 2007.

Imhof, Kurt: Die Veröffentlichung des Privaten – die Privatisierung des Öffentlichen, Opladen 1998.

Isensee, Josef: Staat und Verfassung (§15), in: Josef Isensee und Paul Kirchhof (Hg.): Handbuch des Staatsrechts der Bundesrepublik Deutschland, Heidelberg 2004, S. 3–106.

James, David V./Paul E. Mullen, J. Read Meloy, Michele T. Pathe, Frank R. Farnham, Lulu Preston und Brian Darnley: The Role of Mental Disorder in Attacks on European Politicians 1990–2004, in: Acta psychiatrica Scandinavica 116 (2007) 5, S. 334–344.

Jarausch, Konrad H. (Hg.): Das Ende der Zuversicht? Die siebziger Jahre als Geschichte, Göttingen 2008.
– Verkannter Strukturwandel. Die siebziger Jahre als Vorgeschichte der Probleme der Gegenwart, in: Konrad H. Jarausch (Hg.): Das Ende der Zuversicht? Die siebziger Jahre als Geschichte, Göttingen 2008, S. 9–26.
Jaufmann, Hartmuth und Wolfgang Ulrich: Die Sicherungsgruppe – »Schutzpolizei des BKA«, in: Horst Herold (Hg.): Festschrift für Horst Herold zum 75. Geburtstag. Das Bundeskriminalamt am Ausgang des 20. Jahrhunderts, Wiesbaden 1998, S. 555–569.
Jungermann, Helmut und Paul Slovic: Die Psychologie der Kognition und Evaluation von Risiko, in: Gotthard Bechmann (Hg.): Risiko und Gesellschaft. Grundlagen und Ergebnisse interdisziplinärer Risikoforschung, Opladen 1993, S. 167–207.
Jurczyk, Karin und Mechthild Oechsle: Privatheit: Interdisziplinarität und Grenzverschiebungen. Eine Einführung, in: Karin Jurczyk (Hg.): Das Private neu denken. Erosionen, Ambivalenzen, Leistungen, Münster 2008, S. 8–47.
Jureit, Ulrike: Flucht und Ergreifung. Übertragung und Gegenübertragung in einem lebensgeschichtlichen Interview, in: BIOS 11 (1998) 2, S. 229–241.
– Identitätsarbeit. Ein Kommentar zu biographischen Erinnerungen in (post)sozialistischen Gesellschaften, in: Julia Obertreis und Anke Stephan (Hg.): Erinnerungen nach der Wende. Oral history und (post)sozialistische Gesellschaften / Remembering after the Fall of Communism, Essen 2009, S. 85–90.
Kammerer, Dietmar: Bilder der Überwachung, Frankfurt/M. 2008.
– Die Anfänge von Videoüberwachung in Deutschland, in: zeitgeschichte-online, 2010, http://www.zeitgeschichte-online.de/kommentar/die-anfaenge-von-videoueberwachung-deutschland.
– »Looking Out For You«. Überwachungsbilder als Technologien und Spuren, in: Zeithistorische Forschungen/Studies in Contemporary History 7 (2010) 2, http://www.zeithistorische-forschungen.de/16126041-Kammerer-2–2010.
Kierkegaard, Søren: Der Begriff Angst, Hamburg 1984.
Kirchhoff, Susanne: Krieg mit Metaphern. Mediendiskurse über 9/11 und den »war on terror«, Bielefeld 2010.
Kirschey, Peter: Wandlitz Waldsiedlung. Die geschlossene Gesellschaft. Versuch einer Reportage, Gespräche, Dokumente, Berlin 1990.
Klauser, Francisco: Raum = Energie + Information. Videoüberwachung als Raumaneignung, in: Leon Hempel und Jörg Metelmann (Hg.): Bild – Raum – Kontrolle. Videoüberwachung als Zeichen gesellschaftlichen Wandels, Frankfurt/M. 2005, S. 189–203.
Kliem, Matthias: Das Herrhausen-Attentat in Bad Homburg. Zeitzeugen berichten, Frankfurt/M. 2011.
Klink, Manfred: Bundeskriminalamt, in: Hermann Groß (Hg.): Handbuch der Polizeien Deutschlands, Wiesbaden 2008, S. 516–544.

Knelangen, Wilhelm: Das Politikfeld innere Sicherheit im Integrationsprozess. Die Entstehung einer europäischen Politik der inneren Sicherheit, Opladen 2001.
Koenen, Gerd: Das Rote Jahrzehnt. Unsere kleine Kulturrevolution, 2. Aufl., Frankfurt/M. 2003.
– Vesper, Ensslin, Baader. Urszenen des deutschen Terrorismus, Frankfurt/M. 2005.
Kohl, Helmut: Erinnerungen 1932–1982, München 2004.
Kohl, Walter: Leben oder gelebt werden. Schritte auf dem Weg zur Versöhnung, München 2011.
Koller, Christian: »Es ist zum Heulen«. Emotionshistorische Zugänge zur Kulturgeschichte des Streikens, in: Geschichte und Gesellschaft 36 (2010) 1, S. 66–92.
Körner, Torsten: Die Familie Willy Brandt, Frankfurt/M. 2013.
Krais, Beate: Die Spitzen der Gesellschaft. Theoretische Überlegungen, in: Beate Krais (Hg.): An der Spitze: von Eliten und herrschenden Klassen, Konstanz 2001, S. 7–62.
– und Gunter Gebauer: Habitus, Bielefeld 2002.
Krasman, Susanne. Der Präventionsstaat im Einverständnis, in: Leon Hempel, Susanne Krasman und Ulrich Bröckling (Hg.): Sichtbarkeitsregime. Überwachung, Sicherheit und Privatheit im 21. Jahrhundert, Wiesbaden 2011, S. 53–70.
Kraushaar, Wolfgang: Kleinkrieg gegen einen Großverleger, in: Wolfgang Kraushaar und Jan Philipp Reemtsma (Hg.): Die RAF und der linke Terrorismus, Hamburg 2006, S. 1075–1116.
– Rudi Dutschke, Andreas Baader und die RAF, 2. Aufl., Hamburg 2007.
– »Wann endlich beginnt bei euch der Kampf gegen die heilige Kuh Israel?«. München 1970: über die antisemitischen Wurzeln des deutschen Terrorismus, Reinbek bei Hamburg 2013.
Krohne, Heinz Walter: Psychologie der Angst, Stuttgart 2010.
– und Anja Petra Tausch: Persönlichkeit und Emotion. Individuelle Unterschiede im emotionalen Erleben und Verhalten, Stuttgart 2013.
Krumsiek, Lothar: SAFETY 74. Internationale Fachmesse für Sicherheits-, Polizeialarm- und Feuermeldesysteme, in: Der Kriminalist (1974), S. 183.
Kuckartz, Udo und Stefan Rädiker: Computergestützte Analyse (CAQDAS), in: Günter Mey (Hg.): Handbuch Qualitative Forschung in der Psychologie, Wiesbaden 2010, S. 734–750.
Kurkowska-Budzan, Marta und Krzysztof Zamorski (Hg.): Oral History. The Challenges of Dialogue, Amsterdam 2009.
Küsters, Ivonne: Narrative Interviews. Grundlagen und Anwendungen, 2. Aufl., Wiesbaden 2009.
Kwaschik, Anne: Folter in der Republik? Gewalt, rechtsstaatliche Ordnung und »emotionale Navigation« in der Auseinandersetzung liberaler Demokratien mit dem Terrorismus, in: Claudia Jarzebowski (Hg.): Performing emotions. Interdisziplinäre Perspektiven auf das Verhältnis von Politik und Emotion in der Frühen Neuzeit und in der Moderne, Göttingen 2013, S. 283–305.

Lamnek, Siegfried: Qualitative Sozialforschung, 5., überarb. Aufl., Weinheim u.a. 2010.
Lamparter, Ulrich: Zeitzeugen des Hamburger Feuersturms 1943 und ihre Familien. Forschungsprojekt zur Weitergabe von Kriegserfahrungen, Göttingen 2013.
Lange, Hans-Jürgen (Hg.): Die Polizei der Gesellschaft: zur Soziologie der Inneren Sicherheit, Opladen 2003.
– /H. Peter Ohly und Jo Reichertz (Hg.): Auf der Suche nach neuer Sicherheit. Fakten, Theorien und Folgen, 2. Aufl., Wiesbaden 2009.
Lazarus, Richard S.: Stress and Emotion. A New Synthesis, New York 1999.
– und Susan Folkman: Cognitive theories of stress and the issue of circularity, in: Mortimer H. Appley (Hg.): Dynamics of stress. Physiological, psychological, and social perspectives, New York u.a. 1986, S. 63–80.
Lefebvre, Henri: Die Produktion des Raums, in: Jörg Dünne und Stephan Günzel (Hg.): Raumtheorie. Grundlagentexte aus Philosophie und Kulturwissenschaften, Frankfurt/M. 2006, S. 330–342.
Lehmann, Annette Jael und Philip Ursprung (Hg.): Bild und Raum. Klassische Texte zu Spatial Turn und Visual Culture, Bielefeld 2014.
Lehnert, Gertrud: Raum und Gefühl, in: Gertrud Lehnert (Hg.): Raum und Gefühl. Der Spatial Turn und die neue Emotionsforschung, Bielefeld 2010, S. 9–25.
– (Hg.): Raum und Gefühl. Der Spatial Turn und die neue Emotionsforschung, Bielefeld 2010.
Leo, Annette und Franka Maubach (Hg.): Den Unterdrückten eine Stimme geben? Die International Oral History Association zwischen politischer Bewegung und wissenschaftlichem Netzwerk, Göttingen 2013.
Leuschner, Wolfgang: Verschiebung, Verdichtung, in: Wolfgang Mertens und Bruno Waldvogel (Hg.): Handbuch psychoanalytischer Grundbegriffe. 3. Aufl., Stuttgart 2008, S. 826–829.
Lippert, Ekkehart (Hg.): Sicherheit in der unsicheren Gesellschaft, Opladen 1997.
Lorenzer, Alfred: Die Sprache, der Sinn, das Unbewusste. Psychoanalytisches Grundverständnis und Neurowissenschaften, hg. von Ulrike Prokop, Stuttgart 2002.
– Sprache, Lebenspraxis und szenisches Verstehen in der psychoanalytischen Therapie, in: Alfred Lorenzer (Hg.): Szenisches Verstehen. Zur Erkenntnis des Unbewussten, Marburg 2006, S. 13–38.
Lorz, Jürgen: Zur Sicherheit »gepanzerter« Limousinen, in: Polizeispiegel (1979) 2, S. 36–37.
Löw, Martina: Raumsoziologie, Frankfurt/M. 2001.
Lucius-Hoene, Gabriele: Narrative Analysen, in: Günter Mey (Hg.): Handbuch Qualitative Forschung in der Psychologie, Wiesbaden 2010, S. 584–600.
Lützenkirchen, Hans-Georg und Herman Nijenhuis: Polizei und private Sicherheitsdienste in Europa. Ein Beitrag zur verfassungs- und standespolitischen Diskussion in den Ländern der Europäischen Union, Bad Honnef 1998.
Mache, David: 1977 Zeitzeugen: »Nicht Buback war Ziel des Attentats, sondern seine verhasste Funktion«. Heinrich Kintzi über das Terrorjahr 1977 und die Er-

mordung des Generalbundesanwalts durch die RAF, Archiv Braunschweiger Zeitung, 2009, http://www.newsclick.de/index.jsp/menuid/10476193/artid/10680804.

Mannheim, Karl: Wissenssoziologie. Auswahl aus dem Werk, Berlin 1964.

Marx, Gary T.: What's New About the »New Surveillance«? Classifying for Change and Continuity, in: Surveillance & Society 1 (2002) 1, S. 9–29.

März, Michael: Die Machtprobe 1975. Wie RAF und Bewegung 2. Juni den Staat erpressten, Leipzig 2007.

May, E. T.: Mythen und Realitäten der amerikanischen Familie, in: Antoine Prost, Philippe Ariès und Georges Duby (Hg.): Geschichte des privaten Lebens. 5. Vom ersten Weltkrieg zur Gegenwart, Frankfurt/M. 1993, S. 557–604.

Mees, Ulrich: Zum Forschungsstand der Emotionspsychologie – eine Skizze, in: Rainer Schützeichel (Hg.): Emotionen und Sozialtheorie. Disziplinäre Ansätze, Frankfurt/M. u.a. 2006, S. 104–123.

Melanson, Philip H.: The Secret Service. The Hidden History of an Enigmatic Agency, 2. Aufl., New York 2005.

Mergel, Thomas (Hg.): Krisen verstehen. Historische und kulturwissenschaftliche Annäherungen, Frankfurt/M. u.a. 2012.

Mergenthaler, Erhard: Resonating Minds: A School-independent Theoretical Conception and its Empirical Application to Psychotherapeutic Processes, in: Psychotherapy Research 18 (2008) 2, S. 109–126.

Merseburger, Peter: Willy Brandt. 1913–1992. Visionär und Realist, Stuttgart 2002.

Mertens, Wolfgang: Psychoanalytische Grundbegriffe. Ein Kompendium, 2. Aufl., Weinheim 1998.

Metzler, Gabriele: Konfrontation und Kommunikation. Demokratischer Staat und linke Gewalt in der Bundesrepublik und den USA in den 1970er Jahren, in: Vierteljahreshefte für Zeitgeschichte 60 (2012) 2, S. 247–277.

Mey, Günter (Hg.): Handbuch Qualitative Forschung in der Psychologie, Wiesbaden 2010.

Meyrowitz, Joshua: Der politische Held wird vom Sockel gestoßen, in: Joshua Meyrowitz (Hg.): Die Fernseh-Gesellschaft. Wirklichkeit und Identität im Medienzeitalter, Weinheim 1987, S. 181–223.

Michels, Eckard: Guillaume, der Spion. Eine deutsch-deutsche Karriere, Berlin 2013.

Möller, Horst: Die 1970er Jahre als zeithistorische Epochenschwelle, in: Bernhard Gotto, Horst Möller, Jean Mondot und Nicole Pelletier (Hg.): Nach »Achtundsechzig«. Krisen und Krisenbewusstsein in Deutschland und Frankreich in den 1970er Jahren, München 2013, S. 1–11.

Moreno, Rodrigo: El Custodio (dt.: Der Schatten) – Der Leibwächter, Spielfilm, Argentinien-Deutschland-Frankreich 2007.

Muehlen, Rainer A. H. von zur: Personenschutz aus der Sicht der Unternehmerpraxis, in: Wirtschaftsschutz & Sicherheitstechnik (1982) 154, S. 11–13.

Müller, Christian: Das staatliche Gewaltmonopol. Historische Entwicklung, verfassungsrechtliche Bedeutung und aktuelle Rechtsfragen, Berlin 2007.

Münkler, Herfried: Strategien der Sicherung: Welten der Sicherheit und Kulturen des Risikos. Theoretische Perspektiven, in: Herfried Münkler, Matthias Bohlender und Sabine Meurer (Hg.): Sicherheit und Risiko. Über den Umgang mit Gefahr im 21. Jahrhundert, Bielefeld 2010, S. 11–34.

– /Matthias Bohlender und Sabine Meurer (Hg.): Sicherheit und Risiko. Über den Umgang mit Gefahr im 21. Jahrhundert, Bielefeld 2010.

Musolff, Andreas: Bürgerkriegs-Szenarios und ihre Folgen. Die Terrorismusdebatte in der Bundesrepublik 1970–1993, in: Wolfgang Kraushaar und Jan Philipp Reemtsma (Hg.): Die RAF und der linke Terrorismus, Hamburg 2006, S. 1171–1184.

– Terrorismus im öffentlichen Diskurs der BRD: Seine Deutung als Kriegsgeschehen und die Folgen, in: Klaus Weinhauer (Hg.): Terrorismus in der Bundesrepublik. Medien, Staat und Subkulturen in den 1970er Jahren, Frankfurt/M. 2006, S. 302–319.

Neckel, Sighard: Felder, Relationen, Ortseffekte. Sozialer und physischer Raum, in: Moritz Csáky und Christoph Leitgeb (Hg.): Kommunikation – Gedächtnis – Raum. Kulturwissenschaften nach dem »Spatial Turn«, Bielefeld 2009, S. 45–55.

Neumann, Thomas W.: Berührungspunkte von Oral History und Psychoanalyse, in: BIOS 11 (1998) 2, S. 213–228.

Niethammer, Lutz: Was unterscheidet Oral History von anderen interview-gestützten sozialwissenschaftlichen Erhebungs- und Interpretationsverfahren? in: BIOS 20 (2007) Sonderheft, S. 60–65.

Niethammer, Ortrun: Angst und Anekdote. Zur Struktur autobiographischer Erinnerungsprozesse in Christa Wolfs »Kindheitsmuster«, in: BIOS 19 (2006) 2, S. 267–282.

Nijdam, Mirjam J./Berthold Gersons und Miranda Olff: Dutch politicians' coping with terrorist threat, in: The British Journal of Psychiatry 197 (2010), S. 328–329.

– /Miranda Olff, Maaike de Vries, E. Marjolein van Duijl und Berthold Gersons: Addendum to the report ›Psychosocial effects of threat and protection‹. Report of the expert meeting and of the invitational conference 12 and 13 March 2008, 2008, http://english.nctb.nl/currenttopics/press_releases/2008/press_release_081001.aspx.

– /Miranda Olff, Maaike de Vries, Wil Martens und Berthold Gersons: Psychosocial effects of threat and protection. Commissioned report for the National Coordinator of Counterterrorism (NCTb), hg. vom Center for Psychological Trauma, Academic Medical Center at the University of Amsterdam, 2008, http://english.nctb.nl/currenttopics/press_releases/2008/press_release_081001.aspx.

Nikou, Lina: Tagungsbericht Zeitzeugen des Hamburger ›Feuersturms‹ und ihre Familien. 11.11.2011–12.11.2011, Hamburg, 2012, http://hsozkult.geschichte.hu-berlin.de/tagungsberichte/id=4020>.

Noack, Hans-Joachim: Helmut Schmidt. Die Biographie, Reinbek bei Hamburg 2010.

Noelle, Elisabeth und Edgar Piel (Hg.): Allensbacher Jahrbuch der Demoskopie 1978–1983, Bd. VIII, Allensbach 1983.

Noll, Richard: Personenschutz in Bayern – K 145, in: Der Kriminalist 12 (1976), S. 688–693.

O.A.: Gepanzerte Fahrzeuge – ein »Wolf im Schafspelz«? in: Wirtschaftsschutz & Sicherheitstechnik (1982) 155, S. 95–96.

O.A.: Merkblätter für das Umfeld des Schutzbedürftigen, in: Sicherheits-Berater (1982) 12–13, S. 208–214.

O.A.: Security ’81 – Internationale Marktposition verstärkt, in: Wirtschaftsschutz & Sicherheitstechnik (1982) 155, S. 96.

O.A.: Personenschutz. Personenschutzthesen ein wenig provozierend, in: Sicherheits-Berater (1990) 6, S. 80–86.

O.A.: Manager-Ängste ernst nehmen, in: Zeitschrift für die Sicherheit in der Wirtschaft (1991) 4, S. 205.

O.A.: Private Sicherheitsdienste, in: Bürgerrechte & Polizei (CILIP) 43 (1992) 3.

Oberloskamp, Eva: Das Olympia-Attentat 1972. Politische Lernprozesse im Umgang mit dem transnationalen Terrorismus, in: Vierteljahreshefte für Zeitgeschichte 60 (2012) 3, S. 321–352.

– Terrorismusbekämpfung und Immigrationskontrolle. Zur deutsch-französischen Zusammenarbeit der Innenministerien in den 1970er Jahren, in: Bernhard Gotto, Horst Möller, Jean Mondot und Nicole Pelletier (Hg.): Nach »Achtundsechzig«. Krisen und Krisenbewusstsein in Deutschland und Frankreich in den 1970er Jahren, München 2013, S. 161–175.

Obertreis, Julia: Oral history, Stuttgart 2012.

Oerter, Rolf (Hg.): Entwicklungspsychologie, 5. Aufl., Weinheim u.a. 2002.

Ozer, Emily J./Susanne R. Best, Tami L. Lipsey und Daniel S. Weiss: Predictors of posttraumatic stress disorder and symptoms in adults: a meta-analysis, in: Psychological Bulletin 129 (2003) 1, S. 52–73.

Peters, Butz: Tödlicher Irrtum. Die Geschichte der RAF, 3. Aufl., Frankfurt/M. 2007.

Petri, Mario: Terrorismus und Staat. Versuch einer Definition des Terrorismusphänomens und Analyse zur Existenz einer strategischen Konzeption staatlicher Gegenmaßnahmen am Beispiel der Roten Armee Fraktion in der Bundesrepublik Deutschland, München 2007.

Petri, Thomas: Die Polizei seit 1960, in: Erhard Denninger und Nils Bergemann (Hg.): Handbuch des Polizeirechts. Gefahrenabwehr, Strafverfolgung, Rechtsschutz. 5. Aufl., München 2012, S. 34–58.

Pflieger, Klaus: Die Aktion »Spindy«. Die Entführung des Arbeitgeberpräsidenten Dr. Hanns-Martin Schleyer, Baden-Baden 1997.

Piaget, Jean: Der Aufbau der Wirklichkeit beim Kinde, Stuttgart 1974.

Piltz, Eric: Trägheit des Raums. Fernand Braudel und die Spatial Stories der Geschichtswissenschaft, in: Jörg Döring und Tristan Thielmann (Hg.): Spatial Turn. Das Raumparadigma in den Kultur- und Sozialwissenschaften. 2. Aufl., Bielefeld 2009, S. 75–102.

Plamper, Jan: Geschichte und Gefühl. Grundlagen der Emotionsgeschichte, München 2012.

– Vergangene Gefühle. Emotionen als historische Quellen, in: Aus Politik und Zeitgeschichte 32–33 (2013), S. 12–19.

– und Benjamin Lazier: Fear. Across the disciplines, Pittsburgh 2012.

Plato, Alexander von: Geschichte und Psychologie. Oral History und Psychoanalyse, in: BIOS 11 (1998) 2, S. 171–200.

– Zeitzeugen und die historische Zunft. Erinnerung, kommunikative Tradierung und kollektives Gedächtnis in der qualitativen Geschichtswissenschaft, in: BIOS 13 (2000) 1, S. 5–29.

Platthaus, Andreas: Alfred Herrhausen. Eine deutsche Karriere, 3. Aufl., Berlin 2006.

Platt, Kristin: Gedächtnis, Erinnerung, Verarbeitung. Spuren traumatischer Erfahrungen in lebensgeschichtlichen Interviews, in: BIOS 11 (1998) 2, S. 242–262.

Porzsolt, Franz/Igor Polianski, Johannes Clouth, Werner Burkart und Martin Eisemann: Entscheidungen zwischen Gefühlter Sicherheit und bestehendem Risiko, in: Christopher Daase (Hg.): Sicherheitskultur. Soziale und politische Praktiken der Gefahrenabwehr, Frankfurt/M. 2012, S. 325–339.

Presse- und Informationsamt der Bundesregierung: Zum Gedenken an die Opfer des Terrorismus: Reden von Walter Scheel, Karl Carstens, Helmut Schmidt, Helmut Kohl, Herbert Wehner, Wolfgang Mischnick, Bonn 1978.

Pütter, Norbert: Föderalismus und Innere Sicherheit. Die exekutive Innenministerkonferenz zwischen exekutivistischer Politik und politisierter Exekutive, in: Hans-Jürgen Lange und Rafael Behr (Hg.): Staat, Demokratie und Innere Sicherheit in Deutschland, Opladen 2000, S. 275–289.

Raithel, Thomas/Andreas Rödder und Andreas Wirsching (Hg.): Auf dem Weg in eine neue Moderne? Die Bundesrepublik Deutschland in den siebziger und achtziger Jahren, München 2009.

– /Andreas Rödder und Andreas Wirsching: Einleitung, in: Thomas Raithel, Andreas Rödder und Andreas Wirsching (Hg.): Auf dem Weg in eine neue Moderne? Die Bundesrepublik Deutschland in den siebziger und achtziger Jahren, München 2009, S. 7–14.

Rau, Susanne: Räume. Konzepte, Wahrnehmungen, Nutzungen, Frankfurt/M. u.a. 2013.

Reddy, William M.: The Navigation of Feeling. A Framework for the History of Emotions, Cambridge 2001.

– Emotional Styles and Modern Forms of Life, in: Nicole Karafyllis und Gotlind Ulshöfer (Hg.): Sexualized Brains. Scientific Modeling of Emotional Intelligence from a Cultural Perspective, Cambridge 2008, S. 81–100.

Reed-Danahay, Deborah: Locating Bourdieu, Bloomington 2005.

Reichardt, Sven: Bourdieu für Historiker? Ein kultursoziologisches Angebot an die Sozialgeschichte, in: Gunilla-Friederike Budde, Thomas Mergel und Thomas Welskopp (Hg.): Geschichte zwischen Kultur und Gesellschaft. Beiträge zur Theoriedebatte, München 1997, S. 71–93.

– »Männerphantasien« – ein Erfolgsbuch der 1970er-Jahre, in: Zeithistorische Forschungen/Studies in Contemporary History 3 (2006) 3, www.zeithistorische-forschungen.de/16126041-Reichardt-3–2006.

Reimann, Aribert: Zwischen Machismo und Coolness. Männlichkeit und Emotion in der westdeutschen »Kulturrevolution« der 1960er- und 1970er-Jahre, in: Manuel Borutta und Nina Verheyen (Hg.): Die Präsenz der Gefühle. Männlichkeit und Emotion in der Moderne, Bielefeld 2010, S. 229–253.

Reitmayer, Morten: Elite. Sozialgeschichte einer politisch-gesellschaftlichen Idee in der frühen Bundesrepublik, München 2009.

– Eliten, Machteliten, Funktionseliten, Elitenwechsel, 2010, http://docupedia.de/zg/Eliten?oldid=75509.

– Comeback der Elite. Die Rückkehr eines politisch-gesellschaftlichen Ordnungsbegriffs, in: Friedrich-Ebert-Stiftung (Hg.): Wandel des Politischen: Die Bundesrepublik Deutschland während der 1980er Jahre, 2012, S. 429–454 (= Archiv für Sozialgeschichte H. 52).

Reuband, Karl-Heinz: Veränderungen in der Kriminalitätsfurcht der Bundesbürger 1965–1993. Eine Bestandsaufnahme, in: Günther Kaiser und Jörg Martin Jehle (Hg.): Kriminologische Opferforschung. Neue Perspektiven und Erkenntnisse, Heidelberg 1995, S. 37–53.

Rigoll, Dominik: Staatsschutz in Westdeutschland. Von der Entnazifizierung zur Extremistenabwehr, Göttingen 2013.

Ritter, Martina: Die Dynamik von Privatheit und Öffentlichkeit in modernen Gesellschaften, Wiesbaden 2008.

Rosenthal, Gabriele: Erlebte und erzählte Lebensgeschichte. Gestalt und Struktur biographischer Selbstbeschreibungen, Frankfurt/M. 1995.

Rosenwein, Barbara H.: Worrying about Emotions in History, in: American Historical Review 107 (2002) 3, S. 821–845.

Rössler, Beate: Der Wert des Privaten, Frankfurt/M. 2001.

Rothfels, Hans: Zeitgeschichte als Aufgabe, in: Vierteljahreshefte für Zeitgeschichte 1 (1953), S. 1–8.

Sabrow, Martin und José Brunner (Hg.): Die Geburt des Zeitzeugen nach 1945, Göttingen 2012.

Saupe, Achim: Authentizität. Version: 1.0, in: Docupedia-Zeitgeschichte, 11.2.2010, 2010, https://docupedia.de/zg/Authentizit.C3.A4t?oldid=75505.

Saxer, Daniela: Mit Gefühl handeln: Ansätze der Emotionsgeschichte, in: Traverse. Zeitschrift für Geschichte 44 (2007), S. 15–29.

Schaar, Peter: Das Ende der Privatsphäre. Der Weg in die Überwachungsgesellschaft, München 2007.

Scheer, Monique: Are Emotions a Kind of Practice (and Is That What Makes Them Have a History)? A Bourdieuan Approach to Defining Emotion, in: History and Theory 51 (2012) 2, S. 193–220.

Scheicher, Günther: Rote Armee Fraktion (RAF). Die Herausforderung für das Bundeskriminalamt als Zentrale Ermittlungsbehörde, 2011, http://www.bka.de/nn_232988/DE/DasBKA/Historie/60JahreBKA/STVeranstaltung/stVeranstaltung__node.html?__nnn=true.

Scheiper, Stephan: Der Wandel staatlicher Herrschaft in den 1960/70er Jahren, in: Klaus Weinhauer (Hg.): Terrorismus in der Bundesrepublik. Medien, Staat und Subkulturen in den 1970er Jahren, Frankfurt/M. 2006, S. 188–216.

– Deutsche Staatsidee und Terrorismusbekämpfung in den 1970er Jahren. Ein Resumee, in: Johannes Hürter (Hg.): Die bleiernen Jahre. Staat und Terrorismus in der Bundesrepublik Deutschland und Italien 1969–1982, München 2010, S. 95–106.

– Innere Sicherheit. Politische Anti-Terror-Konzepte in der Bundesrepublik Deutschland während der 1970er Jahre, Paderborn 2010.

Schenk, Dieter: Der Chef. Horst Herold und das BKA, Hamburg 1998.

Schenke, Wolf-Rüdiger: Polizei- und Ordnungsrecht, 7. Aufl., Heidelberg u.a. 2011.

Schildt, Axel: »German Angst«: Überlegungen zur Mentalitätsgeschichte der Bundesrepublik, in: Daniela Münkel und Jutta Schwarzkopf (Hg.): Geschichte als Experiment. Studien zu Politik, Kultur und Alltag im 19. und 20. Jahrhundert 2004, S. 87–97.

Schiller, Kay und Christopher Young: The 1972 Munich Olympics and the making of modern Germany, Berkeley u.a. 2010.

Schlögel, Karl: Im Raume lesen wir die Zeit. Über Zivilisationsgeschichte und Geopolitik, München 2003.

Schmale, Wolfgang: Geschichte der Männlichkeit in Europa (1450–2000), Wien 2003.

Schmidt, Helmut und Giovanni Di Lorenzo: Auf eine Zigarette mit Helmut Schmidt, 13. Aufl., Köln 2009.

Schmidt, Sabine: Das expandierende private Sicherheitsgewerbe. Droht der Verlust des staatlichen Gewaltmonopols im öffentlichen Raum? Stuttgart 2004.

Schnabel, Annette: Sind Emotionen rational? Emotionen als Herausforderung für Rational-Choice-Ansätze, in: Rainer Schützeichel (Hg.): Emotionen und Sozialtheorie. Disziplinäre Ansätze, Frankfurt/M. u.a. 2006, S. 175–194.

Schneider, Ulrich F.: Der Januskopf der Prominenz. Zum ambivalenten Verhältnis von Privatheit und Öffentlichkeit, Wiesbaden 2004.

Scholzen, Reinhard (Hg.): Personenschutz. Geschichte, Ausbildung, Ausrüstung, Stuttgart 2001.

Schreiber, Hermann: Kanzlersturz. Warum Willy Brandt zurücktrat, Berlin 2005.
Schroer, Markus: Sehen, Beobachten, Überwachen. Beitrag zu einer Soziologie der Aufmerksamkeit, in: Leon Hempel und Jörg Metelmann (Hg.): Bild – Raum – Kontrolle. Videoüberwachung als Zeichen gesellschaftlichen Wandels, Frankfurt/M. 2005, S. 325–341.
Schulze, Heidrun: Biographische Fallrekonstruktion, in: Günter Mey (Hg.): Handbuch Qualitative Forschung in der Psychologie, Wiesbaden 2010, S. 568–583.
Schütze, Fritz: Die Technik des narrativen Interviews in Interaktionsfeldstudien – dargestellt an einem Projekt zur Erforschung von kommunalen Machtstrukturen, Bielefeld 1977.
Schützeichel, Rainer: Soziologische Emotionskonzepte und ihre Probleme, in: Österreichische Zeitschrift für Soziologie 33 (2008) 2, S. 82–96.
Schütz, Hans Peter: Wolfgang Schäuble. Zwei Leben, ein Porträt, München 2012.
Schwan, Heribert: Die Frau an seiner Seite. Leben und Leiden der Hannelore Kohl, 6. Aufl., München 2011.
Schwarzer, Ralf: Streß, Angst und Handlungsregulation, 4., überarb. Aufl., Stuttgart 2000.
Schwarz, Hans-Peter: Helmut Kohl. Eine politische Biographie, München 2012.
Seidel, Eva-Maria/Lydia Kogler, Ewald Moser, Christian Windischberger, Ilse Kryspin-Exner, Ruben C. Gur, Ute Habel und Birgit Derntl: Weiblicher vs. männlicher Stresstyp? Ein aktueller Überblick zur neuropsychologischen Stressforschung, in: Zeitschrift für Psychiatrie, Psychologie und Psychotherapie 61 (2013) 2, S. 71–79.
Seidler, Günter H.: Psychotraumatologie, Stuttgart 2013.
Sennett, Richard: Verfall und Ende des öffentlichen Lebens, Frankfurt/M. 1983.
Seysen, Michael: Wahrnehmung polizeilicher Aufgaben durch private Sicherheitsdienste, in: Manfred Brusten (Hg.): Polizei-Politik. Streitfragen, kritische Analysen und Zukunftsperspektiven, Weinheim u.a. 1992, S. 179–196.
Sieder, Reinhard: Sozialgeschichte auf dem Weg zu einer historischen Kulturwissenschaft? in: Geschichte und Gesellschaft 20 (1994), S. 453–458.
– Erzählungen analysieren – Analysen erzählen. Narrativ-biographisches Interview, Textanalyse und Falldarstellung, in: Karl R. Wernhart und Werner Zips (Hg.): Ethnohistorie. Rekonstruktion und Kulturkritik. Eine Einführung, 3., überarb. und veränd. Aufl., Wien 2008, S. 145–172.
Siemens, Anne: Für die RAF war er das System, für mich der Vater. Die andere Geschichte des deutschen Terrorismus, 4. Aufl., München 2007.
Simmel, Georg: Der Raum und die räumlichen Ordnungen der Gesellschaft, in: Georg Simmel und Otthein Rammstedt (Hg.): Soziologie. Untersuchungen über die Formen der Vergesellschaftung, Frankfurt/M. 1992, S. 687–790.
– Psychologie der Diskretion, in: Georg Simmel, Alessandro Cavalli und Otthein Rammstedt (Hg.): Aufsätze und Abhandlungen 1901–1908. Bd. 2, Frankfurt/M. 1993, S. 108–115.

Singelnstein, Tobias und Peer Stolle: Die Sicherheitsgesellschaft. Soziale Kontrolle im 21. Jahrhundert, 2., vollst. überarb, Wiesbaden 2008.

Soell, Hartmut: Helmut Schmidt. 1969 bis heute. Macht und Verantwortung, München 2008.

Sofsky, Wolfgang: Das Prinzip Sicherheit, Frankfurt/M. 2005.

Sohni, Hans: Geschwisterbeziehungen in Familien, Gruppen und in der Familientherapie, Göttingen 2004.

Stacharowsky, Heiner: Private Sicherungsdienste: Polizeiersatz im Wartestand? in: Kriminologisches Journal 17 (1985) 3, S. 228–234.

Stalfort, Jutta: Die Erfindung der Gefühle. Eine Studie über den historischen Wandel menschlicher Emotionalität (1750–1850), Bielefeld 2013.

Stearns, Peter und Carol Stearns Zisowitz: Emotionology. Clarifying the History of Emotions and Emotional Standards, in: The American Historical Review 90 (1985) 4, S. 813–830.

Stern, Klaus und Jörg Herrmann: Andreas Baader. Das Leben eines Staatsfeindes, 3., korr. Aufl., München 2007.

Straub, Jürgen: Psychoanalyse, Geschichte und Gesellschaftswissenschaft. Eine Einführung in systematischer Absicht, in: Jörn Rüsen und Jürgen Straub (Hg.): Die dunkle Spur der Vergangenheit. Psychoanalytische Zugänge zum Geschichtsbewußtsein, Frankfurt/M. 1998, S. 12–32.

Strotzka, Hans: Psychotherapie und Tiefenpsychologie, Wien 1982.

Stüllenberg, Klaus: Sollten private Sicherheitsdienste abrüsten? in: Criminal Digest (1993) 4, S. 68–73.

– und Dieter Fox: Personenschutz. Arbeitshandbuch, 2., überarb. Aufl., Stuttgart u.a. 1997.

Stümper, Alfred: Könnte besser sein: Terrorismus und Wirtschaft. Möglichkeiten und Grenzen der Information und Kommunikation, in: Wirtschaftsschutz & Sicherheitstechnik (1986) 3, S. 91–97.

Thießen, Malte: Der »Feuersturm« im kommunikativen Gedächtnis. Tradierung und Transformation des Luftkriegs als Lebens- und Familiengeschichte, in: Jörg Arnold (Hg.): Luftkrieg. Erinnerungen in Deutschland und Europa, Göttingen 2009, S. 312–331.

– Generation ›Feuersturm‹ oder Generation ›Lebensmittelkarte‹? ›Generationalität‹ als biografisches Argument und lebensgeschichtliche Erfahrung in Zeitzeugen-Interviews, in: Björn Bohnenkamp (Hg.): Generation als Erzählung. Neue Perspektiven auf ein kulturelles Deutungsmuster, Göttingen 2009, S. 33–52.

– (Hg.): Zeitgeschichte als Zumutung und Zugabe. Praxis, Probleme und Potenziale einer besonderen Epoche, Oldenburg 2011.

Thomson, Alistair: Eine Reise durch das Gedächtnis unserer Bewegung. Vier paradigmatische Revolutionen in der Oral History, in: BIOS 20 (2007) Sonderheft, S. 21–29.

Tönsmeyer, Tatjana und Annette Vowinckel: Sicherheit und Sicherheitsempfinden als Thema der Zeitgeschichte: eine Einleitung, in: Zeithistorische Forschungen/

Studies in Contemporary History 7 (2010) 2, http://www.zeithistorische-forschungen.de/16126041-Editorial-2-2010.

Uhl, Heidemarie: Generation of Memory, in: Heinrich Berger (Hg.): Politische Gewalt und Machtausübung im 20. Jahrhundert. Zeitgeschichte, Zeitgeschehen und Kontroversen. Festschrift für Gerhard Botz, Wien u.a. 2011, S. 563–574.

Veiel, Andres: Black Box BRD. Alfred Herrhausen, die Deutsche Bank, die RAF und Wolfgang Grams, 3. Aufl., Stuttgart 2003.

Verheyen, Nina: Geschichte der Gefühle. Version 1.0, in: Docupedia-Zeitgeschichte, 2010, http://docupedia.de/docupedia/index.php?title=Geschichte_der_Gef%C3%BChle&oldid=73289.

Vowinckel, Annette: Flugzeugentführungen. Eine Kulturgeschichte, Göttingen 2011.

Wagner, Patrick: Schatten der Vergangenheit. Das BKA und seine Gründungsgeneration in der frühen Bundesrepublik, Köln 2011.

Waldmann, Peter: Terrorismus. Provokation der Macht, 2., vollst. überarb. Aufl., Hamburg 2005.

Warren, Samual Dennis und Louis Brandeis: The Right to Privacy, in: Harvard Law Review 4 (1890) 5, S. 193–220, http://www.jstor.org/stable/1321160.

Wasner, Barbara: Eliten in Europa. Einführung in Theorie, Konzepte und Befunde, Wiesbaden 2004.

Weber, Florian: Von der klassischen Affektenlehre zur Neurowissenschaften und zurück. Wege der Emotionsforschung in den Geistes- und Sozialwissenschaften, in: Neue Politische Literatur 53 (2008), S. 21–42.

Weichhart, Peter: Raumbezogene Identität. Bausteine zu einer Theorie räumlich-sozialer Kognition und Identifikation, Stuttgart 1990.

Weinhauer, Klaus: Eliten, Generationen, Jugenddelinquenz und innere Sicherheit: Die 1960er und frühen 1970er Jahre in der Bundesrepublik, in: Jörg Requate (Hg.): Recht und Justiz im gesellschaftlichen Aufbruch (1960–1975). Bundesrepublik Deutschland, Italien und Frankreich im Vergleich, Baden-Baden 2003, S. 33–58.

– Linksterrorismus der 1970er Jahre. Ein Literaturbericht zur Bundesrepublik Deutschland und zu Italien, in: Johannes Hürter (Hg.): Die bleiernen Jahre. Staat und Terrorismus in der Bundesrepublik Deutschland und Italien 1969–1982, München 2010, S. 117–125.

– Staatsmacht ohne Grenzen? Innere Sicherheit, »Terrorismus«-Bekämpfung und die bundesdeutsche Gesellschaft der 1970er Jahre, in: Susanne Krasmann und Jürgen Martschukat (Hg.): Rationalitäten der Gewalt. Staatliche Neuordnungen vom 19. bis zum 21. Jahrhundert, Bielefeld 2007, S. 215–238.

– »Staat zeigen«. Die polizeiliche Bekämpfung des Terrorismus in der Bundesrepublik bis Anfang der 1980er Jahre, in: Klaus Weinhauer (Hg.): RAF und der linke Terrorismus, Hamburg 2006, S. 932–947

– Zwischen »Partisanenkampf« und »Kommissar Computer«. Polizei und Linksterrorismus in der Bundesrepublik bis Anfang der 1980er Jahre, in: Klaus Wein-

hauer (Hg.): Terrorismus in der Bundesrepublik. Medien, Staat und Subkulturen in den 1970er Jahren, Frankfurt/M. 2006, S. 244–270.
– (Hg.): RAF und der linke Terrorismus, Hamburg 2006.
– (Hg.): Terrorismus in der Bundesrepublik. Medien, Staat und Subkulturen in den 1970er Jahren, Frankfurt/M. 2006.
– /Jörg Requate und Heinz-Gerhard Haupt: Terrorismus in der Bundesrepublik der Siebzigerjahre. Aspekte einer Sozialgeschichte und Kulturgeschichte der Inneren Sicherheit, in: Archiv für Sozialgeschichte 44 (2004), S. 219–242.
Weintraub, Jeff Alan: The Theory and Politics of the Public/Private Distinction, in: Jeff Alan Weintraub und Krishan Kumar (Hg.): Public and Private in Thought and Practice. Perspectives on a Grand Dichotomy, Chicago 1997, S. 1–42.
Welzer, Harald: Das Interview als Artefakt. Zur Kritik der Zeitzeugenforschung, in: BIOS 13 (2000) 1, S. 51–63.
– Medialität des menschlichen Gedächtnisses, in: BIOS 21 (2008) 1, S. 15–27.
– /Sabine Moller und Karoline Tschuggnall: Opa war kein Nazi. Nationalsozialismus und Holocaust im Familiengedächtnis, 3. Aufl., Frankfurt/M. 2002.
Werlen, Benno: Körper, Raum und mediale Repräsentation, in: Jörg Döring und Tristan Thielmann (Hg.): Spatial Turn. Das Raumparadigma in den Kultur- und Sozialwissenschaften. 2. Aufl., Bielefeld 2009, S. 365–392.
Werz, Nikolaus (Hg.): Sicherheit, Baden-Baden 2009.
Westin, Alan F.: Privacy and Freedom, New York 1967.
Wierling, Dorothee: Geboren im Jahr eins. Der Jahrgang 1949 in der DDR. Versuch einer Kollektivbiographie, Berlin 2002.
– Die Historikerin als Zuhörerin. Die Verfertigung von Geschichte aus Erinnerungen, in: Bernhard Strauß und Michael Geyer (Hg.): Psychotherapie in Zeiten der Globalisierung, Göttingen 2006, S. 291–306.
– Oral History, in: Michael Maurer (Hg.): Neue Themen und Methoden der Geschichtswissenschaft, Leipzig 2003, S. 81–151.
– Zeitgeschichte ohne Zeitzeugen. Vom kommunikativen zum kulturellen Gedächtnis – drei Geschichten und zwölf Thesen, in: BIOS 21 (2008) 1, S. 28–36.
Wildemann, Rudolf: Eliten in der Bundesrepublik. Eine sozialwissenschaftliche Untersuchung über Einstellungen führender Positionsträger zur Politik und Demokratie, Mannheim 1968.
Winkler, Willi: Die Geschichte der RAF, 2. Aufl., Reinbek bei Hamburg 2008.
Wirsching, Andreas: Erwerbsbiographien und Privatheitsformen: die Entstandardisierung von Lebensläufen, in: Thomas Raithel, Andreas Rödder und Andreas Wirsching (Hg.): Auf dem Weg in eine neue Moderne? Die Bundesrepublik Deutschland in den siebziger und achtziger Jahren, München 2009, S. 83–97.
Wohlrab-Sahr, Monika: Schwellenanalyse – Plädoyer für eine Soziologie der Grenzziehungen, in: Kornelia Hahn (Hg.): Soziologie des Privaten, Wiesbaden 2011, S. 33–52.
Wunschik, Tobias: Baader-Meinhofs Kinder. Die zweite Generation der RAF, Opladen 1997.

– Der West-Berliner Terrorismus in den siebziger Jahren. Die Bewegung 2. Juni und die Justiz, in: Recht und Politik (2009) 3, S. 157–164, http://www.forum-rechtundkulturimkammergericht.de/mediapool/61/617878/data/rup_3_09_Wunschik.pdf.

Zachert, Christel: »Puppchen, aus dir wird noch was«, Bergisch Gladbach 2002.

Zachert, Hans-Ludwig: Historie des BKA – Von den Gründungsjahren zur Gegenwart, 2011, http://www.bka.de/nn_232988/DE/DasBKA/Historie/60JahreBKA/STVeranstaltung/stVeranstaltung__node.html?__nnn=true.

Zwierlein, Cornel: Sicherheitsgeschichte. Ein neues Feld der Geschichtswissenschaften, in: Geschichte und Gesellschaft 38 (2012) 3, S. 365–386.

– und Beatrice de Graaf (Hg.): Security and Conspiracy in History, in: Historical Social Research/Historische Sozialforschung 38 (2013), Heft 1, Special Issue.

Personenregister